rororo

«Als ich zum ersten Mal von unbewussten Einflüssen las, von unterschwelliger Manipulierbarkeit und der Widerlegung der Willensfreiheit, war ich fasziniert. Je mehr ich darüber erfuhr, desto mehr wich meine anfängliche Faszination einem Unbehagen. War wirklich alles eine Illusion, was wir als typisch menschlich ansahen, Freiheit, Bewusstsein und Vernunft? Doch je länger ich darüber nachdachte, desto beruhigter wurde ich wieder, denn bei genauerem Hinsehen war alles nur halb so schlimm. Unbewusste Prozesse haben selten einen Effekt, wenn sie einen haben, ist er meist schwach, und wenn ein bewusster Effekt stark ist, können wir ihn auch bewusst kontrollieren. Gerade weil wir vernünftig denken, stechen die Effekte des Unbewussten so heraus, als kleine Erinnerung an unsere tierische Natur. Das verleitet Forscher dazu, sich von unbewussten Phänomenen faszinieren zu lassen, wenn sie die menschliche Natur erkunden. Doch mir scheint, sie suchen das Mysterium an der falschen Stelle, denn es ist nicht im Dunkeln verborgen, sondern in seiner Sichtbarkeit versteckt. Das größte Rätsel des Universums ist nicht das Unbewusste, sondern ein Phänomen, mit dem wir Menschen uns aus den Zwängen der Evolution befreiten und anfingen, über uns selbst nachzudenken – unser Bewusstsein.»

Philipp Hübl, geboren 1975 in Hannover, ist Juniorprofessor für Theoretische Philosophie an der Universität Stuttgart. Er studierte Philosophie und Linguistik in Berlin, Berkeley, New York und Oxford und lehrte in Aachen und Berlin.

PHILIPP
HÜBL

DER UNTERGRUND DES DENKENS

EINE PHILOSOPHIE DES UNBEWUSSTEN

ROWOHLT TASCHENBUCH VERLAG

Veröffentlicht im
Rowohlt Taschenbuch Verlag,
Reinbek bei Hamburg, Juni 2017

Lektorat Susanne Frank
Umschlaggestaltung ZERO
Media Agentur, München,
nach einem Entwurf von
ANZINGER WÜSCHNER RASP, München
Umschlagabbildung Studio Parris
Wakefield/Getty Images
Satz Adriane Text PostScript, PageOne
Gesamtherstellung CPI books GmbH,
Leck, Germany
ISBN 978 3 499 62853 5

INHALT

* Aus stilistischen Gründen stehen allgemeine Ausdrücke wie «Philosophin» oder «Student» und die Personalpronomen «er» und «sie» immer für Frauen, Männer und andere. Das grammatische Geschlecht spiegelt nicht das biologische oder soziale wider.

EINFÜHRUNG: DAS ENTFESSELTE UNBEWUSSTE

«Wenn wir uns verlieben, sind wir Marionetten der Pheromone.»

«Die Gesellschaft zwingt uns zur Selbst-Optimierung.»

«Die Werbung zielt auf unser Reptilienhirn.»

Solche Thesen hören und lesen wir oft: in Fernsehsendungen und Zeitungen, in Hörsälen und auf Konferenzen. So oft, dass wir schon fast daran glauben könnten. Ein großes Thema unserer Zeit, neben Klimawandel und Digitalisierung, ist der unvernünftige und verführbare Mensch, der der Macht des Unbewussten hilflos ausgeliefert ist.

Das war nicht immer so. Von der antiken griechischen Philosophie über die europäische Aufklärung bis in die Moderne galt eigentlich die Vernunft als dasjenige Merkmal, das uns Menschen von Tieren unterscheidet. Dabei ist die Vernunft kein Organ wie das Herz oder die Augen, sondern zeigt sich in der Art und Weise, wie wir etwas tun, nämlich wenn wir *gründlich* nachdenken und *bewusst* handeln.

In der Kulturgeschichte konkurrieren also, grob gesprochen, zwei Bilder über die Natur des Menschen. Das *klassische Bild* stellt uns als selbstbestimmte Personen dar, die bewusst über sich und die Welt nachdenken und vernünftige Entscheidungen treffen. Seit mehr als 100 Jahren skizzieren allerdings Forscher* vieler Fachrichtungen ein *Gegenbild*, manchmal mit feiner Linie, oft mit breitem Pinselstrich. Sie stützen sich dabei auf Kulturbeobachtungen, klinische Fälle sowie auf psychologische und neurologische

Experimente. Sosehr sich die Fachrichtungen wie Psychologie, Kulturwissenschaft und Hirnforschung auch unterscheiden, so überraschend einig sind sich viele Forscher in einem Punkt – sie stellen das klassische Bild in Frage. Der Gegenentwurf besteht aus einer Familie von verwandten Ideen und Theorien, die auf unterschiedliche Weise unbewusste Kräfte betonen und so die Macht der Vernunft und des Bewusstseins bezweifeln. Typische Thesen sind beispielsweise, verdrängte Wünsche würden unser Handeln leiten, unsere Muttersprache determiniere unser Denken, das Ich sei eine Illusion und das Hirn entscheide für uns. Entsprechend suggestiv sind aktuelle Buchtitel zum Thema im Stile von: *Die Intelligenz des Bauches*, *Die Konstruktion des Ich*, *Die Hirn-Fiktion*, *Der Selbst-Wahn*, *Die Illusion des freien Willens*.

In diesem Buch verteidige ich das klassische Bild gegen seine Kritiker. Ich werfe einen Blick in den Untergrund des Denkens, auf das Fundament und die Katakomben darunter, und rücke die unbewussten Effekte ins rechte Licht. Dabei geht es um Themen wie Vergnügen, Aufmerksamkeit, Gedächtnis, Identität, Wünschen, Wahrnehmen, Sprechen, Denken, Entscheiden und Handeln.

Vorab ein paar Beispiele: Versuche zeigen, dass wir tatsächlich einige Milliliter Cola mehr trinken, wenn wir einen Film gesehen haben, in den ein fröhliches Gesicht unbemerkt hineingeschnitten wurde, und weniger, wenn das Gesicht wütend war. Doch keine unterschwellige Botschaft kann uns dazu bringen, auf einen Schlag eine ganze Flasche zu leeren. Wir kaufen mehr Schokolade ein, wenn wir unterzuckert sind, sind aber gegen Impulskäufe gefeit, sobald wir mit dem Einkaufszettel losgehen. Mehr als zwei Drittel aller Menschen halten sich zwar für überdurchschnittlich gute Autofahrer, aber daraus folgt nicht, dass wir einer dauerhaften Selbsttäuschung erlegen sind. Wir können uns Farben leichter merken, wenn wir ein Wort dafür haben, doch das heißt nicht, dass unsere Muttersprache unser Denken oder unser Weltbild festlegt. Zugegeben, ohne Hirn können wir nicht denken, doch daraus folgt nicht, dass das Hirn für uns denkt, und schon gar nicht, dass unser «Ich», genauer unser Bewusstsein, eine Konstruktion ist.

Meine Diagnose für diese und viele andere Beispiele lautet, dass wir so weiterleben können wie bisher. Erstens entpuppen sich die meisten Thesen von der Macht des Unbewussten als maßlose Übertreibungen. Zweitens machen uns die wenigen unbewussten Einflüsse nicht zwingend hilflos oder unvernünftig. Und drittens zeichnet uns Menschen die kritische Vernunft aus, die wir bewusst einsetzen und durch Training verbessern können, um uns gegen Einfluss zu schützen.

Aristoteles, Kant und ein paar ihrer Kollegen hatten doch recht. Philosophie ist nichts anderes als die Anwendung der kritischen Vernunft. Der philosophische ist oft der zweite Blick. Man nimmt die richtige Distanz ein, kneift die Augen etwas zusammen und sieht die Dinge plötzlich schärfer.

Auf den ersten Blick entsteht in den populären Medien der Eindruck, wir würden wie ferngesteuerte Zombies durch die Welt wanken. Wenn Beiträge mit den Worten beginnen: «Wissenschaftler haben herausgefunden», ist es erst einmal naheliegend, die Inhalte für bare Münze zu nehmen. Wer sollte es besser wissen als eben die Wissenschaftler?

Doch auf den zweiten, den kritischen Blick merkt man, dass die meisten unbewussten Phänomene vielschichtig sind, die Experimente oft mehrere Interpretationen zulassen und die Theorien daher allenfalls vorläufig sein müssten, präsentiert als vorsichtig formulierte Hypothesen. Die populären Medien, und inzwischen auch viele Wissenschaftler, tendieren jedoch dazu, Beobachtungen und Forschungsergebnisse als «big idea» zu verkaufen, als große Entdeckung, als revolutionären Ansatz. Natürlich handelt es sich bei dieser Einschätzung selbst nur um eine bloß allgemein charakterisierte Tendenz. In jeder Disziplin gibt es auch die ausgewogenen Stimmen. Doch das sind selten jene, die am lautesten erschallen und so an die breite Öffentlichkeit gelangen.

Krassen Ankündigungen von der Macht des Unbewussten, von Hirnen, die uns steuern, oder gesellschaftlichen Zwängen, denen wir nicht entrinnen können, muss man mit denselben argwöhnischen Nachfragen gegenübertreten wie jeder anderen unglaubwürdigen Geschichte. Das ist eine philosophische Haltung, denn kritische Fragen sind die Werkzeuge der Philosophie. Richtig angesetzt, kann man damit Experimente auseinandernehmen und zeigen, dass sich hinter populären Zeitgeist-Diagnosen manchmal erstaunlich wenig verbirgt.

Auf den zweiten Blick zeigt sich, dass das klassische Bild von uns als selbstbestimmte, kontrollierte, vernünftige Menschen weder falsch noch naiv, sondern korrekt ist. Das heißt natürlich nicht, dass kein Mensch je etwas Dummes getan hat; auch nicht, dass wir jede Sekunde unseres Lebens bewusst und aufmerksam erleben oder immer alles unter Kontrolle haben. Natürlich sind Menschen nicht perfekt vernünftig. Um das zu bemerken, muss man nur die Nachrichten einschalten.

Der Spielraum für unbewusste Manipulationen fällt jedoch verschwindend klein aus. Sobald wir die Aufmerksamkeit ein- und damit die Vernunft auf Alarm schalten, sind wir kaum noch anfällig für Manipulationen oder Täuschungen. Und wenn wir herausfinden, wie unbewusste Prozesse in uns walten, können wir sie kontrollieren oder sogar für uns arbeiten lassen. Das machen Sportler, wenn sie ihre automatisierten Reaktionen trainieren, Künstler, wenn sie sich in einen kreativen Flow bringen, und jeder, der tanzt, als gäbe es kein Morgen.

DIE DUNKLEN SEITEN DES BEWUSSTSEINS

Die Frage, die hinter alldem steht, lautet natürlich: Was ist eigentlich das Unbewusste? Und was geht dort vor? Bevor man sich zu schnell auf eine Antwort stürzt, hilft erst einmal der Blick auf die Alltagssprache. Das Wort «unbewusst» ist dort allgegenwärtig, doch es kann ganz Verschiedenes bedeuten. Man kann diese Lesarten verdeutlichen, indem man jeweils Synonyme für das Wort «unbewusst» einsetzt.

Wenn ich mit Rückenschmerzen einschlafe, wache ich morgens manchmal in einer Schonposition auf. Im Schlaf hat wohl irgendein Mechanismus den Schmerz registriert und meine Bewegung gesteuert. Hier können wir sagen, dass das «unbewusst» war, und zwar in der Lesart von «Ich habe es nicht erlebt».

Meine Träume hingegen erlebe ich bewusst, denn ich spüre, wie ich zum Beispiel fliege und mich dabei freue. Doch den Inhalt kann ich nicht kontrollieren. Träume sind also meistens unbewusst in der Bedeutung von «nicht unter meiner Kontrolle».

Bei bildlichen Vorstellungen ist das anders, aber auch sie entgleiten mir manchmal und werden zu Tagträumereien. Ohrwürmer erlebe ich ebenfalls passiv, aber ich kann sie willentlich unterbrechen, indem ich mich ablenke. Tagträume und Ohrwürmer sind unbewusst, nämlich «passiv erlebt, aber im Prinzip kontrollierbar».

Ich weiß, dass Madrid die Hauptstadt von Spanien ist, auch wenn ich gerade nicht daran denke. Diese Information ist unbewusst, genauer: «in meinem Gedächtnis gespeichert und potenziell abrufbar». Ich weiß allerdings nicht mehr, wann und wo ich sie aufgenommen habe. Die Lernsituation ist als *Quellenamnesie* dauerhaft unbewusst: «Ich habe keine Erinnerung daran.»

Beim Blinzeln schließen wir kurz die Augen, aber die Welt wird dadurch nicht schwarz. Irgendetwas rechnet den Eindruck der Dunkelheit heraus. Er bleibt unbewusst im Sinne von «unbemerkt» oder sogar «gelöscht».

Der Name des Regisseurs von *Le Mépris – Die Verachtung* liegt mir auf der Zunge, will mir aber nicht einfallen. Später unter der Dusche ist er plötzlich da: «Jean-Luc Godard». Etwas in mir hat weitergesucht. In der Psychologie nennt man das «unbewusstes Problemlösen».

Als deutscher Muttersprachler bilde ich meistens korrekte grammatische Sätze. Die zugrundeliegenden Regeln sind mir jedoch nicht bewusst, kurz: «Ich kenne sie nicht.»

Neulich in der S-Bahn wollte ich mich festhalten und habe jemanden angerempelt. Das passierte unbewusst, genauer: «versehentlich». Wenn ich nicht lange darüber nachdenke, kann ich noch ein paar Klavierstücke von früher anschlagen. Ich habe zwar das Gefühl, selbst zu spielen, bin allerdings überrascht, wohin die Finger wandern. Die Bewegungen bleiben unbewusst im Sinne von «routiniert».

Meinen Schluckauf hingegen steuere ich nicht selbst, er läuft unbewusst ab, nämlich «automatisch».

In Gegenwart anderer halte ich mir beim Gähnen die Hand vor den Mund. Wenn ich allein bin, nicht immer. Anscheinend üben andere einen Einfluss auf mich aus, der unbewusst ist, denn «ich denke nicht darüber nach».

Von der OP unter Vollnarkose schließlich habe ich nichts mitbekommen, weil ich «nicht bei Bewusstsein» war.

Das sind nur einige der Lesarten von «unbewusst». Wir können zwar in vielen Fällen «unbewusst» sagen, meinen aber nicht immer dasselbe, sondern benennen damit ganz unterschiedliche Phänomene. Die haben allerdings eines gemein: Sie bilden einen Kontrast zur idealtypischen menschlichen Handlung, die wir vernünftig, überlegt, kontrolliert und aufmerksam ausführen. Das zeigen auch die unzähligen Synonyme von «unbewusst». Die meisten wie «unaufmerksam», «achtlos», «übereilt», «gedankenlos», «nachlässig», «unbedacht» oder «vorschnell» drücken das Gegenteil von Aufmerksamkeit beim Handeln aus. Schon das Wort «Bewusstsein» hat viele Bedeutungen: Wachsein, Aufmerksamkeit, Absicht, Gedächtniszugang, Wissen, Erleben, Selbstbezug, Kontrolle, Überlegung. So hat es nicht nur ein einziges Gegenteil, sondern mindestens ein Dutzend.

Einer der Gründe für die Popularität des Unbewussten liegt also in der Bedeutungsvielfalt des Wortes «unbewusst». Das bedenken wir im Alltag nicht, weil im Kontext meist klar ist, was wir meinen. Doch die Vielfalt der Bedeutungen sickert oft ungefiltert in die Wissenschaften. So untersuchen Psychologen und Neurowissenschaftler häufig das Unbewusste, ohne sich der Dimensionen des Wortfeldes bewusst zu sein. Umgekehrt fassen sie den Begriff des Unbewussten an anderen Stellen zu weit, indem sie etwas für unbewusst erklären, wenn wir nicht genau wissen, wie es funktioniert. Damit macht man auch aus dem Wachsen der Haare einen unbewussten Vorgang. Somit wird die Ursprungsthese über die Macht des Unbewussten allerdings witzlos. Sicher, ein Mediziner kann sich bewusstmachen, wie das Haarwachstum funktioniert, aber dadurch *erlebt* er nicht bewusst, wie die Haarwurzeln sprießen, er *weiß* lediglich etwas darüber. Einen sinnvollen Begriff vom Unbewussten hat man erst, wenn man den

Gegenbegriff verstanden hat: «Bewusstsein». Und wenn man weiß, wie Bewusstsein, Aufmerksamkeit, Gedächtnis, Vernunft und Handeln zusammenspielen.

DAS MODELL

Bei der Wissenschaft vom Unbewussten denkt man spontan an Freuds *Psychoanalyse*, speziell seine Theorie der Verdrängung. Freud glaubte, es gebe einen Bereich in unserem Geist, das *Es*, in dem gesellschaftlich inakzeptable Wünsche, die sexuellen und aggressiven, lauern, ohne dass unser Bewusstsein, das *Ich*, das mitbekommt. Ein Zensor formatiert sie symbolisch um, sodass sie oft verschleiert ins Bewusstsein dringen. Wer sich eine erotische Phantasie verkneift, träumt vielleicht später davon, der Nachbarin den Ofen zu reinigen oder mit dem Nachbarn eine Zigarre zu schmauchen. Zudem wird das Ich ständig von seinem Gewissen geplagt, dem *Über-Ich*, in dem die Normen und Verbote der Eltern und der Gesellschaft gespeichert sind. Das Ich ist also eingeklemmt. Unter ihm in der Tiefe lauern die dunklen Triebe, und über ihm wehen die unerreichbar hehren Kulturideale. Heute benutzen viele das Wort «Unterbewusstsein», wenn sie über Freuds Psychoanalyse reden, obwohl er selbst nur vom «Unbewussten» sprach. Sein Bild einer dreistöckigen Psyche scheint diese vertikale Sichtweise allerdings nahezulegen.

Wenn die heutigen Psychologen und Neurowissenschaftler von «unbewusster Informationsverarbeitung» sprechen, dann meinen sie etwas anderes als Freud, nämlich unbewusstes Denken, unbewusste Wahrnehmung oder unbewusste Gefühle. Das sind Prozesse, die in uns ablaufen, ohne dass wir es merken, sie haben aber nichts mit Verdrängung oder Traumsymbolen zu tun. Zeigt man beispielsweise Versuchspersonen das Bild einer Schlange für 100 Millisekunden, also eine Zehntelsekunde, und danach ein neutrales Bild einer Blume, dann sagen alle, sie hätten die Blume gesehen, aber niemand, dass da auch eine Schlange war. Das zweite Bild *maskiert* das erste, daher heißen diese Versuche *Maskierungs-Experimente*.

Dennoch hinterlässt das Bild der Schlange Spuren. Das Herz der Probanden schlägt etwas schneller, und Schweiß bildet sich auf ihren Fingerspitzen, zwei typische Anzeichen für Angst, die solche Schlangenbilder normalerweise auslösen. Gibt man den Versuchspersonen die Aufgabe, Wörter zu vervollständigen, sodass sich Tiernamen ergeben, und sie lesen «Sch», so sagen sie eher «Schlange» als «Schnecke», selbst wenn beide Wörter etwa gleich häufig vorkommen. Auch das ist ein Zeichen, dass die Probanden das Bild irgendwie wahrgenommen haben und von der Verarbeitung beeinflusst wurden. Doch der Reiz ist nicht bis ins Bewusstsein vorgedrungen.

Die Idee hinter der Annahme dieses *kognitiven Unbewussten* ist dieselbe wie die hinter dem *freudianischen Unbewussten*, nämlich dass man als Forscher nicht einfach spekulativ von «unbewussten» Vorgängen spricht, sondern sie nur dann annimmt, wenn sie sich in irgendeiner Form im Bewusstsein zeigen und so messbar sind. Freud meinte, die Verdrängung zeige sich in Träumen, Versprechern und Neurosen. Seine Theorie kann mittlerweile als widerlegt gelten, wie ich in späteren Kapiteln zeigen werde. Die heutigen Psychologen und Neurowissenschaftler verwenden dagegen physiologische Messmethoden oder eben indirekte Tests wie Wortergänzungen, um unbewusste Prozesse nachzuweisen.

Das kognitive und das freudianische Unbewusste sind nur zwei Beispiele für Theorien über unbewusste Vorgänge. Was ist mit den unzähligen anderen Lesarten des Wortes «unbewusst»? In solch einem Fall ergeben sich zwei Möglichkeiten. Entweder man geht von einem einzigen Phänomen aus, nämlich dem «Unbewussten», das viele Spielarten hat. Oder man nimmt an, dass viele unterschiedliche Phänomene existieren, die wir ärgerlicherweise mit demselben Wort bezeichnen. Ich tendiere zur zweiten Option und schlage vor, dass man für «das war unbewusst» immer ein anderes Wort einsetzen sollte, sofern es möglich ist, wie im Fall von «ich erinnere mich nicht» oder «ich weiß es nicht».

Was bleibt übrig? Oder anders gefragt, an welchen Stellen ist der Begriff des Unbewussten überhaupt sinnvoll? Nur im Fall des kognitiven Unbewussten, also bei der Informationsverarbeitung unterhalb der Bewusstseinsschwelle.

Zum ersten Überblick und zur groben Orientierung schlage ich folgendes Modell vor, das ich kurz skizzieren und in den nächsten Kapiteln schrittweise ausbauen werde: Die meisten Prozesse in unserem Hirn wie der Blutfluss und viele elektrische Entladungen sind weder bewusst noch unbewusst, sondern *nichtbewusst*. Sie laufen einfach ab wie die Zellteilung in unserem Körper etwa beim Haarwachstum, ohne dass ihnen etwas im Bewusstsein entspricht.

Einige wenige Prozesse sind *unbewusst*. Typische Beispiele sind die schon erwähnte Namenssuche, Vorgänge, die zu kreativen Ideen führen, oder eben die Wahrnehmung von maskierten Schlangenbildern. Sie alle weisen eine gewisse Ähnlichkeit mit bewussten Vorgängen auf, doch wir bekommen nichts von ihnen mit. Wenn wir hingegen etwas *bewusst* wahrnehmen, dann sind die entsprechenden Vorgänge vielschichtiger, und wir erhalten reichhaltigere Details über die Welt. Zu jedem Zeitpunkt erleben wir allerdings mehr im Bewusstsein, als wir weiterverarbeiten oder uns merken können. Um das zu verdeutlichen, reicht ein Blick aus dem Fenster. Man sieht die Baumwipfel, die sich in den Himmel recken, und die Wolken darüber, die Giebel und Dächer in ihrer bunten Vielfalt. Doch sobald man die Augen schließt, sind viele dieser Details verloren. Wie viele Wipfel waren das? Wie genau sind die Wolken geformt? Welche Farbe haben die Schindeln vom Spitzdach?

Wir benötigen unsere Aufmerksamkeit, um solche Informationen zu erfassen, also in den sogenannten *Arbeitsspeicher* zu laden, wie die Psychologen sagen. Nur so können wir sie dann in Worte kleiden, darüber nachdenken und sie uns langfristig merken. Unser Wissen ist zwar im Gedächtnis abgelegt, doch wir können es uns ins Bewusstsein rufen, wir tragen es immer mit uns wie eine Kontrastfolie, vor der sich das Bewusstsein abzeichnet. Die aktive Aufmerksamkeit ist der Schlüssel für Selbstkontrolle und langfristiges, vernünftiges Denken. Das lernen wir schon als Kinder, und wir können uns darin immer weiter verbessern.

Die Popularität von Freuds Psychoanalyse hat zwar dazu beigetragen, die Idee vom manipulierbaren Menschen zu erhärten und für andere Disziplinen fruchtbar zu machen. Dazu sage ich später noch mehr. Man kann Freud aber auch so verstehen, dass er gerade das Ich stärken wollte. Wir als bewusst denkende Personen sollten uns gegenüber den sexuellen und aggressiven Impulsen emanzipieren, die in unserem Unbewussten schlummern, und ebenso gegenüber dem Über-Ich, also den Zwängen der Kultur. In diesem Sinne ziehe ich an Freuds Strang. Allerdings muss man unserem Bewusstsein gar nicht mehr Raum verschaffen, denn es hat mehr als genug Platz. Man kann vielmehr zeigen, wie schwach die Prozesse oft sind, die im Untergrund des Wahrnehmens, Denkens und Wollens ablaufen, und wie gut wir die überindividuellen Prozesse der Kultur, also die Zwänge, Moden und Diskurse, bewusst kontrollieren können.

In diesem Buch geht es um zentrale philosophische Themen wie die Frage, was unsere Identität ausmacht: unser Gedächtnis, unser Charakter, unser Körper oder unser Bewusstsein? Außerdem diskutiere ich erstaunliche Versuche aus der Psychologie wie etwa eine Untersuchung an Richtern, die kurz vor dem Mittagessen keine einzige Bewährung bewilligten, aber später mit vollem Magen bei zwei Drittel aller Delinquenten Gnade walten ließen. Ich behandle das *Paradox der Selbsttäuschung*: «Wie kann ich mich dazu bringen, etwas zu glauben, was ich selbst für falsch halte?», ebenso wie bizarre neurologische Fälle, zum Beispiel *Split-Brain-Patienten*, bei denen Ärzte die Hirnhälften durchtrennt haben. Die Beispiele für unbewusste Phänomene reichen von eingebildeten Erinnerungen, unsichtbaren Gorillas und Mentalmagiern bis zu den stillen Aufforderungen des iPhones.

Freud sagt, das Ich sei nicht «Herr» im «eigenen Hause». Nietzsche meint, für den Höhenflug des Denkens müsste «Ruhe in allen Souterrains» sein, «alle Hunde hübsch an die Kette gelegt». Die folgenden Kapitel zeigen, dass wir es uns als Hausherren und Hausdamen im Wohnzimmer bequem machen können, auch wenn wir nicht immer wissen, was im Keller passiert. Und wenn der Hund manchmal zu laut im Untergrund kläfft, hilft nur eins: Licht anmachen, runtergehen, nachschauen und für Ordnung sorgen.

PHILOSOPHISCHES HANDWERK

SCHÖNHEIT DURCH WIEDERHOLUNG: DER VERTRAUTHEITS-EFFEKT

Stellen Sie sich vor, Sie haben eine Reise nach Rom gewonnen, in das beste Hotel der Stadt. Sie sind das erste Mal in Italien. Schon bei ihrer Ankunft sind sie überwältigt. Die Sprache enthält zahllose wohlklingende Vokale, und die Menschen gestikulieren ungewohnt lebhaft. Ihre Spaziergänge mit dem Stadtplan in der einen Hand und dem Smartphone in der anderen fordern ihre ganze Konzentration. Aber es lohnt sich, denn die historischen Bauwerke sind beeindruckend. Fremde Gerüche strömen aus den Geschäften und Cafés. Alles ist neu und unheimlich aufregend, und trotzdem sind Sie froh, als Sie wieder daheim sind, auch wenn Ihre Inneneinrichtung nicht mit der Hotelsuite mithalten kann und in Ihrem Garten keine Zitronen blühen. Der Grund lautet, dass die eigene Wohnung einem so angenehm vertraut ist. Kurz nach dem Einzug war das vermutlich noch nicht so, doch hat man sich erst einmal eingelebt, fühlt man sich zu Hause besonders geborgen. Wie kommt das? Der amerikanische Psychologe Robert Zajonc gibt eine einfache Antwort: durch bloße Wiederholung. Alles, was wir mehrmals sehen, hören und erleben, bekommt allein dadurch einen positiven Wert, sofern wir damit keine Gefahr oder andere negative Dinge verbinden. Robert Zajonc nennt dieses Phänomen *Mere-*

Exposure-Effect, also in etwa *Effekt durch bloßen Kontakt* oder kürzer *Vertrautheitseffekt*.

Er führte dazu vor knapp 50 Jahren die ersten Experimente durch. Inzwischen haben Psychologen unzählige Spielarten des Effekts untersucht. Zum Beispiel hat Zajonc mit Kollegen in einer Uni-Zeitung fingierte Werbeanzeigen geschaltet, in denen erfundene Symbole abgedruckt waren, die an asiatische Schriftzeichen erinnerten. Nach einigen Monaten bekamen Studenten in einem Versuch eine Reihe von Symbolen präsentiert und mussten raten, ob die Zeichen wohl eher eine positive oder negative Bedeutung hätten. Darunter waren auch die der Werbeanzeige. Obwohl niemand angab, die Schriftzeichen zu kennen, sprachen die Testpersonen den vorher abgedruckten signifikant häufiger positive Bedeutungen zu als den unbekannten. Anders ausgedrückt: Die Teilnehmer hatten eine gewisse Vorliebe für diese Zeichen erworben.

Vorlieben oder «Präferenzen», wie die Psychologen sagen, können sich auf vielen Wegen formen. Einige sind angeboren, wie die Lust auf Süßes oder die Abneigung gegenüber bitteren Speisen. Andere werden erlernt. Das wiederholte Lob der Eltern beispielsweise verstärkt in Kindern die Neigung, alles aufzuessen. Wieder andere entstehen durch Nachahmung oder Gruppenzwang, man denke dabei an Modesünden aus der eigenen Jugend. Doch der Vertrautheitseffekt ist unabhängig von all diesen Vorgängen, denn er läuft vollkommen passiv, also ohne jedwede Anweisung, ab. Gleichzeitig ist der Vertrautheitseffekt sehr stabil. Man findet ihn bei allen Menschen, unabhängig von der Kultur oder sozialen Herkunft. Der Effekt ist auch nicht an eine bestimmte Sinnesmodalität gebunden. Wie eine Studie zum *Eurovison Song Contest* zeigt, ziehen wir bekannte Melodien unbekannten vor, wenn man von Extremen einmal absieht wie zum Beispiel Schlagern, die man zu oft gehört hat. Wir finden bekannte Gemälde ansprechender als unbekannte. Menschen aus unserem Freundeskreis halten wir für attraktiver, als es neutrale Außenstehende tun. Sogar bei Tieren kann man den Effekt nachweisen. Hören ungeborene Küken einen Ton durch die Eischale hindurch, reagieren sie nach dem Schlüpfen positiv auf diesen Ton, im Gegensatz zu den übrigen Küken, die davor Angst haben. Wachsen Küken ohne Kontakt zu ihren Artgenossen auf, etwa mit einer Streichholzschachtel als Spielkamerad, dann interessieren sie sich später mehr für solche Schachteln als für ihresgleichen.

Entscheidend für Versuche bei Menschen ist, dass man den Effekt selbst dann nachweisen kann, wenn die Stimuli den Probanden wenig oder gar nicht bewusst waren. Bei den asiatischen Symbolen in der Uni-Zeitung wird kaum jemand genauer hingesehen haben. Andere Versuche sind noch deutlicher. Der Psychologe William Wilson hat seinen Teilnehmern Kopfhörer aufgesetzt. Auf einem Ohr lief Musik, während auf dem anderen Ohr Wörter zu hören waren, die die Probanden präzise wiedergeben mussten. Das erscheint einfach, erfordert aber viel Konzentration. Nach dem Versuch konnte kaum jemand angeben, welche Melodien erklungen waren. Dennoch drückten die Teilnehmer bei einer Befragung eine deutliche Vorliebe für eben diejenigen Klänge aus, die sie allenfalls am Rande des Bewusstseins gehört hatten.

Zajonc hat für den Vertrautheitseffekt eine evolutionäre Erklärung parat. Für die Vorfahren der heutigen Tiere sei es von Vorteil gewesen, dem Neuen vorsichtig zu begegnen, denn es konnte eine Gefahr bedeuten. Das kann man gut bei Katzen beobachten, wenn sie zum ersten Mal ein ferngesteuertes Auto sehen und zwischen Neugier und Scheu buchstäblich hin- und hergerissen sind. Nach einiger Zeit können Tiere allerdings lernen, dass von bestimmten Dingen oder Orten keine Gefahren ausgehen. Dann ist es von Vorteil, wenn sie eine Vorliebe dafür behalten, denn sonst würden sie nie zur Ruhe kommen.

Bei uns Menschen drückt sich die Vertrautheit in einem speziellen *Vertrautheitsgefühl* im Bewusstsein aus. Vertrautes hat diesen eigenartig wohligen Nimbus. So freut man sich sogar, wenn man sehr flüchtig Bekannte zufällig im Ausland trifft. Der Vertrautheitseffekt kann das Gefühl erklären, dass es zu Hause doch am schönsten ist, er äußert sich in Redewendungen wie «Was der Bauer nicht kennt, isst er nicht», und er findet ganz praktische Anwendung in der Werbung. Effektiver als provokante Werbespots oder lustige virale Kampagnen ist die dauerhafte und flächendeckende Präsenz des Firmenlogos. Das beste Beispiel sind rote Schilder mit einer weißen Schreibschrift für ein koffeinhaltiges Zuckergetränk.

DER PHILOSOPHISCHE WERKZEUGKASTEN

Wer das Unbewusste verstehen will, kommt am Vertrautheitsgefühl nicht vorbei, denn es kann von einem Stimulus stammen, den wir nicht mitbekommen haben, der also in einer Lesart des Wortes *unbewusst* war. Dieser Effekt ist vor allem deshalb einschlägig, weil er Teil der menschlichen Natur ist, in vielen Formen unseren Alltag bestimmt und gleichzeitig systematisch untersucht wurde. An ihm lässt sich also gut zeigen, wie man Experimente aus der Forschung philosophisch einordnet. Nach einem kleinen Ausflug in die Grundlagen der Wissenschaften werde ich den Vertrautheitseffekt deshalb mit philosophischen Werkzeugen behutsam auseinanderschrauben.

Worum geht es in der Wissenschaft überhaupt? Ihre

Leitfrage lautet: Was soll erklärt werden? Jede Theorie, Hypothese oder Beobachtung sollte dabei helfen, die Welt besser zu verstehen, Dinge genauer zu bestimmen, viele kleine Phänomene als Ausdruck grundlegender Prinzipien zu beschreiben und sie dabei idealerweise mathematisch so präzise zu formulieren, dass man die Ergebnisse berechnen und vorhersagen kann. Bei der Theorie des Vertrautheitseffekts sind es auf den ersten Blick so vielfältige Phänomene wie Geborgenheit, Schönheit und positive Wortbedeutungen, die offenbar alle vom Vertrautheitsgefühl beeinflusst sein können.

In der Philosophie hingegen, genauer der *Wissenschaftstheorie*, fragt man vor allem, was eine *gute* Erklärung ist. Dabei ging es lange Zeit fast ausschließlich um die Naturwissenschaften, genauer die Physik – um Fragen wie «Sind Naturgesetze ausnahmslos gültig?», «Was sind die kleinsten Bestandteile des Universums?», «Sind Raum und Zeit absolut oder relativ?». In den Anfängen stand die Suche nach der Weltformel im Vordergrund, der umfassenden Theorie von allem. Seit einigen Jahrzehnten ist die Euphorie etwas verklungen. Nancy Cartwright und andere einflussreiche Philosophen gehen inzwischen davon aus, dass wir in einem unordentlichen Universum leben und daher Abschied nehmen sollten von der Hoffnung auf das eine mathematisch exakte Supernaturgesetz.

Doch selbst wenn die Physik solch ein Gesetz einmal fände, wird das in anderen Disziplinen nicht der Fall sein. Keiner glaubt zum Beispiel an strenge Naturgesetze in der Geologie. Vor allem in den Wissenschaften, die sich mit dem Menschen beschäftigen, also Psychologie, Soziologie, Sprach-, Literatur- und Kulturwissenschaft herrscht traditionell eine große Vielfalt an Thesen und Methoden.

Der Mensch ist einfach zu komplex. Wir unterscheiden uns in zu vielen Parametern. Ein Beispiel: Einige Menschen mögen Klassik, andere lieber Jazz. Liegt das an den Genen, der Erziehung, der frühkindlichen Prägung, dem Geschlecht, der Schulbildung, der sozialen Schicht oder einfach nur an der Tagesform? Kann man einzelne dieser Faktoren überhaupt sicher ausschließen? Wie soll man sie mathematisch messen? Und selbst wenn man unser Denken, Fühlen und Handeln sprachlich fassen und vermessen könnte, ließen sich die Daten nicht beliebig präzisieren wie in der Physik. Es macht schon Mühe, beim Orthopäden seinen Schmerz auf einer Skala von 1 bis 10 zu bewerten. Absurd wäre zu sagen, dass der Rücken mit der Stärke von 7,293 weh tut.

Mangelnde Präzisierbarkeit muss aber niemanden daran hindern, den Menschen zu erforschen. Nur ist dabei Vorsicht geboten, denn jede Forschung wirkt sich auf unser Leben aus. In den Naturwissenschaften ist das die Technik. Ohne Physik gäbe es kein Internet, ohne Chemie keine Antibiotika. In den Humanwissenschaften sind es eher die Folgen für unser Menschenbild. Einige Neurowissenschaftler fordern, man solle das Rechtssystem vollkommen überarbeiten. Einige Soziologen wollen Großstädte von Grund auf umbauen. Einige Kulturwissenschaftler_innen wollen die Sprache reformieren. All diese Forderungen mögen berechtigt sein. Doch weil sie teils radikal sind, muss man sie auch gut begründen.

Die Frage lautet daher, ob die Forschung, auf die sich die Forderungen stützen, hieb- und stichfest ist. Hier lohnt sich ein Griff in den *philosophischen Werkzeugkasten.* Die Instrumente der philosophischen Analyse sind dabei kritische Fragen, denn Philosophen sind in begrifflicher Genauigkeit, im logischen Schließen und im Argumentieren geschult. Diese Expertise bringen Natur- und Kulturwissenschaftler nicht immer mit. Gerade weil sie Themen diskutieren, die für uns Menschen zentral sind, kann man ihnen nicht die alleinige Interpretation ihrer Forschung überlassen. Wer in den Wissenschaften hingegen Fragen zu den Grundlagen seiner Disziplinen stellt, der betreibt ohnehin Philosophie. Je nach Problem und Naturell kann man mit dem Hammer philosophieren oder mit dem Skalpell an die Feinarbeit gehen. So lassen sich zu jedem Versuch aus der Psychologie oder Neurowissenschaft, aber auch zu Theorien aus der Soziologie oder Kulturwissenschaft philosophische Fragen stellen. An Zajoncs Vertrautheitseffekt kann man die sieben wichtigsten gut veranschaulichen. Das mag an einigen Stellen pedantisch oder technisch klingen, aber es lohnt sich, denn oft kann man nur so Übertreibungen und Unsinn entlarven.

WIE MAN MIT DEM SKALPELL PHILOSOPHIERT

Die erste dieser sieben kritischen Fragen lautet: Was ist damit gemeint? Hier geht es um die *Begriffe*. Wer beispielsweise behauptet, «Bewusstsein» zu untersuchen, muss sagen, ob er damit «Aufmerksamkeit» oder «Wissen» meint oder etwas ganz anderes. In Zajoncs Fall geht es um einen klar definierten Effekt, nämlich Vorliebe durch Vertrautheit.

Die zweite Frage lautet: Was wird untersucht? Hier geht es um die *Daten*. Im Falle des Vertrautheitseffekts sind es Urteile von Probanden und Verhaltensweisen von Tieren. Diese Vielfalt ist gut. In vielen Versuchen macht es nämlich einen Unterschied aus, ob die Personen nur auf einen Knopf drücken oder einen Fragebogen beantworten, denn das Frage-Antwort-Spiel appelliert an unser soziales Selbstbild. Auf die Frage «Wie oft in der Woche haben Sie Sex?», antwortet man vielleicht weniger ehrlich als auf die Fragen «Wie oft duschen Sie?», weil man vor sich und anderen in einem bestimmten Licht erscheinen will. Der Vertrautheitseffekt von Zajonc und seinen Kollegen ist gerade deshalb so gut abgesichert, weil sie die Daten sowohl *sprachlich* durch Fragebögen als auch *nichtsprachlich* durch anderes Verhalten ermittelt haben. Weitere Möglichkeiten für nichtsprachliche Verfahren sind die Messung von Reaktionszeiten oder die Darstellung aktiver Hirnareale.

Die dritte Frage lautet: Was hängt womit zusammen? Hier geht es um *Verursachung* oder in unserem Fall um die Mechanismen und Strukturen des Geistes. Beim Vertrautheitseffekt ist die Verursachung klar. Man sieht eine Person und merkt sich dabei ganz automatisch ihr Gesicht. Anders ausgedrückt: Das Gesicht verursacht eine Spur im Gedächtnis. Jedes weitere Treffen verstärkt die emotionale Markierung für Vertrautheit, selbst wenn man vergessen hat, wer die Person eigentlich ist oder woher man sie kennt.

Die vierte Frage aus dem Werkzeugkasten lautet: Gibt es Versuche, die die Theorie belegen? Dabei geht es nicht nur um einzelne Daten für eine These, sondern um *Hinweise* für eine ganze Theorie. Für den Vertrautheitseffekt sprechen Hunderte von Versuchen. Der Fall ist also ganz klar. Doch andere Theorien sind weniger gut belegt, manche befinden sich allenfalls im Stadium einer Arbeitshypothese. Während meines Studiums dachte ich noch, dass eine Theorie verworfen wird, sobald man zeigen kann, dass sie falsch ist. Ein einziges Gegenbeispiel reicht aus, wie Karl Popper dargelegt hat. Grundsätzlich ist das auch richtig. Aber in der Psychologie sind so viele Parameter im Spiel, dass man ein vermeintliches Gegenbeispiel oft mit einem ganz anderen Effekt wegerklären kann. Erst wenn man systematisch viele Aspekte eines Experiments oder einer Forschungsthese in Frage stellen kann, handelt es sich um eine echte *Widerlegung*.

Umgekehrt reicht ein einziger Versuch nicht aus, um ein Phänomen wie den Vertrautheitseffekt nachzuweisen. Für eine *Bestätigung* müssen Hinweise aus vielen Versuchen auf dasselbe hinauslaufen. Das garantiert zwar immer noch nicht, dass die These dann wahr ist, denn es kann immer sein, dass spätere Untersuchungen alles wieder über den Haufen werfen. Doch man hat dann immerhin gute Gründe, erst einmal von der Wahrheit auszugehen. Die empirischen Wissenschaften bleiben in diesem Sinne immer vorläufig. Unbezweifelbare *Beweise* gibt es, wenn überhaupt, nur in den formalen Wissenschaften, also in der Mathematik und in der Logik.

Die fünfte Frage lautet: Was zeigt das Experiment? Darin geht es um die *Folgerungen*. Zajonc beispielsweise schließt aus dem Vertrautheitseffekt, dass es zwei Speicherformate im Gedächtnis gibt. Inhaltliche Informationen über eine Person wie «Arbeitskollegin», «Nachbar» oder «Mutter» sind *kognitiv* gespeichert, Informationen über die Bekanntheit allerdings *emotional*, nämlich über das Vertrautheitsgefühl. Beides geht oft Hand in Hand. Doch wann immer wir denken «Die kenn' ich doch irgendwoher», haben wir lediglich Zugriff auf das emotionale Format, nicht auf das kognitive.

Die sechste Frage lautet: Ist das Ergebnis auf andere Bereiche übertragbar? Darin geht es um die *Verallgemeinerung*, speziell die Übertragung auf unser Leben und unseren Alltag. Auch hier ist der Vertrautheitseffekt beispielhaft. Er findet sich bei Tieren und Menschen und lässt sich auf viele Phänomene wie Attraktivität, Kunst und Effekte der Werbung anwenden.

Die siebte Frage schließlich lautet: Ist die These neu? Darin geht es um *Originalität*. Der Vertrautheitseffekt widerspricht zwar nicht gängigen Auffassungen, aber es ist eine echte Entdeckung, dass er auch mit unbewussten Stimuli wirken und dabei Gefühle wie Wohligkeit und Wohlgefallen sowie positive Bedeutungen erzeugen und verstärken kann. Zudem zeigt er, dass im Gedächtnis kognitive Inhalte unabhängig von emotionalen wie dem Vertrautheitsgefühl gespeichert sind, auch wenn wir sie oft zusammen erleben und deshalb nicht ohne weiteres als unabhängig voneinander betrachten würden.

Das sind also die sieben philosophischen Werkzeuge, nämlich Fragen nach Begriffen, Daten, Verursachung, Hinweisen, Folgerungen, Verallgemeinerung und Originalität. Setzt man sie beim Vertrautheitseffekt an, zeigt sich, dass die Theorie gut funktioniert. Nur an einer Stelle verwechselt Zajonc zwei Begriffe, denn er glaubt, der Vertrautheitseffekt habe nichts mit dem Bewusstsein, speziell dem erlebten *Vertrautheitsgefühl*, zu tun. Er begründet das damit, dass ja auch unbewusste Reize wie unhörbare Melodien im Kopfhörer-Versuch zu einem Vertrautheitseffekt führen. Doch während die *Auslöser* des Effekts unbewusst sein können, hat das Vertrautsein unser Bewusstsein sehr wohl emotional getönt. Vielleicht würden wir diese zarte Einfärbung nicht unbedingt als «Vertrautheitsgefühl» bezeichnen, aber da ist doch etwas, was die Melodie ein bisschen wohlklingender, das Bild ein bisschen schöner, das Gesicht ein bisschen attraktiver gemacht hat, auch wenn wir das gar nicht so genau beschreiben können.

Einfach ausgedrückt, wird im Gedächtnis alles Bekannte mit einem emotionalen Textmarker unterstrichen, selbst wenn dort keine weiteren Informationen gespeichert werden. Diese Markierung erleben wir bewusst als Vertrautheitsgefühl, das so Informationen über unsere Umwelt enthält. Zajonc meint, der Vertrautheitseffekt sei die «Eingangstür zum Unbewussten». Genau genommen jedoch ist er das Tor zum emotionalen Gedächtnis. Zajoncs Theorie benötigt hier also eine kleine, aber entscheidende Feinjustierung.

Bei anderen Versuchen aus der Psychologie und Neurowissenschaft sieht die Sache ganz anders aus. Die Jünger des Unbewussten, die an dessen Macht glauben, übertreiben meist bei den letzten drei Fragen, denn sie *folgern* mehr, als ihre Versuche hergeben, sie *schließen* von Einzelbeobachtungen auf die Verfassung der gesamten Menschheit und stellen ihre Ergebnisse als besonders *originell* dar, indem sie eine Karikatur der Standardposition zeichnen, um sie dann umso leichter zu entkräften. Hier kommt das Beispiel einer Demontage. Passenderweise geht es um Autos.

UNBEWUSSTES DENKEN. ODER: WIE MAN MIT DEM HAMMER PHILOSOPHIERT

Sie haben sich entschieden, ein neues Auto zu kaufen. Ihr Budget beläuft sich auf 20000 Euro. Um das Beispiel einfach zu halten, können Sie für diesen Preis eines von vier Modellen erwerben, von verschiedenen Herstellern. Wie wählen Sie den passenden Wagen aus? Ein typisches Verfahren sieht ungefähr so aus: Man macht sich eine Liste mit Kriterien wie Benzinverbrauch, Design, Farbe, Beinfreiheit und Halter für Kaffeebecher. Verständlicherweise haben nicht alle Kriterien dasselbe Gewicht. Benzinverbrauch ist meistens wichtiger als die Farbe, die Farbe wichtiger als die Halterung für Heißgetränke. Hat man alles gewichtet, sich mit Freunden ausgetauscht, im Internet recherchiert, trifft man seine Entscheidung. Solange man keinen wichtigen Faktor übersehen hat, klingt das auch ganz vernünftig.

Der niederländische Psychologe Ap Dijksterhuis hat in einem vieldiskutierten Experiment gerade diese Vernunft des Abwägens in Frage gestellt. Seine provokante These lautet: Bei komplexen Entscheidungen wie einem Autokauf hilft bewusstes Nachdenken nicht weiter. Besser sei, sich keinen Kopf zu machen, eine Nacht darüber zu schlafen und dann spontan zu entscheiden. Das jedenfalls scheint sein Experiment nahezulegen.

Dijksterhuis hat Versuchspersonen eine Liste mit vier Autos von fiktiven Herstellern vorgelegt, die sich in jeweils zwölf Attributen unterschieden. Eine Gruppe durfte wie gewohnt gründlich über ihre Entscheidung nachdenken. Eine andere musste unmittelbar nach dem Lesen der Liste Aufgaben lösen, die die ganze Konzentration beanspruchten. Zuvor hatte Dijsterhuis noch ermittelt, wie die Testgruppen die Attribute bewerteten. Auch hier war beispielsweise der Verbrauch wichtiger als ein Sonnendach. Am Ende verglich er die Ergebnisse. Von der Gruppe der Nachdenker hatten sich nur etwa 25 Prozent für das vermeintlich «beste» Auto entschieden. Bei den Abgelenkten hingegen waren es 60 Prozent. Dijksterhuis erklärt das Ergebnis damit, dass dem unbewussten Denken mehr Kapazitäten zur Verfügung stünden und es daher dem bewussten Abwägen überlegen sei. Seinen Ansatz nennt er *Theorie des unbewussten Denkens*. Hätte er recht, wären die Konsequenzen radikal. Bei allen wichtigen Lebensentscheidungen wie Studienwahl, Jobsuche oder Wohnungskauf müssten wir schleunigst aufhören, unseren Verstand einzusetzen.

Zum Glück trifft nichts davon zu. Das wird deutlich, sobald man die passenden Werkzeuge hervorholt. Schon bei den *Hinweisen* ist Dijksterhuis Theorie fragwürdig. Einige seiner Folgeversuche scheinen den Effekt zwar zu bestätigen, doch etwa ein Dutzend Experimente von anderen Forschern widersprechen seinen Annahmen. Da all diese in Einzelheiten abweichen, hat die niederländische Psychologin Hilde Huizenga mit Kollegen den Originalversuch systematisch variiert, um die einzelnen Thesen zu präzisieren. Das bringt uns zu den *Folgerungen.* Dijksterhuis vertritt vier Thesen: Erstens seien bei komplexen Problemen unbewusste Entscheidungen den bewussten überlegen. Zweitens seien Entscheidungen umso besser, je länger die Phase des unbewussten Abwägens anhält. Ein langer Tiefschlaf sei die beste Hilfe. Drittens schlage das Phänomen auf alle Lebensbereiche durch. Und viertens sei sorgfältig gewichtendes Abwägen typisch für das unbewusste Entscheiden, während wir beim bewussten Entscheiden eher nach einem einzigen herausstechenden Merkmal gingen wie zum Beispiel dem Benzinverbrauch.

Die Folge-Experimente der Huizenga-Gruppe haben all das widerlegt. Unbewusste Entscheidungen fielen darin eher dürftig aus, denn nur etwa die Hälfte war optimal. Lange Zeiträume etwa durch Schlaf änderten daran nichts. Probanden schnitten deutlich besser ab, wenn sie bewusst abwägen konnten. Durften sie ihre Kaufkriterien zusätzlich in einer Liste sortieren, war der Effekt noch deutlicher. Fast alle wählten dann das Auto mit den meisten positiven Attributen, was klar für das bewusste Gewichten spricht. Besonders Dijksterhuis' These über die Strategien des Abwägens sind fragwürdig. Um das zu sehen, muss man wissen, dass Menschen ganz unterschiedlich an Entscheidungen herangehen.

Die oben genannte Strategie der *Gewichtung* ist relativ üblich. Darin listet man alle Kriterien auf und versieht sie mit Zahlen. Bekommt Benzinverbrauch eine «6», ist er doppelt so wichtig wie die Beinfreiheit mit dem Wert «3» und dreimal so wichtig wie das Design mit dem Wert «2». Aus der Summe aller Werte ergibt sich, welches Auto gewinnt.

Eine andere Strategie richtet sich nach der bloßen *Rangordnung.* Darin geht man nach dem wichtigsten Attribut, zum Beispiel dem Benzinverbrauch. Nur wenn zwei Modelle in diesem Punkt identisch sind, wechselt man zum nächsten, den Fahreigenschaften. Das macht man so lange, bis sich ein Unterschied ergibt. Neben diesen beiden Strategien verwenden Menschen noch ein Dutzend weiterer, die sie je nach Situation untereinander kombinieren.

Der springende Punkt ist nun, dass Dijksterhuis seine Liste so gewählt hat, dass das Phantasie-Modell «Hatsdun» in allen Fällen unabhängig von der Strategie am besten abschnitt. Man konnte also gerade nicht sagen, ob die Probanden der Strategie der Rangordnung oder der Strategie der Gewichtung folgten. Als Huizenga und Kollegen die Attribute sinnvoller verteilten, zeigte sich genau das Gegenteil zu Dijksterhuis' Behauptung. Bewusst gewichten wir gründlich, unbewusst hingegen lassen wir uns von nur einem hervorstechenden Merkmal in der Rangordnung leiten.

Damit ist auch die Frage der *Verallgemeinerung* angesprochen. Der Versuch sagt nichts über unseren Alltag aus. Im Gegenteil, die sauber durchgeführten Versuche der Huizenga-Gruppe passen eher zu unserer Lebenserfahrung. Am besten entscheidet, wer bewussten Zugriff auf alle Informationen hat. Die Kapazitäten des unbewussten Denkens hingegen sind arg beschränkt. Das ist auch evolutionär plausibel. Bewusstsein hat vermutlich die Funktion, reichhaltige Details über die Welt zu entschlüsseln. Im Gegensatz zu Tieren können wir Menschen diese Informationen langfristig verwerten. Aufmerksamkeit funktioniert dabei wie ein Filter. Was die Aufmerksamkeit aus dem Bewusstseinsstrom herausfischt, kann man sprachlich kategorisieren und im Gedächtnis speichern. Genau darauf greifen wir zu, wenn wir wichtige Lebensentscheidungen treffen.

Dijksterhuis' Theorie hat also eine philosophische Dimension. Hätte er recht darin, dass unbewusstes Denken dem bewussten überlegen ist, dann wäre Bewusstsein eine Illusion. Varianten dieser *Bewusstsein-ist-wirkungslos-Theorie*, die auch *Epiphänomenalismus* heißt, sind zwar unter Psychologen und Neurowissenschaftlern beliebt, sie erscheint jedoch evolutionär wenig plausibel, wie ich in späteren Kapiteln zeigen werde. Grundsätzlich stellt sich die Frage, warum sich ein so aufwendiger Mechanismus wie Bewusstsein in der Entwicklungsgeschichte gehalten haben sollte, wenn er zu nichts nütze ist? Man fragt sich auch sofort, ob Dijksterhuis bei der Vorbereitung auf das Experiment seinem eigenen Ratschlag gefolgt ist. Hat er lange geschlafen und sich nach dem Aufwachen spontan entschieden, Fragebögen zu gestalten und Probanden einzuladen? *Originalität* kann man der Theorie also nicht absprechen, denn sie widerspricht radikal unserer Alltagserfahrung. Doch sie sagt etwas Neues auf Kosten von Wahrheit und Genauigkeit, mit der verheerenden Empfehlung, ein Nickerchen zu machen statt gründlich nachzudenken. Doch einmal auf Probleme abgeklopft, fällt seine Theorie auseinander.

FREIWILLIGE SELBSTKONTROLLE

Die Folgeversuche der Huizenga-Gruppe zeigen, dass die Selbstkontrolle der Wissenschaften gut funktioniert und man nicht immer Philosophen braucht, um fragwürdige Theorien zu entlarven. Dennoch hat die Forschung einen Systemfehler, denn diese Art der Überprüfung ist selten. Wissenschaftler können nämlich nur *originelle* Ergebnisse in prominenten Zeitschriften wie *Nature* oder *Science* veröffentlichen. Das bloße Replizieren eines bekannten Versuchs bringt nur wenige der begehrten «impact points», die den Stellenwert einer Publikation ausdrücken. Doch gerade in den Naturwissenschaften gilt das Prinzip «publish or perish» – veröffentliche oder stirb. Der Anreiz für kritische Überprüfung ist daher gering. So bleibt die Fragwürdigkeit von Studien oft lange unentdeckt, und sie schaffen es sogar manchmal in die Lehrbücher. Der Franzose Stanislas Dehaene beispielsweise, einer der einflussreichsten Neurowissenschaftler unserer Zeit, schätzt Dijksterhuis' Versuch als «sehr vielsagend» ein. Auch der österreichisch-amerikanische Neurophysiologe und Nobelpreisträger Eric Kandel hält die Experimente für einschlägig.

Aufsehen erregt allenfalls die Überführung von echten Fälschern, die man in der Wissenschaft zum Glück selten antrifft. Da Forscher zudem nur positive Ergebnisse publizieren können, dokumentiert auch niemand systematisch das Scheitern einer Versuchsanordnung. Das wäre aber sinnvoll, damit nicht andere dieselben Fehler wiederholen.

Nur bei sensiblen Themen sehen alle genauer hin, deshalb ist die Datenlage dort besser, aber oft auch heftig umstritten. Ein gutes Beispiel sind vermeintliche kognitive Unterschiede zwischen Männern und Frauen, wie sie der englische Neuropsychologe Simon Baron-Cohen annimmt, einer der führenden Autismusforscher. Er unterscheidet zwischen Neuro-Normalen und Autisten. Typisch für Menschen im Autismusspektrum ist, dass sie Mühe haben, die Gefühle anderer an deren Gesichtsausdruck abzulesen. Außerdem fällt es ihnen schwer, sich in andere hineinzuversetzen und eine fremde Perspektive zu übernehmen. Gleichzeitig können sie oft gut mit Zahlen umgehen, begeistern sich für technische Details und sortieren und systematisieren gerne Dinge. Diese Beschreibung passt auch auf viele Männer. Baron-Cohens zugespitzte These lautet daher, das autistische Hirn sei nur die Extremform des männlichen Hirns. Dafür spricht immerhin, dass etwa viermal mehr Männer als Frauen Autisten sind.

Baron-Cohens Versuche scheinen einen Unterschied zwischen Männern und Frauen zu belegen. Dazu machte er Fotos von Menschen mit einem emotionalen Gesichtsausdruck, schnitt dann lediglich die Augenpaare heraus und bat seine Probanden, das dazu passende Gefühlswort aus einer Viererliste zu nennen, beispielsweise: verspielt, nervös, gelangweilt, tröstend. Frauen waren dabei signifikant besser als Männer und Männer besser als Autisten.

Heißt das, dass Frauen eine höhere soziale Intelligenz besitzen? Nicht unbedingt. In einem ähnlichen Versuch versprachen die Psychologinnen Kristi Klein und Sara Hodges den Probanden Geld für gute Ergebnisse. Und siehe da, die Unterscheide zwischen Männern und Frauen verschwanden. Während Baron-Cohen von unterschiedlichen *Fähigkeiten* ausging, deutet der zweite Versuch eher auf einen Unterschied in der *Motivation* hin. Auch das würde für eine Differenz zwischen Männern und Frauen sprechen, aber eben an anderer Stelle. Weitere Faktoren können im Spiel sein. Die deutsche Psychologin Isabel Dziobek und ihre Kollegen konnten zum Beispiel nachweisen, dass Autisten Gesichtsausdrücke in Filmen besser deuten konnten als auf Fotos. Offenbar helfen ihnen dabei Hinweise aus der Gesamtsituation, die auf unbewegten Bildern fehlen. Wie auch immer die Debatte nun ausgehen mag, sie nährt einen Verdacht. Wären alle Themen so sensibel, wäre die Vielfalt widersprechender Theorien vermutlich deutlich größer. Daher drücken sich gute Wissenschaftler vorsichtig aus und sprechen nicht von «Beweisen», sondern von «Tendenzen» oder davon, dass ein Experiment einen «guten Grund zu einer Annahme» liefert.

Nicht bei allen Freunden des Unbewussten ist diese Gewissenhaftigkeit anzutreffen. Mir scheint das in vielen Fällen schlicht Öffentlichkeitsarbeit zu sein. Eine wissenschaftliche These muss zugleich wahr und neu sein. Da die plausiblen Positionen schon besetzt sind, versuchen einige Forscher wie Dijksterhuis, auf Kosten der Wahrheit originell zu sein und so Aufmerksamkeit zu erregen. Dabei sind, wie gesagt, viele Versuche in Psychologie und Neurowissenschaft für sich genommen einwandfrei, doch die Konsequenzen, die sie dann für unser Menschenbild haben sollen, klingen wie eine Karikatur.

Das ist sicherlich zum Teil der Medialisierung der Wissenschaften geschuldet. Die hat den positiven Effekt, dass Forscher deutlicher als zuvor die gesellschaftliche Tragweite ihrer Entdeckungen betonen. Der negative ist, dass sie auch umso entschlossener um die Aufmerksamkeit der Leser buhlen. In einem Versuch hielten Studenten der Neurowissenschaften den Text einer fiktiven Studie für deutlich überzeugender, wenn sie ein buntes Bild von einem Hirnscan enthielt. Auch die Titel der Aufsätze klingen immer mehr wie Schlagzeilen. Der Wahrnehmungsforscher Ernst Pöppel nannte seine epochemachende Veröffentlichung über Blindsicht im Jahre 1973 im Stil dieser Zeit noch sinngemäß «Visuelle Restfunktion bei Menschen nach Hirnverletzungen, die den zentralen visuellen Pfad involvieren». Etwa drei Jahrzehnte später veröffentlichte der Sozialpsychologe Jonathan Haidt einen inzwischen ebenso berühmten Aufsatz, der typisch für zeitgenössische Publikationen ist und auch übersetzt etwas einprägsamer klingt: «Der emotionale Hund und sein rationaler Schwanz».

Ein weiterer Grund für die Begeisterung für das Unbewusste liegt im Selbstverständnis der Disziplinen, Effekte jenseits der Selbstbeobachtung zu erforschen. Hätte man perfekten Einblick ins eigene Seelenleben, bräuchte es keine Psychologie. Würden wir alle Einflüsse der Umwelt auf uns kennen, benötigten wir keine Soziologie oder Kulturwissenschaft. Gerade weil die vermeintlichen Entdeckungen in diesen Disziplinen nicht unmittelbar einsichtig sind, präsentieren die Forscher sie oft mit einem Überlegenheitsgefühl.

Allen voran Freud, der meinte, die Widerstände gegen seine Theorie der Verdrängung rührten daher, dass er «starke Gefühle der Menschheit verletzt» habe. Durch diese «Kränkung» sah Freud sich in einer Reihe mit Kopernikus, der nachgewiesen hat, dass die Erde nicht im Mittelpunkt des Universums steht, und Darwin, der zeigte, dass wir von den Tieren abstammen. Man kann sich darüber streiten, ob vernünftige Mensch wirklich gekränkt sind, wenn Wissenschaftler falsche und ideologische Thesen revidieren. Als Vermarktungsstrategie ist Freuds Dreiklang «Kopernikus – Darwin – ich» jedenfalls sehr suggestiv.

In der Zeit nach Freud entwickelte die kognitive Psychologie und die damit verwandte Künstliche-Intelligenz-Forschung das *Computermodell des Geistes*, dem zufolge der Geist sich zum Gehirn verhält wie Software zur Hardware. Wenn der Geist ein Programm und das Hirn eine Festplatte ist, dann kann man Denken als ein Rechenvorgang ansehen. Dieses Modell erlaubte Forschern, über Prozesse als «Berechnungen» zu sprechen, die sie als mental ansahen, die aber unbewusst in dem Sinne waren, dass sie jenseits des Bewusstseins lagen. Klarer wäre gewesen, wenn man den Bereich der Rechenoperationen von Anfang an als den des *Nichtbewussten* bezeichnete hätte. Das Computermodell des Geistes lieferte jedenfalls zahlreiche mathematische Modelle für innere Vorgänge, entwickelt für die Sprachwissenschaft von Noam Chomsky und für die Wahrnehmungstheorie von David Marr.

Gleichzeitig wurden in den sechziger Jahren die Soziologie und die Kulturwissenschaft unter Intellektuellen populär. Plötzlich galten wir nur noch als Spielball der Umstände, geprägt von Herkunft, Schicht, sozialer Rolle und kulturellen Zufälligkeiten. Doch spätestens seit der amerikanische Präsident George Bush senior die neunziger Jahre zum Jahrzehnt des Gehirns ausrief, trat die Neurologie auf den Plan. Nun sind wir plötzlich die Marionetten unserer nervlichen Verschaltungen.

Mit dieser leicht gekürzten Erfolgsgeschichte des Unbewussten will ich andeuten, dass sich die wissenschaftliche Faszination über die dunklen Seiten des Bewusstseins aus vielen Quellen speist. Es macht zwar den Eindruck, als hätten die Disziplinen um die Deutungshoheit über den Menschen gerungen. Doch tatsächlich war immer schon die Psychologie die Leitdisziplin. Die Neurowissenschaft kann es nicht sein. Zwar hängen alle geistigen Phänomene wie Gefühle, Gedanken oder Erinnerungen vom Hirn ab – mehr dazu im Kapitel *Rätselhaftes Bewusstsein*. Doch sie sind nicht im Vokabular von «Nervenzellen» oder «elektrischen Impulsen» ausdrückbar. Um die biologischen Grundlagen des Denkens zu finden, muss man zuallererst wissen, was Denken überhaupt ist, und dazu gehört, wie wir es im Bewusstsein erleben. Die Soziologie und die Kulturwissenschaften wiederum sind von der Psychologie abhängig, aber unmittelbarer, weil sie stillschweigende Annahmen über die Psyche des Menschen machen. Wer beispielsweise meint, die Gesellschaft würde uns prägen, der unterstellt einen Lernmechanismus in unserem Geist, der auf Verstärkung reagiert. Um das gut zu begründen, braucht man eine psychologische Theorie.

Natürlich gibt es auch in der Philosophie die Verführung, für den Überraschungseffekt alles zu tun. Das ist nicht mehr nur in der eher französisch geprägten Kulturphilosophie zu beobachten, sondern auch in der im englischsprachigen Raum dominierenden analytischen Philosophie. Normalerweise gilt: Je mehr zwei Menschen über ein Phänomen wissen, desto mehr stimmen sie in ihren Ansichten dazu überein. In der Physik beispielsweise gibt es nur wenige konkurrierende Theorien, während vermutlich bei über 99 Prozent des Lehrbuchwissens Einigkeit unter den Experten herrscht.

In der analytischen Philosophie sieht die Sache anders aus. Hier besteht der Fortschritt allenfalls darin, dass bestimmte Denkfehler oder absurde Thesen gebrandmarkt sind. Die Zahl der Lehrmeinungen hat jedoch in den letzten Jahrzehnten drastisch zugenommen. Erkenntnistheoretisch sind diese Meinungsverschiedenheiten, wie gesagt, im Vergleich zur Physik oder zu anderen Naturwissenschaften ein Rätsel. Die Diagnose lautet manchmal, die Philosophie stecke in den Kinderschuhen und sei noch keine reife Wissenschaft. Ich vermute eher soziale Gründe, denn besonders in den USA vergeben die Universitäten Festanstellungen nur an Philosophen mit originellen Positionen. Der Karriere-Ratschlag von Stephen Schiffer für seine Doktoranden an der weltweit führenden New York University lautet daher: Suche dir einen weißen Fleck auf der Landkarte der Theorien, fülle diese Position aus und verteidige sie gegen alle Angriffe.

Auch hier sind die zentralen Stellen oft schon besetzt. Das hat immerhin den positiven Effekt, dass Randpositionen inzwischen an Kontur gewonnen haben, weil scharfsinnige und belesene Denker sie verteidigen. Gleichzeitig erinnert diese Strategie an die Rhetorik der antiken Sophisten, denen es nicht um die Sache ging, sondern bloß darum, ein Argument um des Argumentierens willen zu präsentieren. Und da Widerlegungen in der Philosophie schwieriger und langwieriger ausfallen, macht das den Fortschritt noch zäher als zuvor.

Gerade Philosophen, die sich als Wissenschaftsberater sehen, stehen daher vor einer Doppelaufgabe. Sie müssen gegen die Hypes der anderen Wissenschaften gewappnet sein und dürfen gleichzeitig nicht den Moden des eigenen Faches erliegen. Der amerikanische Philosoph Daniel Dennett gehörte zu den Ersten, die den Elfenbeinturm verlassen und nebenan im Labor seinen Kollegen aus der Naturwissenschaft über die Schulter geschaut haben. In der Philosophie des Geistes folgen heutzutage fast alle seinem Beispiel, indem sie sich mit der naturwissenschaftlichen Forschung, mit Experimenten und Studien, vertraut machen. Das Verfallsdatum des empirischen Wissens muss man dabei in Kauf nehmen. Schon in 20 Jahren könnten viele Versuche völlig überholt sein.

Dennoch ist das Denken um des Denkens willen keine Option mehr. Noch bis zur Mitte des letzten Jahrhunderts nämlich haben Philosophen es sich in ihren sprichwörtlichen Lehnstühlen bequem gemacht und über Begriffe nachgedacht, also über die Kategorien des Denkens. Man kann sich zum Beispiel fragen, ob «Wahrnehmung» ein kausaler Begriff ist oder ob der Ausdruck «unbewusste Schmerzen» einen Widerspruch in sich darstellt. Das funktioniert ganz gut, denn Begriffe hat jeder gespeichert, der eine Muttersprache erworben hat.

Dieser *Lehnstuhl-Philosophie* lag die Idee zugrunde, man könne die Begriffsarbeit strikt von der empirischen Forschung trennen, also von Beobachtungen und Experimenten. Bei näherem Hinsehen hätten aber schon immer Zweifel aufkommen müssen. Erstens ist unser Begriffswissen in unserem Gedächtnis gespeichert. So ist es eine empirische Frage, wie Begriffe strukturiert sind, wie wir eine Sprache lernen und wie wir andere Menschen verstehen. Dazu forschen Linguisten, Psychologen und inzwischen auch die *experimentelle Philosophie*, die die philosophischen Intuitionen von Fachleuten und Laien mit Fragebögen testet. Zweitens haben viele philosophische Themen eine empirische Komponente, die man nicht allein durch Selbstbeobachtung erfassen kann, wie beispielsweise Gefühle, Wahrnehmung oder eben das Bewusstsein.

Auch wenn die wichtigsten Erkenntnisse über den menschlichen Geist aus den anderen Wissenschaften kommen, gibt es für Philosophen immer noch genug zu tun. Neben der Analyse der alten und neuen Begriffe stellen sich nach wie vor die großen Theoriefragen: Wie hängen Geist und Gehirn zusammen? Gibt es in der Welt buchstäblich «Informationen», also Einheiten mit Bedeutung, oder lediglich rohe Reize, die wir bloß als Informationen interpretieren? Verarbeiten wir Sprache wie ein Computer, oder ist das nur eine hilfreiche Metapher? Wenn eine Beleidigung mich wütend macht, ist dann dieselbe Art der Verursachung im Gange, wie wenn ein Stein eine Scheibe zerbricht?

Auch die größere, gesellschaftliche Perspektive gerät so in den Blick. Seit vielen Jahrzehnten verkünden Kulturwissenschaftler, Psychologen und Hirnforscher Revolutionen unseres Menschenbildes, aber das Leben geht einfach so weiter wie bisher. Die wichtige philosophische Entdeckung scheint eher zu sein, dass die Natur des Menschen ein Trägheitsmoment enthält, das sich gegen alle Umwälzungen sperrt. Wer glaubt, die Revolution stünde kurz bevor, lebt ohnehin mit einer Spannung. Er argumentiert mit vernünftigen Gründen dafür, dass die Vernunft keine Rolle spielt. Er entscheidet sich frei, die Willensfreiheit anzuzweifeln. Er denkt bewusst darüber nach, wie das Unbewusste sein Denken steuert.

Das Gegenprojekt scheint mir entspannter zu sein, nämlich mit den Mitteln von Bewusstsein und Vernunft zu zeigen, was Bewusstsein und Vernunft können und wo das Unbewusste seinen Platz hat.

UNEINSICHTIGER GEIST

PHÄNOMENALE FARBEN

Stellen Sie sich vor, Sie wachen morgens auf und sehen die Welt nur noch in Schwarzweiß. Der Wecker neben ihnen zeigt «8.00» an. Sie wissen, dass er eigentlich dunkelrot ist, doch er sieht jetzt dunkelgrau aus. In der Küche gießen sie ihren zartgrauen Gemüsegarten auf der Fensterbank, bevor sie einen buchstäblich schwarzen Kaffee trinken. Bei Sonnenschein und strahlend grauem Himmel machen sie sich auf den Weg zur Arbeit. An der Ampel halten Sie, wenn das hellgraue Licht oben leuchtet, und fahren los, wenn dasselbe Licht unten leuchtet. Immerhin sieht das zementgraue Bürogebäude aus wie immer. Solange Sie ihre missliche Lage verschweigen, wird Freunden und Kollegen vermutlich erst einmal nichts auffallen.

Worin liegt der Defekt? Offenbar nicht in Ihrer Erinnerung, denn Sie wissen ja noch, dass der Himmel blau und die Ampel rot, gelb oder grün ist. Anders als wenn sie erblindet wären, ist auch Ihre Orientierungsfähigkeit nicht sonderlich eingeschränkt. Was fehlt, sind jedoch bestimmte *Erlebnisqualitäten*, die bisher Ihr Bewusstsein ausmachten. Oder noch genauer: Der *phänomenale Charakter* Ihres Bewusstseins ist vermindert. Ganz verschwunden ist Ihre Wahrnehmung von Farben ja nicht. Nur ist sie eben ausschließlich auf das Grauspektrum beschränkt zwischen den Polen *Schwarz* und *Weiß*.

Etwa 3000 Menschen in Deutschland leiden an dieser

Form von *Achromatopsie*, also völliger Farbenblindheit. Im Gegensatz zur Rot-Grün-Schwäche verwechseln sie nicht nur zwei Farben, sondern können Dinge lediglich nach hell oder dunkel sortieren. Farbenblinde sehen die Welt also monochrom, aber man kann nur schwer herausfinden, ob ihre Eindrücke so sind, wie wenn Normalsichtige alles in Schwarzweiß sehen würden.

Einer meiner Bekannten hat trotz dieser Einschränkung seinen Führerschein geschafft. Er redet über gelbe Bananen und rote Tomaten, als würde er die Farben sehen. Doch würde man ihm das Foto einer grauen Banane oder einer grünen Tomate zeigen, könnte er den Unterschied nicht erkennen. Deshalb fragt er im Kaufhaus das Fachpersonal, ob Hose und Pullover zusammenpassen, und legt sich dann Notizzettel in die Kleidungsstücke.

Zwei Folgerungen lassen sich von dem Gedankenexperiment des Schwarzweißsehens ableiten. Erstens, dass unser Bewusstsein einen *phänomenalen* Charakter hat, und zwar nicht in der Lesart von «großartig» oder «toll», sondern in der von «wie es einem erscheint». Alles, was wir wahrnehmen oder erleben, hat einen bestimmten *Wie-es-ist-Charakter*, wie es ist, Rot zu sehen, Pfefferminzbonbons zu schmecken oder einen Muskelkater zu spüren. Der phänomenale Charakter ist so allgegenwärtig, dass man dessen Verlust erst erleben oder sich vorstellen muss, um ihn richtig wertzuschätzen. Wir büßten in der Reichhaltigkeit unseres Erlebens etwas ein, wenn wir keine Farben wie Rot, Grün oder Blau mehr sehen würden.

Umgekehrt könnte die Farbvielfalt noch reichhaltiger sein. Einige Menschen, fast ausschließlich Frauen, haben vier statt der üblichen drei Farbrezeptoren in der Netzhaut – sie sind *Tetrachromatinnen*. Während Normalsichtige etwa eine Million Farben unterscheiden können, sind es bei ihnen 100 Millionen. In Experimenten zur Farberkennung schlagen sie Normalsichtige um Wellenlängen. Wo wir nur grünes Gras sehen, erblicken Menschen mit dieser Hypersensitivität Hunderte von anderen Farben, nämlich Abstufungen von Rot- und Goldtönen, Violett-Schattierungen und Farbnuancen wie Smaragd, Limette und Braunoliv. Viele Amphibien, Fische und Insekten sind ebenfalls tetrachromatisch, doch die meisten Säugetiere haben diese Fähigkeit in der Entwicklungsgeschichte verloren. Eine seltene Gen-Mutation ist für die abweichende Farbauflösung beim Menschen verantwortlich.

Nun denkt man spontan, dass jede Verminderung von Erlebnisqualitäten negativ sei. Das scheint das Wort «Qualität» zu suggerieren. Doch das muss nicht so sein. Wären wir niemals übel gelaunt, würden uns ebenfalls Erlebnisqualitäten fehlen, ohne dass wir das unbedingt als negativ empfinden würden. «Vergnügen» und «Missvergnügen», oder allgemeiner «das Angenehme» und «das Unangenehme», sind weitere, eigenständige Qualitäten, die die unmittelbaren Erlebnisse wie Farben oder Körperempfindungen begleiten können.

Wichtig ist zunächst einmal nur, dass fast alle Vorgänge im Bewusstsein einen phänomenalen Charakter haben. Die eindrücklichsten Beispiele wie Farben, Töne und Gerüche stammen aus der Wahrnehmung. Einschlägig sind auch Gefühle wie Angst, Wut oder Freude und Körperempfindungen wie Jucken, Schmerz oder Schwindel. Doch wir kennen auch subtilere Varianten. Wenn wir verspätet im Kino zwischen Publikum und Leinwand entlanglaufen, «spüren» wir die Blicke der anderen Besucher, obwohl es dunkel ist und Blicke nicht buchstäblich auf unseren Körper treffen können.

Ebenso hat es eine ganz eigene Qualität, sich zu orientieren. Wenn man beispielsweise in einer fremden Stadt den falschen Ausgang aus der U-Bahn-Station nimmt, muss man sich manchmal einnorden, indem man fast gewaltsam die mentale Landkarte dreht, bis sie zum Stadtplan passt. Auch ein Niesen kündigt sich mit einem ganz bestimmten Erlebnis-Charakter an. Selbst der Punkt, an dem man merkt, dass es bloß bei der Ankündigung bleibt, hat einen ganz eigenen Kitzel. Abgesehen vielleicht von abstrakten Gedanken wie «114 + 63 = 177», die unter Philosophen umstritten sind, haben vermutlich alle Zustände und Erlebnisse im Bewusstsein eine phänomenale Qualität.

Das ist die erste Erkenntnis über Bewusstsein, die aus dem Gedankenexperiment mit der Farbblindheit entspringt. Die zweite lautet, dass wir viel über die Welt wissen, was nicht aus der unmittelbaren Wahrnehmung stammt. Unsere Farbwahrnehmung hilft uns zwar, die Dinge in der Welt zu kategorisieren. Wir können beispielsweise reife von unreifen Tomaten unterscheiden. Doch wir fänden uns auch in einem farblosen Straßenverkehr zurecht, wenn auch mit viel mehr Mühe. Bei der Ampel würde der Blick aus dem Augenwinkel nicht mehr ausreichen. Wir müssten schauen, ob das Licht oben oder unten leuchtet.

Ganz ohne Sinnesorgane hätten wir natürlich keinen Zugang zur Welt und könnten überhaupt nichts wissen. Doch da wir mehrere Sinne haben, können die Informationen auch über Umwege in uns gelangen. So wissen Blinde, dass Bananen gelb sind, weil es ihnen jemand gesagt hat. Auch für normalsichtige Menschen gilt: Das meiste, was wir wissen, haben wir nicht durch eigene Erfahrung unmittelbar erworben. Man denke an geschichtliche oder mathematische Fakten.

Unser Bewusstsein hat also mindestens zwei fundamental verschiedene Aspekte. Auf der einen Seite haben wir *Zugang zu Informationen*. So kann ein blinder Mensch genauso wie ich *wissen*, dass Bananen gelb sind. Doch wir beide unterscheiden uns im zweiten Aspekt des Bewusstseins, denn ihm fehlt der Erlebnischarakter des Sehens. Er hat in diesem Punkt kein *phänomenales Bewusstsein.* Neben diesen beiden Aspekten hat unser Bewusstsein noch weitere sonderbare Eigenschaften. Man muss sie kennen, um zu verstehen, was unbewussten Zuständen und Prozessen fehlt.

JEMAND HAT SCHMERZEN, BIN ICH DAS?

Ein Fahrrad lehnt an einem Baum. Jemand könnte fragen «Das Rad da drüben, wem gehört das eigentlich?». Selbst wenn der Besitzer nicht zu ermitteln ist, existiert das Fahrrad weiter vor sich hin. Es ist in seinem Dasein nicht davon abhängig, dass es jemandem gehört. Fragt man hingegen «Die Rückenschmerzen, wem gehören die eigentlich?», klingt das nach einem absurden Witz im Stil von Christian Morgenstern: «Ein Schnupfen saß auf der Terrasse, auf dass er sich ein Opfer fasse.» Ein Rückenschmerz kann nicht existieren, ohne der Schmerz *von jemandem* zu sein. Wir sagen zwar «Ich habe ein Fahrrad» genauso wie «Ich habe Rückenschmerzen», aber die Beziehung ist im zweiten Fall untrennbar.

Allgemeiner ausgedrückt: Schmerzen und andere mentale Zustände wie Wünsche, Gedanken, Ängste oder Vorstellungen haben eine *Perspektive der ersten Person.* Sie sind immer an jemanden gebunden, der sie erlebt. Ich nenne diesen «Jemand» hier der Einfachheit halber *Person.* Üblich sind auch die Ausdrücke *Subjekt* oder *Individuum.* An dem Begriff der Person hängt hier erst einmal nicht viel. Auch kleine Kinder und Tiere kann man im weiten Sinne als Personen auffassen, insofern sie in ihrem Bewusstsein etwas fühlen, sehen oder riechen. Die anspruchsvollere Frage, was uns zu menschlichen Individuen oder gar zu vernünftigen Personen macht, diskutiere ich in späteren Kapiteln. Im Gegensatz zum Schmerz hat ein Fahrrad eine *Perspektive der dritten Person*, denn es existiert unabhängig von einem bestimmten Betrachter. Mehrere Menschen können es ansehen, untereinander austauschen und darauf radeln. *Meine* Rückenschmerzen jedoch kann nur *ich* haben. Andere haben allenfalls Schmerzen derselben Art.

Wenn mein mentales Leben an mich gebunden ist, bin dann auch ich an mein mentales Leben gebunden? Anders gefragt: Nähme man all meine Gedanken, Gefühle und anderen mentalen Zustände weg, bliebe dann noch etwas übrig? Ich vielleicht? Eine Antwort lautet, dass immer noch ein «ich denke» übrig bleibt. So meint Kant, der Gedanke «ich denke» müsse jeden bewussten Zustand begleiten können. Der Teufel steckt hier im Modalwort «können», denn das drückt nur die Möglichkeit aus. Wenn wir Schmerzen haben oder uns freuen, denken wir ja nicht tatsächlich noch zusätzlich «ich denke».

Was ist außerdem mit kleinen Kindern und Tieren, die keinen Ich-Begriff haben, also nicht «ich denke» denken können. Haben sie deshalb kein Bewusstsein? Der Philosoph David Hume macht einen extremen Vorschlag. Nähme man alles weg, bliebe nichts übrig. Laut Hume bestehen wir aus dem Bündel von unseren Eindrücken, aber nicht noch zusätzlich dazu. Ludwig Wittgenstein sieht das ähnlich. Die Perspektive der ersten Person sei wirklich nicht mehr als eine Perspektive, also kein zusätzlicher Zustand in mir, sondern nur ein ausdehnungsloser Referenzpunkt. Der Mittelweg zwischen Kant auf der einen Seite und Hume und Wittgenstein auf der anderen scheint mir am plausibelsten zu sein. Unsere Perspektive besteht in unserem *Selbstsinn*, der all unsere Eindrücke im Bewusstsein so einfärbt, dass wir sie als zu uns gehörig empfinden. Doch dieser Selbstsinn liegt nicht sprachlich vor als der Gedanke «ich denke», sondern als eine, wie es manchmal heißt, gefühlte *Zu-mir-Gehörigkeit* oder *Meinigkeit* meiner Erlebnisse, die die englischsprachige Forschung «me-ness» nennt.

Aus der subjektiven Perspektive folgt die *Privatheit.* Nur bei mir selbst weiß ich genau, was in mir vor sich geht. Bei anderen Menschen benötige ich immer *Hinweise.* Ich muss ihre Gefühle und Interessen an ihrem Gesicht ablesen, an ihrer Körperhaltung und ihren Handlungen. Bei Absichten fällt mir das schon schwerer, und spätestens wenn es um Gedanken geht, muss ich nachfragen. Für mich selbst brauche ich keine Hinweise. Ich weiß direkt, was ich denke oder fühle. Dieser unmittelbare Zugang zum Innenleben ist die *Autorität der ersten Person.* Ein Beispiel zur Veranschaulichung: Aus einer Gruppe spielender Kinder ertönt plötzlich herzzerreißendes Geschrei. Die Eltern von Paul könnten aufschrecken und sich fragen: «Jemand hat Schmerzen. Ist es Paul, der Schmerzen hat?» Beide sind sich sicher, Paul an seinem Gebrüll erkannt zu haben, rennen zum Trampolin und merken, dass sie sich geirrt haben, denn es ist Paula. Bei uns selbst scheint es diese Form des Irrtums nicht zu geben. Wie Wittgenstein feststellt, klingt es unsinnig zu fragen: «Bist du sicher, dass *du* es bist, der Schmerzen hat?»

Ebenso unsinnig klingt es, wenn man erzählt: «Erst dachte ich, dass ich Schmerzen habe. Das Geschrei war so laut. Doch ich hatte mich geirrt. Es war jemand anderes.» Mein Wissen über mein Innenleben scheint gegen diese Art von Irrtum gefeit zu sein, denn ich kann mich selbst nicht *fehlidentifizieren.* Ich kann mich aber sehr wohl darüber irren, *was* ich erlebe. Auf der Webseite *SMS von gestern Nacht* stand einmal der Eintrag «Alter bin ich verliebt oder hab' ich nur Hunger?!». Klingt lustig, hat aber auch einen philosophischen Kern. Mein flaues Gefühl im Magen ist untrüglich meins, aber was es ausdrückt, kann ungewiss sein. So merken Lebenspartner oder Freunde manchmal früher als wir, dass wir gerade nervös oder gereizt sind. Zudem sind wir zwar immun gegen Fehlidentifikation, aber nur aus der Innenperspektive, nicht jedoch, wenn wir uns von außen betrachten. Ich könnte auf einem alten Super-8-Film meiner Eltern sehen, wie ein Kind sich mit schmerzverzerrtem Gesicht das Knie hält. Hier kann die Frage sinnvoll sein: «Da hat jemand Schmerzen. Bin ich das?»

Neben der Meinigkeit und der daraus folgenden Privatheit hat unser Bewusstsein noch diese merkwürdige *Einheitlichkeit.* Trotz unserer grundverschiedenen Sinnesorgane erleben wir die Welt als zusammenhängendes Ganzes. Der amerikanische Psychologe William James stellte sich den Geist eines Neugeborenen als eine «blühende, schwirrende Verwirrung» vor, hervorgerufen durch Eindrücke, die unzusammenhängend und ungeordnet auf das Babybewusstsein einprasseln. Erst mit der Zeit kommt Ordnung in diesen phänomenalen Schauer. Wir sehen, hören und fühlen nicht nebeneinanderher, sondern alles formt sich zu einem strukturierten *Bewusstseinsfeld.* Kant nannte das die «transzendentale Einheit der Apperzeption». Heute spricht man vom Phänomen der *Bindung.* Wenn wir beispielsweise einen roten Flummi aufspringen sehen, werden Form, Farbe und Bewegung im Hirn unabhängig und leicht zeitversetzt voneinander verarbeitet, doch in unserem Erleben sehen wir lediglich eine rote Kugel, die sich bewegt. Dieser Bindungseffekt ist so allgegenwärtig, dass er uns erst auffällt, wenn etwas gestört ist. Neurologische Schäden können das verdeutlichen. Vergleichbar mit Farbenblinden leiden einige Patienten an *Formblindheit.* Sie können Farben und Bewegungen sehen, doch sie erkennen darin keine

Figuren oder Gestalten. Im Alltag passiert uns das manchmal, wenn wir hektisch umhersehen und plötzlich etwas Sonderbares erblicken, was wir nicht so recht einordnen können. Erst bei genauer Betrachtung entpuppt sich die dunkle amorphe Masse aus dem Augenwinkel dann als ein Badehandtuch, das auf dem Sofa liegt. Ein anderes Beispiel ist die *Akinetopsie*, also die *Bewegungsblindheit*, die bei Patienten auftritt, bei denen der Bereich V5 der visuellen Hirnrinde geschädigt ist. Sie nehmen keine kontinuierlichen Bewegungen mehr wahr, sondern erleben die Welt als eine Reihe von Schnappschüssen. Die Erfahrung muss für sie wie für uns ein nicht endend wollender Discobesuch bei flackerndem Stroboskoplicht sein.

Unsere Sinneseindrücke verbinden sich nicht nur zu einem Bewusstseinsfeld, sie verändern sich auch ständig, von Moment zu Moment, und das normalerweise fließend und lückenlos. Ein Gedanke geht aus dem nächsten hervor. Was gerade noch im Bewusstsein weilte, wandert im nächsten Augenblick schon ins Gedächtnis. Anderes geht für immer verloren. Für dieses Phänomen eignet sich James' Metapher «Strom der Gedanken» oder «Strom des Bewusstseins». Auch auf der Zeitachse sind Eindrücke also an- und ineinander gebunden.

Noch ein viertes Merkmal macht unser Bewusstsein aus, es ist nämlich *transparent*. Ein Beispiel: Ich schaue mir eine Blumenwiese an, sehe Gras, Stängel und Blütenkelche, erkenne Ranunkeln, Löwenzahn und Klatschmohn. Kann ich mir jetzt auch die Farben unabhängig von den Dingen und ihren Formen ansehen? Das reine Grün und das reine Gelb sozusagen? Es scheint eher so zu sein, dass ich Farberlebnisse *habe*, wenn ich Blumen anschaue, die Farbe also immer *an* einem Objekt, aber nicht für sich genommen zu sehen ist. So scheint es schwer, mir die Farbqualität als Teil meines Bewusstseins im Bewusstsein vor Augen zu führen.

Mein Bewusstsein ist gleichsam die Brille, die man nicht findet, weil man die ganze Zeit hindurchblickt. Einige Philosophen glauben daher, man könne sich niemals die phänomenalen Qualitäten selbst vergegenwärtigen. Doch auch die Brille auf der Nase sieht man, wenn man etwas schielt. Im Fall des Bewusstseins muss man mental schielen. Ein Beispiel für reine Farberlebnisse sind einige Licht-Installationen des amerikanischen Künstlers James Turrell, bei denen man keine Gegenstände oder Räume, ja nicht einmal mehr Flächen sieht, sondern umgeben ist von farbigem Licht. In so einem Fall hat man ein pures Farberlebnis. Auch auf der Blumenwiese kann man mit etwas Konzentration die Farben unabhängig von den Trägerobjekten erleben, das Rot der Rose, das Grün der Blätter, das Braun der Dornen.

Unser Bewusstsein ist also phänomenal, subjektiv, privat, zusammengebunden und die meiste Zeit transparent. Kann man es dann überhaupt untersuchen?

DIE WISSENSCHAFT VOM INNENLEBEN

Der österreichisch-deutsche Philosoph Edmund Husserl begründete Anfang des 20. Jahrhunderts mit der *Phänomenologie* eine eigene philosophische Strömung, die das Fundament der Philosophie im menschlichen Bewusstsein sah. Er beginnt mit der Beobachtung, dass man manchmal zwischen Wahrnehmung und Halluzination nicht unterscheiden kann. Der Eindruck einer Blume kann von einer echten Blume herrühren oder ein durch psychoaktive Drogen erzeugtes Trugbild sein. Wenn man in sich hineinschaut, so Husserl, müsse man daher eine *Urteilsenthaltung* praktizieren, also eine Distanz zu allem einnehmen, was man über die Welt glaubt, vor allem, indem man Annahmen über die Existenz von Dingen gleichsam mental *einklammert*.

Unsere natürliche Unterstellung ist nämlich, dass Dinge unabhängig von uns existieren, zum Beispiel, wenn wir eine Blume in der Vase wahrnehmen. Doch die Dinge in der Welt, also etwa die Blume, muss man klar von unseren Eindrücken, also dem Blumenerlebnis im Bewusstsein, unterscheiden. Wichtig, so Husserl, sind zuerst die Eindrücke in ihrer Bedeutung oder Sinnhaftigkeit für uns, unabhängig von dem Wissen, dass da draußen etwas ist, was sie hervorruft. In der Lebenshilfe finden sich übrigens ähnliche Ideen. Beim Yoga oder in der Meditation soll man den «Moment» erfassen, «achtsam» sein Innenleben beobachten und sich von weiteren Urteilen freimachen.

Die *Introspektion*, die bewusste Innenschau, ist also Husserl zufolge der Königsweg zum menschlichen Geist. Das Unbewusste oder das Hirn spielen dabei keine Rolle. Zeitgenössische Psychologen sah er nicht zu einer klaren Innenschau imstande, da sie zu schnell bei den Dingen seien und dabei all ihre Vorurteile und Annahmen mitbrächten. Doch auch Husserls Auffassung scheint auf ein Dilemma hinauszulaufen, das er selbst gesehen hat. Denn eine Blume in der Vase zu sehen, heißt eben auch anzunehmen, dass beide Dinge, Blume und Vase, existieren. Die Überzeugung von der Existenz scheint für das Erlebnis wesentlich zu sein. Wir müssten sie entweder für die Urteilsenthaltung herausrechnen, aber dann würden wir den ursprünglichen Eindruck verfälschen. Oder wir verzichteten einfach auf die Urteilsenthaltung. Beide Varianten sind schmerzlich für Husserls erkenntnistheoretisches Projekt.

Trotzdem eignen sich seine Grundgedanken und die der anderen Phänomenologen, um die Natur des Bewusstseins näher zu erforschen. Das tun die zeitgenössischen *Neo-*

Phänomenologen, die die alte Tradition für psychologische Experimente fruchtbar machen wollen. Ein Beispiel: Wir hören Mozarts *Kleine Nachtmusik* als eine Melodie. Würde man die Töne nach einem Zufallsprinzip neu anordnen, hörten wir bloß einen Wirrwarr an Klängen. Der Grund liegt in unserer *Gestaltwahrnehmung*. Liegen Töne zeitlich und klanglich nah genug beieinander, so fassen wir sie als eine zusammenhängende Einheit, als Melodie auf. Dasselbe passiert bei der visuellen Wahrnehmung. Die Punkte in einem Bastelbuch sehen wir als «gestrichelte Linie», obwohl Linien streng genommen durchgehend verlaufen müssen. Verteilten wir dieselben Punkte wiederum zufällig, würden wir keine Linien mehr entdecken. Vielleicht aber ein Gesicht, denn bei der Gesichtserkennung ist unsere Gestaltwahrnehmung besonders fein eingestellt: «Punkt, Punkt, Komma, Strich» reicht aus. Das ist die Voraussetzung für die Popularität zahlreicher Webseiten, auf denen Leute Bilder von Dingen posten, in denen sie «Gesichter» entdecken, in Häusern, Wolken, Steckdosen, Autos, Bäumen oder im Schaum von Milchkaffee.

Eine weitere Einsicht der Phänomenologen, die für die Psychologie relevant ist, drückt sich in Husserls Unterscheidung zwischen dem *objektiven* Körper und dem *erlebten* Körper aus, den er *Leib* nennt. Den objektiven Körper können wir messen, wiegen und fotografieren. Den Leib hingegen fühlen wir von innen. Körperwissen und Körperfühlen können auseinandergehen, zum Beispiel beim *Fremde-Hand-Syndrom*. Viele Patienten mit dieser seltenen neurologischen Störung sind geistig vollkommen klar. Mit einer Ausnahme, denn eine ihrer Hände fühlt sich an, als gehörte sie nicht zu ihnen. Mit Husserl ausgedrückt: Auch wenn sie wissen, dass die Hand zum *Körper* gehört, endet ihr *Leib* schon am Handgelenk. Oft ist das damit verbundene Leiden für die Patienten so groß, dass sie sich selbst die Hand abhacken, weil ihnen Ärzte nicht helfen können. Apropos «Hacken», die Phänomenologen haben sich auch mit Werkzeugen und anderen Gebrauchsgegenständen beschäftigt, wie die folgenden Beispiele zeigen.

DIE STILLEN AUFFORDERUNGEN DES IPHONES

Was passiert, wenn Menschen merken, dass am Bahnhof die Rolltreppe nicht funktioniert? Die meisten nehmen dann die Treppe daneben. Das ist sonderbar, denn eine stehende Rolltreppe ist immer noch eine Treppe. Umgekehrt halten wir eine Tür, auf der steht «Immer geschlossen halten», für eine Tür. Der amerikanische Komiker Demetri Martin meint, genau genommen sei das aber die Definition einer Wand.

Wie kann man unser Verhalten erklären? Auch hier haben die Phänomenologen eine Antwort. Dem deutsch-amerikanischen Psychologen Kurt Lewin zufolge haben Alltagsgegenstände den Charakter einer stillen *Aufforderung*. So sehen wir ein Tafelmesser nicht bloß als ein längliches Objekt aus Metall, sondern als ein Teil des Bestecks, das man auf ganz bestimmte Weise hält. Wir sehen das Messer und *antizipieren* gleichzeitig seine Verwendung. Es ist, als würde uns das Messer auffordern, es auf eine bestimmte Weise zu verwenden. Das sieht man schon daran, dass bereits eine leichte Zweckentfremdung zu Irritationen führen kann. Wer Möhren mit dem Messer aufspießt, fällt auf, obwohl zum Möhrenessen doch jedes Hilfsmittel gut genug sein sollte. Wer Messer konsequent in der Faust hält, sorgt auch für Verwirrung. Wie das Messer fordert uns auch die Rolltreppe auf, und zwar dazu, unbewegt auf der Stelle nach oben oder unten zu gleiten. Wenn sie kaputt ist, erfassen wir sie offenbar nicht mehr als gewöhnliche Treppe mit dem Aufforderungscharakter «Geh selbst!».

Natürlich sind viele unserer Erwartungen vom Kontext abhängig. Zum Kaffeekränzchen bei den Großeltern sollte man nicht in die Untertasse aschen. Auf der WG-Party ist das kein Problem, weil hier so gut wie jedes Objekt zum Aschenbecher wird: Bierflaschen, Tassen, Blumenkübel. Haben wir uns einmal von den bekannten Aufforderungen gelöst, sehen wir die Dinge oft mit kleinen Aha-Effekten in einem neuen Licht. Irgendwann wurden Telefone zu Fotoapparaten. Ein Notebook ist inzwischen auch ein Fernseher. Besonders im Haushalt sind «Life Hacks», also nützliche Zweckentfremdungen, beliebt. Die Weinflasche ist jetzt der Kerzenhalter und die CD-Spindel die Tupperdose für Bagels. Die Zahnseide wird zum Tortenschneider und die Wäscheklammer ein Nagelhalter beim Hämmern. Auch die Upcycling-Bewegung, die Abfall sinnvoll wiederverwertet, lebt nicht allein von der ökologischen Idee, sondern auch von der Ästhetik der Zweckentfremdung. Europaletten werden zum Bettgestell und halbierte Autoreifen zu Fahrradständern. Besonders in der modernen Kunst sind Umformatierungen von Aufforderungen ein wichtiges Stilmittel. Marcel Duchamps *Fountain* fordert uns als Kunstwerk auf, die Betrachterperspektive einzunehmen, als Kloschlüssel hingegen appelliert sie an die Perspektive eines männlichen Raststätten-Besuchers. Mit dieser Spannung spielen viele Readymades in der Kunst.

Die stillen Aufforderungen der Dinge aktivieren die entsprechenden Handlungsmuster im Hirn. Das merken wir nicht immer, doch manchmal spüren wir sogar im Bewusstsein, wenn wir ganz automatisch eine Bewegung durchspielen. Ein Grund, warum man niemandem eine geladene Waffe in die Hand geben sollte. Das Angebot zum

Abdrücken ist einfach zu stark. Die stillen Aufforderungen der Dinge erklären auch, warum die Lebensberater betonen, man solle den Keller ausmisten und den Schreibtisch aufräumen. Besitz belastet. Die Dinge um uns herum wollen einfach zu viel von uns.

Martin Heidegger scheint an den Aufforderungscharakter gedacht zu haben, als er in seinem Hauptwerk *Sein und Zeit* die These entwickelte, dass wir die Welt «zeughaft entbergen», also die Dinge immer als etwas ansehen, mit dem wir interagieren und das wir für einen Zweck benutzen. Den Hammer sehen wir nicht nur als ein längliches Gebilde, sondern als ein Instrument, das zum Hämmern da ist. In dieser Weise ist er uns «zuhanden». Heidegger schließt sich Husserl darin an, dass die Philosophie bei unseren Alltagserfahrungen mit dem «Zeug» beginnen müsse. Er glaubt allerdings, wir würden alles immer unter einem bestimmten Aspekt erfassen, selbst Gegenstände, die zu groß für unsere Hände sind, oder natürliche Dinge wie Berge, Blumen oder Hamster. Wenn damit nur gemeint ist, dass wir die Welt kategorisieren, also alles in die Schubladen unserer Begriffe packen, dann ist die These unstrittig. Ist aber gemeint, dass wir mit allen Dingen Aufforderungen oder gar Handlungsmuster verbinden, dann kommen Zweifel auf. Man könnte natürlich behaupten, dass uns die Wand als etwas Festes und Widerständiges zuhanden ist und uns auffordert, mit ihrer «Wandheit» zu interagieren, sie zu streichen, sie mit der Bohrmaschine zu durchlöchern und Dübel hineinzustecken. Aber fordert sie uns damit zu einer einzigen Handlung auf oder zu ganz vielen? Und welche davon bestimmt die Wand als Wand? Diese Fragen betreffen die Generalisierbarkeit der stillen Aufforderungen.

Sind Aufforderungen das definierende Merkmal von Artefakten wie Hämmern oder Wänden? Das ist fraglich.

Wer schon einmal einen alten Keller ausgemistet hat, weiß, dass man dort Artefakte oder Teile davon findet, die man weder benennen noch benutzen kann. Dieses Zeug löst keine Verhaltensmuster aus und ist uns nicht zuhanden. Ja, wir können es oftmals nicht einmal kategorisieren außer mit den Worten «das Ding da». Andere Gegenstände können prinzipiell unendlich viele Aufforderungen an uns stellen. Das beste Beispiel ist das iPhone, das zwar hilft, das Restaurant um die Ecke zu finden, uns gleichzeitig jedoch ständig dazu verführt, das Wetter zu checken, unsere Laufgeschwindigkeit zu messen und lustige Katzenvideos anzuschauen. Man könnte natürlich darauf bestehen, dass dieser Aufforderungsüberschuss das iPhone ausmacht, aber dann sind Aufforderungen eben gerade kein definierendes Merkmal mehr. Und schließlich fordern uns viele natürliche Dinge zu nichts auf. Offensichtliche Beispiele sind der Mond, die Wolken, eine Schildlaus oder ein Staubkorn. Der Amerikaner James J. Gibson vertritt zwar in seiner *ökologischen Psychologie* die These, die Luft fordere uns zum Atmen auf und Oberflächen seien «bekletterbar», «davon-herunter-fallbar» oder «hineinlaufbar», aber dabei verwechselt er einfach die allgemeinen Eigenschaften der Dinge mit speziellen Aufforderungen. Nur weil man Luft atmen *kann*, heißt das nicht, dass die Luft zu mir sagt «atme mich!».

Selbst wenn die stillen Aufforderungen nur einen Teilaspekt unseres Bewusstseins charakterisieren, sensibilisiert uns die Phänomenologie dafür, unsere Introspektionsbrille erst einmal zu putzen, bevor wir in uns hineinschauen. Dann merken wir: Was wir tatsächlich in unserem Geist erblicken und was wir zusätzlich erwarten, ist oft untrennbar ineinander verschlungen. Dabei ist es, wie schon angedeutet, manchmal schwierig zu sagen, ob diese Erwartungen vordergründig im Bewusstsein existieren oder vielleicht eher hintergründig im Gedächtnis gespeichert sind und sich dann eben als Überraschung im Bewusstsein äußern. Schauen wir uns dazu ein paar weitere Fälle an.

KELLNER IM VORDERGRUND, ERDBEBEN IM HINTERGRUND

Ein Mann betritt ein öffentliches Toilettenhäuschen und schließt die Tür hinter sich. Als er sie nach wenigen Minuten wieder öffnet, um auf die Straße zu treten, steht er plötzlich in einem weißen Büro am Ende eines langen Konferenztischs. Ein Dutzend Männer in dunklen Anzügen folgen gerade mit ernster Mine einer Präsentation. Was ist geschehen? Es handelt sich um einen Streich, mit versteckter Kamera gefilmt von der britischen Produktionsfirma *Trigger Happy TV*. Während das Opfer kurz weg war, haben Mitarbeiter in Windeseile ein großes weißes Partyzelt vor dem Toilettenhäuschen aufgebaut und es von innen wie ein Büro gestaltet. Der Gesichtsausdruck des Mannes ist schwer in Worte zu fassen. Er changiert zwischen Entsetzen, Staunen und tiefer Verunsicherung. Er lacht nicht, er ist nicht wütend, sondern einfach nur hilflos.

Scherze mit versteckter Kamera wollen normalerweise bekannte, alltägliche Emotionen wie Verärgerung oder Erschrecken hervorrufen. Doch dieser Streich ist existenzialistisch, denn er zielt auf eine Kontrastfolie unseres Bewusstseins, die der amerikanische Philosoph John Searle den *Hintergrund* nennt. Mit «Hintergrund» ist nicht der Randbereich der Aufmerksamkeit gemeint wie die Bäume, die wir im Augenwinkel sehen, oder das kaum hörbare Rauschen der fernen Autobahn. Der Hintergrund umfasst vielmehr ein Bündel an Fähigkeiten und Annahmen, die gerade nicht im Bewusstsein liegen, sondern im Gedächtnis abgelegt sind, allerdings, wie gesagt, eine Art Kontrastfolie bilden, vor der sich das Bewusstsein abzeichnet.

Hier noch ein paar Beispiele, um sich klarzumachen, welche Fähigkeiten und Annahmen gemeint sind. Auf einer Reise durch den Süden von Thailand betrat ich am helllichten Tag ein dunkles Restaurant, um nach dem Weg zu fragen. Ich trank eine Limonade und unterhielt mich eine Viertelstunde mit dem Besitzer. Beim Verlassen des Lokals erschrak ich, denn es war finstre Nacht. Als Europäer war ich lange Dämmerungsphasen gewohnt. In Äquatornähe wechseln die Tageszeiten jedoch schlagartig. Über beides hatte ich davor nie nachgedacht, sodass ich spontan an meiner inneren Uhr zweifelte.

Neben dem Zeit- ist auch das Ortsgefühl anfällig für Verunsicherungen. Wer schon einmal orientierungslos in einem dunklen Hotelzimmer aufgewacht ist, kennt das. Normalerweise weiß man nach dem Erwachen sofort, wo man sich befindet, auch wenn man nicht vor und nach dem Zubettgehen zu sich selbst sagt «Ich bin zu Hause». Auf Reisen fehlen manchmal die Hinweise aus der Umgebung, und so entstehen kurze Momente gefühlter Ortslosigkeit.

Entscheidend ist in all diesen Fällen der Unterschied zwischen ausdrücklichen, sprachlich verfassten Überzeugungen auf der einen Seite und jenen diffusen, nichtsprachlichen Erwartungen und Annahmen auf der anderen. Wobei «Erwartung» und «Annahme» schon fast zu viel gesagt ist, weil es nach Überlegungen klingt, die ja gerade nicht im Spiel sind.

Als Test für Hintergrundannahmen eignen sich deshalb Überraschungen so gut, denn die entstehen, wenn eine Erwartung enttäuscht wurde. Allerdings haben auch

Erwartungen zwei Gesichter. Ich erwarte zum Beispiel, dass um 20 Uhr die *Tagesschau* läuft. Das habe ich mir ausdrücklich und bewusst vergegenwärtigt. Liefe um die Zeit ein anderes Programm, wäre ich verwundert. Die Erwartungen des Hintergrundes sind aber gerade von einer *nichtsprachlichen* oder genauer *nichtbegrifflichen* Natur, die wir uns eben typischerweise nicht bewusst machen. Der Marmortisch fühlt sich kühl an, der Erdboden liegt fest unter uns, Menschen verwandeln sich nicht in Libellen, und Toilettentüren führen nicht direkt in ein Firmenbüro.

Auf Nachfrage können wir das formulieren, aber wir haben es uns in den meisten Fällen nie in dieser Weise klargemacht. Das wäre auch unmöglich, weil die Liste nicht abschließbar ist: Dinosaurierskelette erwachen nicht plötzlich zum Leben, der Mond verfärbt sich nicht wie ein Regenbogen, und Kieselsteine können keine Arien singen. Würde etwas davon passieren, zweifelten wir eher an unserem Verstand oder daran, ob wirklich nur Gin Tonic im Glas war.

Searle erzählt als Anekdote, dass ein deutscher Philosoph vehement den Hintergrund bezweifelt habe, bis er nach Berkeley kam. Wie es der Zufall wollte, gab es ein mildes Erdbeben. Für Nordeuropäer ist das eine unheimliche Lebenserfahrung, selbst wenn dabei nur ein paar Bilder von den Wänden fallen. Der Kollege war nicht «starr vor Entsetzen», wie es Kleist in seinem *Erdbeben in Chili* beschreibt, doch verunsichert genug, um bekehrt zu werden. Dass der Boden normalerweise fest und regungslos unter uns liegt, hat er sich niemals zuvor klargemacht.

Searle meint, man könne die Annahmen des Hintergrundes nicht ausbuchstabieren, und zwar, weil sie im Gegensatz zu Überzeugungen oder bewussten Gedanken nicht *intentional* seien, die Welt also nicht *repräsentieren*, also in einer Weise darstellen oder abbilden würden. Seiner Meinung nach sind nur Wünsche, Überzeugungen, Absichten und Emotionen intentional, weil sie satzartig sagen, wie die Welt ist oder sein soll. Stimmungen, Körperempfindungen und die Annahmen des Hintergrundes hingegen nicht.

Doch das ist wohl zu kurz gedacht. Schon ein Stab, der abgeknickt aussieht, weil er zur Hälfte im Wasser steckt, verdeutlicht, dass wir Informationen über die Welt in mindestens zwei Formaten repräsentieren und speichern. Der bloße Sinneseindruck ist *bildhaft*, denn der Stab sieht abgeknickt aus. Unsere Überzeugung hingegen abstrakt und nichtbildlich verfasst, genauer *propositional*, denn wir wissen, *dass der Stab gerade ist*. Wie das Beispiel zeigt, müssen beide Formate nicht immer zusammenpassen. Unsere Hintergrundannahmen sind von der ersten, nichtsprachlichen Natur, allerdings im Gegensatz zum Wahrnehmungseindruck nicht phänomenal erlebt, sondern bloß im Gedächtnis gespeichert. Doch sie waren einmal im Bewusstsein, wenn auch nicht immer im Zentrum der Aufmerksamkeit. Wir haben die Annahmen ja gerade durch direkten Kontakt mit der Welt erworben, indem wir die Dinge und Materialien um uns herum angefasst und mit ihnen interagiert haben. Nur so haben wir eine Vorstellung davon, dass der Boden unter uns fest und die Wand kühl ist, und wir haben ein Gespür dafür, welches Geräusch Münzen machen, wenn sie auf ein Kissen oder auf Fliesen fallen.

Dasselbe gilt fürs *praktische Können*, das Searle ebenfalls zum Hintergrund zählt und deshalb für nicht intentional hält. Auch hier gilt, dass wir aufrecht gehen können, weil unser Gleichgewichtssinn und die Nerven an den Muskeln unsere Lage im Raum repräsentieren. Genauso kann man sagen, dass Schmerz etwas repräsentiert, denn er teilt uns einen Schaden am Körper mit. Und Stimmungen wie Nervosität repräsentieren längere Lebensabschnitte. Sie informieren uns darüber, dass etwas im Hintergrund lauert wie zum Beispiel eine Prüfung oder eine Aussprache, also eine mögliche Bedrohung für uns oder unser Selbstbild.

Der Hintergrund ist also derjenige Teil unseres Gedächtnisses, in dem nichtbegriffliche Annahmen über die Welt gespeichert sind, die zuvor nur am Rande des Bewusstseinsfeldes existierten. Als Einheiten des Gedächtnisses haben sie einen sichtbaren Einfluss auf das Bewusstsein. Das äußert sich in allen Formen der Überraschung, manchmal als leichte Irritation und manchmal als existenzielle Verstörung.

Stichwort «Existenzialismus»: Einige Beobachtungen, die Jean-Paul Sartre zu schaffen machten, lassen sich auf Hintergrundeffekte zurückführen. Sartre hat die meisten seiner Texte in Pariser Cafés geschrieben. Vermutlich kam gerade ein Kellner vorbei, als er über die Absurdität des menschlichen Lebens nachdachte. Jedenfalls machte er den armen Mann zu einem seiner berühmtesten Beispiele, um den Verlust von Individualität zu veranschaulichen. Der Kellner, so Sartre, «kommt mit einem etwas zu lebhaften Schritt auf die Gäste zu, verbeugt sich mit etwas zu viel Beflissenheit, seine Stimme, seine Blicke drücken ein Interesse aus, das etwas zu viel Aufmerksamkeit für die Bestellung des Gastes enthält, nun kommt er endlich zurück und versucht, mit seinem Gang die unbeugsame Strenge irgendeines Automaten zu imitieren».

Umgangssprachlich ausgedrückt, ist der Kellner «nicht er selbst», sondern füllt bloß eine Rolle aus. «Er spielt Kellner sein», wie Sartre sagt, und das mache ihn unauthentisch. Der Kellner hat seine Handlungsmuster sicherlich nicht ausdrücklich gelernt. Sie haben sich eingeschliffen, sind jetzt Teil seines Hintergrundes und bestimmen sein Bewusstsein. Gleichzeitig vermitteln sie Sartre den Eindruck von zu viel Routine und damit einen Verlust von Individualität. Diese Folgerung scheint allerdings fraglich, wenn man sich die Natur des Handelns vor Augen führt, denn alles, was wir lange genug tun, wird zur Routine, selbst das Philosophieren. Entscheidend ist aber, wie auch die *Rollentheorie* in der Soziologie später gezeigt hat, dass Aspekte unserer tagtäglichen Rollen unausgesprochen, genauer *hintergründig* bleiben.

Ein anderes Beispiel findet sich in Sartres Roman *Der Ekel*. Darin sagt der Ich-Erzähler Roquentin: «Als ich eben mein Zimmer betreten wollte, bin ich wie angewurzelt stehen geblieben, weil ich in meiner Hand einen kalten Gegenstand spürte, der mich durch eine Art Eigenpersönlichkeit auf sich aufmerksam machte. Ich hab die Hand aufgemacht, ich habe hingesehen: ich hielt ganz einfach die Türklinke.» Roquentin empfindet solche Momente als eine Entfremdung von der Wirklichkeit. Sie sind Ausdruck seines allgemeinen Lebensekels. So weit kann es kommen, wenn das Hintergründige der Klinke, das Kühle und Feste, sich plötzlich in den Vordergrund drängt.

Weil wir viele Annahmen über die Welt nicht nur im Bewusstsein, sondern vor allem im Gedächtnis mit uns herumtragen, einige sprachartig verfasst, einige nichtsprachlich und hintergründig, und wir nicht immer sauber zwischen ihnen unterscheiden können, ist die von Husserl vorgeschlagene Distanz zu uns selbst umso schwieriger, vermutlich eher ein Ideal, das wir tatsächlich nie erreichen können. Das allein macht eine Wissenschaft vom Bewusstsein schon schwierig. Doch die Lage ist noch vertrackter.

DIE KÜHLSCHRANK-ILLUSION UND ANDERE TÜCKEN DER SELBSTBEOBACHTUNG

Der französische Weinexperte Gil Morrot bat Studenten der Önologischen Fakultät an der Universität Bordeaux zu einer üblichen Weinprobe. Die angehenden Sommeliers sollten einen Rot- und einen Weißwein verkosten und deren Geschmacksnoten auf einer Liste festhalten. Die Weißweine bekamen typische Attribute wie «Grapefruit», «Stroh» und «Zitrone», während die Rotweine mit «Kirsche», «Zedernholz» und «Pflaume» umschrieben wurden. Was die Probanden allerdings nicht wussten: Es handelte sich in beiden Fällen um denselben Weißwein. Morrot und seine Kollegen hatten lediglich die Hälfte der Flaschen mit geschmackloser Lebensmittelfarbe zu rotem Wein verwandelt.

Nach der Auflösung waren die Studenten verärgert, dass man sie so hinters Licht geführt hatte. Doch der Versuch war wichtig, um einen lange gehegten Verdacht zu erhärten. Beim Weintesten lassen sich selbst Experten fast ausschließlich von der Farbe und kaum vom eigentlichen Geschmack leiten. Das zeigte schon die Liste der typischen Weinattribute, die Morrot und seine Kollegen für den Versuch erstellt hatten. Dazu analysierten sie führende Fachbücher wie den französischen *Gault & Millau* oder den englischen *Wine Advocate* und erstellten eine Liste der häufigsten Weinwörter. Typisch für Weißwein sind: Birne, Melone, Honig, Ananas, Quitte, Akazie, Pfirsich und Apfel. Typisch für Rotwein hingegen: Heidelbeere, Schokolade, Zimt, Teer, Tabak, schwarze Johannisbeere und Pfingstrose. Das sollte stutzig machen, denn offenbar passen vor allem die Farben zusammen, die hellen Früchte und Produkte zum Weißwein, die dunklen zum Roten. Es wäre schon seltsam, wenn sich diese Geschmacksrichtungen nicht bei beiden Weinsorten fänden.

In einem anderen Versuch sollten Laien einen Riesling bewerten, der jeweils in blauem, rotem, grünem und weißem Licht dekantiert wurde. Das Ergebnis lautete: Weißwein schmeckt in blauem und rotem Licht deutlich besser als in grünem oder neutral weißem. Zudem wirkt sich die Farbe auf das Geschmacksprofil aus. In rotem Licht empfanden die Probanden den Riesling süßer und fruchtiger als in blauem. Dieser Effekt könnte erklären, warum ein einfacher Landwein bei einem Sonnenuntergang am Mittelmeer so viel besser schmeckt als zu Hause unter der Energiesparlampe.

Auch die Markennamen beeinflussen das Geschmackserleben, wie die Konsumforschung zeigt. So scheitern selbst erfahrene Biertrinker daran, ihre Hausmarke lediglich am Geschmack zu erkennen. Bei Blindversuchen mit anderen Marken identifizierten sie ihre Lieblingssorte in etwa so oft wie jemand, der einfach drauflosrät. In einem ähnlichen Versuch beurteilten Amerikaner eine eher mäßig schmeckende Erdnussbutter besser, wenn sie sie aus einem Glas des beliebten Marktführers löffelten. Der Marktführer hingegen schnitt schlechter ab, sobald seine Butter in einem No-Name-Glas abgefüllt war.

Wir schmecken hauptsächlich mit der Nase. Unser Geruchssinn gehört evolutionär zu unseren ältesten Sinnesorganen. Die Verarbeitung olfaktorischer Reize ist dabei zehnmal langsamer als bei visuellen. Gut möglich, dass der Geschmack deshalb so leicht von unserem dominanten Sinn, dem Sehen, überschrieben wird. Für die Selbstbeobachtung sind das schlechte Nachrichten. Wir können unseren primären Eindrücken nicht trauen, weil sie sofort von anderen Sinnen und unserem Vorwissen überlagert, verzerrt und ersetzt werden.

Der spanische Molekular-Koch Ferran Adrià, der viele Jahre an der Costa Brava das berühmteste Drei-Sterne-Restaurant leitete, obwohl er zuvor nie bei einem Koch in die Lehre gegangen war, hat aus diesem Umstand intuitiv die richtige Konsequenz gezogen. Um neue Gerichte zu kreieren, beschäftigte er mehrere «Detektive», die auf der ganzen Welt nach seltenen Gewürzen und Lebensmitteln suchten. Kamen sie mit reicher Beute zurück, ließ er sich immer die Augen verbinden, damit sein Geruchssinn beim ersten Kosten nicht getrübt würde.

Adrià machte nichts anderes, als Husserls Urteilsenthaltung neu zu interpretieren. Doch ob das gelingen konnte, ist wie gesagt fraglich, denn auch die Konsistenz oder der Klang von Speisen trägt zum Gesamterlebnis bei. So bewerteten Versuchspersonen Kartoffelchips als frischer, wenn das knisternde Geräusch beim Abbeißen mit den Schneidezähnen über Kopfhörer künstlich verstärkt wurde. Es könnte also gut sein, dass man das reine Schmecken, genauer das Riechen, niemals von den umgebenden Eindrücken, Gedanken und Erinnerungen trennen kann.

Die vielen Täuschungen zeigen nicht, dass wir überhaupt keine Geschmacksunterschiede wahrnehmen können. Eine abgestandene Fanta könnte man mit Lebensmittelfarbe nicht zum Rotwein machen. Doch die feine Wahrnehmung, die Weinkenner und andere Experten unterstellen, ist wohl in den meisten Fällen eine Illusion. Es fällt uns einfach zu schwer, einzelne phänomenale Erlebnisse aus dem Bewusstseinsstrom herauszufiltern und isoliert zu betrachten.

Das rückt eine systematische Wissenschaft vom Bewusstsein in noch weitere Ferne, denn auch in anderen Bereichen mischt unser Vorwissen mit. Nehmen wir als Beispiel eine Münze, die wir schräg von der Seite ansehen. Genau genommen erblicken wir sie in Form eines Ovals, wie ein Foto beweisen würde. Doch sie erscheint uns als ein kreisförmiges Objekt, weil wir eben wissen, dass Münzen rund sind. Ebenso sieht das Augenweiß auf Fotos weiß aus, auch wenn die Bildpunkte im Bearbeitungsprogramm dunkelgrau sind. Selbst wenn wir das wissen, ändert sich der Eindruck nicht.

Was sehen wir überhaupt, wenn wir in uns hineinhorchen? Nehmen wir an, der linke Schuh drückt. Wie finden wir heraus, wie genau sich der Schmerz anfühlt? Wir müssen uns darauf konzentrieren und alle anderen Eindrücke ausblenden. Angenommen, wir spüren jetzt einen pochenden Schmerz im großen Zeh. Da der Schuh schon vorhin gedrückt hat, erscheint uns das Pochen die ganze Zeit da gewesen zu sein. Doch vielleicht spielt uns lediglich die Aufmerksamkeit einen Streich, und wir erliegen der *Kühlschrank-Illusion*. Im Kühlschrank brennt immer Licht, wenn man hineinschaut. Wer den Grund nicht kennt, könnte meinen, das Licht leuchte auch bei geschlossener Tür. Dieser Fehlschluss könnte auch beim Zeh eine Rolle spielen. Weil wir die Schmerzquelle kennen und es jedes Mal weh tut, wenn wir uns darauf konzentrieren, bilden wir uns ein, dass der Schmerz die ganze Zeit da war.

Unser Geist ist selbstbezüglich, denn wir können mit dem Bewusstsein unser Bewusstsein betrachten. Das ist zwar hilfreich, führt aber zum *Dilemma der Selbstbeobachtung*. Das eine Problem besteht in unserer *Aufmerksamkeit*, denn durch aktive Selbstbeobachtung verändern wir die Verteilung und vielleicht sogar die Natur unserer Erlebnisse im Bewusstseinsfeld. Dann haben wir aber keinen neutralen Zugang zu ihnen. Das andere Problem liegt in der möglichen Alternative, der *Erinnerung*. Man könnte versuchen, sich an einen früheren Moment zu erinnern, bei dem die Aufmerksamkeit den Bewusstseinsstrom nicht verwirbelt hat. Doch bei rückblickenden Analysen könnte unser Vorwissen unsere Eindrücke überlagern. Oder wir erliegen gar der Kühlschrank-Illusion, indem wir uns Erlebnisse einbilden.

Wir erfassen unser Innenleben also nur mit Mühe und vermischen alle Eindrücke miteinander. Noch schlechter sind wir darin, unsere Erlebnisse zeitlich genau zu datieren. Und am allerschlechtesten ist es um unsere Fähigkeit bestellt, die eigenen Wünsche oder das eigene Verhalten vorherzusagen. Bei Tolstoi ist das gut beschrieben. Als Wronski endlich Anna Kareninas Herz gewonnen hat und mit ihr auf Reisen ist, heißt es: «Wronski seinerseits fühlte sich trotz der vollen Verwirklichung dessen, was er so lange gewünscht hatte, doch nicht vollkommen glücklich. Er hatte bald die Empfindung, dass durch die Verwirklichung seines Wunsches ihm doch nur ein Sandkorn von jenem Berge von Glückseligkeit zuteil geworden war, den er erwartet hatte.»

Solche Fehleinschätzungen finden sich auch in profaneren Situationen. Die meisten Menschen glauben, dass Lotteriegewinne sie spürbar glücklicher machen würden, doch die tatsächlichen Effekte sind eher marginal. Genauso überschätzen wir spontan die negativen Folgen eines Jobverlusts oder einer Querschnittslähmung deutlich, wie Studien zu Glück und Lebenszufriedenheit zeigen. Tatsächlich passen wir uns so wundersam schnell an neue Situationen an, dass radikal erscheinende Veränderungen viel weniger ins Gewicht fallen, als man auf Anhieb annehmen würde. Wenn Menschen ihren Ernährungsplan für einen Monat bestimmen sollen, legen sie viel Wert auf Abwechslung. Müssen sie es Woche für Woche tun, wählen sie immer wieder dieselben Lieblingsgerichte.

Über 80 Prozent aller Testpersonen gaben auf Nachfrage an, dass sie für eine Wohltätigkeitsorganisation spenden würden. Bei der tatsächlichen Spendenaufforderung zahlten aber nur etwa 40 Prozent. Nach der durchschnittlichen Scheidungsrate gefragt, antworten Frischverheiratete mit «50 Prozent». Das ist eine ziemlich präzise Schätzung. Auf die Frage, wie wahrscheinlich es sei, dass sie selbst ewig zusammenblieben, entgegneten hingegen alle mit «100 Prozent».

Wir irren uns also manchmal, wenn wir unser Fühlen, Wollen und Handeln in der Zukunft einschätzen sollen. Doch selbst angenommen, wir könnten unser Innenleben phänomenal exakt erfassen. Könnten wir das dann ebenso exakt ausdrücken? Auch das ist zweifelhaft.

KANN MAN EINDRÜCKE AUSDRÜCKEN?

Könnte mir jemand erklären, was Liebe ist, wenn ich noch nie verliebt war? Vielleicht bekomme ich eine Liste mit Merkmalen: Der Magen rumort, man will nichts mehr essen, ist ganz aufgeregt, denkt dauernd an die geliebte Person, will von ihr zurückgeliebt werden und hat Entzugserscheinungen, wenn sie fort ist. Doch damit mir die Liste helfen kann, müsste ich wenigstens diese Phänomene kennen, zum Beispiel Entzugserscheinungen. Wären mir alle fremd, ginge es mir wie der Figur in Grimms «Märchen von einem, der auszog, das Fürchten zu lernen». Wer überhaupt nie etwas gefühlt hat, dem kann man keine Gefühle erklären – so wie man einem Blinden nicht erklären kann, was Farben sind.

Aber was ist hier genau mit «erklären» gemeint? Erst einmal bloß so viel wie: Man sagt etwas, damit der andere sich einen Begriff davon machen kann. Und weil man dafür Vorwissen braucht, ist der Fall vergleichbar mit: Wer keine Mathematik beherrscht, dem kann man auch nicht erklären, was die Ableitung einer Hyperbel-Funktion ist. Doch bei Gefühlen wie Verliebtsein erwarten manche noch mehr. Sie behaupten nämlich, unsere phänomenalen Erlebnisse seien prinzipiell *unausdrückbar*. Wir könnten zwar viele umschreibende Worte finden, aber wir kämen niemals nah genug an die Erlebnisse «heran», denn die Worte blieben Schall und Rauch.

Von dieser Unausdrückbarkeit des Individuellen waren neben Goethe vor allem die Romantiker fasziniert. Oft verwechselten sie dabei allerdings «etwas beschreiben» mit «etwas verursachen». Zum Vergleich: Wir erwarten vom Wort «Tisch» nicht, dass es die Macht hat, ein Möbelstück hervorzubringen. Wieso sollte man dann von dem Ausdruck «schmeckt süß» erwarten, dass er so «nah» an die Sache herankommt, dass er ein süßes Geschmackserlebnis hervorruft? Schon gar nicht kann man von der bloßen Beschreibung des Verliebtseins erwarten, dass sie einen verliebt macht.

Der Denkfehler besteht darin, den Worten zu viel abzuverlangen. Mit Worten redet man *über* die Dinge, aber man *erschafft* sie dadurch nicht. Mit der Sprache kommt man also deshalb nicht an die Welt «heran», weil Worte nur *Stellvertreter* für Dinge sind. Aus der vermeintlichen Unausdrückbarkeit würde ohnehin folgen, dass ich niemals wissen könnte, ob ich nun wirklich verliebt bin, wenn die Beschreibung zutrifft, also der Magen rumort und ich Entzugserscheinungen habe. Vielleicht ist es eben doch nur der Kater von letzter Nacht.

Manche begründen die Idee der Unausdrückbarkeit eher damit, dass man Dinge niemals *abschließend* beschreiben kann, ja, viele fordern obendrein, dass man es gar nicht versuchen sollte. Adorno beispielsweise meint, man müsse die Individualität der Einzeldinge schützen, damit das Kategorisieren sie nicht «zurüstet». Vielleicht erklärt das Adornos Interesse am «Begriffslosen, Einzelnen und Besonderen» und seine Scheu vor Verallgemeinerungen. Dem deutschen Philosophen Geert Keil zufolge klingen solche Aussagen nach *saurem Kitsch*, weil hier intellektuelle Beobachtungen mit großer Geste verdreht und aufgeblasen werden, im Gegensatz zum harmlosen *süßen Kitsch*, der von Sentimentalitäten lebt. Keil stellt fest, dass man einem Einzelding wie Sokrates nicht die Individualität nimmt, wenn man ihn als «Mann» oder als «Griechen» klassifiziert. Die Welt ist trivialerweise *unerschöpflich*, weil wir über alles immer noch mehr sagen können. Husserl nennt das die «Fülle» der Dinge. Das Gleiche gilt auch für unser Innenleben. Ich könnte viel darüber erzählen, auf welche Weise mein Schuh drückt, aber meistens reichen ein paar Worte aus: «Der Zeh tut weh.»

Daniel Dennett knüpft an diese Debatte an. In einem berühmten Aufsatz argumentiert er dafür, dass überhaupt kein phänomenales Bewusstsein existiert, genauer: keine kleinsten, unteilbaren Einheiten des Erlebens. Diese vermeintlichen *Erlebnisatome* heißen auch *Qualia*. Eines seiner Beispiele ist das Biertrinken. Der erste Schluck Bier im Leben schmeckt furchtbar bitter. Doch die Freude am Bier ist ein erworbenes Vergnügen. Erst mit den Jahren kommt man auf den Geschmack. Dennett schließt daraus, dass unser Geschmackserlebnis vom Hintergrund unserer Erfahrung abhängt und daher nicht greifbar ist.

Doch das scheint nicht zwingend aus dem Beispiel zu folgen. Es ist sicherlich so, dass wir unseren Geschmack objektivieren, indem wir sagen «Das Bier schmeckt nicht», wo genauer wäre «Das Bier verursacht unangenehme Geschmackserlebnisse in mir». So kann dieselbe Biermarke je nach Trinker oder Tagesform ein bitteres, saures oder würziges Erlebnis hervorrufen. Doch ganz gleich, wie beispielsweise das bittere Erlebnis in mir entsteht, ich erlebe es dann eindeutig im Bewusstsein. Dennett scheint hier die Ursache, also das Bier im Glas, mit der Wirkung, also dem phänomenalen Erlebnis des Biergeschmacks, gleichzusetzen.

In einem anderen Beispiel beschreibt Dennett einen Kaffeetester, der nach vielen Jahren seine Lieblingsmarke nicht mehr mag, obwohl sich daran nichts geändert hat. Schmeckt die Marke wie zuvor, aber seine Vorliebe hat sich verschoben? Oder schmeckt die Marke für ihn nach so langer Zeit tatsächlich anders? Dennett meint, man könne zwischen diesen beiden Möglichkeiten nicht unterscheiden. Wieder scheinen die Erlebnisatome, die Qualia, nicht greifbar zu sein. Doch auch dieser Schluss scheint voreilig, denn oft können wir sehr wohl unterscheiden zwischen dem Geschmack von Kaffee und der Freude, die er uns bereitet. Gerade weil die eine Sorte Kaffee immer gleich schmeckt, kann ich sagen, dass ich jetzt gerade keinen Appetit darauf habe. Das stellt die Existenz unserer Erlebnisse nicht in Frage. In Vorhersagen über unsere Vorlieben können wir uns natürlich irren. Doch das liegt einfach daran, dass wir uns selbst nicht perfekt kennen.

Dennetts Beispiele sind strittig, weil sie mehrere Interpretationen zulassen, aber aus seiner kritischen Haltung kann man eine Lehre ziehen. Oft bleibt unklar, was unser phänomenales Vokabular genau bezeichnet. Das ist besonders im Kunstdiskurs augenscheinlich. Immer mal wieder lese ich, dass das neue Album irgendeiner Band «erwachsen» klingt. Meistens handelt es sich dabei um das zweite oder dritte. Der Ausdruck ist suggestiv, und die Songtexte mögen das auch bestätigen. Aber ich weiß nicht, wie man das an den Melodien, Harmonien oder am Rhythmus festmachen könnte. Von Werken der bildenden Kunst heißt es oft, sie seien «intensiv», würden einen «absorbieren» oder erzeugten «eine Leere». Bei solchen Aussagen bin ich mir nie sicher, ob die Zuhörer überhaupt wissen, welche Arten von Eindrücken gemeint sind. Ich bin mir nicht einmal sicher, ob die Sprecher das wissen.

Die Brille der Introspektion muss also gleichzeitig Lupe, Fernrohr und Taschenlampe sein, denn unser Bewusstsein ist meistens transparent, einzelne Erlebnisse sind schwer zu isolieren, überlagert von anderen, verzerrt durch unser Vorwissen, verändert durch die Aufmerksamkeit, teilweise eingebildet und dazu noch ungenau beschrieben. Und selbst wenn man all das ausschalten könnte, blieben die schon erwähnten Grenzen der Präzision. Wir können unser Rückenleiden auf einer Schmerzskala von 1 bis 10 einordnen, aber nicht mit zwei Stellen hinter dem Komma, wie es in den Naturwissenschaften üblich ist.

Unsere Selbstbeobachtung bringt eine mentale Unschärferelation mit sich. Das ist ein wesentlicher Grund, war um die introspektive Psychologie, bei der die Innenschau die primäre Erkenntnisquelle ist, nie zu einer eigenständigen Wissenschaft aufgestiegen ist. Viele Kritiker sind allerdings zu weit gegangen, indem sie ganz von der Introspektion Abstand nahmen und nur noch das Unbewusste untersuchten. Wer jedoch wissen will, wie Körper und Geist zusammenhängen, muss all unsere Eindrücke im Bewusstsein auf die Hirnvorgänge abbilden, und seien sie noch so flüchtig. Unserem Langzeitgedächtnis liegen festverdrahtete Nervenverschaltungen zugrunde, während der Strom des Bewusstseins und das Rinnsal des Unbewussten in jenen elektrischen Entladungen codiert sind, die unaufhörlich durch unser Hirn strömen. Die unbewussten Informationen fließen zwar in denselben Bahnen wie anfangs auch die bewussten, versickern aber, bevor sie das Bewusstsein erreichen. Um sie ausfindig zu machen, müssen Forscher Kriterien finden, die Rückschlüsse auf ihre Existenz erlauben. Das beste Kriterium für das Wirken des Unbewussten ist natürlich ein sichtbarer Effekt im Bewusstsein. Eine Theorie des Unbewussten hängt also unmittelbar von einer Theorie des Bewusstseins ab. Für Letztere ist die Introspektion der Lackmustest, denn wenn Annahmen in der Wissenschaft unserem phänomenalen Erleben widersprechen, können sie nicht wahr sein. Um solche Bewusstseinstheorien geht es im nächsten Kapitel.

RÄTSELHAFTES BEWUSSTSEIN

DAS DOPPELLEBEN DES SCHMERZES

In Ridley Scotts Film *Prometheus* aus dem Jahre 2012 steuert der Roboter David ein Raumschiff durchs All, während sich die Besatzung in einem künstlichen Winterschlaf befindet. Er spielt Basketball, schaut den Film *Lawrence von Arabien* und blondiert sich die Haare, um so auszusehen wie dessen Hauptfigur, gespielt von Peter O'Toole. Es wirkt, als würde David menschliches Verhalten nicht bloß simulieren, sondern tatsächlich ein Bewusstsein haben. Diese neuzeitliche Idee der denkenden Maschine erzählt Hollywood immer wieder aufs Neue, wie in dem Klassiker *2001: Odyssee im Weltraum*, aber auch in *Terminator* oder *Matrix*. Wenn man den Drehbüchern glauben darf, erwacht in Supercomputern irgendwann ein eigenes Bewusstsein. Spätestens dann geht es den Menschen an den Kragen.

Doch wie kann man sicher sein, dass David wirklich Bewusstsein hat und sich nicht nur so verhält, als ob? Hier kommt wieder die Unterscheidung aus dem letzten Kapitel ins Spiel, nämlich die zwischen zwei grundlegend verschiedenen Bedeutungen von «Bewusstsein». David hat offenbar Bewusstsein in der Lesart von *Zugang zu Informationen*, doch hat er auch ein phänomenales Bewusstsein, also *subjektive Erlebnisse*?

Der amerikanische Philosoph Ned Block hat nachgewiesen, dass diese zwei Lesarten in der empirischen Forschung oft verwechselt werden. Sein australischer Kollege David

Chalmers erklärt das damit, dass nicht nur «Bewusstsein», sondern viele andere mentale Ausdrücke ein *Doppelleben* führen. Am Beispiel des Schmerzes lässt sich das verdeutlichen. Auf die Frage «Was ist Schmerz?» kann man zwei Antworten geben. Erstens: «Schmerz ist, wenn es weh tut», zweitens: «Schmerz ist ein Zustand, der von Gewebeverletzungen verursacht wird und der seinerseits Schmerzverhalten wie Schreien verursacht.» Die erste Antwort nennt das *subjektive* Erleben von Schmerz aus der Innenperspektive, die zweite die *objektive*, von außen beschreibbare Ebene der kausalen Prozesse.

Chalmers zufolge zielt die erste Antwort auf unseren *phänomenalen* Begriff von Schmerz, die zweite auf unseren *funktionalen*, weil sie fragt, welche Funktion Schmerz hat, genauer in welche *Ursache-Wirkungs-Beziehungen* er eingeht. Der amerikanische Philosoph Shaun Nichols hat diese zwei Perspektiven in einem Vortrag einmal scherzhaft so ausgedrückt: «Was ist der Unterschied zwischen meinem Schmerz und deinem? Meiner tut weh, deiner ist lustig.»

Wendet man die Unterscheidung auf den Roboter David an, scheint klar, dass er Bewusstsein im funktionalen Sinne hat, denn er verarbeitet Informationen und interagiert mit der Besatzung und mit seiner Umwelt. Doch damit ist nicht gesagt, dass er auch Bewusstsein im phänomenalen Sinn hat, also dabei wirklich etwas erlebt. Natürlich könnte man hier einwenden, dass wir ja auch bei jedem Menschen die Frage stellen könnten, ob er ein Innenleben hat. Bei einigen sind wir uns ja manchmal nicht so sicher. Doch in der Diskussion geht es nicht um dieses *skeptische Problem*, also nicht darum, woher wir *wissen* können, ob auch andere Menschen ein Bewusstsein haben, sondern darum, dass ein funktionaler Begriff von Bewusstsein noch nicht ausreicht, um zu erfassen, was phänomenales Bewusstsein wirklich ausmacht.

David ist zwar ein Roboter in einem Film, doch aus philosophischer Sicht ist eher wichtig, ob er ein Zombie ist. Philosophen vermischen damit nicht die Genres Science-Fiction und Horror, denn *philosophische Zombies* sind keine gruseligen Untoten, sondern rein äußerlich von normalen Menschen nicht zu unterscheiden. Als Kernstück eines *Gedankenexperiments* von Chalmers können sie wahrnehmen, denken, sprechen und handeln, aber nichts davon geht mit einem phänomenalen Erleben einher. Wenn so ein philosophischer Zombie an einer Steilküste steht und sagt, das Meer und die Naturgewalten erfassten ihn mit einem angenehmen Schauer, empfindet er dabei keinen Anflug von Erhabenheit. Obwohl er weiß, dass er an der Küste steht, hat er keine Seheindrücke, weder von Formen, Farben noch von Bewegungen. Obwohl er wahrnimmt, dass die Wellen am Fels brechen und die Gischt aufschäumt, hört er keine Töne oder Geräusche. Obwohl er die Steilklippe meidet wie jemand, der Höhenangst hat, verspürt er dabei weder Anspannung noch Herzklopfen.

Das klingt beim ersten Hören bizarr und schwer vorstellbar, ist aber gar nicht so unplausibel, denn Neurowissenschaftler können Vorgänge im Hirn ja beschreiben, ohne von subjektiven Eindrücken sprechen zu müssen. Sie können den Weg eines Lichtstrahls verfolgen, der auf die Netzhaut trifft und einen Nervenimpuls auslöst, welcher über den seitlichen Kniehöcker bis zur visuellen Hirnrinde gelangt. Oder sie können einen Impuls vom Motorkortex im Frontallappen des Hirns über das verlängerte Rückenmark bis zu den Muskeln nachzeichnen. Sogar im Alltag haben wir ja bloß unsere Beobachtungen von außen, um auf das Innenleben anderer Menschen zu schließen. Im Prinzip könnte also jeder andere Mensch ein Zombie sein.

An Zombies kann man gut verdeutlichen, dass es nicht nur zwei fundamental verschiedene Begriffe des Bewusstseins, sondern entsprechend auch mindestens zwei Arten des *Leib-Seele-Problems* gibt oder, moderner gesprochen, des *Gehirn-Geist-Problems.* Als Frage formuliert, lautet es: Wie hängen Gehirn und Geist zusammen? Chalmers unterscheidet zwischen der *einfachen* und der *schwierigen* Variante des Problems. Bewusstsein als Zugang zu Informationen haben Zombies und sicherlich auch der Roboter David. Diese Art von Bewusstsein stellt kein prinzipielles Problem für eine wissenschaftliche Erklärung dar, denn man bleibt auf der Ebene der kausalen Vorgänge und der Verhaltenssteuerung, verlässt also nicht die objektive Perspektive. Das ist die einfache Variante des Problems, nicht weil es leicht zu lösen ist, sondern weil einer Lösung im Prinzip nichts im Wege steht.

Doch bei der Erklärung des phänomenalen Bewusstseins, also der schwierigen Variante, sieht die Sache anders aus. Der deutsche Physiologe Emil du Bois-Reymond hat das vor über 100 Jahren schon einmal sehr anschaulich ausgedrückt: «Welche denkbare Verbindung besteht zwischen bestimmten Bewegungen bestimmter Atome in meinem Gehirn einerseits, andererseits den für mich ursprünglichen, nicht weiter definierbaren, nicht wegzuläugnenden Thatsachen: ‹Ich fühle Schmerz, fühle Lust; ich schmecke süss, rieche Rosenduft, höre Orgelton, sehe Roth,› und der ebenso unmittelbar daraus fliessenden Gewissheit: ‹Also bin ich›? Es ist eben durchaus und für immer unbegreiflich, dass es einer Anzahl von Kohlenstoff-, Wasserstoff-, Stickstoff-, Sauerstoff- usw. Atomen nicht sollte gleichgültig sein, wie sie liegen und sich bewegen, wie sie lagen und sich bewegten, wie sie liegen und sich bewegen werden. Es ist in keiner Weise einzusehen, wie aus ihrem Zusammenwirken Bewusstsein entstehen könne.»

Der amerikanische Philosoph Joseph Levine hat dieses unbegreifliche Rätsel später die «Erklärungslücke» genannt, die man auch so ausdrücken kann: Warum sind einige Prozesse im Gehirn gerade die Grundlage für diese Rotempfindung und nicht für ein anderes Farberlebnis oder gar keines? Unser Hirn besteht aus 100 Milliarden Neuronen und diese wiederum aus unzählbaren Atomen. Weder Atome noch Neuronen haben eine Innenperspektive. Wie kann es dann sein, dass alle zusammen die Grundlage für unser phänomenales Leben bilden?

Alle großen Rätsel der Wissenschaft, zum Beispiel die Frage, wie Leben entstehen konnte oder warum sich das Universum ausdehnt oder was im Inneren eines schwarzen Lochs passiert, kann man im Prinzip aus der Perspektive der dritten Person, also auf einer objektiven, wissenschaftlichen Ebene erklären. Selbst wenn man noch keine Antworten auf alle Fragen hat, kann man sich vorstellen, wie im Prinzip eine Antwort oder gar eine Theorie aussehen könnte.

Beim phänomenalen Bewusstsein ist das anders. Man weiß nicht nur nicht, wie es zustande kommt, sondern vor allem nicht, wie man es jemals wissenschaftlich erklären könnte, denn seiner Natur nach scheint es sich gerade einer Theorie zu entziehen. Warum laufen die Prozesse in unserem Hirn nicht ohne phänomenales Bewusstsein ab wie bei Zombies? Wer lediglich alle Hirnprozesse exakt beschreibt, wechselt von der Ich-Perspektive, der Innenperspektive, zu einer objektiven, wissenschaftlichen Perspektive. Doch die Innenperspektive ist ja gerade das, was Bewusstsein ausmacht.

Die Geschichte der Philosophie kennt zahlreiche Lösungsvorschläge des Leib-Seele-Problems. Doch die meisten verkennen das schwierige Problem, nämlich phänomenales Bewusstsein. So sagen zum Beispiel die *Computer-Funktiona-*

listen, unser Geist verhalte sich zu unserem Hirn wie eine Software zu einer Hardware. Wenn man unseren Geist als ein Computerprogramm auffasst, kann man die Informationsverarbeitung im Hirn gut veranschaulichen. Doch dabei bleibt man ausschließlich auf der funktionalen Ebene und lässt unser Innenleben aus. Wenn auf einem Computer ein Programm wie *Word* läuft, hat der Computer ja nicht plötzlich subjektive Erlebnisse von Buchstaben. Warum sollte es dann bei uns Menschen so sein?

Auch die *Behavioristen* sagen allenfalls etwas zum einfachen Leib-Seele-Problem, aber nicht zum schwierigen, denn sie behaupten, mit Ausdrücken wie «Wut» würden wir nur unser Verhalten beschreiben, also lediglich ausdrücken, dass wir beispielsweise die Brauen zusammenziehen, fluchen oder brüllen. Dieser Ansatz lässt ebenfalls den subjektiven Eindruck der Wut aus, den wir im Bewusstsein erleben und der ja erst dazu führt, dass wir unsere Wut sichtbar herauslassen. Wer nur über Verhalten spricht, kann gerade nicht zwischen uns und den Zombies unterscheiden.

Auch die Grundannahme des *Substanz-Dualismus* kann nicht wahr sein, der zufolge Geist und Materie zwei unabhängige Substanzen sind, die sich gegenseitig beeinflussen. Diese Position wird meist Descartes zugeschrieben. Substanz-Dualisten leugnen zwar nicht zwingenderweise, dass Bewusstsein existiert, aber sie behaupten, der Geist liege außerhalb von Raum und Zeit, entfalte aber dennoch Kausalkräfte, die in die Welt der Materie hineinwirken können. Das ist nicht nur schwer vorstellbar, sondern widerspricht auch der Beobachtung, dass unser Geist von der Materie, genauer unserem Hirn, abhängt, denn ohne Hirn können wir nicht denken, fühlen oder wahrnehmen. Diese Beziehung zwischen Geist und Materie scheint nicht symmetrisch zu sein, wie Substanz-Dualisten annehmen.

Philosophen haben das phänomenale Bewusstsein vor etwa vier Jahrzehnten wiederentdeckt. Spätestens seitdem gelten viele Thesen zum Leib-Seele-Probleme als unhaltbar, weil sie am Kern des Problems vorbeigehen. Neue Vorschläge sind seltener geworden, doch immerhin kann man das Problem jetzt besser dingfest machen als zuvor. Doch wie muss man sich die Beziehung zwischen Bewusstsein und Gehirn genau vorstellen?

DAS FUNDAMENT DES BEWUSSTSEINS

Patienten mit Schäden im Hinterhauptslappen können blind sein, obwohl ihre Augen intakt sind. Verletzungen im linken Schläfenlappen führen manchmal dazu, dass Personen ihre Sprachfähigkeit verlieren. Eine dauerhafte Unterversorgung des Vorderhirns kann dazu führen, dass aus Bausparern impulsive Hedonisten werden.

Solche Fälle zeigen eindrücklich, dass unser Geist von unserem Hirn abhängt. Verschiedene Fähigkeiten sind offenbar in spezialisierten Hirnbereichen angesiedelt. Schädigt man die Bereiche, so schädigt man auch die Fähigkeiten. Eine Verletzung im visuellen Zentrum des hinteren Kortex führt zum Beispiel dazu, dass die betroffene Person keine Seheindrücke mehr hat, also dazu, dass ihr bewusstes Sehen ausgelöscht ist.

Bewusstsein hängt von der Hirntätigkeit ab, aber nicht, indem es vom Hirn verursacht wird, wie der Dualist glaubt, sondern als eine Art höherstufige Funktion. Diese Art der Abhängigkeit nennt man in der Diskussion auch *Supervenienz*, eingeführt von dem amerikanischen Philosophen Donald Davidson. So wie das Hirn die *Grundlage* für Bewusstsein ist, indem es Bewusstsein *realisiert*, gilt umgekehrt, dass Bewusstsein auf dem Hirn *superveniert*, also einseitig davon abhängt. Einseitig, weil es keine Veränderung im Bewusstsein ohne Veränderung im Hirn gibt, aber sehr wohl Veränderungen im Hirn, ohne dass ihnen etwas im Bewusstsein entspricht.

Wir haben beispielweise keine Seheindrücke ohne Aktivität im Hirn, genauer im visuellen Kortex. Aber vielen Aktivitäten im Hirn entspricht nichts im Bewusstsein, zum Beispiel einigen elektrischen Impulsen im Hypothalamus, der unter anderem unseren Herzschlag und unsere Transpiration reguliert.

Das Wort «Supervenienz» klingt zwar sperrig, doch die Idee dahinter kennen wir alle. Wenn wir zum Beispiel von einem «Trend der Stadtflucht» sprechen, dann nehmen wir an, dass er aus vielen Einzelhandlungen von Stadtbewohnern besteht, die ein altes Bauernhaus renovieren, sich eine Laube mieten oder mehr Zeit als früher im grünen Umland verbringen. Man könnte in diesem Fall auch sagen, der Trend *superveniert* auf diesen Einzelhandlungen. Auch das ist *asymmetrisch*, denn den Trend gibt es nur, wenn es die Handlungen gibt, doch die einzelnen Handlungen kann es geben, ohne dass der Trend existiert.

Schnell findet man unzählige weitere Beispiele für Supervenienz. Die Gesellschaft superveniert auf ihren Individuen, die Härte des Tisches superveniert auf seiner Molekülstruktur und die ästhetischen Qualitäten eines Sonnenunterganges («wunderschön») supervenieren auf seinen physischen («Berge in rotes Licht getaucht»).

Man darf *Supervenienz* nicht mit *Verursachung* verwechseln oder überblenden. Das passiert selbst Wissenschaftlern. So meint der amerikanische Philosoph John Searle, Bewusstsein sei gleichzeitig im Hirn *realisiert* und durchs Hirn *verursacht*. Auch der französische Neurowissenschaftler Stanislas Dehaene schreibt, die «Gehirnaktivität» wäre die «Ursache» des Bewusstseins. Andere Forscher behaupten, das Hirn würde Bewusstsein «hervorbringen» oder «erzeugen», ohne zu bemerken, dass das nur andere Wörter für «verursachen» sind.

Verursachung ist jedoch, zumindest nach gängiger Auffassung, eine Beziehung zwischen zwei Ereignissen in der Zeit, die *nacheinander* stattfinden, denn erst kommt die Ursache, dann die Wirkung. Verursachung spielt sich also auf der *horizontalen* Zeitachse ab. Supervenienz hingegen ist eine *gleichzeitige* Beziehung zwischen Hirn und Bewusstsein. Sie spielt sich also auf einer *vertikalen* Achse ab. Es wäre genauso irreführend zu sagen, das Hirn verursache Bewusstsein, wie es irreführend wäre zu sagen, die Glasmoleküle verursachten die Durchsichtigkeit der Scheibe.

Supervenienz und Verursachung haben einzig gemein, dass die Abhängigkeiten *asymmetrisch* sind, denn sie gehen nur in eine Richtung. So hängt die Wirkung von der Ursache ab, aber nicht umgekehrt. Und Bewusstsein hängt vom Hirn ab, aber nicht umgekehrt, denn es kann Hirn ohne Bewusstsein, aber nicht Bewusstsein ohne Hirn geben.

Alles, was uns ausmacht und was in uns vor sich geht, basiert also auf Neuronen, jeder Sinneseindruck, jeder Gedanke und jede Vorstellung: die flüchtige Erinnerung an den Spielplatz der Kindheit, das Gefühl leichter Gereiztheit, wenn uns jemand die Parklücke wegschnappt, der Geschmack von Zartbitterschokolade oder der Gedanke, dass das Leben so unglaublich kurz ist.

Die Supervenienz des Geistes ist von ganz besonderer Art. Das wird deutlich, sobald man sie mit anderen Arten von Supervenienz vergleicht. Die Durchsichtigkeit der Fensterscheibe beispielsweise superveniert auf den einzelnen Glasmolekülen. Man könnte auch sagen, dass die Scheibe aus Glasmolekülen *besteht*. Kennt man die Eigenschaften all dieser Moleküle, kann man die Eigenschaften der Fensterscheibe direkt davon ableiten. Kurz gesagt, das Ganze ist die Summe seiner Teile.

Beim Bewusstsein scheint das nicht so zu sein. Kennt man die Eigenschaften aller Moleküle des Hirns, kann man noch nicht davon ableiten, welche Eigenschaften das Bewusstsein hat. Bewusstsein besteht aus phänomenalen Erlebnissen und nicht aus Molekülen. In diesem Fall scheint das Ganze mehr als die Summe seiner Teile zu sein. Daher nennen einige Forscher diese besondere Form der Abhängigkeit auch *Emergenz*. Mit dem Bewusstsein scheint etwas Neues in die Welt zu kommen.

Ich schließe mich der unausgesprochenen Mehrheitsmeinung an, die man auch *Keiner-hat-eine-Ahnung-Position* nennen könnte: Bewusstsein superveniert auf dem Hirn, aber wie das vonstattengeht, bleibt das größte Rätsel der Menschheit. Das ist die wissenschaftliche *Minimalannahme*, die man treffen kann, ohne sich in waghalsige Spekulationen zu versteigen. Aus der Rätselhaftigkeit des Bewusstseins folgt nicht, dass man es nicht wissenschaftlich untersuchen kann. Nur gibt es eben Grenzen. Eine liegt in der subjektiven Perspektive, die Grund für die Erklärungslücke ist. Die zweite liegt, wie schon im letzten Kapitel angedeutet, in der Sprache. Das zeigt sich, sobald man versucht, den Untergrund des Bewusstseins genauer zu verorten.

WO SIND DIE NCC?

Schon Descartes wusste, dass das Hirn aus zwei symmetrischen Hälften besteht. Da ihm der Geist aber unteilbar erschien, war er sich sicher, dass er nicht in einer der beiden Hirnhälften wohnen könne. Daher suchte er nach einer Hirnstruktur, die nicht zweigeteilt ist. Descartes glaubte, sie in der *Zirbeldrüse* gefunden zu haben, einem erbsengroßen Organ mitten im Zwischenhirn, und er vermutete, an diesem Punkt interagierte der Geist, beziehungsweise die «Seele», besonders gut mit dem Rest des Körpers.

Man schreibt Descartes, wie gesagt, traditionell die Position des *Substanz-Dualismus* zu, also die Vorstellung, dass Geist und Materie unabhängige und grundverschiedene Substanzen seien, die sich gegenseitig beeinflussen. Einige seiner Aussagen legen das auch nahe. Allerdings sagt Descartes an anderen Stellen seines Werkes, der Geist sei überall im Körper verteilt, was gar nicht nach Dualismus klingt. Außerdem war er auf dem richtigen Weg, als er die Grundlage des Geistes unabhängig von den einzelnen Hirnhälften bestimmen wollte. Wie sich später allerdings herausstellte, hat auch die Zirbeldrüse eine bilaterale Struktur. Hätte Descartes schon Elektrizität gekannt, hätte er vielleicht den Vorschlag gemacht, der heute in der Forschung favorisiert wird, nämlich, dass der Geist, oder genauer das Bewusstsein, auf Entladungen von Neuronen basiert, die gleichmäßig und periodisch über das Haupthirn knistern.

Philosophen sprechen technisch vom Hirn als «Supervenienzbasis des Geistes», viele Neurowissenschaftler reden hingegen von den «neural correlates of consciousness», den *neuronalen Korrelaten des Bewusstseins*, kurz NCC. Den Ausdruck haben der amerikanische Neurowissenschaftler Christof Koch und sein englischer Kollege Francis Crick, der Entdecker der DNA, mit einem Aufsatz aus dem Jahre 1990 geprägt. Seitdem Forscher von den «NCC» sprechen, ist «Supervenienz» auch in den Naturwissenschaften ein elektrisierendes Thema.

Was sind nun genau die Korrelate des Geistes? Um das zu beantworten, muss man sich klarmachen, dass wir mit «Geist» oft nicht nur Bewusstsein meinen, sondern auch Erinnerungen, Überzeugungen, Wünsche und Werte, die allesamt im Gedächtnis gespeichert sind. So muss man zwei Arten von Grundlagen des Geistes unterscheiden, nämlich das Dauerhafte und Stabile auf der einen und das Flüchtige und Veränderliche auf der anderen Seite. Unsere Kindheitserinnerungen, unser Charakter, unsere Sprache oder unsere motorischen Fähigkeiten wie Fahrradfahren sind über lange Zeiträume dauerhaft gespeichert, manche fürs ganze Leben. Als relativ langfristige *Zustände* müssen sie auf dem stabilen Netz von Nervenbahnen basieren, also in den Verschaltungen selbst codiert sein.

Unser Bewusstsein hingegen sprudelt und strömt vor sich hin als ein nie enden wollender Schwall an Veränderungen, also als ein *Prozess*. Als Basis dafür kann folglich nur ein ebenso ständig wechselndes Muster im Hirn in Frage kommen. Daher liegt es nahe, die Grundlage des Bewusstseins in den elektrischen Entladungen im Haupthirn zu suchen, die das EEG misst.

Crick und Koch zum Beispiel haben schon in besagtem Aufsatz von 1990 den spekulativen Vorschlag gemacht, dass Bewusstsein dann auftaucht, wenn Gamma-Wellen, also Aktivitätsmuster von etwa 40 Hertz, durch Verschaltungen laufen, bei denen der Thalamus beteiligt ist. Dehaene hat diese These mit Blick auf die aktuelle Forschung präzisiert. Die Schwingungen der Gamma-Wellen können nicht allein die Grundlage des Bewusstseins sein, da man sie auch bei unbewussten Reizen messen kann. Erst wenn sie sich verstärken und große Neuronenhaufen vor allem im Vorderhirn und im Scheitellappen aktivieren, die dann alle synchron feuern, also elektrische Impulse aussenden, könne man von einer «Signatur» des Bewusstseins sprechen. Wenn wir zum Beispiel einen Baum wahrnehmen, gelangen elektrische Impulse ins Sehzentrum. Doch von dort, so Dehaene, müssen weitere zum Vorderhirn zurückreisen und sich verteilen, bis wir einen bewussten Eindruck des

Baumes haben. Er meint daher, Bewusstsein sei dezentral, weil es an keinen festen Hirnbereich gebunden sei.

Daraus folgt nicht, dass Bewusstsein keinen Ort hat, sondern nur, dass Bewusstsein auf Schwingungsmustern von Elektrizität superveniert, und diese Entladungen wiederum nur in bestimmten Hirnstrukturen stattfinden können. Dort ist dann auch das Fundament unseres Bewusstseins angesiedelt.

DIE UNGENAUE LANDKARTE DES HIRNS

Dehaenes Vorschlag löst natürlich nicht das Leib-Seele-Problem, denn die Erklärungslücke bleibt bestehen. Warum hat Bewusstsein gerade die Synchronie von elektrischen Entladungen im Haupthirn als Grundlage und nicht eine andere? Was an den objektiv messbaren Entladungen bringt das Subjektive in die Welt?

Die Erklärungslücke hat entscheidende Folgen, die in der Forschung nur wenig thematisiert werden. Man kann sie gut verdeutlichen, wenn man die Wissenschaften des Geistes, also Psychologie und Neurowissenschaft, mit der Physik vergleicht. Wenn Physiker den Aufbau der Materie exakt beschrieben und alle Kräfte im Universum gefunden haben, ist ihre Arbeit getan. Es gibt dann nichts mehr zu erforschen. In der Neurowissenschaft ist das anders. Zurzeit läuft das mit einer Milliarde Euro von der EU geförderte *Human Brain Project*, an dem 80 Forschungszentren der EU und der Schweiz teilnehmen. Ihr Hauptziel ist, eine dreidimensionale Landkarte des Hirns am Computer zu erstellen, auf der all unsere geistigen Leistungen den Hirnregionen zugeordnet sind.

Nehmen wir an, eine perfekte Simulation des Hirns

gelingt und man kann damit beschreiben oder sogar vorhersagen, zu welchem Zeitpunkt welche Nervenzelle bei jedem Menschen aktiv ist. Dann hätte man allenfalls Bewusstsein in der Lesart von Zugang zu Informationen verstanden, aber noch nicht, was dabei in der Person vor sich geht. Denkt sie gerade, dass die Steuererklärung immer noch nicht vom Tisch ist? Empfindet sie einen zarten Anflug von Melancholie? Spürt sie ein leichtes Unwohlsein, weil der linke Schuh drückt?

Sicher, eine Theorie des Hirns wäre schon sehr weit, wenn sie alle Aktivitätsmuster vorhersagen könnte. Und vielleicht kann man das auch einmal leisten, ohne über phänomenales Bewusstsein zu sprechen. Doch um perfekt zu sein, muss die Theorie noch zwei Fragen beantworten: Welche Hirnvorgänge entsprechen exakt unseren Erlebnissen? Warum sind es gerade diese Vorgänge und nicht andere, die unseren Erlebnissen entsprechen?

Eine Antwort auf die zweite Frage würde das Leib-Seele-Problem lösen und damit das größte Rätsel der Wissenschaft lüften. Doch schon die erste Frage macht Probleme, denn um sie zu beantworten, muss man all unsere Erlebnisse exakt auf Hirnvorgänge abbilden. Wie im vorherigen Kapitel beschrieben, sprechen prinzipielle Überlegungen dagegen, dass das jemals möglich ist, denn unser Erleben ist flüchtig, uneinsichtig, schwer zu kategorisieren und sprachlich nur ungenau ausdrückbar.

Das zeigen nicht nur die Versuche zum Geschmacksbouquet von Weinen, sondern schon einfache Fälle aus der visuellen Wahrnehmung. Wenn wir zwei rote Farbtafeln sehen, die sich minimal unterscheiden, dann muss es zwangsläufig auch einen kleinen Unterschied in den Erregungsmustern in unserem Hirn geben. Doch die Rottöne können wir nicht benennen, geschweige denn in einem Folgeversuch erneut eindeutig identifizieren. Das müssten wir aber können, um sicherzugehen, dass dieselbe Farbtafel auch immer denselben Eindruck hervorruft.

Um alle Erlebnisse exakt auf die Hirnvorgänge abzubilden, müsste jeder Mensch sie also ebenso exakt kategorisieren, denn auf anderem Wege kommen Neurowissenschaftler nicht an die Korrelation heran. Davidson hat dafür argumentiert, dass das mentale Vokabular und das physische nicht füreinander geschaffen sind. Sein Argument bezog sich zwar nicht auf Bewusstsein, es lässt sich aber dahingehend erweitern. Die Naturwissenschaften zeichnen sich durch Präzisierbarkeit aus, denn im Prinzip kann man alles immer noch genauer messen, seien es winzige Bewegungen von Elementarteilchen im Teilchenbeschleuniger oder unvorstellbar kurze Zeitabschnitte zwischen zwei Phasen einer elektromagnetischen Welle. Doch unser Innenleben ist, wie im letzten Kapitel erwähnt, nicht beliebig präzisierbar. Das zeigt sich schon, wenn wir uns selbst beobachten. Wo genau schlägt Nervosität in Angst und Angst in blanke Panik um? Wann exakt hat das Kribbeln in der Nase begonnen, vor 300 Millisekunden oder vor 301 Millisekunden? Wie stark ist Ihr momentanes Glücksgefühl auf einer Skala von 1 bis 10, ungefähr bei 5 oder präziser bei 5,37?

Schon aufgrund beschränkter Introspektion kann es also keine strenge Wissenschaft des Geistes geben. Selbst wenn wir die Fähigkeit trainieren könnten, uns immer feiner selbst zu beobachten, bliebe die Sprache das Nadelöhr, durch das Informationen über unser Innenleben zu den Forschern gelangen würden. Sobald diese in einem Versuch ein Aktivitätsmuster im Hirn messen, müssen sie nämlich fragen, was den Probanden dabei durch den Kopf geht. Hier franst die Forschung aus, weil uns oft einfach die genauen Worte fehlen oder wir sie nicht einheitlich gebrauchen. Eine Theorie des Geistes wird also in der Zukunft nicht perfekt, sondern allenfalls eine über den Daumen gepeilte Annäherung sein. Mit Schiller könnte man sagen: Leicht beieinander wohnen die Gedanken, doch hart im Raume feuern die Neuronen.

An diesem methodischen Problem kann man auch sehen, was am Neuro-Hype fehlgeleitet ist. Es dürfte niemandem verborgen geblieben sein, dass «Neuro» eine überaus positive Vorsilbe ist, vergleichbar mit den schmückenden Beinamen antiker Epen wie die «rosenfingrige Morgenröte» oder der «schnellfüßige Achill». «Neuroökonomie» klingt für Fachfremde oft besser als «Ökonomie», «Neurophilosophie» besser als «Philosophie», «Neurosoziologie» besser als «Soziologie». Sobald jemand in einem Versuch eine aktive Hirnregion mit bunten Farben sichtbar macht, scheint es, als wüsste man mehr über ein Phänomen. Doch bei diesem neurotischen Gebrauch von Vorsilben sind einige Irrtümer im Spiel. Erstens ist trivialerweise jeder mentale Vorgang ans Hirn gebunden. Jedes Zähneputzen ist also ein Neuro-Zähneputzen und jeder Fahrradausflug ein Neuro-Fahrradausflug. Mit der schönen Vorsilbe ist also erst einmal nichts gewonnen.

Zweitens stellt die Messgenauigkeit ein technisches Problem dar. So haben Forscher selbst bei einem toten Lachs im Hirnscanner noch vermeintliche neuronale Aktivität sichtbar machen können. Solche *Voodoo-Korrelationen*, also falsche Korrelationen zwischen vermeintlicher Hirntätigkeit und vermeintlicher mentaler Aktivität, dämpfen die Euphorie gegenüber bisherigen Forschungsergebnissen erheblich. Die künftige Technik kann sie jedoch vermutlich beheben.

Das größte Problem liegt anderswo, denn oft drehen Neurowissenschaftler die *Erklärungsrichtung* um, wenn sie beispielsweise davon sprechen, dass Aktivität im *Belohnungszentrum* zeige, dass wir uns belohnt fühlen, obwohl wir uns gar nicht freuen oder den Eindruck haben, ein Wunsch sei in Erfüllung gegangen. Doch um dieses «Zentrum» zu identifizieren, muss man zuallererst Fälle finden, in denen Versuchspersonen von etwas sprechen, was man als «Belohnung» charakterisieren kann. Primär ist also immer die *psychologische Komponente*, die Frage nach den Erlebnissen der Probanden. Erst danach kann man die Benennung der entsprechenden Hirnregion davon ableiten. Auch wenn in der Erforschung des Geistes die Neurowissenschaft das letzte Wort haben mag, die Psychologie hat immer das erste.

Einige Wissenschaftler begeistern sich sogar so sehr für unser glibberiges, faltiges, zweieinhalb Pfund schweres Hirn, dass sie noch stärkere Schlüsse aus der Supervenienzthese ziehen, nämlich dass unser Bewusstsein oder unser «Selbst» bloß eine Illusion sei.

BEWUSSTSEIN ALS SCHÖNSTE NEBENSACHE DER WELT

Ist unser Bewusstsein eine Illusion? Das könnte man denken, wenn man annimmt, dass unser Bewusstsein vollständig vom Hirn abhängt. Die Verfechter der Illusions-These stützen sich allerdings oft auf zweifelhafte Annahmen. Erstens ist fraglich, was überhaupt mit «Illusion» gemeint ist. Nehmen wir als Beispiel die bekannten *Müller-Lyer-Pfeile*, bei denen eine Linie mit nach außen zeigenden Pfeilspitzen länger aussieht als ein andere mit nach innen gekehrten Spitzen. Tatsächlich sind die Linien aber gleich lang. Selbst wenn man das weiß, ändert sich der Eindruck nicht. Das ist der klassische Fall einer *optischen Täuschung*, also einer *Wahrnehmungsillusion*. Sie ist nicht durch Nachdenken auslöschbar, muss aber auch nicht zu falschen Überzeugungen führen, denn sobald man nachgemessen hat, weiß man ja, dass es sich um eine Illusion handelt.

Kann Bewusstsein eine Täuschung dieser Art sein? Das wäre seltsam, denn Bewusstsein ist ja gerade die Voraussetzung, um sich überhaupt in etwas täuschen zu können. Ohne Bewusstsein würden wir nichts sehen und folglich auch keiner Illusion erliegen. Ja, man könnte vermutlich nicht einmal sagen, «wer» sich da eigentlich täuscht, denn Bewusstsein scheint uns als Menschen überhaupt erst auszumachen.

Manche Forscher halten Bewusstsein daher für eine noch tiefer greifende «Illusion», die in der Evolution entstanden sei, um uns vorzugaukeln, dass wir die Kontrolle hätten, während alle Prozesse im Hirn automatisch und unabhängig davon ablaufen. Auch diese Idee scheint einen Haken zu haben, denn wenn sie wahr wäre, dann bräuchte es weder uns noch die Illusion der Kontrolle. Warum sollte die Natur Bewusstsein erschaffen, um ein bewusstes Wesen zu beruhigen, wenn ohne Bewusstsein gar kein Wesen existierte, das Beruhigung benötigte?

Beim ersten Hören klingt es immer überraschend oder provokant, wenn jemand verkündet: «Bewusstsein ist eine Illusion.» Doch meistens können die Illusions-Freunde nicht einmal sagen, wie Bewusstsein sein müsste, damit es *keine* Illusion ist. Ähnliches gilt für Forscher, die meinen, unser Hirn «konstruiere» Bewusstsein. Zum einen ist es sonderbar, von einer «Konstruktion» zu sprechen, sobald eine höherstufige Funktion im Spiel ist, denn dann müsste man auch sagen, die Moleküle der Scheibe «konstruierten» ihre Durchsichtigkeit. Zum anderen folgt aus einer Konstruktion des Bewusstseins nicht, dass es nicht existiert. Im Gegenteil, wer etwas konstruiert, erschafft etwas, was am Ende wirklich da ist.

Man kann die Illusionsthese allerdings auch so verstehen, dass sie besagt, Bewusstsein sei wirkungslos. Diese *Bewusstsein-ist-wirkungslos-Theorie* nennt man in der Philosophie auch *Epiphänomenalismus*, prominent vertreten durch den koreanisch-amerikanischen Philosophen Jaegwon Kim, der ihn aus drei Annahmen ableitet. Erstens sei das Universum *kausal geschlossen*, das heißt, zu jedem Ereignis, wie zum Beispiel einer Explosion, gebe es eine vollständige kausale Erklärung. Zweitens sei nur das *real*, was *Kausalkräfte* habe. Für die Explosion kann man sagen, dass sie eine Kraft hat, denn sie verursacht einen Knall. Drittens könne es nur eine *einzige* vollständige Erklärung für ein Ereignis geben. Aus diesen drei Annahmen scheint zu folgen, dass Bewusstsein keinen Einfluss haben kann. Wenn alles auf der «unteren» Ebene der Atome und Moleküle abläuft und man auf dieser Ebene auch alles ausnahmslos erklären kann, dann ist Bewusstsein eben nur ein *Epiphänomen*, das mitläuft, ohne eine Wirkung zu entfalten. Man könnte es auch weglassen, und nichts würde sich ändern.

Die Diskussion um den Epiphänomenalismus ist inzwischen extrem feinteilig. Kritik daran gründet sich meist in tiefgreifenden Meinungsverschiedenheiten über die Beschaffenheit des Universums. So weist die Wissenschaftstheoretikerin Nancy Cartwright überzeugend nach, dass die Praxis der Naturwissenschaften nicht darauf hindeutet, dass das Universum kausal geschlossen ist, oder dass Phänomene auf der *Makro-Ebene*, also beispielsweise der Ebene des Bewusstseins, alle Eigenschaften von denen der *Mikro-Ebene*, also der Ebene des Hirns, erhalten.

Der Knackpunkt des Epiphänomenalismus scheint in der folgenträchtigen Annahme von zwei «Ebenen» zu liegen. Kim legt nämlich schon in die Vorbedingungen seines Arguments hinein, dass Verursachung auf der «unteren Ebene» stattfindet, für die höhere also nichts mehr zu tun ist. Dabei scheint er Kräfte mit Ursachen zu überblenden. Doch nur Dinge wie Atome, Neuronen oder Menschen können *Kräfte* haben, wohingegen Ursachen und Wirkungen *Ereignisse* sind, also gerade die Veränderungen, die an solchen Dingen vorkommen. Während Menschen mit Hilfe von Werkzeugen etwas hervorbringen können, benötigen Ereignisse nicht die Hilfe bestimmter Eigenschaften, um zu wirken, denn sie als Ganzes *sind* schon Ursachen oder Wirkungen.

Jedes Ereignis im Bewusstsein ist eben auch ein Hirnereignis, wie es die Supervenienzthese besagt. Doch es ist nicht der materielle «Anteil», also der Hirnanteil auf der «unteren Ebene», der dieses Ereignis wirksam macht, während der mentale «Anteil», der Bewusstseinsanteil auf der «oberen Ebene», einfach so mitgetragen wird. Vielmehr ist das *ganze Ereignis* eine Ursache. Ein Hirnereignis ohne Bewusstsein wäre eine *andere Art* von Ereignis und hätte dementsprechend auch andere Arten von Wirkungen.

GRENZEN DER PHANTASIE

Der Epiphänomenalismus appelliert an unsere Vorstellungskraft. Er sagt, wir könnten uns eine Welt vorstellen, in der alles wie in unserer Welt ablaufen würde, auch wenn Bewusstsein fehlt. Aber können wir das? Mir scheint das nur oberflächlich vorstellbar zu sein, so wie man sich ausmalen kann, dass ein Internat für Zauberschüler existiert, das man mit einem magischen Zug erreichen kann. Doch sobald man ausbuchstabieren soll, wie in der Zauberwelt die physikalischen Kräfte der Gravitation und der Elektrizität mit der Kraft der Magie interagieren, gelangt man rasch ans Ende seiner Weisheit.

Chalmers und andere argumentieren dafür, dass all

dasjenige möglich ist, was auch vorstellbar ist, vielleicht nicht in unserem Universum, aber immerhin in einer anderen möglichen Welt. Er und einige seiner Kollegen behaupten zum Beispiel, dass eine Welt existieren könnte, die von außen ununterscheidbar von unserer ist, in der aber zusätzlich noch Engel existieren. Das scheint ebenfalls fraglich, denn wenn wir die Engel sehen, hören oder irgendwie spüren können, dann müssen sie in Raum und Zeit ausgedehnt sein und in einer Form von Energie bestehen, die auf uns übertragen werden kann. Mit Kim gesprochen, müssen sie Kausalkräfte haben, um «real» zu sein. So eine Welt scheint zwar oberflächlich *vorstellbar*, aber nicht widerspruchsfrei *denkbar* zu sein.

Beim Epiphänomenalismus verhält es sich ähnlich. Er lädt uns ein, sich unsere Welt vor Augen zu führen, und sagt dann: «Jetzt denk dir das Bewusstsein weg. Nichts würde sich ändern.» Das ähnelt dem alten Witz darüber, wie man einem Kind ein Telefon erklärt: «Stell dir einen Dackel vor, der von hier bis nach New York ausgedehnt ist. Wenn man ihn hier in den Schwanz kneift, bellt er in New York. Dann denk dir den Dackel weg. So funktionieren Telefone.»

Selbst wenn man zugesteht, dass der Epiphänomenalismus eine *logische Möglichkeit* darstellt, die Welt zu erklären, scheint mir sinnvoller, ihn *empirisch*, also von der anderen Seite, aufzuzäumen. Dann geht es nicht darum, welche metaphysischen Spekulationen, sondern welche konkreten Beobachtungen für die Annahme sprechen, dass Bewusstsein eine Illusion sei. Die harte Tatsache aus unserer Alltagserfahrung scheint doch darin zu bestehen, dass Bewusstsein einen Unterschied in unserem Leben ausmacht, während Thesen darüber, dass alle Kräfte auf einer «unteren» Ebene ablaufen, äußerst spekulativ erscheinen.

Einen guten Hinweis auf den Epiphänomenalismus hätte

man, wenn es unbewusste Prozesse gäbe, die die gleichen Ursachen und Wirkungen wie typische bewusste Prozesse haben. In so einem Fall spräche viel dafür, dass Bewusstsein ein bloßes Nebenprodukt der Hirntätigkeit ist. Ein Beispiel dafür könnten Patienten sein, die an einer besonderen Art von epileptischen Anfällen leiden, den *Abwesenheits-Anfällen*, die sich meist in scheinbar sinnlosem Verhalten äußern. Die Patienten grunzen, spielen an ihrer Kleidung herum oder laufen ziellos umher. Der amerikanische Neurologe Wilder Penfield berichtet allerdings auch von erstaunlicheren Begebenheiten. Ein Patient bekam einen Anfall, während er Klavier spielte, und klimperte trotzdem weiter, als sei nichts passiert. Erst nach dem Anfall, als er wieder zur Besinnung kam, gab er an, er habe währenddessen einen vollständigen Filmriss gehabt. Ähnlich ging es einem anderen Patienten, der einen Anfall bekam, während er am Steuer saß, und trotz eines Blackouts den Wagen sicher nach Hause fuhr. Bei Schlafwandlern lassen sich manchmal vergleichbar komplexe Verhaltensweisen beobachten wie Türöffnen, Treppensteigen oder Herumlaufen, die die Betroffenen ohne Bewusstsein ausführen.

Man könnte natürlich annehmen, dass die Patienten während der Anfälle Bewusstsein hatten und sich lediglich danach nicht erinnern konnten. Der Forschung zufolge ist das aber eher unwahrscheinlich. Den Epiphänomenalisten kann man diesen Punkt sogar schenken und von gänzlich «unbewusstem Verhalten» sprechen, denn ein wichtiger Unterschied zu bewussten Handlungen bleibt bestehen. Das komplexe Verhalten bei Abwesenheits-Anfällen besteht aus automatisierten Routinen, die wir selbst im Alltag fast ohne Bewusstsein, genauer fast ohne Aufmerksamkeit ausführen, zum Beispiel, wenn wir nach der Arbeit mit dem Auto noch zum Supermarkt wollen und dann gedankenverloren nach Hause fahren.

Um ein starkes Argument für Zombie-Handlungen im Alltag zu haben, müsste das Verhalten den anspruchsvollen Handlungen ähneln, die wir bewusst und aufmerksam ausführen, wie etwa Schach spielen, ein Buch schreiben, sich streiten oder flirten. Aber gerade da macht Bewusstsein einen Unterschied aus. Je mehr Details wir über die Welt wahrnehmen, desto mehr Informationen haben wir und desto besser können wir die Zukunft antizipieren. Nur so können wir Pläne schmieden und komplexe Handlungen ausführen, die viele Teilschritte benötigen, zum Beispiel eine Hochzeit planen.

Versuche zeigen zwar, dass wir auch unbewusste Informationen verarbeiten können. So haben die schon erwähnten *maskierten Wörter*, die so schnell aufblitzen, dass Versuchspersonen sie nicht bewusst sehen können, einen Einfluss auf weitere Prozesse. Leuchtet zum Beispiel unsichtbar für die Probanden «Bank» auf, und sie sollen ein zweites, sichtbares Wort vervollständigen wie «Kap», so sagen sie eher «Kapital». War das unsichtbare Wort zuvor «Boot», sagen sie eher «Kapitän».

Doch dieses sogenannte «priming», also der *Bahnungseffekt*, ist sehr schwach. Sehen wir Wörter nicht nur unterschwellig, sondern bewusst, dann aktivieren sie auch nachweislich mehr neuronale Verbindungen. Spätestens wenn die Sprachdaten komplexer werden, müssen wir sie bewusst verarbeiten. Wortspiele wie «Harrisons Ford», «Marlenes Dietrich» oder «Henrys Maske» können wir nicht ohne Bewusstsein verstehen, noch weniger den Inhalt ganzer Sätze. Und schon gar nicht können wir unbewusst einen ganzen Text erfassen oder wiedergeben.

Ähnliche Effekte finden sich auch beim Rechnen. Dehaene bat Probanden, so schnell wie möglich anzugeben, ob eine sichtbare Zahl zwischen 1 und 9 größer oder kleiner als 5 ist. Vor jeder Aufgabe ließ er andere Zahlen so kurz aufblitzen, dass die Probanden sie nicht sahen, sondern nur unterschwellig verarbeiten konnten. Lag die unterschwellige Zahl wie die sichtbare Zahl unter 5, beschleunigte das die Antwort. Lag sie *im Gegensatz* zur sichtbaren Zahl jenseits der 5, verlangsamte sich die Reaktionszeit der Probanden. Offenbar wurde die Zahl unterschwellig als «größer» oder «kleiner» 5 verarbeitet, und das hatte dann einen Einfluss auf die bewusste Beantwortung der Aufgabe. Dehaene schließt daraus, dass wir Zahlen im Intervall von 1 bis 9 unbewusst nach der Größe sortieren. Doch auch hier gilt, dass wir für komplexe Rechenschritte wie in der Aufgabe «318 + 167» immer unser Bewusstsein benötigen. Es wäre doch auch gemein, wenn man in der Schule mit konzentriertem Bewusstsein und kaltem Schweiß jahrelang Mathematik pauken müsste, und am Ende liefe alles auch unbewusst und automatisch ab.

Der Epiphänomenalismus klingt auch evolutionär unplausibel. Wie mysteriös sich die Entstehung von Bewusstsein in der Entwicklungsgeschichte auch ausnimmt, es ist schwer vorstellbar, dass sich ein so aufwendiger und energetisch kostspieliger Mechanismus halten könnte, wenn er keine Funktion hätte. Die Qualitäten unseres Bewusstseins scheinen einen klaren Überlebensvorteil mit sich zu bringen. Wir empfinden Schmerz und ziehen die Hand weg, wir verspüren Lust und zeugen Nachwuchs, wir fühlen Angst und weichen vor der Schlange zurück.

Wenn der Epiphänomenalismus falsch sein sollte und Bewusstsein eine Funktion hat, welche ist das dann? Oder anders gefragt: Kann das Phänomenale selbst funktional sein? Zur *Funktion* von Bewusstsein sind viele Vorschläge im Spiel. Sie könnte beispielsweise in der Handlungskontrolle, der Willensfreiheit, der Bindung unterschiedlicher sensorischer Stimuli oder sogar in der sozialen Intelligenz zu finden sein. Mir scheint die Funktion eher in einem vorgelagerten Phänomen zu liegen, nämlich darin, dass uns Bewusstsein detaillierte Informationen über die Welt liefert, die in unseren phänomenalen Erlebnissen codiert sind. In einer schwarzweißen Welt hätten wir Mühe, reife von unreifen Tomaten zu unterscheiden. Unser Farbsehen liefert uns diese Information. Selbst in einer schwarzweißen Welt würden wir immer noch Ecken und Kanten wahrnehmen und so Gestalten erkennen und Hindernisse umgehen können. Ganz ohne visuelle Eindrücke würde uns das sehr viel schwerer fallen.

KOPFSPRUNG VON DER SPITZE DES EISBERGS

Einige Forscher vertreten schwächere Versionen der Illusions-These, nämlich dass Bewusstsein zwar kein Epiphänomen ist, aber alles Wichtige auf der unbewussten Ebene abläuft. Bewusstsein würde allenfalls wie die Spitze eines Eisbergs aus dem Meer herausragen, während das dicke Ende unsichtbar unter der Oberfläche lauert. Wie kommen sie auf dieses Bild? Bekanntermaßen kann die Spitze des Eisbergs über seine tatsächliche Größe hinwegtäuschen. Da Eis rund 10 Prozent leichter als Wasser in seiner flüssigen Form ist, befinden sich etwa 10 Prozent des Eisbergs über und 90 Prozent unter Wasser.

Die wenigsten Forscher nennen zwar exakte Zahlen, doch viele, wie die Psychologen John Bargh und Daniel Wegner oder der Neurowissenschaftler David Eagleman, meinen, unser mentales Leben sei zum Großteil unbewusst. Doch für solche vagen Mengenangaben nennt niemand ein Kriterium, also eine Maßeinheit des Unbewussten. Als Beispiel für unbewusste Vorgänge führen die meisten unser Sprachverstehen an, weil wir ja nicht wissen, nach welchen Regeln wir beispielsweise im Deutschen einen Nebensatz bilden oder an welchen Lautstrukturen wir mühelos den Unterschied zwischen «Rast» und «Last» ausmachen, der für Sprecher des Chinesischen oder Japanischen schwer herauszuhören ist. Doch wenn man, wie schon erwähnt, alles für unbewusst erklärt, was wir nicht erklären können, dann ist auch das Haarwachstum oder die Zellteilung trivialerweise unbewusst. Vielleicht ist daher das Bild des bauchigen Eisbergs so naheliegend.

Verwandt mit der Eisberg-Metapher ist übrigens der Mythos, dass wir nur 10 Prozent unseres Hirns nutzen, denn auch hier weiß niemand, was die «Nutzung» des Hirns überhaupt ist und wie man sie quantifizieren sollte. Spricht man von elektrischer Aktivität, dann gilt vielmehr: Das ganze Hirn ist fast die ganze Zeit aktiv. Der genaue Ursprung dieses Mythos lässt sich nur schwer rekonstruieren. Die obskure Zahl stand jedenfalls im Jahre 1936 im Vorwort eines Buches des amerikanischen Motivationstrainers Dale Carnegie. Spätestens seit die Glaubensgemeinschaft *Scientology* Einstein diese Einsicht untergeschoben hat, ist sie aus der Populärkultur, vor allem aus Hollywood-Filmen, nicht mehr wegzudenken.

Statt noch mehr Phantasiezahlen in die Diskussion zu werfen, schlage ich vor, mit einer Typologie des Unbewussten mehr Klarheit zu schaffen, weil das Wort «Bewusstsein» viele Bedeutungen und dementsprechend viele Gegenteile hat.

Fangen wir mit dem Fall an, in dem eine Person das Bewusstsein verliert, also «bewusstlos» ist. Sehr anschaulich kann man das auf zahlreichen YouTube-Videos von Achterbahnfahrten sehen. Auf einem beliebten Video sitzt ein Mann in einer Art Kirmes-Katapult, wird beim Hochschnellen der Gondel ohnmächtig, kommt noch während der Fahrt zu sich und fällt vor Schreck sofort wieder in

Ohnmacht. Man kann davon ausgehen, dass sein Bewusstsein in diesen Momenten vollständig ausgeknipst war. Zum Glück liefen aber alle anderen Prozesse im Hirn weiter, die die Lebensfunktionen erhielten und das Bewusstsein schnell wieder aktivierten. Die Ausdrücke «ohnmächtig» oder «bewusstlos» drücken also ein Fehlen von Bewusstsein aus, wir schreiben sie allerdings immer *Lebewesen* zu. Im Folgenden soll es vor allem um einzelne *Vorgänge* innerhalb von Lebewesen gehen, von denen wir sagen, sie seien «bewusst» oder «unbewusst».

Die meisten Beispiele für vermeintlich «unbewusste» Prozesse wie die oben genannte Sprachverarbeitung gehören in eine zweite Kategorie, die ich in der Einleitung des Buches der Einfachheit halber die *nichtbewussten* Prozesse genannt habe, also Vorgänge im Hirn, die man im weitesten Sinne als Informationsverarbeitung ansehen kann, doch die niemals eine Entsprechung im Bewusstsein haben. Searle nennt sie das «tiefe Unbewusste», Dehaene das «absolut Unbewusste», der deutsche Philosoph und Psychiater Karl Jaspers spricht vom «Außerbewussten». Weitere Beispiele sind die neuronalen Mechanismen, die unsere Atmung oder unser Gleichgewicht steuern. Wir spüren zwar die Brustkorbbewegung oder einen Schwindel über unsere sensorischen Nerven, aber eben nicht diejenige Hirnaktivität, die Atmung und Gleichgewicht reguliert. Nichtbewusst ist auch das sogenannte «synaptische Wissen» von Neuronen, also in den Zellen gespeicherte, statistisch beschreibbare Informationen über die Feuerungsmuster der umgebenen Neuronen. Ferner sind sogenannte aufgelöste visuelle Informationen nichtbewusst, weil sie zu komplex sind, um das Bewusstsein zu erreichen. Zeigt man Probanden beispielsweise Bilder von Gitternetzen, die so schnell flackern oder so feinmaschig sind, dass man das mit bloßem Auge nicht erkennen kann, so hinterlassen sie dennoch Spuren in den Sehneuronen, doch sie strahlen von dort nicht aus. Diese und andere Prozesse sind also nichtbewusst. Es gibt keinen Grund, sie in irgendeiner Weise als mental einzustufen, auch wenn sie im Hirn zu finden sind.

Die dritte Kategorie bilden *unbewusste Zustände* des Gedächtnisses, die, wie gesagt, auf den dauerhaften Verschaltungen der Nerven basieren. In unserem Gedächtnis gibt es Bereiche für unsere autobiographischen Erinnerungen, unser Faktenwissen, unser praktisches Können, aber auch unseren Charakter oder unseren Modegeschmack. All das tragen wir dauerhaft mit uns herum, ohne es immer gleichzeitig im Bewusstsein zu verwalten.

Wir können uns zum Beispiel den letzten Samstagabend ins Bewusstsein rufen, in den meisten Fällen jedenfalls. Wenn wir uns daran erinnern, dann erzeugen wir eine mentale Episode, einen kleinen inneren Film, den wir noch einmal innerlich ablaufen lassen können. Man darf diesen Erinnerungsfilm allerdings nicht mit der Erinnerungsstruktur verwechseln, auch wenn wir beide im Alltag «Erinnerung» nennen. Die Erinnerungsstruktur ist eher die alte, oftmals unzuverlässige Videokassette, die sich nach jedem Abspielen des Films leicht verändert. Philosophisch gesprochen ist die Erinnerungsstruktur die *Disposition* und der Film ihre konkrete *Manifestation* im Bewusstsein. Unser Faktenwissen funktioniert ähnlich, ist allerdings weniger anfällig für Störungen. Alle Gedächtnisstrukturen sind als Zustände *unbewusst*, weil sie die Grundlage für Vorstellungen oder Gedanken im Bewusstsein bilden.

Neben diesen unbewussten Gedächtniszuständen ist vor allem die vierte Gruppe einschlägig, nämlich *Prozesse* der *unbewussten Informationsverarbeitung*. Das beste Beispiel sind die schon erwähnten unterschwelligen Wahrnehmungseindrücke, die einen spürbaren Effekt haben, selbst aber nicht stark genug sind, um Bewusstsein zu zünden. Auch das unbewusste Lösen einfacher Rechenaufgaben gehört dazu. Ein weiteres Beispiel ist das *Zungenspitzenphänomen*, also wenn man nicht auf einen Namen kommt, der einem auf der Zunge liegt. Beim Zähneputzen fällt er einem dann später ein, was darauf hindeutet, dass irgendetwas im Hirn weitergesucht hat.

In den beiden letzten Kategorien, also bei den Gedächtniszuständen und bei den unterschwelligen Prozessen, haben wir einen guten Grund, sie als mental, aber unbewusst anzusehen, denn sie haben eine mehr oder minder unmittelbare Verbindung zum Bewusstsein. Searle hat daher das «connection principle», das *Verbindungsprinzip*, als Kriterium vorgeschlagen, das besagt: Mental ist nur, was grundsätzlich auch im Bewusstsein sein kann, was als unbewusster Zustand also eine Verbindung zum Bewusstsein hat.

Dieses Prinzip könnte man sogar noch etwas präzisieren, denn wenn wir uns an den letzten Samstagabend erinnern, ist ja der innere Film im Bewusstsein, wie erwähnt, *nicht* dasselbe wie die Gedächtnisstruktur, die ihn ermöglicht. Sobald wir an etwas anderes denken, verschwindet der Film, aber die Struktur bleibt bestehen. Die Erinnerungsstruktur ist, wie gesagt, eine Disposition, solche inneren Filme abzuspielen, oder allgemeiner bestimmte Vorstellungen oder Gedanken zu erzeugen.

Zudem ist Searles Verbindungsprinzip nicht so gut auf Prozesse anwendbar. Doch wenn Probanden vor dem unterschwelligen, für sie unsichtbaren Bild einer Spinne zurückweichen, können wir das nicht anders erklären als dadurch, dass etwas in ihnen das Bild als «Spinne» verarbeitet und wahrgenommen hat.

Man kann das Verbindungsprinzip durch das *Ähnlichkeitsprinzip* ergänzen, welches besagt, dass ein Prozess oder

Zustand mental, aber unbewusst ist, wenn er hinreichende *funktionale Ähnlichkeit* mit seinem bewussten hat. So ungefähr hat das schon Freud vorgeschlagen und später der niederländisch-amerikanische Psychologe Bernard Baars. Bezogen auf das Spinnen-Beispiel: Wenn wir eine große, pelzige Spinne bewusst sehen, schrecken wir zurück. Der Eindruck verursacht also ein deutlich erkennbares Verhalten. Bei Bildern von Spinnen, die wir nur unterschwellig wahrnehmen, zeigen wir ebenfalls ein vermeidendes Verhalten, allerdings fällt das oft schwächer aus als im bewussten Fall. Dennoch ist die *Ähnlichkeit* groß genug, um eben von unbewusster Wahrnehmung zu sprechen. Alle Fälle, bei denen diese Ähnlichkeit fehlt, sind nicht unbewusst, sondern nichtbewusst, weil sie nicht einmal mental sind.

Wenn wir von «nichtbewusst» oder «unbewusst» sprechen, sollten wir also zwischen den genannten vier Fällen unterscheiden. Erstens sprechen wir manchmal *von Lebewesen*, die nicht bei Bewusstsein sind, also beispielsweise bewusstlos sind oder im Koma liegen. Einschlägig für die Diskussion sind aber besonders *Zustände* und *Prozesse innerhalb eines Lebewesens*. Hier läuft die wichtige Trennlinie zwischen nichtbewussten Phänomenen, die nie im Bewusstsein sein können und daher gar nicht mental sind, und den unbewussten, die entweder das Ähnlichkeitsprinzip erfüllen, also sich ungefähr so wie bewusste Prozesse verhalten, oder die als Gedächtnisstrukturen dem Verbindungsprinzip folgen, es uns also ermöglichen, sich etwas ins Bewusstsein zu rufen.

Jetzt ist natürlich immer noch die Frage offen: Was macht einen unbewussten Zustand eigentlich bewusst?

Während ich diesen Absatz schreibe, sitze ich bei offenem Fenster an meinem Schreibtisch in Berlin. Meine ganze Konzentration gilt dem nächsten Satz, in Gedanken spiele ich verschiedene Formulierungen durch, bis mir plötzlich das Geräusch eines Presslufthammers auf der Straße auffällt. Ich besinne mich kurz, und mir wird klar, dass der schon minutenlang dröhnte, ohne dass er mir ... ja, was: bewusst wurde? Oder muss man in so einem Fall nicht eher sagen, dass er die ganze Zeit im Bewusstsein war, wenn auch nur am Rande der Aufmerksamkeit? Einige Forscher halten Fälle dieser Art für unbewusst im Sinne von *vorbewusst*, weil es scheint, als würden Reize ganz nahe am Bewusstsein nur darauf lauern, dass wir sie uns bewusstmachen, wie Freud es beschrieben hat.

Zu den Verfechtern unbewusster Zustände gehören vor allem Theorien, die Bewusstsein nicht als eine unabhängige Eigenschaft ansehen, sondern meinen, es bedürfe *anderer* Zustände, um einen unbewussten Zustand bewusstzumachen. Sie wollen damit nicht unbedingt das Leib-Seele-Problem lösen, sondern die Natur des Bewusstseins transparenter machen. Mindestens drei Vorschläge kann man unterscheiden.

Der erste lautet, dass Bewusstsein ein «Sinnesorgan» zur «Wahrnehmung psychischer Qualitäten» sei, wie Freud sagt, oder ein *innerer Sinn*, den wir auf andere Zustände richten können, wie der englische Philosoph John Locke meint. Zeitgenössische Vertreter sprechen oft von Bewusstsein als einer Art *höherstufiger Wahrnehmung*. Demzufolge könnte man das Geräusch des Presslufthammers als unbewusste Wahrnehmung erster Art ansehen bis zu jenem Moment, in dem ich meine Wahrnehmung zweiter Art darauf lenkte, um sie bewusstzumachen. Doch selbst wenn man diese Auffassung plausibel machen könnte, scheint sie für andere bewusste Zustände nicht so gut zu funktionieren. Ich habe Gedanken und Tagträume, aber muss ich sie wahrnehmen, damit sie bewusst sind? Wie schaue ich überhaupt meine Gedanken an?

Der zweite Vorschlag besagt, dass ein mentaler Zustand erster Stufe bewusst wird, wenn er von einem Gedanken zweiter Stufe begleitet wird, der sich auf den ersten bezieht. Klingt kompliziert, sagt aber nur, dass jeder Zustand von Natur aus unbewusst ist und durch einen Gedanken repräsentiert werden muss. So stellt sich das jedenfalls der amerikanische Philosoph David Rosenthal vor. Erst als Teil eines höherstufigen Gedankens wird ein niedrigstufiger bewusst. Den Presslufthammer hatte ich demnach vorher unbewusst gehört, doch sobald ich den Gedanken gefasst hatte: «Ich höre einen Presslufthammer», trat das Geräusch ins Bewusstsein.

Der höherstufige Gedanke ist aber selbst wiederum unbewusst. Damit der Gedanke «Ich denke, dass ich einen Presslufthammer höre» bewusst wird, benötige ich einen weiteren, höherstufigen Gedanken, der lautet: «Ich denke, dass ich denke, dass ich den Presslufthammer höre.» Dieser ist dann wiederum unbewusst. Auch wenn einem beim ersten Hören etwas der Kopf schwirrt, hat Rosenthal seine Theorie durchdacht und systematisch ausgearbeitet. Er muss zwar nicht die unplausible Annahme machen, dass Bewusstsein eine Art inneres Sinnesorgan ist, doch auch er stößt auf Probleme.

Zum Beispiel haben Hunde und andere Tiere sicherlich Schmerzen, doch die könnten sie, laut Rosenthal, erst dann bewusst erleben, wenn sie den entsprechenden Begriff erworben haben, der in einem höherstufigen Gedanken auftaucht. Das klingt nicht sehr überzeugend. Zudem ist unklar, woher eigentlich der phänomenale Charakter des Schmerzes stammt. Sicherlich nicht vom höherstufigen Gedanken, aber woher hat ein bewusster Schmerz dann plötzlich seine besondere Qualität, die er vorher als unbewusster nicht hatte?

Bei kleinen Kindern ist der Fall ähnlich wie bei Hunden. Manche von ihnen greifen nach Alltagsgegenständen auf Bildern oder versuchen, fotografierte Objekte zu schlagen, weil sie offenbar nicht bemerken, dass es sich nur um Abbildungen handelt. Andere scheitern daran, eine Puppe in einem verkleinerten Modell eines Zimmers wiederzufinden, obwohl sie vorher im realen Zimmer gesehen haben, wo die Versuchsleiterin die Puppe versteckt hat. Beide Beobachtungen sprechen dafür, dass es Kleinkindern bis zu einem gewissen Alter schwerfällt, Modelle von der Welt zu bilden. Doch gerade das müssten sie können, um einen höherstufigen Gedanken zu erfassen, sich also ein Modell von ihren eigenen Erlebnissen erster Stufe zu machen.

Wie die empirische Forschung nahelegt, bildet sich die entsprechende Fähigkeit zu so einer *Meta-Repräsentation* erst im Alter von etwa eineinhalb Jahren aus.Viel scheint aber dafür zu sprechen, dass Kinder schon davor beispielsweise Schmerz empfinden oder sich freuen, also phänomenales Bewusstsein haben. Die Theorie der höherstufigen Gedanken scheint uns also auch nicht des Rätsels Lösung näherzubringen.

Ob es Zustände gibt, die unbewusst im Sinne von vorbewusst sind, ist in der Forschung bis heute umstritten, da ja zum Beispiel gar nicht klar ist, ob Geräusche wie die vom Presslufthammer wirklich längere Zeit am Rand des Bewusstseins weilen oder ob wir uns das nur rückwirkend so zurechtlegen.

Neben der inneren Wahrnehmung und den höherstufigen Gedanken ist noch ein dritter Kandidat im Spiel, der unbewussten Zuständen das gewisse Extra geben könnte, und zwar *Aufmerksamkeit*. Darum geht es im nächsten Kapitel, das wie das vorliegende gleichzeitig ein größeres Maß an Aufmerksamkeit fordert, denn die Verbindungen zwischen dem Bewusstsein, dem Unbewussten und dem Kurzzeitgedächtnis sind verworrener, als man zuerst denken könnte. Doch hat man einmal die richtige philosophische Ausrüstung in den Händen und unter den Füßen, dann sind die weiteren Kapitel wie eine Skiabfahrt auf einer leeren Piste mit Neuschnee.

SELEKTIVE AUFMERKSAMKEIT

UNSICHTBARE GORILLAS

Versuchspersonen sehen einen Film, in dem sich Leute gegenseitig einen Basketball zuspielen. Ein Team trägt weiße T-Shirts, das andere schwarze. Die Aufgabe ist einfach: «Wie oft werfen sich die weißen Spieler den Ball zu?» Nach dem Experiment haben die amerikanischen Psychologen Daniel Simons und Christopher Chabris die Personen gefragt, ob ihnen etwas aufgefallen ist. Etwa die Hälfte hatte nichts Besonderes bemerkt. Umso größer das Erstaunen beim erneuten Abspielen. Eine Person in einem Gorillakostüm läuft mitten durchs Bild, trommelt sich auf die Brust und verschwindet wieder. Die meisten Leute waren fassungslos, dass sie das übersehen hatten. Einige bezichtigten die Psychologen sogar des Betruges und meinten, sie hätten die Videokassetten (wir schreiben das Jahr 1999) heimlich ausgetauscht.

Inzwischen zählt der Versuch zu den berühmtesten der modernen Psychologie. Simons und Chabris erhielten den «Ig-Nobelpreis», der für Arbeiten vergeben wird, die einen erst zum Lachen und dann zum Nachdenken bringen. Es ist die erste lebensnahe Umsetzung von Experimenten, die die amerikanische Psychologin Arien Mack und ihr Kollege Irvin Rock zuvor mit vielen geometrischen Figuren durchgeführt haben. Sie nennen das Phänomen «inattentional blindness», also *Blindheit durch Unaufmerksamkeit*.

Auf den ersten Blick erscheint die Beobachtung nicht sonderlich aufregend, sodass man denken könnte: «Man übersieht halt mal was.» Doch das geht am Kern des Phänomens vorbei, denn die «Blinden» unter den Versuchspersonen haben ja die ganze Zeit auf den Bildschirm geschaut. Spätere Studien, die die Augenbewegungen während des Versuchs verfolgten, konnten nachweisen, dass einige Probanden sogar bis zu einer Sekunde auf den Gorilla schauten, ohne ihn zu sehen. Die Situation ist vergleichbar mit Tagträumen, bei denen wir in die Leere starren, ohne die Dinge vor uns zu erfassen. Wäre die Konzentration der Versuchspersonen nicht durch das Zählen der Bälle gebunden gewesen, wäre ihnen der Gorilla in jedem Fall ins Auge gestochen.

Der Gorilla-Versuch widerlegt eine Standardannahme der Psychologie, nämlich dass gerade die besonderen, die unerwarteten Reize unsere Aufmerksamkeit erobern, während gleichbleibende Eindrücke wie Gerüche oder Geräusche schnell in den Hintergrund des Erlebens verschwinden. Evolutionär schien diese Annahme auch plausibel, denn für unsere Vorfahren wäre es fatal gewesen, wenn sie große, pelzige Wesen in ihrer Nähe regelmäßig übersehen hätten. Der Gorilla-Versuch zeigt jedoch, dass *nicht* alle unerwarteten Reize automatisch die Aufmerksamkeit erregen. Simons und Chabris schließen daraus: Nur wer bei Konzentrationsaufgaben das Besondere erwarte, könne es dann auch sehen. Um die Faszination an dem Versuch nachzuvollziehen, sollte man ihn selbst einmal ausprobieren. Im Internet finden sich inzwischen unzählige Varianten, bei denen man beim zweiten Durchlauf erstaunt ist, wie viel man beim ersten übersehen hat, selbst wenn man vorher wusste, worum es geht.

Im Alltag finden sich viele Beispiele für die Blindheit durch Unaufmerksamkeit. Ein prominentes Beispiel sind

Fehler in Hollywood-Filmen. Im Abenteuerfilm *Fluch der Karibik* ist ein Typ mit Sonnenbrille und Cowboyhut mit an Bord des Piratenschiffes zu sehen. In *Ben Hur* trägt ein Römer eine Armbanduhr. Im Film *Batman Begins* fordert ein Polizist den Helden auf, sein Batmobil zu verlassen. Derselbe Gesetzeshüter taucht wenige Momente später am anderen Ende der Stadt wieder auf und erkundigt sich diesmal, wie das Auto eigentlich aussieht. Man muss sich klarmachen, dass große Filmproduktionen Experten ausschließlich dafür einstellen, solche Patzer zu finden und die Übergänge zwischen den Szenen zu überprüfen. Wenn später Fans in einem Film Hunderte von Fehlern entdecken, heißt das, dass nicht nur die Experten an Blindheit durch Unaufmerksamkeit leiden, sondern auch Millionen von Kinobesuchern.

Ausfälle durch Unaufmerksamkeit finden sich aber nicht nur in der visuellen Wahrnehmung, sondern auch beim Hören und Fühlen. In einem Versuch sollten Personen die Paukenschläge im ersten Satz von Richard Strauss' *Also sprach Zarathustra* zählen. Dabei entging ihnen ein Gitarrensolo, das in die symphonische Dichtung geschnitten war. Sie litten also an *Taubheit durch Unaufmerksamkeit*.

Man kann den Effekt auch aktiv nutzen. Das tun Eltern, wenn sie zu ihren Kindern sagen: «Schau mal, da oben fliegt ein Flugzeug», um sie von Schmerzen abzulenken. Ähnlich arbeiten Taschendiebe, die Portemonnaies genau dann aus der Tasche ziehen, wenn sich Touristen auf den Stadtplan konzentrieren. Oder Zahnärzte, die über den Köpfen ihrer Patienten einen Film laufen lassen, sobald sie mit dem Bohrer ansetzen. Oder ein Zauberer auf der Bühne, der immer eine hübsche Assistentin an seiner Seite hat, die im Glitzerkleid die Blicke der Zuschauer magisch an- und so vom eigentlichen Geschehen wegzieht.

Blindheit durch Unaufmerksamkeit kann auch gefährlich sein. Mehr als die Hälfte aller Motorradunfälle entstehen laut einer Studie durch den Zusammenprall mit Autos, deren Fahrer nach dem Unfall aufrichtig angeben, sie hätten «nichts» gesehen. Motorräder sind wie Gorillas, denn Autofahrer halten besonders beim Linksabbiegen oft nur nach Autos Ausschau und bemerken daher die Zweiräder nicht, selbst wenn sie geradeaus in deren Richtung schauen. Auch die Gefährdung von Fußgängern und Fahrrädern ist gut untersucht. Je mehr es davon in einer Stadt gibt, desto seltener passiert ihnen etwas, gerade weil die Autofahrer erwarten, dass Menschen zu Fuß oder auf dem Rad unerwartet auftauchen.

So sind auch Mobiltelefone beim Fahren nicht deshalb gefährlich, weil man nur eine Hand frei hat, denn sonst müsste man Rauchen ebenfalls verbieten. Reden am Telefon zieht besonders viel Aufmerksamkeit auf sich und schränkt so die Reaktionsfähigkeit ein, übrigens ähnlich stark wie Fahren unter Alkoholeinfluss. In einer Variante des Gorilla-Experiments übersahen etwa 30 Prozent der Probanden ein rotes Kreuz, das sich über den Bildschirm bewegte, doch wenn sie dabei ein Telefonat führten, waren es erstaunliche 90 Prozent. Freisprechanlagen entpuppen sich im Verkehr übrigens als genauso gefährlich. So erstaunt es umso mehr, dass sie nach deutscher Rechtsprechung zulässig sind. Sprechen Fahrer und Beifahrer allerdings direkt miteinander, passen sie ihre Gesprächsführung dem Verkehr an und lassen so genug Energie für den Blick auf die Straße.

Unsere Aufmerksamkeit spielt also eine wichtige Rolle in unserem Leben, denn von ihr scheint abzuhängen, was wir von der Welt mitbekommen. Das wiederum kann einen nachhaltigen Effekt auf unsere angewandte Vernunft und unsere Lebensführung haben, denn je mehr wir aufmerksam wahrnehmen und überdenken, desto besser sind wir gegen Manipulationen geschützt, wie ich im letzten Kapitel des Buches zeigen werde.

Anhand von Aufmerksamkeitsphänomenen kann man auch das Unbewusste besser verstehen. Im vorherigen Kapitel über das Bewusstsein ging es ja unter anderem um unterschwellige Stimuli, die in dem Sinne unbewusst sind, dass wir sie nie subjektiv erleben, sie aber dennoch Spuren im Bewusstsein hinterlassen. Das Gorilla-Experiment scheint darauf hinzudeuten, dass es noch eine zweite Sorte Stimuli gibt, die unbewusst sind, weil wir *nicht darauf achten*. Sehen wir uns dazu noch ein verwandtes Phänomen an.

MENSCHENTAUSCH

Ein Mann mit einem Stadtplan fragt einen ahnungslosen Passanten nach dem Weg. Während dieser hilfsbereit antwortet, tragen zwei Handwerker eine Tür zwischen ihnen hindurch. Der Mann mit Stadtplan verschwindet, verdeckt durch die Tür, und wird durch eine andere Person ersetzt.

Auch dieser Versuch stammt von Simons und einem Kollegen. Er hat ihn im Jahre 1996 auf dem Campus der Universität Harvard durchgeführt. Etwa die Hälfte der Passanten erklärte der zweiten Person in aller Seelenruhe den Weg, nach dem die erste gefragt hatte. Den Austausch hatten sie überhaupt nicht bemerkt. Das Phänomen nennt man daher «change blindness», also *Blindheit für Veränderungen*. Es ist verwandt mit der Blindheit durch Unaufmerksamkeit, denn wer sich andere Menschen aufmerksam anschaut, würde den Wechsel sofort bemerken. Doch das tun wir selten, und daher fällt uns ein Personentausch manchmal nicht auf.

Auch dieser Versuch klingt zuerst unglaublich, aber man kann das Phänomen leicht überprüfen. Fragen Sie einmal

Freunde oder Bekannte, die gerade vom Einkauf kommen, wie die Bäckerin oder der Gemüsehändler aussahen. Sie werden erstaunt sein, an wie wenige Details sie sich erinnern können. Sie könnten natürlich umgekehrt auch die Bäckerin oder den Gemüsehändler nach ihren Bekannten fragen. Wir speichern erschreckend wenige Informationen über Personen ab, mit denen wir nur flüchtig interagieren, obwohl wir den subjektiven Eindruck haben, dass sie als ganze Personen vor uns standen. Daher sind viele von uns blind für Veränderungen.

Wie kommt ein Forscher überhaupt auf so eine Idee? Bei einem Konferenzdinner hörte Simons durch Zufall von einem Streich mit versteckter Kamera, bei dem Leute einen Personentausch nicht bemerkten. Der Moderator Kurt Felix hatte ihn im Jahre 1981 in der Sendung *Teleboy* durchgeführt, einem Vorläufer des deutschen Formats *Verstehen Sie Spaß?* Der britische Magier Darren Brown spitzte den Tausch-Versuch später für die BBC noch weiter zu. In seiner Aufzeichnung ließ er sogar einen männlichen Lockvogel, nämlich sich selbst, durch eine Frau ersetzen, ohne dass einige Passanten etwas bemerkten.

Von diesem fernsehreifen Experiment abgesehen, testet man Veränderungsblindheit meist anhand von zwei Bildern, die sich nur in Hintergrunddetails unterscheiden. Einige davon bestehen aus geometrischen Figuren, andere sind vergleichbar mit den Suchbildern aus der Kindheit, bei denen stand «Findest du den Fehler?». Ein Beispiel ist das Foto einer Person, die ein Glas in der Hand hält. Probanden sehen zwei Fotos nacheinander, und vielen fällt zuerst nicht auf, dass der Füllstand des Glases stark schwankt.

Erst wenn man auf das Glas achtet, erscheint es einem so deutlich, dass man sich wieder fragt, wie man es beim ersten Mal übersehen konnte. Den Effekt kann man leicht erklären, denn bei Bildern mit Menschen wandern unsere

Augen sofort zu deren Gesichtern. Im Gegensatz zum Gorilla-Experiment, bei dem einige Probanden ja tatsächlich in Richtung des Gorillas schauten, scheinen diese Suchbilder auf den ersten Blick also eher ein Fall von Nicht-Hingucken als von Unaufmerksamkeit zu sein. Doch auf den zweiten Blick ist klar, dass auch hier Aufmerksamkeit eine Rolle spielt, denn wenn man einmal den Unterschied entdeckt hat, sieht man die Wechsel des Füllstandes auch aus dem Augenwinkel.

Solche Versuche zeigen, dass das Sehfeld *nicht* mit dem Aufmerksamkeitsfeld zusammenfällt, man also beim Sehen nicht immer am meisten darauf achtet, worauf man scharfstellt. Das erkennt man schon daran, dass auch Erinnerungen, Tagträume oder Gedanken im Fokus der Aufmerksamkeit stehen können. Doch selbst innerhalb der visuellen Wahrnehmung, die den Schwerpunkt der Aufmerksamkeits-Forschung bildet, gibt es wesentliche Unterschiede, wie der amerikanische Psychologe Michael Posner in einem klassischen Experiment gezeigt hat. Probanden sollten auf ein Kreuz inmitten eines Bildschirms scharfstellen. Dann bekamen sie die Aufgabe, links einen Knopf zu drücken, wenn ein Stern im linken, und rechts, wenn er im rechten Augenwinkel auftauchte. Die Personen waren schneller und machten weniger Fehler als die neutrale Vergleichsgruppe, wenn sie vorher an derselben Stelle im Augenwinkel ein Signal sahen, auch wenn ihr Blick die ganze Zeit auf das Kreuz fixiert war. Um etwas aufmerksam zu erfassen, muss man also nicht unbedingt seine Sinnesorgane in die entsprechende Richtung lenken.

Aufmerksamkeit ist wichtig, wenn wir unsere Umwelt erfassen. Bevor man detailliert beschreiben kann, welche Rolle sie dabei genau spielt, muss man erst einmal klären, was überhaupt mit dem Wort «Aufmerksamkeit» gemeint ist.

DANKE FÜR DIE VIELEN AUFMERKSAMKEITEN

Eine Szene, die jeder kennt: Man fährt mit der Bahn und will ein schönes Buch lesen. Gegenüber sitzt ein Pärchen, das einen absolut sinnlosen Streit austrägt. Das Buch ist spannend, nichts wäre jetzt schöner, als sich in die Geschichte zu vertiefen. Doch der Wortwechsel der anderen drängt sich ständig in den Vordergrund. Man verliert den Faden, sosehr man sich auch anstrengt.

Zunächst könnte man denken, diese Ablenkung sei das Gegenteil von Aufmerksamkeit. Aber das stimmt nicht, denn das leidige Gespräch ist ja ständig präsent. Ablenkung ist vielmehr die Unfähigkeit, seine Aufmerksamkeit aktiv auf eine Aufgabe zu fokussieren. Die Unterscheidung in *aktive* und *passive* Aufmerksamkeit haben schon Hermann von Helmholtz und William James getroffen, zwei Begründer der experimentellen Psychologie. Aktiv ist die Aufmerksamkeit, wenn wir sie selbst kontrolliert auf etwas lenken, passiv, wenn sie zu einem Stimulus hingezogen wird. Die aktive Aufmerksamkeit heißt im Alltag *Konzentration* und in der Forschung manchmal *Top-down-Aufmerksamkeit*, weil sie gleichsam von oben herab gesteuert wird, die passive Aufmerksamkeit entsprechend *Bottom-up-Aufmerksamkeit*, weil sie gleichsam von unten, also vom Reiz her aktiviert wird. Diese Unterteilung besagt allerdings nicht, dass es zwei Arten von Aufmerksamkeit gibt. Der Mechanismus ist immer derselbe, nur die Auslöser unterscheiden sich. Bei der aktiven Aufmerksamkeit schalten wir den Mechanismus willentlich ein, bei der passiven beginnt er automatisch.

Das scheint auch evolutionär plausibel. Auf unsere Vorfahren prasselten mehr Informationen ein, als sie verarbeiten konnten. Hätten wir nur ein Sinnesorgan, bräuchten wir keine Aufmerksamkeit. Da wir aber dauerhaft mental überfordert sind, überlebten in der Stammesgeschichte diejenigen, deren Geist auf Alarm gestellt war und ganz automatisch die wichtigsten Reize herausgriff, zum Beispiel ein lautes Knurren zur Rechten oder einen dunklen Schatten, der sich von links näherte. Gleichzeitig verlangen viele Handlungen Selbstkontrolle und Planung, für die wir die Aufmerksamkeit aktiv fokussieren müssen. Dabei darf die innere Alarmanlage aber nie ganz ausgestellt sein, denn nicht nur zähnefletschende Angreifer, sondern auch Ränkespiele in der Gruppe können lebensbedrohlich sein.

Ein Beispiel für passive Wahrnehmung ist ein lauter Knall, ein heller Blitz oder eben ein emotionales Gespräch im Bahnabteil. Diese Reize gelangen unmittelbar ins Zentrum unserer Aufmerksamkeit, ob wir wollen oder nicht. Wie Versuche zeigen, sind solche Reize auch immun gegen Blindheit durch Unaufmerksamkeit. Sobald etwas sehr schnell, sehr laut oder sehr bunt ist, können wir es nicht übersehen. Dasselbe gilt für den Schriftzug des eigenen Namens, für den Probanden in abstrakten Varianten des Gorilla-Versuchs nie «blind» sind.

Ebenso sticht der Klang des eigenen Namens heraus, wie der sogenannte *Cocktailparty-Effekt* zeigt. Auf einem Empfang, versunken in ein Gespräch, verschwimmen die Stimmen der anderen zu einem amorphen Grummeln und Murmeln. Doch sobald jemand unseren Namen nennt, horchen wir auf. Ebenso bei Wörtern, die naturgemäß einen hohen Wallungswert haben wie «Porno» oder «Mord». Für unseren eigenen Namen und einschlägige emotionale Wörter sind wir also besonders sensibilisiert.

Simons und Chabris schließen aus ihrem Gorilla-Experiment, dass Aufmerksamkeit immer ein *Nullsummenspiel* sei. Wenn wir aktiv fokussierten, seien wir blind für unsere Umgebung. Und wenn wir unsere Aufmerksamkeit gleichmäßig auf die Umgebung verteilten, könnten wir uns nicht mehr auf eine Sache konzentrieren. Das gilt allerdings eben nur für die durchschnittlichen Stimuli, nicht für die außergewöhnlichen, die von selbst in den Vordergrund drängen. Ihr Experiment funktioniert auch deshalb so gut, weil sich der Gorilla mit einer mittleren konstanten Geschwindigkeit bewegt, ähnlich wie ein Jäger, der sich anschleicht. Sobald er rennt oder brüllt, löst sich der Effekt auf, wie ein Versuch des deutsch-amerikanischen Neurowissenschaftlers Pascal Wallisch zeigt.

Wir alle fallen manchmal der Blindheit durch Unaufmerksamkeit zum Opfer. Aber nicht nur in diesem Sinne ist Aufmerksamkeit egalitär. Bisher hat auch keine Studie zwischen Menschen Unterschiede gefunden, die vom Intelligenzquotienten oder dem Charakter abhängen.

FLASCHENHALS, SCHEINWERFER, MUSKEL ODER TÜRSTEHER?

Psychologen und Neurowissenschaftler untersuchen Aufmerksamkeit und Bewusstsein zwar schon seit über 100 Jahren, doch besonders in den letzten 30 Jahren hat die Forschung stark angezogen. Philosophen waren allerdings zunächst nur vom phänomenalen Bewusstsein in den Bann geschlagen, das sie, wie gesagt, als das größte Rätsel der Menschheit ansehen. Aufmerksamkeit, die kleine Schwester des Bewusstseins, hat ihren Durchbruch erst kürzlich geschafft. Neben «Konzentration» kennen wir übrigens noch andere mit «Aufmerksamkeit» verwandte Ausdrücke wie «Wachsamkeit», «Fokus», «Sorgfalt» oder «Geistesgegenwart». Auch wenn sie sich sicherlich in Nuancen unterscheiden, kann man Aufmerksamkeit als das Kernstück dieser Phänomene betrachten.

In der Forschung sind zahlreiche Metaphern für die Funktion von Aufmerksamkeit im Spiel. So sehen einige Aufmerksamkeit als *Flaschenhals*, durch den nur begrenzt Informationen gelangen, als *Theaterscheinwerfer*, der die Bühne des Bewusstseins anstrahlt, als *Zoom-Objektiv*, das Details vergrößert, als *Filter*, durch den nicht alle Informationen hindurchkommen, als *Muskel*, den man trainieren kann, als *Schiedsrichter*, der nur einen von vielen konkurrierenden Stimuli gewinnen lässt, als *Bindemittel*, das Stimuli für die Handlungsplanung oder die Einheit des Bewusstseins bündelt, als *Türsteher*, der Reize überhaupt erst ins Bewusstsein lässt, als *Selekteur*, der Reize im Bewusstsein für den Arbeitsspeicher auswählt, und als *Nachrichtensender*, die Informationen an das gesamte Hirn senden kann.

Hinter diesen Metaphern stecken Jahrzehnte intensiver Forschung. Natürlich kann man die Vielfalt der Ansätze und der komplexen Theorien nicht in einem Kapitel angemessen würdigen. Viele Versuche sind raffiniert und komplex, manchmal widersprechen sich sogar die Ergebnisse, und oft ist nicht klar, wie Teilaspekte zusammenpassen.

Angesichts der Fülle von Phänomenen hat sich unter Fachleuten sogar der Verdacht breitgemacht, dass Aufmerksamkeit kein einheitliches Phänomen sei. Ich gehe in diesem Kapitel davon aus, dass es zumindest ein Kernphänomen der Aufmerksamkeit gibt, und werde mich auf dessen Grundzüge konzentrieren. Statt einen Streit um Worte zu schlichten, also um die vermeintlich richtige Verwendung des Wortes «Aufmerksamkeit», ist es interessanter, die Phänomene anhand der Forschungsergebnisse neu zu sortieren, wie es einige zeitgenössische Neurowissenschaftler und Philosophen vorgemacht haben.

Mir scheint, dass die genannten Metaphern drei zentrale Aspekte von Aufmerksamkeit fassen sollen. Erstens verändert Aufmerksamkeit den Informationsfluss, indem sie eine *Auswahl* trifft. Das drücken Sprachbilder wie Filter, Türsteher, Selekteur, Flaschenhals, Scheinwerfer und Nachrichtensender aus. Darin stimmen auch die meisten aktuellen Theoretiker überein, nämlich dass die Funktion von Aufmerksamkeit eine Form von Selektion ist. Zweitens *verändert* Aufmerksamkeit das *Bewusstseinsfeld*, indem es, zumindest einigen Theorien zufolge, Reize intensiviert, verbindet oder neu sortiert. Dazu passen Bilder wie Bindemittel, Zoom und erneut der Scheinwerfer. Drittens ist Aufmerksamkeit in ihren *Kapazitäten beschränkt*. Hierzu passt die Metapher des Muskels.

Jede Theorie sollte also zumindest zu diesen drei Aspekten etwas sagen, zu Auswahl, Bewusstseinsveränderung und Kapazitätsbeschränkung. Wenn man fragt, was eigentlich genau beschränkt ist und wer auswählt, kommt man schnell auf die Verbindung von Aufmerksamkeit zum sogenannten *Arbeitsspeicher*.

DIE MAGISCHE ZAHL SIEBEN

Nietzsche erzählt in den *Unzeitgemäßen Betrachtungen* eine kleine Geschichte: «Der Mensch fragt wohl einmal das Tier: warum redest du mir nicht von deinem Glücke und siehst mich nur an? Das Tier will auch antworten und sagen: das kommt daher, dass ich immer gleich vergesse, was ich sagen wollte – da vergaß es aber auch schon diese Antwort und schwieg: sodass der Mensch sich darob verwunderte.»

Modern gesprochen, lebt das Tier immer nur im Moment und kann seine Eindrücke nicht weiterverarbeiten oder gar in Worte fassen. Wir Menschen hingegen haben diese Fähigkeit, und zwar, weil uns der *Arbeitsspeicher* dabei hilft. Er ist eines von mehreren Systemen des *Kurzzeitgedächt-*

nisses, zu denen auch ein *sensorischer Speicher* und ein *fragiler visueller Arbeitsspeicher* gehört. Darauf komme ich später noch zurück.

Der menschliche Arbeitsspeicher ist wie bei einem Computer beschränkt, denn es können nur wenige Informationseinheiten auf einmal hineingelangen, die dann auch nur für wenige Sekunden Bestand haben. Der amerikanische Psychologe George Miller charakterisierte diese knappe Kapazität in den fünfziger Jahren halb scherzhaft mit der Merkregel «die magische Zahl Sieben, plus oder minus zwei». Man kann sich zum Beispiel auf einen Schlag nur etwa sieben Buchstaben merken wie die Folge «FTGSRMM» oder sieben Zahlen wie «8365943». Wenn man sich mehr merken will, muss man die Einheiten *clustern*, also zu größeren zusammenziehen. So kann man sich die Folge «ARDZDFNDRWDR» spontan merken, wenn man sie als «ARD ZDF NDR WDR» gruppiert, oder die Zahlenfolge «19391945» in der Einteilung «1939 1945».

Wir können auch nur wenige Wörter am Stück erfassen, und zwar auch nur dann, wenn wir sie als mentale Einheiten verarbeiten und nicht als Buchstabenfolgen. Ein Beispiel für die Flüchtigkeit ist daher unser Textverstehen. Können Sie den vorigen Satz wörtlich wiedergeben? Das macht sicher schon Mühe. Wie sieht es mit dem allerersten Satz dieses Kapitels aus? Den kriegt man auf keinen Fall mehr zusammen. Man weiß allenfalls noch, dass es um ein Gorilla-Experiment ging.

Offenbar kommen Einheiten im Arbeitsspeicher im sensorischen Format an und werden dann *kategorisiert*, also in ein anderes, abstrakteres Format umgewandelt, beispielsweise formen sich Laute in abstrakte Wortbedeutungen um. So können diese Einheiten dann an andere Systeme im Geist weitergereicht werden, beispielsweise an das Langzeitgedächtnis. Wir merken uns ja normalerweise nicht jedes einzelne *Wort* von Geschichten, sondern deren *Inhalt*. Kurz gesagt: Sensorische Informationen gelangen in den Arbeitsspeicher und werden dort kategorisiert. Dessen Kapazitäten sind sowohl zeitlich als auch räumlich begrenzt.

Damit ein unbewusster Reiz nach einem weiten Weg bei uns im Langzeitgedächtnis ankommt, muss er an mindestens zwei Wächtern vorbei. Der erste lässt ihn ins Bewusstsein, der zweite lässt ihn in den Arbeitsspeicher. Da einige Metaphern für diesen Mechanismus wie «Türsteher» oder «VIP-Bereich» aus der Nachtclub-Kultur stammen, nenne ich den ersten Wächter entsprechend *Türsteher* und den zweiten, der im Innenraum des Bewusstseins arbeitet, *Selekteur*. Die *Türsteher-Theorien* sagen, Aufmerksamkeit sei der Wächter, der Reizen den *Zugang zum Bewusstsein* ermöglicht. Die eher klassischen Theorien, die man *Selekteur-Theorien* nennen könnte, sehen die Funktion von Aufmerksamkeit darin, Informationen aus dem Bewusstsein *Zugang zum Arbeitsspeicher* zu verschaffen, sodass wir auf sie zugreifen und sie uns dauerhaft merken können.

Man kann die aktuelle Diskussion schematisch in diese zwei Gruppen unterteilen. Bei beiden geht es um eine *Auswahl*, sie unterscheiden sich aber darin, *wo* die Auswahl einsetzt. Ich halte die Selekteur-Theorie für plausibler und werde eine spezielle Variante davon vorstellen, der zufolge Aufmerksamkeit ein Selekteur ist, der in der Mitte des Bewusstseinsfeldes auf einem Hügel einen VIP-Bereich bewacht. Was sich hinter dieser Metapher verbirgt, verrate ich am Ende des Kapitels. Schauen wir zunächst einmal, was die Türsteher-Theorien zu den Gorilla-Experimenten und anderen überraschenden Beobachtungen sagen.

AUFMERKSAMKEIT ALS TÜRSTEHER ZUM BEWUSSTSEIN

Wenn wir einen Gorilla bewusst sehen, können wir ihn beobachten, über ihn nachdenken, uns von seinen Bewegungen faszinieren lassen, ihn in Erinnerung behalten oder anderen davon erzählen. Der niederländisch-amerikanische Psychologe Bernard Baars hält Bewusstsein deshalb für die *Pressestelle* des Hirns, bei der alle Informationen zusammenkommen. Was dort eintrifft, steht den Gedanken zur Verfügung und kann dann an andere Bereiche gesendet werden, zum Beispiel ans Gedächtnis oder die Handlungssteuerung. Seiner Theorie zufolge ist Bewusstsein der *globale Arbeitsbereich*. Dabei vertritt er eine Idee, die schon James hatte, nämlich dass Aufmerksamkeit den Eintritt zu dieser Pressestelle ermöglicht. Die Gorilla-Versuche scheinen das zu bestätigen. Nur wer auf den Gorilla achtet, kann auf ihn reagieren. Die Grundidee des Modells haben Forscher wie Simons, Chabris, Mack, Rock und viele andere übernommen.

Allen voran hat der Neurowissenschaftler Dehaene mit Kollegen die Theorie des globalen Arbeitsspeichers mit unzähligen kreativen Hirnstudien zu einer neuronalen Theorie des Bewusstseins ausgearbeitet. So konnte er nachweisen, dass unterschwellige Reize zwar in den neuronalen Seh- und Sprachzentren verarbeitet werden, aber nicht im Bewusstsein ankommen. Seiner Forschung zufolge basiert Bewusstsein auf wellenartigen Entladungen, die über das gesamte Hirn branden. Dabei spielen ungewöhnlich dicke Neuronen, die sogenannten *Pyramidenzellen*, eine Rolle, über die Reize von den hinteren Hirnregionen in den Vorder- und Scheitellappen dringen. Dehaene sagt wie Baars, dass Aufmerksamkeit derjenige Mechanismus ist, der diese langen *Projektionen* und damit das Bewusstsein ermöglicht.

Das beeindruckende Modell hat allerdings einen kleinen Haken, denn Dehaene unterscheidet nicht zwischen den beiden Lesarten von «Bewusstsein», also zwischen *phänomenalen Eindrücken* und *Zugang zu Informationen*. Er zeigt nur, wann Informationen für eine weitere *Verarbeitung* zugänglich sind, erklärt allerdings nicht, *wie* ein Reiz zuallererst bewusst wird, was also unseren Eindrücken ihre Erlebnisqualitäten gibt.

Der amerikanische Philosoph Jesse Prinz bringt Dehaenes Theorie mit weiteren Studien aus der Wahrnehmungstheorie zusammen. Auch Prinz sagt, dass Aufmerksamkeit die notwendige Bedingung für Bewusstsein ist. Er geht sogar noch weiter, indem er annimmt, dass Aufmerksamkeit auch hinreichend für Bewusstsein ist. Mit anderen Worten: Ohne Aufmerksamkeit kann es kein Bewusstsein geben, und sobald wir uns auf etwas konzentrieren, ist es auch phänomenal bewusst.

Prinz stützt sich auf Forschung des amerikanischen Neurowissenschaftlers David Marr und des Philosophen Ray Jackendoff, die dafür argumentieren, dass die Wahrnehmung aus drei Stufen besteht. Wenn wir beispielsweise ein Kaninchen betrachten, repräsentiert das Hirn im ersten Schritt nur Bildpunkte sowie Konturen, vergleichbar mit einem pointilistischen Gemälde. Im zweiten Schritt verarbeitet das Hirn die Gestalt, vergleichbar mit einem Foto des Kaninchens. Im dritten Schritt schließlich erstellt das Hirn ein dreidimensionales Modell, das unabhängig von der Betrachterperspektive Bestand hat, vergleichbar mit einer beweglichen 3-D-Animation. Für alle drei Schritte gibt es überzeugende empirische Studien. Nun scheint klar zu sein, dass die mittlere Stufe diejenige ist, die im Bewusstsein landet, denn wir sehen die Dinge in der Welt weder pointilistisch noch als rotierende 3-D-Modelle.

Prinz nennt seine Theorie des Bewusstseins entsprechend «attention to intermediate-level representations» oder kurz und frisch *AIR-Theorie*. Bewusst ist das Kaninchen, wenn wir darauf achten und dabei die mittlere Verarbeitungsstufe aktivieren. Prinz schließt aus der neurowissenschaftlichen Forschung, dass dabei vor allem der untere Scheitellappen beteiligt ist. Er hat seine Theorie zwar primär für die Wahrnehmung ausgearbeitet, man kann sie aber auch auf alle anderen Bereiche des Geistes übertragen. Im Gegensatz zu Dehaene nimmt Prinz allerdings nicht an, dass Aufmerksamkeit allein den globalen Informationsaustausch *sicherstellt*, sondern nur, dass sie Bewusstsein erschafft und so Informationen für weitere Prozesse *zugänglich* macht.

Auch diese Theorie ist beeindruckend detailliert ausgearbeitet. Der Einfachheit halber fasse ich sie mit den Ansätzen von Baars, Dehaene und Kollegen als *Türsteher-Theorie* zusammen. Kann Prinz oder ein anderer aus dem Türsteher-Clan alle Phänomene der Aufmerksamkeit erklären?

WIE STRENG IST DER TÜRSTEHER?

Die Türsteher-Theorien sagen, Aufmerksamkeit sei notwendig und vielleicht sogar hinreichend für Bewusstsein. Problematisch sind für sie also Fälle, in denen wir Bewusstsein *ohne* Aufmerksamkeit finden oder deutliche Unterschiede zwischen beiden Phänomenen ausmachen.

Türsteher-Theoretiker behaupten beispielsweise, Aufmerksamkeit funktioniere wie ein Kippschalter, der Bewusstsein ein- oder ausknipst. Das klingt auch plausibel, denn entweder wir haben phänomenales Bewusstsein oder nicht, beispielsweise wenn wir bewusstlos sind. Unser Bewusstsein scheint in dieser Weise keine Zwischenstufen zu haben. Doch Aufmerksamkeit ist eher graduell, denn man kann sich mehr oder weniger auf eine Sache konzentrieren. Wenn wir unsere Aufmerksamkeit also eher wie einen Dimmer regulieren, warum ist Bewusstsein dann nicht manchmal stärker oder schwächer beleuchtet?

Nun könnten Prinz, Dehaene und Kollegen natürlich darauf abheben, dass Aufmerksamkeit unser Bewusstsein irgendwie reichhaltiger und intensiver macht: die Farben bunter, die Töne voller, die Gefühle eindrücklicher. In dieser Hinsicht scheint Bewusstsein ganz ähnlich wie Aufmerksamkeit graduell zu sein. Doch die Analogie ist nur oberflächlich, wie viele Gegenbeispiele zeigen. Ein Farbenblinder sieht die Welt nicht bunter, nur weil er sich auf den Regenbogen konzentriert. Aufmerksamkeit scheint zwar mehr Details aus der Welt herauszugreifen, aber nicht derjenige Mechanismus zu sein, der die Einheiten des Bewusstseins, die *Erlebnisatome*, zuallererst zum Strahlen bringt.

Prinz antwortet auf ähnliche Einwände damit, dass man zwischen *konzentrierter* und *diffuser* Aufmerksamkeit unterscheiden müsse. Aufmerksamkeit erstreckt sich also seiner Ansicht nach wie ein Lichtkegel über das gesamte Bewusstseinsfeld, aber leuchtet in der Mitte am stärksten. Mit dieser Aussage scheint Prinz allerdings Aufmerksamkeit einfach mit Bewusstsein gleichzusetzen. Oder muss man sich Aufmerksamkeit als einen Türsteher mit Taschenlampe vorstellen, der auch im Innenraum für Ordnung sorgt?

Ein weiterer Unterschied zwischen Aufmerksamkeit und Bewusstsein liegt in Trainingseffekten. So hat der amerikanische Psychologe Roy Baumeister in Experimenten gezeigt, dass die aktive Aufmerksamkeit wie ein Muskel funktioniert. Wer sich viel konzentrieren muss, verbraucht mehr Kalorien und ist schneller erschöpft als die entspannte Vergleichsgruppe. Durch Training wird man bei Konzentrationsübungen allerdings auch schnell besser als der Durchschnitt. Doch das Erlebnisbewusstsein verbessert sich durch Übung nicht. Die Türsteher-Theorien müssen erklären, warum es in diesem Fall keine Entsprechung gibt. Auch dieser Unterschied spricht eher dafür, dass Aufmerksamkeit nicht notwendig und hinreichend für Bewusstsein ist, sondern Merkmale hat, die davon unabhängig sind.

Neben diesen allgemeineren Einwänden sind die Türsteher-Theorien noch mit Versuchen konfrontiert, die zu zeigen scheinen, dass wir mehr sehen, als wir erfassen können.

BEWUSSTSEIN IM ÜBERFLUSS

Wer seine Augen über eine belebte Straßenszene wandern lässt, merkt rasch, dass man immer nur auf wenige Details fokussieren kann: ein elegantes Paar zur Rechten, ein Straßenmusikant zur Linken, die Schreie eines Kindes hier, das Bellen eines Hundes dort. Während die Aufmerksamkeit wandert, scheint die Szenerie als Ganzes bestehen zu bleiben. Eine naheliegende Annahme ist daher, dass unser Erleben über die Schöpfkelle der Aufmerksamkeit hinaussprudelt. Es scheint immer mehr da zu sein, als man auf einen Schlag erfassen kann. Oder täuschen wir uns da?

Um das zu testen, zeigte der amerikanische Psychologe Robert Sperling Versuchspersonen ein Feld mit drei Reihen, in denen jeweils vier Buchstaben zu sehen waren. Eine Reihe bestand zum Beispiel aus «J M S M», eine andere aus «R I V F». Die Bilder mit den insgesamt zwölf Buchstaben ließ er dann für nur einige hundert Millisekunden aufleuchten, nie länger als eine halbe Sekunde. Das war gerade lang genug, dass die Probanden einen bewussten Seheindruck bekamen. Gleichzeitig war das Aufleuchten aber so kurz, dass sie nicht alle Zeichen erfassen konnten. Ihre Aufgabe war nämlich, so viele wie möglich wiederzugeben. Im Schnitt konnten sie vier Buchstaben korrekt benennen. Dennoch berichteten die Probanden, sie hätten alle zwölf irgendwie diffus «gesehen».

In einem zweiten Durchlauf veränderte Sperling die Aufgabenstellung. Wieder sahen die Probanden kurz ein Bild mit zwölf Buchstaben. Nachdem es verschwunden war, hörten sie diesmal allerdings einen Ton. Die Aufgabe lautete: Wenn der Ton hoch ist, gib die obere Reihe wieder, ist er mittelhoch, die mittlere, und wenn er tief ist, die untere. Diesmal konnten die Probanden im Schnitt drei Buchstaben in der jeweiligen Reihe korrekt wiedergeben.

Aus diesem Versuch kann man zwei interessante Schlüsse ziehen. Erstens: Obwohl das Bild gar nicht mehr zu sehen war, als der Ton erscholl, standen den Probanden die Buchstaben offenbar noch einige Momente zur Verfügung. Sperling erklärt das mit einem speziellen Kurzzeitgedächtnis für visuelle Eindrücke, genannt «sensoric buffer», also dem *sensorischen Zwischenspeicher*, der unabhängig vom schon erwähnten *Arbeitsspeicher* besteht. Wenn nun aber pro Reihe drei Buchstaben zugänglich sind, so Sperling, sobald man sich konzentriert, dann scheint daraus zu folgen, dass insgesamt neun Buchstaben *potenziell* zugänglich sind. Da die Versuchspersonen im ersten Durchlauf aber nur vier angeben konnten, heißt das, dass im sensorischen Zwischenspeicher mehr Zeichen zur Verfügung stehen, als schließlich im Arbeitsspeicher landen.

Das kann man auch so ausdrücken: Das phänomenale Bewusstsein besteht in einem *Überfluss*, und nur einige Einheiten daraus können in den begrenzten Arbeitsspeicher geladen werden. Wir erleben also mehr, als wir erfassen können. Das ist die zweite spannende Folgerung aus dem Sperling-Versuch, die unter anderem der amerikanische Philosoph Ned Block und der niederländische Neurowissenschaftler Victor Lamme ziehen. Wenn wir aber mehr erleben, als wir aufmerksam erfassen können, dann haben die Türsteher-Theorien nicht recht, denn sie sagen, dass wir nur das erleben, auf was wir auch fokussieren.

Die Diskussion, ob Bewusstsein oder Aufmerksamkeit zuerst kommt, wird schnell sehr anspruchsvoll und kleinteilig. Die folgenden Beispiele muss man also bewusst und mit viel Aufmerksamkeit lesen. Trotzdem lohnt sich ein genauerer Blick, denn an den Beispielen entscheidet sich, welche Erklärung plausibler ist, und damit auch, wie Aufmerksamkeit und Bewusstsein zusammenhängen könnten.

Lamme hat Sperlings Idee noch verfeinert. In Versuchen konnte er nachweisen, dass Stimuli erst in Sperlings *sensorischen Zwischenspeicher* gelangen, den man sich wie ein Nachbild auf der Netzhaut vorstellen muss. Danach wandern sie in den *fragilen visuellen Arbeitsspeicher*, der tiefer in den Hirnwindungen liegt und in dem sie eine kurze Zeit verweilen, bevor sie in den regulären *Arbeitsspeicher* gelangen. Auch Lammes Versuche legen die Annahme nahe, dass die Aufmerksamkeit Reize auswählt, die schon vorher phänomenal bewusst sind, um so den Arbeitsspeicher zu bedienen.

Blocks und Lammes Argument für den phänomenalen Überfluss sind wie viele Thesen aus der aktuellen Debatte umstritten. Doch selbst wenn man annimmt, dass die Probanden gar keine verschwommenen Buchstaben erkannten, sondern nur irgendwelche Schatten *als* Buchstaben deuteten, haben sie ja immerhin «etwas» gesehen, also einen Bewusstseinseindruck gehabt, auch wenn sie sich über die genaue Form irrten. Selbst so ein schwaches Überfluss-Phänomen wäre in jedem Fall ein Argument gegen die Türsteher-Theorien, da ja behaupten, Aufmerksamkeit sei *notwendig* für Bewusstsein, würde also dafür sorgen, dass ein Reiz überhaupt ins Bewusstsein gelangen kann.

Ein zweites Problem für Türsteher-Theorien sind Fälle von «crowding», das heißt *Effekte durch Gruppierungen*. Konzentriert man sich auf ein Streifenmuster im Augenwinkel, so erscheinen die Streifen klar voneinander getrennt. Dennoch kann man die Linien nicht zählen oder sich auf eine bestimmte Linie konzentrieren, etwa die vierte oder die siebte. Die Linien scheinen also phänomenal bewusst zu sein, ohne dass wir die Aufmerksamkeit direkt darauf lenken können.

Ein drittes Problem für Türsteher-Theorien sind kurze Momente, in denen wir den Inhalt einer Szenerie erfassen, anscheinend ohne die Aufmerksamkeit darauf zu lenken. Man kann das leicht selbst testen, wenn man im Bus oder in der Straßenbahn sitzt. Schauen Sie dabei geradeaus und drehen sie dann ruckartig den Kopf zur Seite und wieder zurück. Sie werden einen diffusen Eindruck von der Straßenszene erhascht haben. Was konnten Sie erkennen? Waren dort Menschen, Fahrräder, Bäume? Konnten Sie den Schriftzug eines Ladens entziffern oder die Farbe eines Autos bestimmen?

Wenn man den Kopf schnell genug herumreißt, bleiben nur wenige, manchmal gar keine Details haften. Dennoch hat man ein ziemlich gutes Gespür dafür, was im Großen und Ganzen zu sehen war, beispielsweise ein Spielplatz oder ein Bürogebäude. Diesen groben Eindruck nennen die englischsprachigen Fachleute «gist», also den *Hauptinhalt* oder die *Quintessenz* einer Szene. Auch das Quintessenz-Argument ist nicht ohne Kritiker geblieben. So argumentiert Mack dafür, dass selbst solche Gesamteindrücke eine minimale Form von Aufmerksamkeit benötigen.

Block geht es mit seinen Einwänden gegen die Türsteher-Theorien ohnehin vor allem um ein methodisches Problem, denn man benötigt die *Antworten* von Versuchspersonen, um festzustellen, ob sie etwas bewusst erlebt haben. Wenn Aufmerksamkeit derjenige Mechanismus ist, der uns hilft, Erlebnisse in Worte zu fassen, dann gibt es keine Berichte über Bewusstsein ohne Aufmerksamkeit. In so einem Fall können wir aber nicht entscheiden, wo Aufmerksamkeit einsetzt, ob *früh* als Türsteher vor dem Bewusstsein oder *spät* als Selekteur vor dem Arbeitsspeicher.

Zur Verteidigung der Türsteher-Theorien deutet Prinz den Sperling-Versuch so, dass die diffusen Buchstaben zwar durch die Aufmerksamkeit bewusstgemacht, allerdings noch nicht durch die Aufmerksamkeit *kategorisiert* wurden. Doch damit scheint er seinem eigenen Ansatz zu widersprechen, denn nun übernimmt die Aufmerksamkeit offenbar zwei Aufgaben. Erst macht sie einen Reiz *bewusst*, und dann macht sie ihn *zugänglich* für den Arbeitsspeicher. Den zweiten Mechanismus hat die klassische Theorie schon immer angenommen. Bisher lag der Witz der Türsteher-Theorien aber gerade darin, Aufmerksamkeit als Aufpasser *vor* dem Bewusstsein aufzustellen.

AUFMERKSAMKEIT OHNE BEWUSSTSEIN?

Können nackte Menschen unsere Aufmerksamkeit erregen, selbst wenn wir sie nicht bewusst sehen? Wenn das so wäre, könnte man vielleicht annehmen, dass Aufmerksamkeit und Bewusstsein *unabhängige* Prozesse sind, bei denen es bloß einige Überschneidungen gibt. Einige Versuche scheinen das tatsächlich nahezulegen. Und die sind dann natürlich ein Problem, mit dem sowohl Türsteher- als auch Selekteur-Theorien zu kämpfen haben.

Der chinesische Psychologe Yi Jiang präsentierte Versuchspersonen Bilder über eine Spezialbrille, bei der das linke und das rechte Auge auf unterschiedliche Bildschirme schauen. Zeigt man den Probanden auf beiden Augen dasselbe Bild, fällt ihnen natürlich nichts auf. Zeigt man verschiedene Bilder, beispielweise eine Blume und eine Katze, überlagern sich diese Eindrücke zu einem Mischbild. Doch sobald man eines dieser Bilder deutlich heller als das andere erstrahlen lässt, beispielsweise die Blume, ergibt sich der Effekt der *binokularen Rivalität.* Das hellere Bild unterdrückt das dunklere, und es erscheint dem Probanden, als würde er nur die Blume sehen, aber keine Katze.

Jiang nutzte diesen Effekt, um nachzuweisen, dass ein Reiz die Aufmerksamkeit auf sich ziehen kann, selbst wenn gar kein Bewusstsein im Spiel ist. Dafür zeigte er Versuchspersonen auf dem unterdrückten Auge Bilder von nackten Männern und Frauen. Niemand gab an, solche Bilder gesehen zu haben. Doch je nach sexueller Präferenz hatten die Bilder einen spürbaren Einfluss. Die Probanden konnten nämlich deutlich schneller ein schwer erkennbares optisches Muster entdecken, wenn in derselben Region zuvor eine nackte Figur ihres präferierten Geschlechts unterschwellig aufgetaucht war. Ein nackter Mann als Stimulus verbesserte die Treffsicherheit von heterosexuellen Frauen und homosexuellen Männern; eine nackte Frau entsprechend in den anderen Fällen.

Der amerikanische Neurowissenschaftler Chris Koch und sein japanischer Kollege Naotsugu Tsuchiya schließen aus solchen Versuchen, dass Aufmerksamkeit unabhängig vom Bewusstsein ist. Sie stellen damit sowohl die Türsteher- als auch die Selekteur-Theorien in Frage, die beide eine enge Verbindung zum Bewusstsein sehen.

Mir scheinen die Einwände aber eher auf einen Streit um Worte hinauszulaufen. Man kann die Versuche von Jiang, Koch, Tsuchiya und Kollegen auch so interpretieren, dass sie lediglich auf Effekte abzielen, die die *Voreinstellung* der Aufmerksamkeit konfigurieren. Genau wie meine passive Aufmerksamkeit für meinen eigenen Namen oder menschliche Gesichter dauerhaft sensibilisiert ist, kann man sich auch vereinzelte Sensibilisierungen vorstellen. Es ist evolutionär plausibel, dass wichtige, aber unterschwellige Stimuli wie nackte Körper oder schnelle Bewegungen die Aufmerksamkeit auch dann konfigurieren, wenn diese Reize nicht stark genug sind, um selbst die Aufmerksamkeit zu erfassen. Diese Beeinflussung kann man natürlich auch «Aufmerksamkeit» nennen, aber damit verwischt man wichtige Unterschiede zwischen den entsprechenden Prozessen.

Dasselbe gilt für ein Alltagsbeispiel von Koch und Tsuchiya. Sie meinen, wenn wir einen Schlüssel in einem unaufgeräumten Zimmer suchen, richten wir unsere Aufmerksamkeit auf einen «nicht existenten» Schlüssel, also auf etwas, was nicht bewusst ist. Aber das Beispiel ist wenig überzeugend, denn ein Gedanke oder eine Vorstellung des Schlüssels sind sehr wohl im Bewusstsein, genauso wie das ganze Zeug im Zimmer, über das die Augen wandern.

Auch für den umgekehrten Fall, also Bewusstsein ohne Aufmerksamkeit, führen Koch und Kollegen Beispiele an, und zwar Experimente, bei denen Probanden unvorstellbar langweilige Aufgaben lösen müssen, zum Beispiel ein umgedrehtes «T» in einem wimmelnden Haufen von «L»s zu finden. Diese Aufgaben fordern die ganze Aufmerksamkeit, und sie werden schrittweise anspruchsvoller, sobald die Treffsicherheit zunimmt. Die Probanden können sich also nie ausruhen. Gleichzeitig sehen sie im Augenwinkel Fotos und müssen angeben, ob es sich um Gesichter von Prominenten handelt oder, in einer anderen Variante, ob Tiere abgebildet sind im Gegensatz zu Kontrollbildern mit Blumen. Tatsächlich lösen die Probanden diese Aufgaben weit besser, als es durch bloßes Raten möglich wäre.

Koch und Tsuchiya deuten solche Fälle als Bewusstsein in der Abwesenheit von Aufmerksamkeit, aber es erscheint zweifelhaft, dass die Probanden die Gesichter oder Tiere bewusst gesehen haben. Die Versuche deuten eher darauf hin, dass sie auf Nachfrage richtig raten, also nur eine vage Ahnung haben, was da war. Selbst wenn die Personen etwas haben aufflackern sehen, spricht das am ehesten für Überfluss-Phänomene, also für schwer benennbare phänomenale Eindrücke im Bewusstsein. Die Versuchsergebnisse sind also mit den Annahmen der Selekteur-Theorie vereinbar.

DAS HÜGEL-MODELL DER AUFMERKSAMKEIT

Kann man alle Ideen miteinander verbinden? Simons und seine Kollegen haben mit dem Gorilla-Experiment und anderen Versuchen gezeigt, dass Unaufmerksamkeit zu einer Form von «Blindheit» führen kann. Zudem ist es plausibel, dass unsere phänomenalen Erlebnisse Informationen über unsere Umwelt enthalten. Das Rot oder das Grün der Tomate enthalten Informationen über ihren Reifegrad, der Schmerz im Finger über eine Gewebeverletzung. Block und Lamme legen nahe, dass wir uns in einem phänomenalen Überfluss befinden, denn wir erleben mehr, als uns für die weitere Verarbeitung zugänglich ist. Baars, Dehaene, Block und Prinz haben, trotz einiger Differenzen untereinander, überzeugend dafür argumentiert, dass Aufmerksamkeit eine Vorbedingung für unseren Arbeitsspeicher ist. Lamme, Prinz, Marr und Jackendoff stimmen darin überein, dass Bewusstsein dann entsteht, wenn Reize die mittlere Verarbeitungsstufe erreicht haben. Baumeister hat gezeigt, dass Aufmerksamkeit Energie kostet. Jetzt muss man nur noch die Beobachtung ernst nehmen, dass es zwei bewachte Tore gibt, nämlich eins zum Bewusstsein und eins zum Arbeitsspeicher.

Wie kann man all die Ideen zusammenführen? Mir scheint, Lamme und Block haben das überzeugendste Selekteur-Modell schon vorgelegt. Man muss es nur durch die Beobachtungen der anderen Forscher ergänzen. Darin gelangt ein Reiz ins Bewusstsein und wird *danach* durch die Aufmerksamkeit erfasst. Lamme sagt nicht, was einen Reiz zuallererst bewusstmacht. Das ist aber kein Makel, sondern trifft ja gerade den Kern des *Leib-Seele-Problems*, für das niemand eine Lösung hat. Selbst die Türsteher-Theorien sagen lediglich, Aufmerksamkeit würde Bewusstsein erschaffen, aber nicht, *wie* das vonstattengeht.

Erinnern wir uns noch einmal an die drei Merkmale von Aufmerksamkeit. Sie hilft beim *Kategorisieren*, also dabei, unsere Erlebnisse in Worte zu fassen, sie ist *anstrengend*, und sie *verändert das Bewusstseinsfeld*, sodass es zu einer «Blindheit» für Gorillas kommen kann. Man kann diese Eigenschaften gut illustrieren, wenn man sich Bewusstsein als ein Feld mit einem Hügel in der Mitte vorstellt. Die Aufmerksamkeit ist ein Bezirk in der Mitte des Feldes, daher war die Metapher eines Theaterscheinwerfers auch passend. Aufmerksamkeit hilft, die Erlebnisse im Feld zu kategorisieren und so für weitere Prozesse zugänglich zu machen. Hier passt die Metapher des Nachrichtensenders.

Das Hügel-Modell kann beide Effekte veranschaulichen, denn die Höhe bildet die Auflösung der Kategorisierung ab.

Bei starker Konzentration ragt der Hügel steil empor, bei schwacher bleibt er relativ flach. In beiden Fällen hilft die Aufmerksamkeit beim Erfassen der Reize. Je höher allerdings ein Eindruck liegt, desto feiner sind die Begriffe, die wir auf ihn anwenden können. Bei Erlebnissen am Rande können wir nur die Quintessenz der Szene erhaschen oder bloß sagen «Da war was». Wenn Reize in der Mitte, also im Zentrum der Aufmerksamkeit, liegen, sehen wir sie als «Auto», als «Buchstabe» oder als «Musik». Liegt der Reiz im Zentrum und ist die Konzentration zusätzlich hoch, der Hügel also ausgebeult, dann erfassen wir ihn als «rotes Cabrio», als den Buchstaben «Z» oder als «die ersten Takte von Bachs *Goldberg-Variationen*».

Das Hügel-Modell bildet auch die anderen Eigenschaften von Aufmerksamkeit gut ab. Erstens ist nicht nur die Aufmerksamkeit, sondern auch unsere Fähigkeit zum Kategorisieren *graduell*, denn wir können Dinge in engere oder weitere Begriffe fassen. Diese Fähigkeit spiegelt die Höhe des Hügels wider, die ja kontinuierlich steigt. Je zentraler ein Erlebnis, desto höher liegt es, desto feiner ist seine Beschreibung und desto besser können wir es uns merken. Das Bewusstseinsfeld hingegen bleibt binär, denn es hat eine scharfe Kante, sodass ein Reiz nur entweder drinnen oder draußen sein kann.

Zweitens kann man mit dem Hügel-Modell auch die «Blindheit» in Situationen starker Konzentration etwa beim Gorilla-Versuch veranschaulichen. Je fokussierter die Aufmerksamkeit, desto höher ist der Hügel. Da das Feld immer dieselbe Oberfläche hat, verkleinert sich die Grundfläche, sobald man es nach oben ausstülpt. Die zentralen Erlebnisse sind dann zwar besser zu bestimmen, aber alle Reize haben insgesamt weniger Platz. Wir sehen den Gorilla also nicht, wenn er außerhalb des Bewusstseinsfeldes liegt oder wenn wir ihn nur am Rande des Feldes als «etwas» oder als «dunkle Gestalt» erfassen, aber nicht zentral als «Gorilla». Das Modell kann also Blindheit durch Unaufmerksamkeit abbilden, ohne behaupten zu müssen, dass Aufmerksamkeit notwendig für Bewusstsein ist.

Drittens kann man auch Baumeisters Metapher von der Aufmerksamkeit als Muskel in das Hügel-Modell integrieren. Aufmerksamkeit ist anstrengend, sowohl wenn wir uns aktiv konzentrieren, als auch wenn wir von lauten Tönen, Bildern und anderen passiven Reizen bombardiert werden. Baumeisters Muskel-Metapher zielt darauf ab, dass Aufmerksamkeit Energie benötigt, was man ganz konkret im Kalorienverbrauch messen kann. Aufs Hügel-Modell übertragen, heißt das, dass die Ausbeulung Kraft kostet. Wenn wir entspannt vor uns hin dösen, ist der Hügel flach, und wir bekommen nicht so viel von unserer Umgebung mit. Wenn wir hingegen die Sinne scharfstellen, muss der Hügel wachsen, und das ist anstrengend.

Nach wie vor geben uns alle phänomenalen Erlebnisse im Bewusstseinsfeld Informationen über unsere Umwelt. Aber ob wir diese Details weiterverarbeiten und unsere Handlungen darauf abstimmen, hängt davon ab, wo diese Erlebnisse platziert sind. Bewusstsein ist also die Voraussetzung für Aufmerksamkeit und nicht umgekehrt, aber Aufmerksamkeit kann immerhin das Bewusstseinsfeld verändern.

DER SELEKTEUR AM FUSSE DES BEWUSSTSEINSHÜGELS

Das statische Modell des Bewusstseinshügels und das dynamische Modell der Wächter vor den Eingangstoren kann man auch zu einer einzigen Erzählung zusammenfügen.

Natürlich gilt, dass alle Vergleiche hinken, vor allem, wenn man mehrere Bilder übereinanderlegt. Das kombinierte Modell dient hier also hauptsächlich der Veranschaulichung.

Im Hirn steigt die beste Open-Air-Party auf dem Feld des Bewusstseins. Jeder Reiz will dorthin, doch nicht alle kommen an. Manche, wie die unterschwelligen Reize aus den Maskierungs-Experimenten, schaffen die lange Reise einfach nicht. Vor dem Feld steht ein mysteriöser Türsteher, den keiner kennt und von dem niemand weiß, nach welchem Prinzip er Leute reinlässt oder ablehnt. Auf seinem T-Shirt steht «mind body problem».

In der Mitte des Bewusstseinsfeldes auf einem Hügel liegt der VIP-Bereich, der den Szenenamen *Arbeitsspeicher* trägt. Wer da reinkommt, ist drin. Weil der VIP-Bereich höher liegt, wird man dort besser gesehen, Gäste sind mit Namen bekannt und hinterlassen einen langfristigen Eindruck, dank der Reporter vor Ort. Der Selekteur, der den VIP-Bereich bewacht, heißt *Aufmerksamkeit.* Einige lässt er hinein, weil es ihm vom Veranstalter von oben herab befohlen wird. Andere dürfen automatisch rein, weil sie einen VIP-Pass haben. Den kriegen aber nur die auffälligen Gäste, also die, die laut und emotional sind, sich viel bewegen oder viel nackte Haut zeigen.

Manchmal bekommt der Türsteher Anrufe von den unterschwelligen Reizen, die es zwar nicht zur Party geschafft haben, aber ihren Bekannten etwas Gutes tun wollen. Das bringt ihn dann dazu, seine Auswahl zu verändern. In der Szene nennt sich diese Beeinflussung *Priming.* Die Reporter im VIP-Bereich sorgen regelmäßig dafür, dass auch alle anderen mitbekommen, welche Promis auf dem Hügel feiern. Das twittern sie dann in die Welt hinaus. Die übrigen Gäste außerhalb des VIP-Bereiches bleiben unbekannt. Von ihnen heißt es allenfalls: «Da feierten noch andere.»

Mit diesem Modell im Hinterkopf kann man die vorläufige Klassifikation des Unbewussten aus dem vorherigen Kapitel vervollständigen. Man kann fünf Arten von Reizen unterscheiden. Erstens solche, die *nichtbewusst* sind, also niemals den Kortex erreichen oder jedenfalls dort nicht weiterverarbeitet werden. Zweitens die *unterschwelligen* Reize aus Maskierungs-Experimenten, die ebenfalls nie das Bewusstsein erreichen, aber Spuren hinterlassen, die sich im Bewusstsein niederschlagen und auch die Voreinstellung der Aufmerksamkeit verändern können. Drittens *unerkannte* bewusste Reize, die auf mysteriöse Weise ins Bewusstsein gelangt sind, dort aber nur als Quintessenz oder flüchtiges Randphänomen auftauchen, weil sie jenseits der Aufmerksamkeit liegen. Viertens Reize, die *bewusst* sind und im *Zentrum der Aufmerksamkeit* liegen, über die wir aber nicht weiter nachdenken, auf die wir unsere Handlungen also nicht abstimmen. Und schließlich fünftens Reize, die bewusst und kategorisiert sind, und die wir zudem *weiterverarbeiten.*

Das Gorilla-Experiment zeigt nicht, dass Aufmerksamkeit notwendig für Bewusstsein ist, also aus unbewussten Reizen bewusste macht, sondern allenfalls, dass wir sie benötigen, um einen Schatten als «Gorilla» zu sehen. Der Gorilla war entweder unbewusst im Sinne von *unterschwellig*, weil er gar nicht zu der Party gelangte. Oder er kam am Türsteher vorbei, war also bewusst, blieb aber *unerkannt* in der Masse. Hätte sich der Gorilla etwas wilder auf die Brust getrommelt, wäre er auch in die VIP-Lounge gelangt, und die Presse hätte berichtet.

VERDRÄNGTE WÜNSCHE

DIE ERFINDUNG DER PSYCHOANALYSE IM 18. JAHRHUNDERT

Der deutsche Arzt Franz Anton Mesmer trug ein goldbesticktes Seidengewand, als er im Jahre 1784 in Paris die Salons des Adels betrat, um seine Patienten, vornehmlich junge Frauen, von ihren Leiden zu befreien. Bei diesen Sitzungen nahm Mesmer vor der kranken Frau Platz, sodass sich seine und ihre Knie berührten, man verdunkelte den Raum, er blickte ihr tief in die Augen und begann dann über ihren Bauch zu streichen. Manchmal kamen Eisenstäbe zum Einsatz, die er zuvor in stark verdünnte Schwefelsäure getaucht hatte und mit denen er Bauch und Beine der Frauen berührte. Die Patientinnen hatten während der Behandlung eigenartige Empfindungen, und viele fühlten sich danach rundum geheilt.

Mesmer hatte seine ersten Erfahrungen zuvor in Wien gesammelt, nachdem ihm zu Ohren gekommen war, dass seine Kollegen Patienten mit der Kraft der Magnete behandelten. Als er in Wien eine von zahlreichen Beschwerden geplagte Frau eisenhaltiges Wasser trinken ließ, mit Magneten über ihren Körper strich und sie auf diese Weise vollständig kurierte, war Mesmer sich sicher, dass die Magnete allein keine derartige Macht haben konnten, sondern ein «wesentlich anderes Agens» am Werk war.

Die eigentliche Quelle der Heilung musste in ihm selbst liegen, weil er offenbar ein *Fluidum*, eine unsichtbare Magnetkraft in sich angesammelt hatte, die er als den «tierischen Magnetismus» bezeichnete. Eine in der Kindheit erblindete Frau, die er einige Zeit später mit seiner inneren «Magnetkraft» behandelte, meinte, sie könne plötzlich wie durch ein Wunder sehen. Sie beschrieb beispielsweise die Form von Mesmers Nase, die ihr erschreckend vorkam, wenn er ihr ganz nahe war. Doch die Frau verlor ihre vermeintliche Sehfähigkeit wieder, sobald Mesmer den Raum und bald darauf, gezwungenermaßen, die Stadt verließ.

Schon in Wien bezichtigten ihn Fachkollegen der Scharlatanerie. Später in Paris setzte König Ludwig XVI. eine Untersuchungskommission ein, der unter anderem der einflussreiche Chemiker Antoine Laurent de Lavoisier und der amerikanische Naturwissenschaftler und Staatsmann Benjamin Franklin angehörten. Die Fachleute kamen zu dem Schluss, dass Mesmer als Hypnotiseur eine erotische Anziehung auf Patientinnen ausübte, aber nicht über andere unsichtbare Kräfte verfügte.

Nach dieser Entzauberung geriet Mesmer schnell in Vergessenheit. Seine Grundidee allerdings, dass man mit unsichtbaren Kräften heilen könne, lebte unter Ärzten fort, nur ersetzte man das Fluidum, also die innere Magnetkraft, fortan durch psychische Energien. In dieser Tradition stand auch der Neurologe Jean-Martin Charcot, der etwa 100 Jahre später in Paris Patienten, wiederum hauptsächlich Frauen, vor jungen Medizinstudenten in prallgefüllten Hörsälen von ihren Neurosen heilte, die er als «fixe Ideen» beschrieb. Auch Charcot war ein begnadeter Schauspieler, der eine «hypnotische» Wirkung auf seine Patientinnen hatte. Mehreren gelähmten Frauen gab er einfach den Befehl, sich zu erheben, und plötzlich konnten sie wieder laufen. Wie es genau zu dieser Heilung kam, lässt sich heute nicht mehr nachvollziehen.

Freud besuchte im Jahre 1885 Charcots Vorlesungen und

war von seinen Diagnosen fasziniert. Andere Studenten blieben skeptisch. Einige von ihnen ließen Schauspieler abstruse Symptome einstudieren, um sie dann als vermeintliche Patienten dem Professor vorzuführen, der sie mit Schnelldiagnosen in Augenschein nahm und zu heilen versuchte.

Mesmer und Charcot war gemein, dass sie die Zeremonie, die Inszenierung, genossen und dass sie tatsächlich sichtbare Auswirkungen auf ihre Patienten hatten. Während Mesmer noch von obskuren, unsichtbaren Magnetkräften ausging, nahm Charcot nur noch unsichtbare geistige, kurz, unbewusste Vorgänge an.

Von den eher schamanistischen Anfängen in okkulten Séancen hat sich die psychische Heilkunde, auch *dynamische Psychiatrie* genannt, so immer mehr in Richtung einer Wissenschaft entwickelt. Allerdings war sowohl den Kritikern von Mesmer als auch den Scherzbolden unter den Studenten von Charcot klar, dass der charismatische Arzt als Person wirkte, während die okkulten «Kräfte» der jeweiligen Theorie schwer nachzuweisen waren.

Mehr noch, die Theorien waren nicht *falsifizierbar*, man hatte also keine Kriterien zur Hand, die zeigen konnten, wann sie sich als falsch erweisen würden. So waren sie auf alles anwendbar und damit aus wissenschaftlicher Sicht wertlos. Es fehlten neutrale Experimente nach strengen Standards, die Suggestion oder *Placebo-Effekte* hätten ausschließen können. Das ist ein Problem, mit dem auch Freuds Theorie konfrontiert ist, wie ich später diskutiere.

Trotz der offensichtlichen Inspiration durch Vorläufer gilt Freud in der breiten Öffentlichkeit bis heute als der Entdecker des Unbewussten. Diese Einschätzung hat er selbst befördert, indem er der Tradition vor ihm unterstellte, sie habe die *Psyche*, also den Geist, mit dem Bewusstsein gleichgesetzt und dabei übersehen, dass der Geist daneben das Unbewusste umfasst. Erst seine *Psychoanalyse*, die gleichzeitig eine Theorie des Geistes und eine Therapieform ist, habe diesen Missstand behoben.

Ein Blick in die Geschichte zeigt allerdings, dass nicht nur Mesmer und Charcot Vorläufer von Freud waren, sondern die Idee des Unbewussten schon lange zuvor in Literatur und Forschung zu finden ist. Im Bereich der Wahrnehmung hat Hermann von Helmholtz im Jahre 1867 von «unbewussten» Schlüssen gesprochen, die unser Sehzentrum im Hirn vollzieht, eine Idee, die sich sogar bei dem muslimischen Gelehrten Alhazen findet, der um 1000 nach Christi Geburt lebte. Der amerikanische Erfinder der Experimentalpsychologie, William James, stellte einige Zeit vor Freud fest, dass wir viele Dinge tun, die uns unbewusst bleiben. Einer von Georg Christoph Lichtenbergs berühmten Aphorismen lautet, wir sollten lieber «Es denkt» statt «Ich denke» sagen, weil wir gar nicht wüssten, woher unsere Gedanken stammten. Jean Paul schrieb in seiner *Vorschule der Ästhetik* über die Instinkte des Menschen: «Das Mächtigste im Dichter, welches seinen Werken die gute und die böse Seele einbläset, ist gerade das Unbewusste.»

Natürlich finden sich in solchen Thesen wieder verschiedene Verwendungsweisen des Wortes «unbewusst». Die meisten Paraphrasen müssten einfach lauten: «Wir kennen die Mechanismen in uns nicht.» Doch die Aussagen zeigen, dass vielen Denkern die Idee nicht fremd war, dass es etwas Geistiges jenseits des Bewusstseins gibt.

Vor allem Nietzsche hat sich mit diesen unbewussten und unbekannten Vorgängen im Bereich des Trieblebens beschäftigt. So beschreibt er den Geist als ein System von Trieben, als «einen Komplex unbewusster Vorstellungen und Willenszustände», Kulturausformungen hielt er für eine Verfeinerung und Umdeutung unseres Aggressions- und Sexualtriebes, «Vergesslichkeit» charakterisierte er als eine Art von Verdrängung, nämlich als ein «aktives, im strengsten Sinne positives Hemmungsvermögen», und über Träume heißt es: «In den Ausbrüchen der Leidenschaft und im Phantasieren des Traumes und des Irrsinns entdeckt der Mensch seine und der Menschheit Vorgeschichte wieder.» Nietzsche zufolge ist jeder Mensch «sich selbst der Fernste», und «all unser sogenanntes Bewusstsein ist ein mehr oder weniger phantastischer Kommentar über einen unbewussten, vielleicht unwissbaren, aber gefühlten Text».

Man kann nicht mehr rekonstruieren, ob Freud viel von Nietzsches Texten gelesen hatte, bevor er begann, seine Theorie der Psychoanalyse zu entwickeln. Der Schweizer Psychiater und Medizinhistoriker Henri Ellenberger weist jedenfalls überzeugend nach, dass viele Ideen von Nietzsche in die intellektuellen Kreise des ausgehenden 19. Jahrhunderts sickerten. Freud war also unmittelbar oder über Umwege von seinen Vorläufern beeinflusst und daher sicher nicht der «Entdecker» des Unbewussten.

Im Gegensatz zu den Vorläufern allerdings verfocht und popularisierte er die Idee, dass im Unbewussten Wünsche umgekleidet werden und sich im Bewusstsein in einem neuen Gewand zeigen. Diese im Detail ausgearbeitete Idee von Verdrängung und Symbolisierung kann man als Kernstück seiner Theorie ansehen.

Von den Techniken der Hypnose und Suggestion seiner Vorläufer hat Freud in seiner Therapie weitgehend Abstand genommen und sich vielmehr auf die *freie Assoziationen* beschränkt, also den Patienten auf der Couch empfohlen, ganz offen von ihren Ängsten und Sorgen, Träumen und Phantasien, Wünschen und Interessen zu erzählen. Freud hat als Therapeut seinen Patienten sicherlich helfen können, so wie viele Psychoanalytiker es bis heute tun. Doch wieder stellt sich die Frage, welchen Anteil die Autorität und Ausstrahlung des Therapeuten an einer Heilung hat und welche Rolle Einfühlungsvermögen und Fürsorge dabei spielen, die bei uns ganz unabhängig von jeder Theorie stärker oder schwächer ausgebildet sind.

Freud jedenfalls und natürlich auch seine Patienten glaubten, dass der Heilungserfolg daran lag, dass er die richtige Theorie entwickelt hatte, der die Idee zugrunde lag, dass sich die dunklen Energien des Unbewussten in der einen oder anderen Form im Bewusstsein offenbaren würden.

ÜBER-ICH UND UNTER-ICH

Freuds Modell zufolge besteht die *Psyche*, also unser Geist, aus drei Teilen, nämlich erstens aus unserem *Ich*, also unserem Bewusstsein, zweitens aus dem *Es*, in dem sich unsere Triebe befinden, und drittens dem *Über-Ich*, in dem Normen gespeichert sind, in Form von Geboten und Verboten zunächst der Eltern und später der Gesellschaft. Das Bewusstsein hat also, Freud zufolge, drei Zugänge. Erstens erhält es Informationen durch die Wahrnehmung, zweitens Wünsche aus dem Es und drittens Warnungen vom Über-Ich, und zwar vermittelt über das Gewissen, wenn die eigenen Normen und Ideale nicht erreicht sind.

Das Es ist der älteste Teil des Geistes, in dem Triebe und Instinkte wohnen, ein Reich des Unlogischen ohne Begriffe für Raum und Zeit, oder in Freuds Worten: «Von den Trieben her erfüllt es sich mit Energie, aber es hat keine Organisation, bringt keinen Gesamtwillen auf, nur das Bestreben, den Triebbedürfnissen unter Einhaltung des Lustprinzips Befriedigung zu schaffen.» Das Es ist von Geburt an da, während sich das Ich erst davon lösen und abgrenzen muss. Wir hätten zwar den Eindruck, das Ich sei selbständig und autonom, doch die Übergänge blieben immer fließend und das Es wirke dauerhaft in das Bewusstsein hinein.

Freud nahm zumindest in seinem Spätwerk zwei Triebe in uns an, *Eros* und *Thanatos*, den Geschlechtstrieb und den Todestrieb, Lust und Aggression, Streben nach Sex und Streben nach Zerstörung. Das «Ziel» des Geschlechtstriebes sei, «immer größere Einheiten herzustellen und so zu erhalten», also offenbar Vermehrung oder Zellteilung, das Ziel des Todestriebes, «das Lebende in den anorganischen Zustand zu überführen». Diese Triebe seien «mythische Wesen, großartig in ihrer Unbestimmtheit», vorstellbar als eine «Art Elastizität des Lebenden, als ein Drang nach Wiederherstellen einer Situation, die einmal bestanden hatte». Dementsprechend sah er das Es als «ein Chaos, einen Kessel voll brodelnder Erregungen». Während es dem Ich um Realität geht, hat das Es nur die Lust oder allgemeiner die Triebbefriedigung im Sinn.

Die unbewussten Prozesse innerhalb des Es folgen zwar nicht der klassischen Logik, aber man kann so etwas wie einen Algorithmus der Triebe ausmachen, denn sie zeigen sich oft in verwandelter Form im Bewusstsein. Der deutsche Schriftsteller Arno Schmidt nennt die Sprache des Es daher ein «Schalks-Esperanto», sie ist assoziativ und verdichtet, voller Überlagerungen, Verwechslungen und Erfindungen.

Wenn ein Wunsch im Es schlummert, befindet er sich im «Zustand der Verdrängung», entweder weil wir ihn tatsächlich aktiv dorthin gedrängt haben oder weil er aus dem Es nie herausgelassen wurde. Zwischen dem Es und dem Ich ist ein Kontrollmechanismus eingebaut, der *Zensor*, der die Energien des Es bearbeitet, sobald sie ins Bewusstsein vordringen wollen. Wenn er seine Arbeit gut macht, zeigen sich die Wünsche nicht in ihrer ursprünglichen Form, was fürs Ich sehr unangenehm wäre, sondern sie erscheinen in einer neuen, symbolischen Umhüllung.

Das bekannteste Beispiel dafür sind Umformatierungen von sexuellen Wünschen, die sich als Traumsymbole während des Schlafes offenbaren. Doch auch in Mythen, Sagen, Witzen und Redensarten finden sich Symbole, also Hinweise auf unser Unbewusstes, ebenso in Neurosen und Ängsten oder wenn wir uns versprechen, verhören, vertippen oder vergreifen.

Die Umformatierung lässt sich am besten anhand des Traumes verdeutlichen. Dort können alle länglichen Objekte für den Penis stehen, den «Phallus», wie Freud auch sagt, also Stöcke, Stämme, Schirme, Luftschiffe, Waffen, Zigarren und Krawatten, während umschließende Hohlkörper für die Vagina stehen oder allgemeiner für den «Frauenkörper», wie Freud sich ausdrückt, also Schränke, Schachteln, Wagen, Öfen, Dosen, Kisten und Zimmer, was manchmal sogar in der Sprache als «Frauenzimmer» sichtbar ist. Auch Körperteile wie Hände oder Füße können den Phallus symbolisieren, andere wie Ohr, Mund oder Auge die Vagina. Tätigkeiten wie Treppensteigen, Leitern erklimmen, Ackerbau oder das Fliegen schließlich versinnbildlichen Sex. Nicht alle Symbole müssen unmittelbar etwas mit dem Sexualtrieb zu tun haben. So steht Ungeziefer für Geschwister, das Königspaar für die Eltern und Zahnausfall, Haarschneiden sowie Kahlheit für die Kastration.

Statt unsere inakzeptablen sexuellen Wünsche also bewusst durchzuspielen oder im Traum zu erleben, so Freud, würden wir eher davon träumen, hübsch dekorierte Zimmer zu betreten, mit Luftschiffen durch die Nacht zu gleiten, steile Stiegen emporzuklettern oder eine Zigarre ins Etui zu legen.

DIE HYDRAULIK DES SEELENLEBENS

Wenn man die Idee der Traumsymbole das erste Mal hört, fragt man sich vielleicht: Ist das wirklich alles ernst gemeint? Auch wenn Psychologen Freud heutzutage kaum noch als Wissenschaftler rezipieren und ihn vor allem die Kulturtheoretiker als Literaten lesen, der Motive und Themen aus der Antike bis in die Gegenwart meisterhaft verband, ging es Freud selbst eindeutig um eine naturwissenschaftliche Theorie.

Freud hat sich sogar über die Supervenienzbasis, also die neuronale Grundlage seines Modells der Psyche, Gedanken gemacht. In mehreren Skizzen des Hirns verortet er die Wahrnehmung im Bereich der Augen, wo die *vorbewussten*, also leicht zugänglichen Informationen ins Ich gelangen, das ebenfalls im präfrontalen Kortex angesiedelt ist. Im Hinterhaupt liegt das Es, das nicht klar vom Ich abgetrennt ist. Das Über-Ich lokalisiert Freud in Bereich des linken Schläfenlappens. Dort ist auch eine kleine «Hörkappe» befestigt. Zu Freuds Zeit war durch die Forschung des französischen Neurologen Pierre Paul Broca und seines deutschen Kollegen Carl Wernicke schon bekannt, dass die Sprachfähigkeit hinter der linken Schläfe angesiedelt ist. Man kann vermuten, dass Freud zwischen Über-Ich und Sprachfähigkeit eine Verbindung sah, denn Normen und Verbote müssen ja sprachlich formuliert sein.

Die Vorgänge zwischen Es und Ich beschreibt Freud mit einer *hydraulischen Metapher*. Im Es «brodelt es», dort schlummern «Energien», Aggressionen können «unterdrückt», Lust «verdrängt» sein. Wir kennen diese Metaphorik auch aus dem Alltag, wenn wir davon sprechen, mal richtig «Dampf abzulassen», wenn der «psychische Druck» zu groß wird.

Freuds Modell scheint eine Art *psychischer Energie-Erhaltungssatz* zugrunde zu liegen, denn Energien, die wir nicht herauslassen, bleiben bestehen und können allenfalls umgeleitet werden. Wenn zum Beispiel das Ich Aggressionen aus dem Es unterdrückt, kann seinerseits das Über-Ich diese Energien nutzen, um sie gegen das Ich zu verwenden, etwa indem es Gewissensbisse erzeugt. In die hydraulische Metapher sollte man jedoch nicht zu viel hineinlesen. Freud veranschaulichte einfach kausale Prozesse im Geist, indem er dafür ein bekanntes kausales System, nämlich die Hydraulik von Pumpen, zum Vorbild nahm. In den Jahrhunderten davor stellte die Uhr eine beliebte Metapher für den Geist dar, später war es der Computer.

Freuds Annahme einer psychischen Energiebilanz hat sich allerdings als falsch erwiesen. In der zeitgenössischen Forschung gibt es keine Hinweise darauf, dass unterdrückte Wut sich aufstaut und zu Krankheiten führt oder dass unterdrückte Wünsche das Druckgefüge verschieben und so durch die Schweißnähte des Unbewussten ins Bewusstsein quellen.

In der Wissenschaft allgemein und speziell in der Erforschung des Geistes stellt man die Frage, ob eine *Reduktion* möglich ist, also eine Erklärung vieler ungleichartig erscheinender Phänomene durch wenige allgemeine Prinzipien. In diesem Sinne ist auch Freuds Projekt reduktionistisch, denn er hat psychische Phänomene nicht als zufällige Erscheinungsformen angesehen, die von Person zu Person oder Epoche zu Epoche schwanken, sondern wollte sie auf wenige Prinzipien zurückführen, die er sowohl dynamisch, also *kausal*, als auch neurologisch, also *strukturell*, ausbuchstabiert hat.

Bei Freud sind die entscheidenden Vorgänge Verdrängung und Symbolisierung. Die wichtigsten zwei Konstanten im Seelenleben sind dabei einerseits der Sexualtrieb, den jeder Mensch vor allem in Auseinandersetzung mit seinen Eltern entwickelt, und andererseits der Todestrieb. Was uns ausmacht, ist also nicht kulturell zufällig und damit beliebig, sondern rückführbar auf etwas, das alle Menschen haben, nämlich Lust und Aggression. Man fragt sich, warum er die Konstante nicht in unserer Sprache oder unseren anderen Emotionen gesucht hat. Lust und Aggression jedenfalls, als die Hauptschlagadern in unserem Leben und der Kultur, befinden sich Freud zufolge meist im Zustand der Verdrängung, wirken also unerkannt aus dem Unbewussten heraus.

Man könnte nun natürlich einwenden, das Unbewusste sei nicht erforschbar, weil es ja seiner Natur nach den Patienten nicht zugänglich sei, man sie also nicht danach fragen könne. Doch diesem Einwand begegnet Freud mit einer Variante des schon erwähnten *Ähnlichkeitsprinzips*, das besagt, dass ein Zustand dann unbewusst ist, wenn er sich immerhin ähnlich wie ein bewusster verhält. Verborgene Wünsche, so Freud, seien typischerweise an ihren Auswirkungen abzulesen. Sie zeigten sich, wie gesagt, in Versprechern, in Träumen und in psychischen Krankheiten wie Neurosen.

Es lassen sich allerdings auch ganz alltägliche Auswirkungen von verheimlichten Gedanken finden. So meinte Freud: «Wessen Lippen schweigen, der schwätzt mit den Fingerspitzen; aus allen Poren dringt ihm der Verrat.» Es ist kein Geheimnis, dass es uns Menschen schwerfällt, andere absichtlich zu täuschen, denn Lügen ist anstrengend und belastend. Wer darin nicht geübt ist, verrät sich dem geschulten Beobachter beispielsweise durch einseitiges Schulterzucken, durch Handgriffe an die Nase und das Ohr oder durch *Mikroausdrücke*, fast unmerkliche Gesichtsausdrücke von Emotionen, die nur einige hundert Millisekunden anhalten. Dass sich Lügner verraten können, ist seit den Anfängen der Menschheit bekannt.

Um also eine originelle These der Verdrängung anzubieten, muss Freud eine stärkere Annahme machen, nämlich dass der Proband selbst nicht weiß, dass er gerade lügt, dass er sich tatsächlich selbst täuscht, der Ursprung dieser Täuschung also nur dem Therapeuten zugänglich, ihm selbst aber verborgen ist. Wie kommt man darauf?

FREUDS THEORIETRAUM

Träume spielen sich nach Freuds Auffassung nicht im Unbewussten ab, wie man immer mal wieder liest. Im Gegenteil, wir erleben sie im Bewusstsein. Ihre Verbindung zum Unbewussten ist von anderer Natur, denn die Trauminhalte, die bizarren Bilder und Eindrücke in Träumen, haben Freud zufolge ihren *Ursprung* im Unbewussten. Um dem näher zu kommen, muss man die Trauminhalte aufmerksam analysieren, denn darin zeigen sich die unbewussten Wünsche.

Weil Wünsche sich im Schlaf besonders auffällig umformen, hielt Freud den Traum für den «Königsweg» zum Unbewussten. Im Traum brodeln die Energien des Es so stark, dass der Zensor überlastet ist. Am Tag kann er zwar fast alle geheimen Wünsche zurückhalten, doch jetzt drängen sie mit Macht ins Bewusstsein. Als «Wächter des Schlafes» bleibt ihm einzig die Möglichkeit, sie zu verschieben oder symbolisch umzuwandeln, also beispielweise das sexuelle Begehren eines Mannes für seine Nachbarin in eine Geschichte zu verpacken, in der er sie auf eine Fahrt im Heißluftballon einlädt. Der Traum hat dabei die Funktion, den Schlaf zu behüten, denn gelangten die Wünsche in ihrer rohen Kraft unverhüllt ins Traumbewusstsein, entstünde ein Albtraum, und der Schlafende würde sofort erwachen.

Gegen Freuds Traumtheorie haben Psychologen und Neurowissenschaftler bis heute viele Kritikpunkte vorgebracht. So hat Freud neben einigen Träumen, die er vom Hörensagen kannte, in seinem Hauptwerk, der *Traumdeutung*, nur etwa 40 eigene Träume untersucht. Er hat keine systematischen Studien anhand repräsentativer Testgruppen durchgeführt, was schon zu seiner Zeit für Forscher wie James als wissenschaftlicher Standard galt. Dabei wäre Freud sicher aufgefallen, dass eigene Träume keine gute Grundlage bieten, weil man sich meist nur an die Sequenzen kurz vor dem Aufwachen erinnert. Zu diesem Zeitpunkt ist der Sexualhormonspiegel im Schlaf allerdings am höchsten, und Träume sind daher lebhafter als in anderen Phasen.

Zudem ist ohnehin fraglich, ob Träume wirklich die Funktion haben können, inakzeptable und daher verdrängte sexuelle Wünsche zu verschleiern, um den Schlaf zu behüten. Studien zeigen, dass Babys etwa die Hälfte ihres 16-stündigen Schlafes träumen, was man an den sogenannten *REM-Phasen* erkennen kann, in denen «rapid eye movement» auftritt, also ein schnelles Flackern der Augen unter den Lidern. Dass Kleinkinder unterdrückte sexuelle Wünsche verarbeiten, ist aber äußerst unwahrscheinlich.

Außerdem bleibt offen, warum wir erotische oder aggressive Phantasien oft ganz unverschlüsselt im Traum erleben, ohne davon aufzuwachen. Hat der Zensor einfach nicht geschafft, sie zu kaschieren, oder zeigt das eher, dass sie gar nicht kaschiert werden müssen? Die Datenlage für die These, dass ein Zensor in uns geheime Gedanken und Wünsche umdichtet und verschlüsselt, ist also dünn.

In der zeitgenössischen Traumforschung geht so gut wie niemand mehr davon aus, das Träume die Funktion haben, den Schlaf zu erhalten, oder dass sie geheime Botschaften transportieren. So hält der Amerikaner Allan Hobson, einer der führenden Forscher, Träume für Halluzinationen, die einer vorübergehenden harmlosen Psychose ähneln. Viel spricht eher dafür, dass Träume ein funktionsloses Nebenprodukt der Evolution sind oder allenfalls Grundthemen der Menschheit durchspielen wie Kämpfen, Jagen, Fliehen und Essen. Träume verraten Forschern viel darüber, wie unser assoziatives Gedächtnis funktioniert, aber kaum etwas über die Sorgen und Ängste der Träumenden.

DAS FREUD'SCHE VERSPRECHEN

Neben Träumen hielt Freud die Untersuchung von Fehlleistungen für einen weiteren Pfad ins dunkle Seelenleben. Auch am Tage würden wir unsere Wünsche verdrängen, aber sie kämen zum Beispiel als Versprecher wieder zum Vorschein. Diese Beobachtung ist erst einmal nicht abwegig. Im Alltag gehen uns viele Gedanken durch den Kopf, die wir lieber nicht aussprechen sollten. Gerade in einem formalen sozialen Rahmen denken wir manchmal so stark daran, etwas nicht zu tun, zum Beispiel das schlimme Wort nicht zu sagen, dass es uns gerade deshalb herausrutscht. In der zeitgenössischen Psychologie nennt man dieses Phänomen *ironisches Verhalten*.

Wer zum Beispiel beim ersten Abendessen mit dem Schwiegervater über dessen monströse Nase erschrickt und sich vornimmt, ja nicht zu auffällig auf diesen Riechkolben zu starren, wird vielleicht gerade deshalb bei der Vorspeise auf den Serrano-Schinken deuten und sagen «Ich hätte gerne noch zwei Scheiben von dem Cyrano». Dass Unterdrücktes auf diese Weise herausplatzt, wussten die

Menschen schon vor Freud. Damit seine Theorie originell ist, muss er also annehmen, dass das eigentliche Thema hinter dem Versprecher *verdrängt*, also dem Sprecher verborgen ist.

Doch wie kann man sicher sein, dass ein Versprecher auf verborgene Wünsche aus dem Es hindeutet? Erstens sind die wenigsten Versprecher *semantische* Verdreher wie im Beispiel von «Serrano» und «Cyrano», also sogenannte *Malapropismen*, die man vielleicht aus Thomas Manns *Zauberberg* von Frau Stör kennt, die Beethovens «Eroica» als «Erotica» bezeichnet. Solche Vertauscher auf der Wortebene machen nur einen geringen Teil aller sogenannten *sprachlichen Fehlleistungen* aus. Typisch sind eher Buchstabenverdreher, die man aus dem gemischten Doppel des Magazins der *Süddeutschen Zeitung* kennt, wie «Klitschko und Kitschklo» oder «Rosenhauch und Hosenrauch». Mit etwas Phantasie kann man natürlich auch zu ihnen eine Freud'sche Kurzgeschichte erzählen, beispielsweise wie man vom zarten Hauch einer Rose auf der Heide mit rauchender Hose zum Heuboden oder gar Boyhoden gelangt. Doch nur weil wir etwas hineinlesen können, heißt es nicht, dass es auch da ist. Freud hat sich von Fehlleistungen offenbar zu viel versprochen.

Beim Sprachverstehen ist unsere Interpretationsmaschinerie so fein eingestellt, dass wir auf diese Weise leicht in allem einen verborgenen Sinn entdecken, zum Beispiel wenn jemand beim Bäcker ein «Korneck mit Pute» bestellen will, aber dann «Porn keck mit Ute» ordert. Jetzt auf verborgene Neigungen zu schließen, bietet sich an, nur bleibt eben offen, ob man nicht vielleicht bloß aufgrund eigener Neigungen so folgert. Das Problem, dass wir nicht wissen, wann eine Interpretation richtig ist, also wirklich etwas über das Innenleben eines Patienten verrät, führt zu einem Kernproblem der Psychoanalyse, dem *fehlenden Kriterium*.

ES IST NUR DRIN, WAS MAN REINSTECKT

Kennen Sie «versaut fernsehen»? Ein Bekannter hat mir mal erzählt, dass das der größte Spaß seiner Jugend war. Wenn er mit Freunden nichts Besseres zu tun hatte, schalteten sie Sendungen wie *Das Traumschiff* oder *Die Schwarzwaldklinik* ein und deuteten alle Situationen sexuell um. Sagte der Kapitän «Wir stechen gleich in See», war klar, was er eigentlich meinte, ebenso wenn der Pfleger in der Klinik meinte «Ich bin zu spät gekommen». Plötzlich klangen auch die Slogans in der Werbepause verdächtig, zum Beispiel «die längste Praline der Welt» oder «Dann klappt's auch mit dem Nachbarn».

Der deutsche Schriftsteller Arno Schmidt hat auf diese Weise Karl Mays Gesamtwerk neu gelesen und so durch die bunt getönten Scheiben seiner Freud-Brille unzählige homoerotische Motive entdeckt. Die Beschreibung des Gestirns Sitara in Mays Roman *Ardistan und Dschinnistan* zum Beispiel machte Schmidt stutzig. Von dem phantastischen Planeten, auf dem Menschen leben, heißt es, zwei gewaltige Länder seien durch einen «steil aufwärts steigenden Urwaldstreifen» geteilt, einen Wald, in den sich nur Männer wagen dürfen und «in dessen tiefster Schlucht, wie man sich heimlich erzählt, die Geisterschmiede liegt». Schmidts Skizze dieses Territoriums führt ihn zum Schluss, dass sich aus der Beschreibung das «Konterfei eines Hinterns» ergebe.

Ein Blick auf Mays bekanntere Werke scheint Ähnliches zu verraten, etwa als Winnetou sagt: «Mein Bruder Shatterhand kommt wie der Tau in den Kelch der dürstenden Blume.» Wenn die beiden sich begegnen, so Schmidt, spricht die Natur Bände, denn überall finden sich Kakteen mit feigenartigen Knollen, dunkle Felsritzen oder Erdlöcher. Als Old Shatterhand mit seinem jungen Gefährten Harry eines Morgens Fallen kontrolliert, um «einen Dickschwanz herauf zu angeln», heißt es: «Wir müssen die Beine auseinandernehmen, wenn wir zu rechter Zeit fertig sein wollen.» Harry indes sagt von seiner Pistole, dass sie «einem viel in Gebrauch gewesenen Prügel ähnlicher» sieht als einer echten Feuerwaffe.

Es ist nicht klar, wie ernst Schmidt seine Interpretationsvignetten gemeint hat, denn über weite Strecken klingen sie wie eine Vorlage für Michael Herbigs Film *Der Schuh des Manitu* aus dem Jahre 2001, ebenfalls eine Neudeutung der Winnetou-Tradition. Die Technik der Interpretation verdeutlicht allerdings, dass man in Literatur und Kunst fast alles finden kann, wenn man nur eifrig genug danach sucht.

Manche nennen das ein «strong reading», ein *starkes Lesen*, oder gar ein «forced reading», ein *erzwungenes Lesen*, mit dem man aus einem Text mehr herausholt, als die erste oder zweite Interpretation finden kann, ihn also absichtlich bis zur «Kenntlichkeit entstellt». So eine Auslegung ist typisch für einen eher spielerischen Umgang mit einem Text. Andere Interpreten, seien es Psychoanalytiker oder Literaturwissenschaftler, meinen es allerdings ernst. Doch dann laufen sie Gefahr, bei ihren «Entdeckungen» dem eigenen *Bestätigungsvorurteil* zu erliegen. Wenn wir nämlich von etwas überzeugt sind, tendieren wir dazu, Hinweise zu bevorzugen, die unsere These bestätigen, und solche zu ignorieren, die sie in Frage stellen könnten, wie viele Studien zeigen.

Da es in der Welt nun mal ziemlich viele lange Objekte und ziemlich viele Hohlräume gibt, kann man Phallus- und Vagina-Symbole überall entdecken, wenn man nur will. Auch Freuds Dreiteilung in Es, Ich und Über-Ich wird man in unzähligen Spielarten finden, zumal man sie lesen kann als «oben, Mitte, unten» oder als «positiv, neutral, negativ» oder als «Vernunft, ich, Gefühl». Der slowenische Philosoph Slavoj Žižek beispielsweise, der sich in der Tradition von Freud und dem Psychoanalytiker Jacques Lacan sieht, interpretiert Alfred Hitchcocks Film *Psycho* aus dem Jahre 1960 in Freud'scher Manier. Žižek schlägt vor, das Haus, in dem der wahnsinnige Mörder Norman Bates lebt, als Abbild von Freuds Modell der Psyche anzusehen. Im oberen Stock, dem Über-Ich, scheint die Mutter zu leben, die Bates Anweisungen gibt, in der Mitte, dem Ich, lebt Bates selbst, und im Es, im Keller, dort wo die primitiven und ursprünglichen Triebe wohnen, findet sich am Ende eine Leiche.

Auch bei Žižek weiß man nie genau, wie ernst er seine Thesen meint. Sein Umgang mit Freuds Modell scheint eher spielerisch zu sein. Doch der Einfluss von Freud auf viele Geisteswissenschaften, vor allem auf die französische Kulturtheorie, könnte vielleicht gerade darin liegen, dass Anspielungen, Vertauschung, Verdrehung und Symbolisierungen ohnehin die Stilmittel von Literatur, oder weiter gefasst: von Kunst sind. In der Interpretation geht es oft darum, sie aufzudecken oder neu zu lesen, und gerade Freuds Motive und Themen sind da vielfältig und produktiv anwendbar.

Einige Kulturtheoretiker sehen sich ohnehin nicht als Wissenschaftler, die etwas erklären, sondern eher als Ko-Autoren, die einen zweiten Text als Kommentar zum ersten verfassen, also Literatur zweiter Stufe produzieren. Freuds Auffassung klingt manchmal sehr ähnlich, wenn er sagt: «Die Trieblehre ist sozusagen unsere Mythologie. Die Triebe sind mythische Wesen, großartig in ihrer Unbestimmtheit», und an anderer Stelle: «es berührt mich selbst noch eigentümlich, dass die Krankengeschichten, die ich schreibe, wie Novellen zu lesen sind, und dass sie sozusagen des ernsten Gepräges der Wissenschaftlichkeit entbehren.» Der Patient erzählt dem Psychoanalytiker eine Geschichte, und der wiederum interpretiert sie durch eine neue Geschichte, indem er Mythen in seine Novelle hineinliest. Nichts anderes tut ein Literatur- oder Kulturwissenschaftler.

Kann in der Symboldeutung dann überhaupt noch die Funktion liegen, das Seelenleben eines Menschen offenzulegen? Das ist fraglich. Aus der Literatur, aber auch aus dem Alltag kennen wir viele Wortspiele und versteckte Anspielungen. Dem einen pocht der Specht in der Hose, der andere singt: «Die ganze Welt ist wie verhext, Veronika, der Spargel wächst.» Wenn uns diese Wendungen ohnehin auf der Zunge liegen, ist es auch naheliegend, dass sie in unserem Sprachgedächtnis, dem mentalen Lexikon, abgespeichert sind, also bei «Specht» oder «Spargel» so etwas notiert ist wie «kann auch ein Synonym für den Penis sein». Dann ist es auch naheliegend, das wir im Gespräch oder im Traum entsprechende Assoziationen haben.

Dieses Phänomen könnte man das Problem der *inferentiellen Promiskuität* nennen, denn aufgrund der netzartigen Struktur unseres Begriffssystems ist alles mit allem verbunden, und jedes Symbol kann auf ein anderes verweisen. Freud hat dieses Problem gesehen. Auch wenn er wohl nie wörtlich gesagt hat, dass eine Zigarre manchmal einfach nur eine Zigarre ist, hat er es zumindest in seinen Schriften angedeutet. Noch besser wäre gewesen, wenn er angedeutet hätte, dass in anderen Fällen eine Zigarre nicht deshalb ein Penis ist, weil wir etwas verdrängen, sondern weil wir unzählige Synonyme dafür kennen. Umgekehrt ist eine Zigarre manchmal auch einfach nur ein Lötkolben.

Vor allem mit der Behauptung, dass im nichtlogischen Reich des Es jedes Symbol auch sein Gegenteil darstellen kann, hat er der Beliebigkeit der Interpretation gleichsam

Vorder-Tür und Hinter-Tor geöffnet. Freud hatte beobachtet, dass der lateinische Ausdruck «altus» mit den Wörtern «hoch» und «tief» übersetzt werden kann, die auf den ersten Blick wie Gegensätze erscheinen. Solche vermeintlichen Bedeutungswechsel seien gerade typisch für die unbewussten Prozesse im Es, die keiner Logik folgen und daher auch nicht den *Satz vom Widerspruch* beherzigen, der besagt, dass nichts zugleich eine Eigenschaft haben und nicht haben kann. Da die interpretierende Analyse dieses Problem erbt, sind der Willkür des Lesers keine Grenzen gesetzt. Keine Interpretation kann sich jetzt noch als falsch erweisen, und einander widersprechende Auslegungen können nebeneinander existieren.

Auch wenn viele Literaten und Künstler Freuds Ideen begeistert aufgenommen haben und Kunstwerke passend zur Theorie produzierten, man denke an Picassos Stiere, die ihre Hörner in verschreckte Pferde bohren, waren viele Wissenschaftler von Anfang an skeptisch. Der deutsch-amerikanische Philosoph Adolf Grünbaum hat Freuds methodisches Problem in einer ausführlichen Studie zur Psychoanalyse in etwa so zusammengefasst: Nur weil die Interpretation eines Traumes beispielsweise am Ende eine bedeutungsvolle Geschichte ergibt, kann man daraus nicht schließen, dass der Traum selbst bedeutungsvoll war, also wirklich Hinweise auf verdeckte Wünsche enthielt. Vladimir Nabokov drückt das ähnlich aus: «Lassen Sie den Leichtgläubigen den Glauben, dass alle seelischen Nöte durch eine tägliche Anwendung griechischer Mythen auf ihre intimen Körperteile kuriert werden können.»

Neben der Beliebigkeit der symbolischen Interpretation entspringt das zweite Hauptproblem von Freuds obskurer Triebtheorie aus der unklaren Verwendungsweise der Wörter «Trieb» und «Wunsch».

DER STOFF, AUS DEM DIE WÜNSCHE SIND

Ich habe Lust auf Schokolade, interessiere mich für moderne Kunst, sehne mich nach Urlaub, begehre meine Freundin, habe ein Bedürfnis nach Nähe, strebe eine akademische Karriere an, mag klassische Musik, schätze Zuverlässigkeit, habe Appetit auf Sushi, fahre gerne Fahrrad und hoffe auf Sonnenschein.

Englischsprachige Philosophen fassen all diese Zustände unter dem Oberbegriff «desire» zusammen, was man als *Wünschen* oder *Wollen* übersetzen kann. In der Entscheidungstheorie ist von *Präferenzen* die Rede. Auch wenn die Zustände sich im Einzelnen ganz unterschiedlich anfühlen mögen und ganz unterschiedliche Inhalte haben, so ist ihnen gemein, dass sie eine allgemeine *positive Wertung* ausdrücken. Wenn man etwas begehrt, schätzt, mag, ersehnt oder erstrebt, dann drückt man damit aus, dass man es gut findet.

An den vielen Spielarten der Wünsche erkennt man einen wichtigen Unterschied. Viele drücken ein subjektives, phänomenales Erleben aus wie etwa Verlangen, Sehnen, Lust, Appetit, Drang, Gier oder Begehren. Andere sind in dem Punkt eher neutral wie Bedürfnis, Neigung, Hang, Interesse oder Wollen. Auch die Inhalte scheinen sich zu unterscheiden, einige sind ganz grundlegend wie «Schokolade essen», andere setzen viel Wissen und komplexe Handlungsschritte voraus wie «Karriere machen».

Man kann diese Unterschiede ganz gut anhand zweier Komponenten eines Wunsches verdeutlichen, nämlich am *Modus* und am *Inhalt*. Der Modus ist der des Wünschens, der den Inhalt als etwas Positives bewertet. Wenn ich also zum Beispiel Sushi essen will, dann hätte mein Wunsch «Ich will Sushi essen» die explizite Form «Ich will, dass ich Sushi esse», wobei der Teil vor dem Komma den Modus und der dahinter den Inhalt ausdrückt. Falls ich Sushi verabscheue, wäre die explizite Form «Ich verabscheue, dass ich Sushi esse», wobei der Inhalt zwar derselbe, die Haltung dazu jetzt aber eine negative Bewertung ist.

Alle mentalen Zustände, die sich in dieser Weise auf Objekte oder Situationen beziehen, heißen traditionell *intentionale Zustände*, so benannt von dem deutschen Philosophen Franz Brentano. *Intentionalität* halten viele Philosophen neben Bewusstsein für das zweite definierende Merkmal des Geistes. Welches der beiden primär ist und welches nur abgeleitet, ist bis heute umstritten.

Man kann Intentionalität als das Phänomen charakterisieren, dass mentale Zustände sich auf Objekte oder Situationen beziehen, sie darstellen, abbilden oder Informationen über sie liefern. So ist ein Wahrnehmungseindruck intentional, weil er die Welt abbildet, also in Form einer Abbildung *repräsentiert*. Überzeugungen wie «Die Erde dreht sich um die Sonne» oder «3 + 8 = 11» sind ebenfalls intentional, indem sie die Welt in einer abstrakten, sprachlichen Form darstellen. Der Wunsch «Ich will ein Eis» wiederum ist intentional, weil er eben einen möglichen Weltzustand als positiv repräsentiert, nämlich als einen, in dem ich das Eis in der Hand halte. Dieser Weltbezug drückt sich oft schon in den Ergänzungen der Verben aus: Wir freuen uns *über* das Geschenk, haben Angst *vor* dem Hund, sehnen uns *nach* Urlaub, warten *auf* den Bus, glauben, *dass* es regnet, und wollen, *dass* die Sonne scheint.

Es klingt zunächst nicht sonderlich aufregend, dass der Geist die Welt repräsentiert, doch im Universum ist das ein seltenes Phänomen, denn die meisten Dinge wie Planeten, Wolken, Flüsse, Erdschollen oder Atome sind nur für sich da und bilden nichts außerhalb ihrer selbst ab.

Unsere *Handlungswünsche*, wie der Wunsch, zu singen

oder Schokolade zu essen, können wir mit Handlungen befriedigen. Viele Wünsche sind allerdings weiter gefasst. Wir hegen sie unabhängig von unseren Handlungen, weil wir sie gar nicht durch eigenes Zutun erfüllen können, wie zum Beispiel den Wunsch, dass morgen die Sonne scheint.

Wie schon angedeutet, ist der Inhalt von Wünschen manchmal sprachlich, abstrakt und satzartig, oder genauer *propositional*, wie in dem Beispiel «Ich will, dass ich am 30. Oktober um 20 Uhr die Dreigroschenoper am Berliner Ensemble sehe». Um diesen Wunsch zu hegen, muss man Wissen über Berlin, Theater, Bertolt Brecht, über Raum und Zeit und vieles mehr haben.

Den einfachen Wunsch «Ich will das da» könnten schon Kinder oder vielleicht sogar einige Tiere haben, denn in diesem Fall ist das Objekt des Wunsches vielleicht ein Stück Melone, das der Wünschende gar nicht als «Melone» kategorisieren muss, um es zu wollen. Viele Wünsche liegen sicherlich in dieser bildhaften, nichtsprachlichen, genauer *nichtpropositionalen* Form vor oder in einer Mischform aus Begriffen und Vorstellungen, zum Beispiel, wenn wir von einer Reise zu den Pyramiden träumen oder uns ausmalen, in einem alten Jaguar-Cabrio auf einer Küstenstraße die Côte d'Azur entlangzufahren.

Nicht nur der Inhalt, auch die Art und Weise, wie wir die Wünsche spüren, enthält Informationen, leistet also einen Beitrag zum intentionalen Charakter. Ein *Interesse* an klassischer Musik scheint den Inhalt nur schwach positiv zu bewerten, während eine *Leidenschaft* für klassische Musik eine stärkere Bewertung abbildet.

Wie sieht das nun mit unseren sexuellen und den aggressiven Wünschen aus? Mit einem Grundverständnis von Intentionalität sieht man schnell die Probleme in Freuds Vorstellung von Wünschen und Trieben. Freud geht, wie schon erwähnt, von zwei Trieben aus, dem Todestrieb, dessen Ziel sei, Leben zu zerstören, und dem Geschlechtstrieb, dessen Ziel sei, Leben zu erhalten.

Wie Freud sagt, sind Triebe niemals bewusst. Doch dann fragt sich, warum man Triebe überhaupt als mentale Zustände auffassen sollte, da ihre «Ziele» ja gar nicht als mentale Inhalte vorliegen.Wie viele andere mentale Ausdrücke führt auch «Trieb» ein *Doppelleben*. Die rein *funktionale* Lesart fasst Trieb als einen Mechanismus auf, der etwas macht, also bestimmte Wirkungen hat. So kann er von dem «Todestrieb» der Körperzellen sprechen, die offenbar so gebaut sind, dass sie irgendwann verfallen. Doch der «Trieb» der Zellen ist kein mentaler Zustand, in dem sich die Zellen befinden, denn die Zelle denkt nicht «Ich will zerfallen».

Wählt man hingegen die zweite, die *phänomenale* Lesart, spricht also von unseren Trieben im Sinne von *Wünschen*, die intentional sind und sich im Bewusstsein äußern, so sind sie, wie gesagt, sowohl durch ihren *Inhalt* als auch durch ihre *Form*, ihren *mentalen Modus*, bestimmt. Um seine Annahme plausibel zu machen, könnte Freud behaupten, dass sich der Sexualtrieb als sexuelle Lust und der Todestrieb als Aggression äußert.

Doch wenn das Es weder Struktur noch Logik kennt, wie können dort Triebe und Wünsche existieren, die einen komplexen Inhalt haben, etwa im Fall des Mannes, der mit seiner Nachbarin heimlich Sex haben will? Dazu müsste er ja einen Begriff von seiner Nachbarin haben und den

Inhalt «mit der Nachbarin Sex haben, ohne dass es jemand mitbekommt» erfassen können. Dieser Wunsch hat eine logische Struktur. Wenn er nicht in dieser Form im Es existieren kann, lag er dann dort vielleicht in anderer Form vor?

Hier klingen Freuds Herleitungen oft abenteuerlich. So deutet beispielsweise die Angst eines Patienten vor dem Wolf auf eine unbewusste libidinöse Einstellung zum Vater hin. Die Liebe zum Vater ist mit Angst gepaart, sodass der Vater als Objekt dieser Angst aus dem Bewusstsein gedrängt und für einen Ersatz des mentalen Inhalts gesorgt werden muss, woraufhin der Wolf ins Spiel kommt. Kann man sich einen Reim auf den Vater im Wolfspelz machen?

Wie die heutige Forschung teilt auch Freud Wünsche und Emotionen in zwei Teile auf, nämlich den mentalen Inhalt, der bei Freud «Vorstellung» heißt, und den mentalen Modus, der sich als eine phänomenal erlebte, körperlich gefühlte, kurz *affektive* Komponente äußert.

Freud zufolge liegt der Inhalt des Wunsches im Verborgenen, während man den affektiven Anteil des Wunsches im Bewusstsein erlebt. Für einen Fetischisten, so Freud, ist zum Beispiel der Lederstiefel einer Frau das obskure Objekt seiner Begierde. Wenn Freud recht hat, dann ist das fetischistische Verlangen nach dem Stiefel *tatsächlich* der Wunsch, nicht kastriert zu werden. Dieser Wunsch ist entstanden, als der Fetischist als Knabe ein nacktes Mädchen gesehen und voll Schrecken entdeckt hat, dass ihr der Penis fehlt, wofür er einen Ersatz suchte und ihn im Stiefel fand. Die Inhaltskomponente des Wunsches, nicht kastriert zu werden, genauer die «Abscheu» vor der Kastration, bleibt dem Fetischisten also verborgen und wird durch einen neuen Inhalt ersetzt, den Wunsch, einen Stiefel zu sehen oder zu berühren. Das Verlangen bleibt, das Objekt ändert sich.

Das Problem ist nur, dass der Wunsch nach dem Stiefel ja beide Elemente enthält, einen Inhalt «den Stiefel anschauen» und eine Erlebniskomponente in Form eines starken sexuellen Verlangens. Warum sollte man annehmen, dass da «eigentlich» ein anderer Wunsch am Werk ist, der im Verborgenen liegt und sich derart maskiert zeigt? Bei dem Wolf-Beispiel hat sich sogar alles geändert. Das Verlangen nach dem Vater tritt angeblich als Angst vor dem Wolf in Erscheinung.

Da das Ich keinen Zugang zu seinem Es hat und das Es sich nicht selbst äußern kann, liegt der einzige Grund, Wünsche im Es anzunehmen, beim Interpreten, also bei Freud, der meint, sie seien für den Patienten prinzipiell nicht zugänglich, sondern allenfalls vom Psychoanalytiker zu erschließen. Der irische Schriftsteller Clive Staples Lewis hat Freuds Argumentationsschema mit einem Augenzwinkern so rekonstruiert: «Wenn keine Katze zu sehen ist, dann ist der Stuhl leer. Der Stuhl ist leer. Also ist die Katze unsichtbar.»

Diesen Einwand kann man gut im Vergleich mit anderen Gedächtnisinhalten verdeutlichen. Nehmen wir an, ich sehe eine Reportage über Wellenreiter, und in mir erwacht der Wunsch, auch auf einem Brett übers Wasser zu gleiten. Ab diesem Zeitpunkt trage ich den Wunsch in mir, Wellenreiten zu lernen. Nun könnte es sein, dass mich Freunde erst zwei Jahre später fragen, ob ich mit ihnen auf Hawaii surfen gehen will, und ich begeistert zusage.

Die meisten Wünsche sind von dieser Art. Wir hegen sie eine Zeitlang, auch wenn wir sie nicht dauerhaft im Bewusstsein mit uns herumtragen. Es war ja nicht so, dass ich Tag und Nacht an nichts anderes denken konnte als «Wellenreiten, Wellenreiten, Wellenreiten». Der Wunsch war, mit anderen Worten, unbewusst als *Gedächtnisstruktur* vorhanden, die dafür gesorgt hat, dass ich die *Manifestation* des Wunsches immer mal wieder im Bewusstsein gespürt habe, wenn ich an die Wellen und den Strand dachte.

Sowohl die Gedächtnisstruktur als auch das ab und zu aufblitzende Wunscherleben haben denselben Inhalt, den man in etwa so ausdrücken kann: «Wellenreiten lernen». Searles *Verbindungsprinzip* zufolge kann man deshalb von mir sagen, dass ich den Wunsch auch dann hege, wenn er gerade nicht im Bewusstsein ist. Dasselbe gilt für Ängste, Hoffnungen, Überzeugungen, Absichten und alle anderen intentionalen Zustände, die im Gedächtnis als Strukturen gespeichert sind.

Freud will nun irgendwie behaupten, dass der Wunsch, der im Es gespeichert ist, zwar einen *anderen* Inhalt hat als seine Manifestation im Bewusstsein, aber immer noch *derselbe* Wunsch bleibt – etwa wie ein Theaterschauspieler, der mehrere Rollen spielt und zwischendurch lediglich das Kostüm wechselt. Doch bei Wünschen ist das Kostüm Teil ihrer Identität, denn philosophisch gesprochen, sind sie durch ihren Inhalt und ihren mentalen Modus *individuiert*. Wechselt ein Wunsch sein Kostüm, dann hört er auf zu existieren. Der Wunsch, nicht kastriert zu werden, ist ein *anderer* als der Wunsch, Frauen in Stiefeln anzusehen. Und das Verlangen nach dem Vater ist ein *anderer* Zustand als die Angst vor dem Wolf.

Viel naheliegender ist also im Fall des Fetischisten, dass der erste Wunsch, nicht kastriert zu werden, einen zweiten Wunsch, das Verlangen nach Stiefeln, *verursacht* hat. Dann hat man aber zwei Wünsche, von denen der erste verschwunden ist. Auch hier bräuchte man gute Gründe, diese kausale Verbindung anzunehmen. Welche könnten das sein? Zeigen systematische Studien, dass Jungs beim Anblick von nackten Mädchen Kastrationsangst haben und dass einige davon Fetischisten werden? Darauf hat Freud keine überzeugende Antwort, weil er keine systematischen Befragungen oder Experimente durchgeführt hat. Und so bleibt die Theorie der verformten Wünsche bloßes Wunschdenken.

ES IST DEIN ALTES EGO

Freud stellt sich Wünsche wie eine Bronzestatue vor, die man einschmelzen und zu einer neuen Figur formen kann. Das Erz als Substanz geht nicht verloren, nur die Form ändert sich. Doch bei Wünschen und anderen mentalen Zuständen sind Material und Form identisch, denn es gibt keinen rohen Wunsch-Stoff, der sich immer neu gestalten lässt.

Auch seine empirischen Annahmen über die Macht der Wünsche haben sich nicht bestätigt. Freud meinte, gerade die verdrängten Wünsche würden stärker wirken als die sichtbaren im Bewusstsein. Doch die Forschung zeigt, dass unbewusste Prozesse, wie schon erwähnt, lediglich ein farbloses Abbild der bewussten sind, bei denen man nur schwache Effekte messen kann.

Damit ist nicht gesagt, dass gesellschaftlich inakzeptable Wünsche, die wir hegen, keine Auswirkungen auf unser Leben haben. Manchmal schämen wir uns für unsere Gedanken, manchmal meiden wir ganz automatisch die Themen, die uns zu schaffen machen, und manchmal ändern wir unser Verhalten. Doch um diese Beispiele zu erklären, benötigt man keine Verdrängungs- oder Symboltheorie.

Auch die Idee der Verschiebung und *Sublimation* klingt weit hergeholt. Freud hat sein Modell im späteren Leben auch auf Kulturphänomene wie Religion, Kunst oder das Unbehagen des Menschen in der Moderne ausgeweitet. Gott sah er als einen Vaterersatz und Kunst, oder intellektuelle Arbeit im Allgemeinen, als eine Libido-Verschiebung, also eine Umformung des Sexualtriebes in einen kreativen Trieb, eine Idee, die sich schon in Platons *Symposion* findet.

Auch hier ist gegen das Projekt einer Reduktion grundsätzlich nichts einzuwenden, doch die Herleitungen entbehren erneut weitgehend einer empirischen Grundlage. Das Schema «A ist eigentlich B» ist allerdings in Kulturdiagnosen bis heute beliebt. «Fußball ist eigentlich Religion», «Essen ist eigentlich eine Form von Erotik» oder «Wissenschaft ist eigentlich männliches Dominanzstreben, die weibliche Natur zu unterwerfen». Die Datenlage für diese Thesen ist allerdings oft so dünn, dass man mit demselben Recht auch sagen könnte: «Religion ist eigentlich Fußball.»

Freud war, wie gesagt, immer mal wieder selbstkritisch und zweiflerisch. So hat er sich gefragt, ob seine Analysen am Ende nicht vielleicht doch bloß als «Romane» oder «Novellen» zu lesen sind. Vermutlich sind sie das. Nach allem, was wir wissen, sind verdrängte Wünsche eine Fiktion und die Verdrängungstheorie eine abenteuerliche Geschichte. Doch es geht um Lust und Sex, um Mord und Totschlag, und das ist immerhin spannend zu lesen.

GETÄUSCHTES SELBST

WIE MAN EIN FALSCHES SELBSTBILD KONSTRUIERT

Eine der frühesten Erinnerungen des Schweizer Entwicklungspsychologen Jean Piaget war ein Erlebnis, als er als Zweijähriger fast entführt worden wäre. Er saß in seinem Wagen und sah, wie sein Kindermädchen versuchte, den Täter abzuwehren, und wie dieser ihr das Gesicht zerkratzte, wie ein Streifenpolizist mit einem weißen Schlagstock eingriff, der Täter die Flucht suchte und der Polizist ihm hinterherstürmte.

Etwa 13 Jahre später gestand das Kindermädchen in einem Brief, dass sie sich die ganze Geschichte nur ausgedacht hatte, um Piagets Eltern das Gefühl zu geben, in ihrer Schuld zu stehen. Piaget meinte sich an das Ereignis aber derart lebhaft zu erinnern, als sei es wirklich geschehen. Wie kann das sein? Später erklärte er es sich damit, dass seine Eltern ihm die Geschichte in seiner Jugend so oft erzählt hatten, dass er sie sich in allen Details ausmalte und in die Vergangenheit rückprojizierte. Aus der Forschung weiß man, dass so gut wie jede vermeintliche «Erinnerung» vor dem dritten Lebensjahr eine Fiktion ist, weil wir alle an *infantiler Amnesie* leiden: Wir haben so gut wie keine autobiographischen Erinnerungen an unsere ersten drei Lebensjahre.

Viele von uns kennen sicherlich ähnliche *Pseudoerinnerungen*, die sich später anhand von Fotos oder Aufzeichnungen der Eltern eindeutig als falsch erwiesen haben. Die eigenartige Spannung zwischen Pseudoerinnerung und Wirklichkeit besteht darin, dass wir uns subjektiv sicher sind, es sich also von innen echt und real anfühlt, aber die Fakten eindeutig die Geschichte widerlegen.

Auch Erwachsene sind anfällig für solche Irrtümer, und zwar so sehr, dass man nach einem Einblick in die Forschung seinen eigenen Lebenserinnerungen plötzlich skeptisch gegenübersteht. In vielen Experimenten konnten Forscher nachweisen, wie einfach man jemandem falsche Erinnerungen einpflanzen kann. In einem Fall baten Psychologen ihre Probanden, alles zu erzählen, was ihnen zu einer Auswahl ihrer Kinderfotos einfiel. Die Testpersonen wussten allerdings nicht, dass es sich bei einem der Bilder um eine Montage aus einem ihrer Kinderfotos und einem fremden Foto handelte, das eine Fahrt in einem Heißluftballon zeigte. Am Anfang meinten nur wenige, das Ereignis im Gedächtnis zu haben, doch die Forscher wiederholten ihre Interviews mit einigen Abständen noch zwei Mal. Nach der letzten Sitzung hatte die Hälfte der Probanden klare und lebhafte Erinnerungen an den Flug. Einer meinte zum Beispiel, der Ballon sei vor dem Schulgebäude aufgestiegen und seine Mutter habe das Bild geschossen.

Die amerikanische Psychologin Elisabeth Loftus, die führende Forscherin auf dem Gebiet falscher Erinnerungen, konnte zudem nachweisen, dass allein die Wortwahl bei der Aufgabenstellung die Gedächtnisleistung beeinflusst. Zwei Testgruppen sahen ein kurzes Video von einem Verkehrsunfall. Der einen Gruppe stellten Loftus und ihr Kollege danach die Frage: «Wie schnell waren die Autos ungefähr, als sie ineinanderfuhren?», der anderen die Frage: «Wie schnell waren die Autos ungefähr, als sie ineinanderkrachten?» Im Original lautete das erste Wort «hit» und das zweite «smash». Obwohl die Versuchspersonen dasselbe Video gesehen hatten, schätzten sie im ersten Fall die Geschwindigkeit im Mittel auf 55 km/h, im zweiten jedoch auf 66 km/h. Noch überraschender war die Beschreibung eine Woche später. In der Version von «smash» meinten 32 Prozent, sich an zerbrochenes Glas zu erinnern, obwohl auf dem Video keines zu sehen war. In der Version von «hit» waren es nur 14 Prozent.

In einem ähnlichen Versuch sahen Probanden, wie ein Sportwagen über eine Landstraße raste. Loftus bat sie zu beurteilen, wie schnell das Auto gewesen sei, als es an einer Scheune vorbeifuhr. Tatsächlich war in dem Kurzfilm keine Scheune zu sehen. Eine Woche später sollten die Probanden die Episode aus der Erinnerung erneut erzählen. Immerhin 17 Prozent meinten, sich an die Scheune zu erinnern.

Diese Forschung ist vor allem für die Zuverlässigkeit von Zeugenaussagen relevant. So zeigen Studien, dass drei Viertel von mehr als 100 wegen nachgewiesener Unschuld entlassenen Häftlingen in den USA aufgrund fehlerhafter Zeugenaussagen inhaftiert waren. Doch die Forschung wirft auch ein trübes Licht auf unser Selbstbild. Viele Erinnerungen, die wir als prägend oder zentral für unsere Persönlichkeit ansehen, die wir anderen als Anekdoten erzählen und anhand deren wir manchmal sogar unsere Charaktereigenschaften veranschaulichen, könnten falsch sein, ohne dass wir es merken.

Eine der überraschendsten Entdeckungen der jüngeren psychologischen Forschung ist die Tatsache, dass Erinnerungen eben nicht wie Filmaufzeichnungen funktionieren, die wir immer wieder abspielen können, sondern dass sie eher nach dem Stille-Post-Prinzip arbeiten, bei dem sich der Inhalt mit jedem neuen Erzählen ein klein wenig ändert.

Fragt man jedoch Menschen danach, wie sie sich die

Funktionsweise ihrer eigenen Erinnerung vorstellen, so halten 63 Prozent die Film-Metapher für eine akkurate Beschreibung der Vorgänge. Ein Großteil kann sich nicht vorstellen, dass das Abspielen einer Erinnerung die mentale Filmrolle strapaziert, vermutlich deshalb nicht, weil wir davon einfach nichts mitbekommen.

Darum sind Autobiographien auch so ein seltsames Genre. Besonders wenn Menschen im hohen Alter ihre Lebenserinnerungen aufzeichnen, kann man davon ausgehen, dass die Geschichten mehr Dichtung als Wahrheit enthalten. Mark Twain soll das einmal sinngemäß so ausgedrückt haben: «Als ich jung war, konnte ich mich an alles erinnern, ob es stattgefunden hat oder nicht. Doch allmählich lassen meine Fähigkeiten nach, und bald werde ich mich nur noch an das erinnern, was nicht passiert ist.»

Aus der Tatsache, dass wir Erinnerungen *rekonstruieren*, schließen einige Forscher, dass es sich dabei um bloße *Konstruktion* handelt. Aber diese These scheint zu drastisch zu sein. Die Kernelemente von Ereignissen können wir uns schon gut genug ins Gedächtnis rufen, wie andere Studien zeigen, in denen Forscher zum Beispiel Erinnerungen von Testpersonen an den Absturz der Challenger-Raumfähre mit deren Tagebuchaufzeichnungen verglichen haben. Doch insbesondere die Details und die Umstände entfallen uns oft und sind daher instabile und bewegliche Bausteine im Gedächtnis.

Gerade wenn man sich prägende Ereignisse des eigenen Lebens genauer anschaut, scheint die Instabilität noch größer zu sein. In einer Langzeitstudie sollten Schüler aus Chicago im Jahre 1962 ihre Lebensumstände beschreiben. Drei Jahrzehnte später, im Jahre 1990, fuhr der Versuchsleiter, inzwischen ein alter Mann, durch die gesamten USA, um einen Großteil von ihnen erneut zu interviewen. Dabei stellte sich heraus, dass die späten Erinnerungen, vor allem wenn sie das Selbstbild der Männer betrafen, erheblich von den ursprünglichen Berichten abwichen. So gaben beispielweise nur etwa 30 Prozent an, sie seien als Kind geschlagen worden, während es im Jahr 1962 noch 82 Prozent waren.

Versuche dieser Art deuten darauf hin, dass nicht nur der Mechanismus der Erinnerung unzuverlässig ist, sondern wir selbst oft eine Motivation haben, unsere Erinnerungen wissentlich oder unmerklich zu überarbeiten und zurechtzurücken. Das geht von milden Fällen der Selbstüberschätzung bis zu schwerwiegenden Fällen der Selbsttäuschung.

DIE ALLTÄGLICHE SELBSTÜBERSCHÄTZUNG

Halten Sie sich für einen überdurchschnittlich guten Autofahrer? Als ich diese Frage das erste Mal hörte, habe ich sie spontan bejaht. Doch dann musste ich nachdenken, und mir fiel der Totalschaden am Golf meiner Eltern während meiner Schulzeit ein, zudem eine große Beule von einem Betonpoller beim Nachfolgemodell und noch ein eingedrücktes Nummernschild vom Einparken. Unter anderem. Zum Glück ist nie jemand zu Schaden gekommen, doch die Statistik spricht für sich. Und damit gegen meine erste Einschätzung.

Warum hielt ich mich dennoch einen kurzen Moment für einen sehr guten Autofahrer? Vermutlich liegt es an einer allzu menschlichen Tendenz zur *Selbstüberschätzung*. So antworteten mehr zwei Drittel der Teilnehmer einer Studie auf die Autofahrer-Frage mit «ja», obwohl definitionsgemäß nur etwas weniger als 50 Prozent überdurchschnittlich sein können. Mindestens 16 Prozent aller Fahrer überschätzten offenbar ihre Fähigkeiten. In einer weiteren, großangelegten Studie mit mehr als einer Million Studenten fanden Forscher heraus, dass sich davon 70 Prozent für überdurchschnittlich gut geeignet für spätere Führungspositionen ansahen. Unglaubliche 100 Prozent, also wirklich alle, hielten sich für überdurchschnittlich freundlich und umgänglich, 60 Prozent verorteten sich unter den besten 10 Prozent, und 25 Prozent meinten, sie lägen im Spitzensegment von 1 Prozent. Die Professoren sind übrigens nicht besser in ihrer Selbsteinschätzung. So glaubten 94 Prozent, die Qualität ihrer Lehre läge über dem Durchschnitt.

Dieses Phänomen kann man in so gut wie allen selbstbezogenen Einschätzungen finden. Viele Menschen halten sich und vor allem ihre Kinder für überdurchschnittlich intelligent und sind sich sicher, dass sie im Gegensatz zur Mehrheit kaum gefährdet sind, ungewollt Eltern zu werden oder im Alter Krebs zu bekommen. Wenn Testpersonen davon ausgehen, dass es in ihrem Land wirtschaftlich bergauf geht, glauben die meisten, dass es ihnen selbst in Zukunft besonders gutgehen wird.

HUMOR MIT HIRNSPALTUNG

Nicht nur Selbstüberschätzungen im Fall von Fähigkeiten oder künftigen Ereignissen sind typisch für uns, sondern auch Beschönigungen oder nachgereichte Begründungen der eigenen Taten. Ein Extrembeispiel findet sich manchmal bei sogenannten *Split-Brain-Patienten*, also Patienten, bei denen das *Corpus callosum*, der dicke Nervenbalken zwischen den beiden Hirnhälften, durchtrennt wurde. Mitte des 20. Jahrhunderts haben Ärzte diesen Eingriff manchmal bei Epilepsie-Patienten durchgeführt, deren gefährliche

Anfälle man auf diese Weise unterbrechen konnte, da sie von einer zu starken Aktivität zwischen den Hirnhälften herrührten. Damit reduzierten die Ärzte zwar die Häufigkeit der Anfälle, doch die Patienten mussten andere Einschränkungen in Kauf nehmen. Beispielsweise gelangten zwar die visuellen Informationen von den Augen bis in die Sehzentren der jeweils gegenüberliegenden Hirnhälfte; der visuelle Pfad kreuzt sich nämlich in der Mitte des Hirns. Doch weil durch den Einschnitt die andere Verbindung zwischen den Hirnhälften unterbrochen war, wurde die Information danach nicht mehr von der rechten Hirnhälfte in die linke projiziert.

Da bei fast allen Menschen das Sprachzentrum im linken Schläfenlappen lokalisiert ist, konnten die Patienten die Informationen in ihrer rechten Hirnhälfte folglich nicht ausdrücken. Zeigt man so einem Patienten ein lustiges Bild in seinem linken Gesichtsfeld, lacht er gleichsam mit der rechten Hirnhälfte, kann aber nicht sagen, warum er lacht, weil er dazu die linke benötigen würde. Der amerikanische Neurologe und spätere Nobelpreisträger Roger Sperry und sein Kollege Michael Gazzaniga konnten in Versuchen zeigen, dass Patienten auf die Frage, warum sie lachten, oft mit erfundenen Gründen antworteten wie: «Ich habe gerade an etwas Lustiges gedacht.»

Diese nachgereichten Scheinerklärungen nennt man *Konfabulationen*. Sie finden sich bei einer Vielzahl von Krankheitsbildern wie in Frühformen von Alzheimer, wenn zum Beispiel ein Patient die Fähigkeit verloren hat, sich die Schuhe zuzubinden, und deshalb behauptet, die Schuhe seien offen, weil sie sonst drücken. Doch auch gesunde Menschen reichen manchmal eine Scheinerklärung nach. Wer viel zu viel Geld für das neue Soundsystem ausgegeben hat, redet sich vielleicht später ein, dass es einfach alternativlos war, und wer jemanden in einer Bar anspricht und eine Abfuhr bekommt, redet sich vielleicht ein, dass die Person gar nicht so attraktiv war.

Sich selbst etwas einzureden, kann man in vielen Fällen ganz wörtlich verstehen, denn wenn man sich selbst nur oft genug etwas sagt, tendiert man dazu, es auch zu glauben. So zeigt ein Versuch mit Schauspielern, die eine fiktive Rede für eine politische Sache halten mussten, dass sie danach mehr mit dem Inhalt übereinstimmten als vorher.

Ein Grund für Konfabulationen könnte die Vermeidung von sogenannter *kognitiver Dissonanz* sein, also einer Spannung, die wir verspüren, wenn unsere Ansichten einander widersprechen oder wenn unsere Ansichten nicht zu unserem Verhalten passen.

So waren in einem Versuch starke Kaffeetrinker weniger als moderate Kaffeetrinker von einer vermeintlich wissenschaftlichen Studie überzeugt, in der die Gefahr von Kaffeegenuss auf die Gesundheit beschrieben wurde. Angesichts ihres Trinkverhaltens klang der wissenschaftliche Inhalt offenbar nicht stimmig. Fragt man Menschen, die gerade ein saftiges Steak verzehren, ob Kühe Empfindungen haben, so antworten weitaus weniger mit «ja», als wenn sie während der Frage einen Salat essen. Auch hier beißt sich das Verhalten mit den Gedanken. Schon bei einfachen Handlungen, etwa wenn wir die Weinflasche entkorken, spielen Konfabulationen eine Rolle. Ganz allgemein tendieren wir dazu, den Erfolg (Flasche offen) uns und den Misserfolg (Korken zerbröselt) den Umständen zuzuschreiben.

Absurd wäre allerdings, Fälle von Konfabulation für die Regel zu halten und aus der Forschung zu schließen, dass wir *immer* unbewusst und unüberlegt handeln und erst danach eine Erklärung liefern, wie der amerikanische Psychologe Daniel Wegner und einige seiner Kollegen behaupten. Bei einigen Forschern klingt es so, als würden auch gesunde Menschen an Hirnspaltung leiden, sodass die rechte Hirnhälfte entscheidet, während die linke nachträglich eine Erklärung liefert.

Zum einen gibt es dafür einfach zu viele Fälle, in denen wir vorher eine Handlung planen und sie daraufhin wie beabsichtigt ausführen. Zum anderen muss man die Aussagen in Versuchen ohnehin mit Vorsicht genießen. Oft werden Probanden eine Antwort geben, weil es von ihnen erwartet wird, selbst wenn sie wissen, dass sie den Grund nicht kennen, warum sie beispielsweise gelacht haben. Auch das passiert uns öfter im Alltag, etwa wenn wir gedankenverloren die Kühlschranktür offen stehen lassen und dann, vom Mitbewohner erwischt, schnell einen Grund erfinden wie: «Ich wollte mir gerade die Milch herausholen.» Bei solchen Nachfragen sind wir eben sofort in ein soziales Spiel eingestiegen, in dem man Gründe fordert und gibt.

Außerdem können wir selbst unsere unbewussten Konfabulationen erkennen, indem wir einen Abstand zu uns selbst einnehmen, beispielsweise wenn uns Freunde oder Familienmitglieder vor Augen führen, dass wir uns bei der Jobsuche etwas vormachen, dass wir unrealistische Erwartungen an einen Urlaub haben oder dass wir uns nachträglich einreden, wir hätten beim Vorspiel in der Schule am schönsten gefiedelt.

Das belegt auch ein Versuch, in dem Probanden Geld für das Lösen von Aufgaben bekamen. Eine bestand darin, sich 10 Minuten lang schöne Fotos anzusehen, die andere dar in, 45 Minuten lang anspruchsvolle Mathematik-Aufgaben zu lösen. Die Entlohnung war allerdings identisch. Die Versuchsleiter teilten die Versuchspersonen in Paare auf. Einen der Probanden stellen sie vor die Wahl, entweder den Aufgabentyp selbst zu wählen, woraufhin dem Partner der andere Teil zufiel, oder einen Zufallsgenerator entscheiden zu lassen. Wie zu erwarten, verschmähten fast alle den Generator und entschieden sich für die leichte Aufgabe, wodurch sie den Partnern die schwierige Aufgabe zuwiesen. Nach Ablauf des Versuchs führten die Forscher mit den Probanden ein Interview durch, in dem auch die Frage auftauchte, ob sie ihre Entscheidung für fair hielten, was die meisten bejahten. Der Gruppe der Partner hatte da natürlich eine ganze andere Meinung.

Folgt aus der Selbsteinschätzung, fair entschieden zu haben, dass die Probanden sich wirklich für fair hielten? Um das zu testen, ließen die Forscher einen Teil der Gruppe anspruchsvolle Konzentrationsaufgaben lösen, während sie gleichzeitig die Frage nach ihrer eigenen Fairness beantworteten. Und siehe da, plötzlich antworteten sie ganz ehrlich. Interessanterweise ist unsere Selbstkritik am strengsten, wenn unsere Aufmerksamkeit anderweitig gebunden ist, wir also keine Möglichkeit haben, die Wahrheit irgendwie zu unterdrücken oder umzudeuten.

Der Drang, kognitive Dissonanz in uns und vor anderen zu vermeiden, also im Denken und Handeln als moralische und vernünftige Person zu erscheinen, beschreiben einige Forscher übrigens damit, dass wir unser *Ich-Ideal* erhalten wollen, mit einem klaren Verweis auf Freud, der das *Über-Ich* so charakterisiert hat, dessen Annahme im Gegensatz zur Verdrängungstheorie bis heute kaum umstritten ist.

DER SEGEN DER SELBSTTÄUSCHUNG

Wenn Fehleinschätzungen der eigenen Fähigkeiten und Gründe so oft und systematisch auftauchen, stellt sich die Frage, wie sie evolutionär von Vorteil gewesen sein können. Man möchte meinen, dass doch eher diejenigen unserer Vorfahren überlebt haben, die die Geschwindigkeit des Raubtiers sowie die eigene Schnellkraft und Ausdauer realistisch beurteilt haben. Wie kann systematische Selbstüberschätzung adaptiv gewesen sein?

Dazu gibt es mehrere Vorschläge. Der Evolutionsbiologe Robert Trivers nimmt an, dass Selbsttäuschung sich im Dienste der sozialen Täuschung entwickelt hat. Nietzsche hat diese soziobiologische Grundidee schon 150 Jahre früher so zusammengefasst: «Der Intellekt, als ein Mittel zur Erhaltung des Individuums, entfaltet seine Hauptkräfte in der Verstellung», und später: «Im Menschen kommt diese Verstellungskunst auf ihren Gipfel: hier ist die Täuschung, das Schmeicheln, Lügen und Trügen, das Hinter-dem-Rücken-Reden, das Repräsentieren, das im erborgten Glanze Leben, das Maskiertsein, die verhüllende Konvention, das Bühnenspiel vor anderen ... die Regel und das Gesetz.»

Aufbauend auf psychologischer und evolutionsbiologischer Forschung meint Trivers, zwischen Täuschern und Getäuschten habe in der Entwicklungsgeschichte eine Art Wettrüsten stattgefunden. Je besser sich die Beutetiere tarnen konnten, desto schärfer wurden die Sinne der Jäger. Innerhalb der Kleingruppen unserer Vorfahren nimmt Trivers einen ähnlichen wechselseitigen Mechanismus an. Wer vortäuschen konnte, stark, einflussreich oder unbesiegbar zu sein, hatte beispielsweise bessere Chancen, einen Lebenspartner zu finden, mit dem er fortpflanzungsfähige Nachkommen zeugen konnte. Doch da die anderen Gruppenmitglieder feine Sensoren für Lügen und Betrug hatten, setzte über viele Generationen ein Wechselspiel zwischen Täuschung und Täuschungsaufdeckung ein. Erfolgreich seien aber gerade diejenigen gewesen, die sich selbst darin täuschen konnten, die Größten zu sein, denn sie hätten besonders authentisch auch andere davon überzeugen können.

Der amerikanische Philosoph William Hirstein macht noch auf eine andere mögliche evolutionäre Funktion aufmerksam, die weniger den sozialen als vielmehr den mentalen Aspekt von Selbsttäuschung betont, nämlich dass Konfabulationen und Selbstüberschätzungen uns im Allgemeinen glücklicher machen, also offenbar eine wichtige Beruhigungsfunktion übernehmen. Im Gegensatz zu gesunden Menschen nämlich schätzen Depressive ihre Fähigkeiten und Aussichten oft sehr präzise ein, ein Phänomen, das daher den Namen *depressiver Realismus* trägt.

Natürlich ist es schwierig, hier Ursache und Wirkung auseinanderzuhalten. Vielleicht überschätzen sich depressive Menschen deshalb selten, weil sie ohnehin dauerhaft an sich zweifeln. Hirstein gibt jedenfalls zu bedenken, dass auch der umgekehrte Fall plausibel ist. Sinngemäß drückt er seine Einsicht so aus: «Wir werden alle sterben, vermutlich nach einer Krankheit. Alle unsere Freunde werden ebenfalls sterben. Wir sind kleine, unbedeutende Punkte auf einem unbedeutenden Planeten.» Ist es da nicht naheliegend, fragt Hirstein, dass mit Vernunft und Nachdenken auch die Selbsttäuschung in die Welt gekommen ist, um uns vor Depressionen und Lethargie zu schützen? Sodass wir im Sinne der englischen Komiker der Gruppe *Monty Python* eher auf die schönen Seiten des Lebens schauen, selbst wenn uns das Leben oft absurd erscheint?

DAS PARADOX DER SELBSTTÄUSCHUNG

Philosophisch stellen all die genannte Formen von Selbsttäuschung auf den ersten Blick ein Rätsel dar. Wenn ich jemanden täusche, sorge ich absichtlich dafür, dass er Überzeugungen gewinnt, die ich für falsch halte, zum Beispiel, wenn ich meinem Nachbarn mit einem falschen Kompliment schmeichle, er sei handwerklich begabt, damit er mir bei der Gartenarbeit hilft. Wende ich das aber auf mich selbst an, entsteht ein Paradox, da ich dann Täuscher und Getäuschter in einer Person bin. Wenn ich weiß, dass ich zwei linke Hände habe, kann ich mir kaum weismachen, ich sei handwerklich begabt. So scheint es jedenfalls auf den ersten Blick. Warum gibt es dann Fälle von Selbsttäuschung, also beispielsweise wenn ein Stalker sich ganz sicher ist, dass die Frau ihn liebt, und ihr abweisendes Verhalten als ein Flirtspiel deutet oder dahinter nicht ihre Überzeugung, sondern den Einfluss ihrer Eltern vermutet?

Bis heute diskutieren Philosophen darüber, ob es sich bei Selbsttäuschung um echte Fälle von Unvernunft handelt, wir also gleichzeitig und wissentlich zwei Überzeugungen haben, die einander widersprechen. Und darüber, welche Mechanismen genau im Spiel sind, wenn wir uns selbst etwas vormachen. Eine Möglichkeit, das Paradox zu lösen, liegt in der Annahme nichtbewusster Mechanismen der Selbsttäuschung. Vielleicht bekomme ich von dem inneren Betrug ja gar nichts mit und habe so gar keine widersprechenden Überzeugungen.

Doch viele Fälle von Selbsttäuschung scheinen auf der bewussten Ebene zu beginnen. Wieder ist es Nietzsche, der den Vorgang elegant auf den Punkt bringt: «‹Das habe ich getan› sagt mein Gedächtnis. ‹Das kann ich nicht getan haben› sagt mein Stolz und bleibt unerbittlich. Endlich – gibt das Gedächtnis nach.» Es könnte sein, dass wir die ursprüngliche Täuschungsabsicht im Laufe des Prozesses vergessen oder dass die kritischen Gedanken gar nicht ins Bewusstsein dringen, dass die Täuschung auf einer emotionalen und keiner gedanklichen Ebene abläuft oder dass keine echten Überzeugungen im Spiel sind. Zu all diesen Möglichkeiten liegen detailliert ausgearbeitete Vorschläge vor.

Mir scheint der Ansatz von Alfred Mele in der Diskussion am plausibelsten zu sein, der betont, dass ein Paradox nur droht, wenn man Selbsttäuschung nach dem Modell der Fremdtäuschung versteht, also die Person gleichzeitig Täuscher und Getäuschte sein muss. Sobald man sich von diesem Modell löst, so Mele, kann man alle Fälle auch ohne widersprechende Überzeugen erklären, und zwar damit, dass oft Wunschdenken im Spiel ist, wenn wir uns Informationen beschaffen. Wer sich selbst darüber täuscht, handwerklich begabt zu sein, der ignoriert oder marginalisiert weitgehend unbewusst Gegenhinweise wie missglückte Reparaturen im Haus, blaue Daumen, oder er überschätzt maßlos kleine Erfolge mit der Bohrmaschine. Oft sei so der Wunsch, wenn nicht Vater, so doch jedenfalls Geburtshelfer des Gedankens.

Ein schönes Beispiel für eine nichtparadoxale Selbsttäuschung ist das Kino. Wenn die Lichter ausgehen und der Film beginnt, tauchen wir in fremde Welten ein, fiebern mit der Heldin mit, fürchten um das Leben des Helden und freuen uns, wenn in der letzten Szene das ungleiche Paar einander die Liebe gesteht. Die Figuren sind unsere Verbündeten und unsere Feinde, sie sind Vertraute, Antihelden oder Vorbilder. Und manchmal sind wir selbst diese Figuren, wenn wir uns so stark mit ihnen identifizieren, dass es uns scheint, als seien wir Teil der Story. Diese

Immersion, also dieses Eintauchen in eine Geschichte, kennen wir vielleicht auch aus guten Romanen, doch im Kino ist sie besonders stark.

Würde uns jemand mitten im Film fragen, ob das Gezeigte real ist, wüssten wir natürlich, dass alles nur eine Fiktion ist. Doch dieses «Wissen» bleibt hintergründig, wir haben es für die Dauer der Vorführung beiseitegeschoben oder aktivieren es erst gar nicht. Dieses Phänomen haben einige Forscher als ein Rätsel wie die Selbsttäuschung charakterisiert, nämlich als *Paradox der Fiktion*. Doch auch hier scheinen nicht grundlegende Widersprüche im Denken am Werk zu sein, sondern der *Wunsch*, sich auf die Geschichte einzulassen, der dann die Täuschung einleitet und aufrechterhält.

Das sieht man schon daran, dass man einen Film auch distanziert schauen kann. Läuft ein Streifen nebenbei auf dem Laptop während der Fahrt im ICE, und wir schauen nur mit halber Aufmerksamkeit zu, dann werden wir viel weniger in die Geschichte hineingesogen. Wenn uns umgekehrt ein Horrorfilm zu nahegeht, können wir uns vergegenwärtigen, dass alles nur Show ist, zum Beispiel, indem wir uns das Kamerateam am Rand der Szene vorstellen. Einen guten Film erkennt man daran, dass einem die Distanz besonders schwerfällt. Allerdings ist sie deshalb nicht unmöglich. Im Alltag erliegen wir ähnlichen harmlosen Täuschungen wie im Kinosaal. Wir halten uns öfter für die Hauptfigur, auch wenn wir nur Statisten sind, oder deuten den ambivalenten Ausgang einer Geschichte als Happy End um.

Selbsttäuschung in seinen vielen Spielarten ist in unserem Leben ein reales Phänomen. Daher muss jede Theorie des Bewusstseins und Handelns etwas zu der Frage sagen, welche Prozesse dabei in uns ablaufen. Vermutlich ist selten ein Paradox im Spiel, sondern in den meisten Fällen vielfältige nichtbewusste Mechanismen, die unserem Wunschdenken untergeordnet sind. Wie sie ineinandergreifen, ist noch in vielen Details unverstanden. Das kann nur die empirische Forschung aufschlüsseln. Man darf also noch auf einige Überraschungen gespannt sein.

Fest steht, dass wir einige unserer autobiographischen Erinnerungen über die Jahre unbewusst *geschönt* haben, sodass wir vor uns und anderen in einem besseren Licht erscheinen. Unsere Fähigkeiten *überschätzen* wir immer mal wieder, ohne es zu merken, wenn wir uns zum Beispiel für überdurchschnittlich gute Autofahrer halten. Und wir *täuschen* uns gelegentlich selbst, wenn wir uns halb-willentlich, halb-automatisch einreden, wir seien handwerklich begabt oder seien zu Unrecht von jemandem zurückgewiesen worden.

All diese Vorgänge mögen evolutionär sinnvoll gewesen sein, um uns zu ermöglichen, andere zu täuschen, oder um unser Ich-Ideal aufrechtzuerhalten und uns so vor Verzweiflung zu schützen. Doch da sie nur sporadisch auftreten, bleibt die Selbsttäuschung in einem überschaubaren Rahmen, sodass wir uns im Großen und Ganzen auf unsere Erinnerung und unsere Selbsteinschätzung verlassen können. Wer in seinem Eigenurteil genau sein will, sollte bei jeder Einschätzung ein paar Prozentpunkte abziehen und seinen Optimismus dämpfen, tauscht damit aber vielleicht Präzision gegen ein glückliches Leben ein.

Die Redeweise von Selbsttäuschung scheint übrigens auf den ersten Blick ein «Selbst» vorauszusetzen, das da getäuscht wird. Aber könnte es nicht sein, dass gerade dar in die größte Täuschung besteht, nämlich in der Annahme, dass wir überhaupt ein «Ich» oder ein «Selbst» haben? Der Übergang von «Selbsttäuschung» zu «dem Selbst als Täuschung» scheint etwas gewaltsam, ist aber bei einigen Forschern beliebt, die vom dem «Selbst» oder dem «Ich» als

«Illusion» sprechen. Im nächsten Kapitel geht es darum, was uns als Personen ausmacht und ob wir uns nur fälschlicherweise für uns selbst halten.

UNSICHTBARES ICH

IDENTITÄT UND INDIVIDUALITÄT

Unter den Menschenaffen, den Gorillas, Schimpansen, Bonobos und Orang-Utans, können einige bis zu 300 Zeichen für Dinge und Tätigkeiten wie «Apfel», «essen» oder «Feuer» lernen. Andere benutzen Werkzeuge, um zu jagen und Futter zu erreichen oder um ihre Zähne und Zehen zu reinigen. Einige Arten haben ein feines Gespür für sozialen Status und verhalten sich aggressiv gegenüber Artgenossen, die nicht zu ihrer Gruppe gehören. In manchen Fällen scheint es sogar, als hätten beispielsweise Schimpansen eine rudimentäre Form von sozialer Intelligenz, also eine Vorstellung davon, was in den Köpfen der anderen Gruppenmitglieder vor sich geht. Versuche legen nahe, dass der Intelligenzquotient von Gorillas den einiger Menschen übersteigt. Insgesamt haben Menschenaffen so viele geistige Fähigkeiten, dass wir sie als *Personen* ansehen können, auch wenn sie keine Menschen sind.

Die Frage, was Personen sind, hat weitreichende ethische Konsequenzen und ist zentral für das Bild, das wir von uns selbst haben. So werden jedes Jahr weltweit mehrere Hundert *anenzephale* Kinder geboren, die durch Fehlbildungen während der Schwangerschaft ohne Haupthirn auf die Welt kommen. Da aber ihr Stammhirn die basalen Lebensfunktionen wie Herzschlag, Atmung und Reflexe steuert, können einige durch künstliche Ernährung mehrere Jahre überleben. Bis heute ist der Umgang mit diesen Kindern ethisch umstritten. Obwohl sie leben, können sie weder wahrnehmen, fühlen noch denken. Sie sind also Wesen, die überhaupt kein geistiges Leben haben, geschweige denn Erinnerungen oder Vernunft. Einige Philosophen würden davon ableiten, dass sie zwar Menschen, aber keine Personen, im weitesten Sinne also keine geistigen Wesen sind.

Wir haben zwar die starke vortheoretische Intuition, dass alle Menschen Personen und alle Personen Menschen sind, doch die beiden Mengen sind nicht unbedingt deckungsgleich, wie die Diskussion um die Rechte von Menschenaffen und von anenzephalen Kindern zeigt. Doch was macht ein Wesen dann zu einer Person, wenn es nicht einfach die Zugehörigkeit zur menschlichen Spezies ist?

In der Diskussion darum, was Personen sind, muss man zwischen drei Fragen unterscheiden. Die erste Frage lautet, was ein Wesen zu einer *Person* macht. Das könnte unter anderem das Gedächtnis sein, das Bewusstsein, der Charakter, die Vernunft oder die Selbstreflexion. Wäre es beispielsweise die Vernunft, müsste man gesunde Babys als bloß *potenzielle* Personen ansehen, da die Vernunft ja erst in der Kindheit oder Jugend heranreift. Würden schon die vegetativen Funktionen des Hirns ausreichen, wären auch anenzephale Kinder Personen.

Die zweite Frage, die damit eng zusammenhängt, lautet: Wie können Personen über längere Zeiträume dieselben bleiben, obwohl sie sich kontinuierlich verändern? Etwa alle zehn Jahre hat sich bis auf die Neuronen der Großteil der Zellen in unserem Körper ausgetauscht. Fast kein Molekül, aus dem wir einmal bestanden, ist nach zehn Jahren noch an seinem Platz. Warum haben wir trotzdem das Gefühl, wir seien dieselben geblieben? Zugegeben, wir beobachten Veränderungen an uns, machen Erfahrungen, haben neue Wünsche und Interessen, werden hoffentlich mit der Zeit sogar weiser. Dennoch können wir uns im

Jahre 2015 vor Gericht nicht damit herausreden, dass wir sagen: «Wen Sie wegen Steuerhinterziehung im Jahr 2005 belangen wollen, das war nicht ich, sondern bloß ein Vorläufer, aus dem ich mich entwickelt habe.» Dieses Phänomen nennt man *personale Identität.* Wir existieren über längere Zeiträume, auch wenn sich unser Körper ständig verändert. Doch was ist dann die Konstante? Was blieb in mir gleich, das mir erlaubt, mit demselben Wort «ich» über mich als Zehnjährigen zu sprechen?

Man kann diese Frage auch umgekehrt formulieren: Welche Eigenschaften darf ich nicht verlieren, um weiterhin existieren zu können? Wenn mich etwa mein Bewusstsein als Person ausmacht, dürfte ich es nicht dauerhaft verlieren, denn das käme dem Sterben gleich. Selbst wenn man meinen Körper am Leben erhielte, wie bei Patienten im vegetativen Koma, existierte dann nicht mehr ich, sondern nur noch mein Körper.

Eine dritte Frage, die viele mit den ersten beiden überblenden, lautet: Was bestimmt uns als Individuen? Das ist die Frage nach der *Persönlichkeit*, also den Charaktereigenschaften und den moralischen Haltungen. Dabei geht es um die *Individualität* von Personen im Vergleich zu anderen Personen. In den ersten beiden Fragen hingegen war der Kontrast zwischen Personen und Nichtpersonen entscheidend.

Im Folgenden soll vor allem die personale Identität im Vordergrund stehen. Wenn man sich dieses Phänomen einmal verdeutlich hat, kann man auch die These hinter der inzwischen beliebten Redeweise vom Ich als «Illusion» besser einschätzen.

Aus philosophischer Sicht ist die Rede von «dem Ich» und «dem Selbst» ohnehin mit Vorsicht zu genießen, denn, wie Wittgenstein sinngemäß angemerkt hat, werden die Personalpronomen «ich» und «selbst» kleingeschrieben, zumindest im Deutschen. Wer aus ihnen Nomen macht und dann nach «dem Ich» oder «dem Selbst» sucht, könnte derselben Sprachverwirrung obliegen wie jemand, der sich fragt, ob «das Nichts» existiert oder nicht existiert oder gar «nichtet».

Der Einfachheit halber können wir zwar von «dem Ich» oder «dem Selbst» sprechen, dürfen dabei aber nicht vergessen, dass wir damit Menschen oder, allgemeiner, Personen meinen. Auf uns treffen sowohl *mentale* als auch *körperliche* Attribute zu. Man kann beispielsweise nur dann von mir sagen, dass ich Schach spiele, wenn ich sowohl die Figuren ziehe, also eine Körperhandlung ausführe, als auch mental präsent bin, also über die Züge nachdenke und die Regeln im Gedächtnis gespeichert habe. Doch was macht mich als Person nun aus, mein Geist oder mein Körper? Und wenn es mein Geist ist, ist es mein Bewusstsein, meine Vernunft, meine Erinnerung oder mein Charakter, der mich zu demjenigen macht, der ich bin? Oder alles zusammen?

John Locke war als Philosoph des 17. Jahrhunderts einer der Ersten, die das Problem der personalen Identität diskutierten. Er nahm an, dass nur unser Bewusstsein uns zu Personen machen könnte, weil die Materie, aus der unsere Körper bestehen, sich dauernd wandelt, was man aus moderner Sicht an dem oben genannten Zellverfall verdeutlichen kann. Da Descartes' Idee einer immateriellen Seele Locke aus verschiedenen Gründen ebenfalls nicht haltbar erschien, blieb nur das Bewusstsein als Kandidat für unsere Identität übrig.

Wenn man ihm folgt, kann ich also nur deshalb davon sprechen, dass «ich» es in der Vergangenheit war, der mit 19 Jahren mit seinem besten Freund eine Europareise unternommen hat, weil mein Bewusstsein damals dasselbe wie heute ist und mein heutiges Bewusstsein die damaligen Eindrücke wachrufen kann. Weil Locke sowohl das Gedächtnis als auch das Bewusstsein als Merkmale von Personen nennt, wird er manchmal zwei Lagern zugeordnet, denen, die sagen, unsere Identität sei durch unsere Erinnerungen bestimmt, und denen, die sagen, unsere Identität sei durch unser Bewusstsein bestimmt.

Locke scheint beide Merkmale aber als eine Einheit gesehen zu haben, denn die Erinnerung zeigt sich ihm zufolge im Bewusstsein. Demnach könnte man sagen, dass sich die einzelnen Zellen des Körpers zwar verändern und ebenso das Gedächtnis, weil wir neue Erinnerungen dazugewinnen. Doch das Bewusstsein bleibt immer dasselbe, weil es offenbar, wie man heute sagt, auf einer dauerhaften Struktur *superveniert*, die von alltäglichen Veränderungen nicht angetastet ist. Auf den ersten Blick scheint das Problem der personalen Identität damit gelöst. Wir als Personen bleiben über die Zeit dieselben, weil unser Bewusstsein konstant bleibt, während sich der Rest verändert. Doch leider ist der Fall etwas komplizierter.

DER LETZTE MACHT DAS ICH AUS

Immer, wenn ich in mich hineinschaue, finde ich nichts als Bewusstseinseindrücke. Ich höre das Meer, sehe Möwen um einen Felsen kreisen, lasse den Tag Revue passieren, fühle mich matt und zufrieden und stelle mir vor, mit einem Kopfsprung von der Klippe ins Wasser zu tauchen. All das finde ich in mir, doch ich selbst scheine nirgendwo zu finden zu sein. Wo ist mein «Selbst»? Diese berühmte skeptische Frage stellte David Hume in seiner Kritik an Locke. Wenn ich mein eigenes Bewusstsein analysiere, so Humes These, entdecke ich zwar Gedanken, Wahrnehmungen oder Vorstellungen, aber nicht noch mich selbst *neben* diesen Erlebnissen. Der Denkfehler sei, nach einem Selbst auf derselben Ebene zu suchen, auf der man seine Eindrücke finden kann. Das Selbst bestünde vielmehr aus allen Eindrücken zusammen, aus dem *Bündel* unserer mentalen Zustände. Hume behauptet, die «Idee des Selbst», also unser Begriff davon, entspringt aus einer nachgereichten Erklärung, weil sich die Eindrücke und Gedanken anfühlen, als seien sie über die Zeit konstant miteinander verbunden. Wir sind, so Hume, eine Art mentales Mosaik und sollten uns von der Idee verabschieden, dass ein substanzielles Selbst in uns waltet.

Zur Veranschaulichung seiner *Bündel-Theorie des Selbst* wählte Hume die Metapher des Theaters. Der Geist ist ihm zufolge eine Bühne, auf der die Eindrücke wie Schauspieler auftreten und wieder verschwinden. Es gibt darunter aber keinen Mimen mit dem Namen «Selbst», der dauerhaft zugegen ist. Alles, was unser Bewusstsein ausmacht, ist ein Kommen und Gehen von Gedanken und Sinneseindrücken, eine Position, die stark an den Kerngedanken des Buddhismus erinnert.

Humes Metapher hat jedoch einen blinden Fleck, denn sie unterstellt etwas Konstantes, auf dem die Schauspieler auf und ab stolzieren, bis sie nicht mehr gehört werden. Und das ist die Bühne, die offenbar alle Schauspieler «bündelt». Tatsächlich erleben wir ja so unser Bewusstsein, in dem sich zwar die Zustände ständig wandeln, doch etwas dabei immer gleich bleibt, nämlich, dass es *unser* Bewusstsein ist, oder modern gesprochen, dass ich Eindrücke als *meine* Eindrücke erlebe. Dieser *Selbstsinn* scheint diejenige Schnur zu sein, die alle Eindrücke zu einem Bündel zusammenzurrt.

Bis heute erfreut sich Humes skeptische Grundidee in der Naturwissenschaft und Philosophie großer Beliebtheit unter denen, die das «Selbst» leugnen. Meistens unterstellen Selbst-Skeptiker dabei eine «naive» Alltagsauffassung vom «Selbst», um sie dann mit Sang und Klang zu entlarven. Der englische Psychologe Bruce Hood beispielweise weist darauf hin, dass Menschen glaubten, es gäbe einen Ort des Selbst im Hirn. Tatsächlich haben Studien ergeben, dass die meisten Menschen auf Nachfrage ihr «Selbst» im Bereich hinter den Augen und zwischen den Schläfen lokalisieren. Ein kritischer Proband würde bei so einer Aufgabenstellung vermutlich nachhaken, ob die Frage wörtlich gemeint ist oder eher im Sinne von: «Wenn dein Selbst an einer festen Stelle im Kopf verortet wäre, wo säße es dann?»

Hood verkündet, das «Selbst» habe keinen Ort im Hirn, an dem es «konstruiert» werde. Doch diese These ist doppelt vorschnell, denn erstens konstruiert das Hirn ohnehin nichts, und zweitens spricht das Unvermögen, ein Hirnareal eindeutig als den Sitz des «Selbst» zu identifizieren, noch nicht gegen dessen Existenz. Wenn wir davon ausgehen, dass unser Selbstsinn ein Charakteristikum unseres Bewusstseins ist, dann befindet sich unser «Selbst» am selben Ort wie unser Bewusstsein. Es *superveniert* auf elektrischen Entladungsmustern im Haupthirn.

Der portugiesisch-amerikanische Neurowissenschaftler Antonio Damasio meint, ein Denkfehler der Diskussion bestünde eher darin, im «Selbst» einen Zustand und keinen Prozess zu sehen. Doch auch das ist voreilig, denn während die Inhalte des Bewusstseins wie Wassermassen eines Flusses in ständiger Bewegung sind, stellt das Bewusstsein eher das Flussbett dar, in dem sie dahinrauschen. Der Selbstsinn bildet ja gerade die Konstante im Bewusstseinsstrom.

Andere kritische Positionen zum Selbst gehen oft nahtlos in den *Epiphänomenalismus* über, also die *Bewusstsein-ist-wirkungslos-Theorie*. So klingt der amerikanische Philosoph

Daniel Dennett stellenweise, als würde er annehmen, wir seien lediglich die Funktionsweise eines «Schaltplans», der alle mentalen Operationen übernimmt und unser Erleben bloß mitliefert.

In seiner detailliert ausgearbeiteten *Selbstmodell-Theorie der Subjektivität* nimmt der deutsche Philosoph Thomas Metzinger zwar an, dass das Selbst als phänomenales Bewusstsein existiert, doch dabei sei es nur Teil einer «Oberfläche», die unser Selbstmodell verwendet, «um sich selbst als ein Ganzes zu repräsentieren und sein eigenes Verhalten vorherzusagen, um sich für sich selbst als ein erkennendes ‹Ich› darzustellen». Der amerikanische Psychologe Daniel Wegner vertritt eine ähnliche Position, wenn er das Selbst lediglich für ein neuronales «Betriebssystem», einen «virtuellen Agenten» hält, der vom Hirn konstruiert sein soll.

Auch der slowenische Philosoph Slavoj Žižek meint mit einer Art *Tamagotchi-Theorie des Selbst*, wir müssten uns das Subjekt als ein «Interface» wie bei einem Tamagotchi vorstellen, einem Elektronikspielzeug mit einem kleinen Bildschirm. Žižek sieht also ähnlich wie Metzinger das «Selbst» als eine Art Display, dem sowohl die eigenen Kabel und Verschaltungen dahinter unbekannt sind, als auch das, was sich hinter den Benutzeroberflächen der anderen Menschen verbirgt.

All diese Positionen klingen überraschend, manche gar provokant. Doch wenn die Forscher behaupten wollen, dass die subjektive Perspektive unseres Bewusstseins eine Illusion ist, scheinen sie einfach die Tatsache zu verkennen, dass das Ich-Gefühl Teil meiner bewussten Erfahrung der Welt ist, als dasjenige Element, das jede einzelne Erfahrung zu *meiner* Erfahrung macht.

Wenn das «Selbst» aber schon ins Bewusstsein eingebaut ist, dann sind die vertikalen Metaphern von Ebenen, Oberflächen, Betriebssystem oder Interface irreführend, weil sie auf die These hinauslaufen, dass das «Selbst» nur als unnötiger Ballast vom Hirn mitgetragen wird. Tatsächlich ist das «Selbst» aber so real wie das Bewusstsein, innerhalb dessen es existiert.

Behaupten jene Forscher, dass das Bewusstsein zwar real, aber eben nur eine Art Benutzeroberfläche ist, so scheinen sie damit zu nahe am Epihänomenalismus zu liegen. Jedes Ereignis im Bewusstsein hat nicht nur eine Ich-Perspektive, es hat auch andere Arten von Ursachen und Wirkungen als Hirnereignisse, die ohne Bewusstsein auftreten. Das «Selbst» ist also nicht bloß das Display, sondern Hauptelement der kausalen Maschinerie des Geistes.

SPIELT DIE IDENTITÄT EINE ROLLE IN DER GESCHICHTE?

Wir alle spielen Theater. In unserem Leben schlüpfen wir in die Rolle des Vaters oder der Mutter, des Sohnes oder der Tochter, des Kellners oder des Gastes, des Studenten oder des Dozenten, des Chefs oder des Angestellten. Mal sind wir Trainerin, mal Schüler, mal Liebhaber und mal beste Freundin. Im Laufe eines Tages scheinen wir unsere Rollen zu wechseln wie Theaterschauspieler ihre Kostüme.

Vor allem in Psychologie und Soziologie sehen viele Forscher den Menschen als ein Bündel von solchen *Rollen* an und leugnen damit oft ein unveränderliches «Ich», das unabhängig vom Kontext konstant bleibt. Die *Rollentheorie* hat der kanadische Soziologe Erving Goffman entwickelt, der beobachtete, dass wir im Sozialleben ein bestimmtes Bild von uns vermitteln wollen und deshalb auf der Bühne der Öffentlichkeit in unterschiedliche Figuren schlüpfen.

Mit den Rollen verknüpfen wir Erwartungen, die andere, aber auch wir selbst an uns stellen. In der Rolle einer Mutter würde eine Frau sich nicht nur fürsorglich um ihr Kind kümmern, sondern es in der Öffentlichkeit auch mit den Worten schelten: «Du darfst den Keks der Frau nicht nehmen!», um ihre Funktion als Erzieherin vor der Tischnachbarin zu unterstreichen, selbst wenn das Kind den Satz noch gar nicht verstehen kann. Goffman hat allerdings betont, dass es hinter der Bühne einen *Privatbereich* gibt, in dem man die sozialen Kostüme wieder ablegen kann.

Einige Nachfolger haben Goffmans Idee überdehnt, indem sie die Person mit ihren Rollen gleichgesetzt haben, was vielleicht sogar die Etymologie nahelegt, denn das lateinische Wort «persona» bedeutet «Rolle», «Maske» und «Person». So sprechen einige Forscher davon, unsere moderne Identität sei fragmentiert, weil wir in einer Welt unbegrenzter Möglichkeiten die Rollen immer schneller neu zusammensetzen. Andere meinen, wir würden nicht nur Rollen spielen, sondern auch die Stimmen der anderen in uns hören, mit denen wir uns in einer Art dauerhaftem theatralischem Dialog befänden. Manchmal klingt das so, als würden alle Menschen an *multipler Persönlichkeitsstörung* leiden. Diese vermeintliche Störung ist schon als psychisches Krankheitsbild äußerst umstritten. Umso fraglicher ist dann auch die Übertragung auf gesunde Menschen.

So anziehend die Metaphorik von Theater, Geschichte und Dialog auch sein mag, sie ist als Erklärung unserer Identität wenig überzeugend. Obwohl wir manchmal spüren, wie automatische Verhaltensmuster einer Rolle von uns Besitz ergreifen und wir so reden, wie man eben als «Geschäftskunde», «Fußballfan» oder als «Patient» redet, folgt daraus nicht, dass Rollen oder virtuelle Dialogpartner richtig zusammengesetzt unsere Identität ausmachen.

Zum einen erscheint das aus *phänomenaler Sicht* unplausibel. Wir haben zwar im Beisein anderer manchmal den Eindruck, eine Rolle zu spielen, doch in vielen Situationen ist das nicht der Fall. Wir spielen nicht die Rolle des «Zeitungslesers auf dem Sofa», des «Schrankaufräumers», des «Gewichthebers im Fitnessstudio» oder des «Fahrradfahrers auf einem Ausflug». Wer sagt, auch das seien Rollen, der trivialisiert den Rollenbegriff dahingehend, dass alle Handlungsmuster zu Rollen werden. Doch dann sagt man einfach «Rolle» statt «Handlungsmuster», und damit ist nichts gewonnen.

Zum anderen sind Rollen schlecht *individuiert*, wie man in der Philosophie sagt, weil man sie nicht klar voneinander abgrenzen kann. Als Autofahrer schimpfe ich über langsame Fußgänger, als Fußgänger über drängelnde Autofahrer. Offenbar verhalte ich mich je nach «Rolle» anders. Doch welche Rolle hat man eigentlich, wenn man im Wagen sitzt, die des Autofahrers oder allgemeiner die des Kraftfahrzeugfahrers? Haben Lasterfahrer eine andere Rolle? Gibt es auch eine Rolle des «Leihwagenfahrers», des «Porschefahrers» oder sogar des «Roadster-Fahrers»? Vielleicht fallen uns unverwechselbare Merkmale ein, die wir mit diesen Bezeichnungen verbinden, aber es ist fraglich, ob die Fahrer die entsprechenden Handlungsmuster in ihrem Gedächtnis gespeichert haben, und noch fraglicher, ob die Handlungsmuster uns als Personen ausmachen, da wir noch mehr im Gedächtnis haben, zum Beispiel episodische Erinnerungen, moralische und ästhetische Haltungen, Charaktereigenschaften und Präferenzen. Sie alle fängt der Begriff der Rolle gar nicht ein.

Verwandt mit der Idee, unser «Selbst» sei ein Repertoire von Rollen, ist die Auffassung, es bestünde in einer Art *Geschichte*, wie es die *narrativen Theorien des Selbst* behaupten. Sie meinen, wir würden uns und anderen viele kleine Geschichten darüber erzählen, was uns ausmacht. Tatsächlich werden wir ja oft zu Beruf und Privatleben gefragt, woraufhin wir unsere Erlebnisse und Ansichten in einer Art Mini-Lebenslauf-Präsentation abspulen. Sicherlich entstehen durch diese Praxis auch Rückkopplungseffekte von sprachlichen Zuschreibungen auf das eigenen Verhalten, so wie jemand, der schüchtern ist, allmählich immer extrovertierter werden kann, wenn er sich und anderen nur lange genug weismacht, er sei «unglaublich kommunikativ». Solche Fälle sind vergleichbar mit der Legende von den Schildbürgern, die so lange die Dummen gespielt haben, bis sie tatsächlich dumm wurden.

Doch was uns ausmacht, wie Gefühle, Interessen und Neigungen, ist oft nicht in Form einer Geschichte oder Selbstzuschreibung ausdrückbar, kann also nicht in einem narrativen Speicherformat codiert sein. Ebenso bestimmen mich mein praktisches Können und meine ästhetischen Vorlieben, ohne dass ich anderen davon im Detail erzählen könnte, weil mir die Worte fehlen und die Zeit nicht reicht.

Unser «Selbst» ist also real und kein bloßes Bündel an Eindrücken und schon gar keine Illusion. Zwar mögen Rollen als Handlungsmuster oder Selbst-Geschichten einen Teil unseres Lebens ausmachen, aber sie sind bei weitem nicht das, was uns in unserem Wesen bestimmt.

Wenn man nicht den ersten Teil von «personaler Identität» leugnet, also die Person oder das «Selbst», so könnte man doch vielleicht die Frage stellen, ob es überhaupt so etwas wie eine «Identität» geben muss, damit wir als Personen existieren. Auch dazu gibt es einige Überlegungen.

AUF DER SUCHE NACH DER VERLORENEN IDENTITÄT

Der griechischen Mythologie zufolge segelte Theseus, nachdem er den Minotaurus getötet hatte, von Kreta nach Athen zurück. Zu seinen Ehren hielten die Athener sein Schiff über viele Jahrzehnte instand, indem sie im Hafen die Planken austauschten, sobald sich Verfall andeutete. Stellen wir uns zwei Fälle vor. Im ersten setzen die Athener ihre Tätigkeit fort, bis irgendwann jede alte Planke durch eine neue ersetzt ist, und verbrennen zudem die alten Planken. Handelt es sich bei dem Schiff im Hafen noch um das Schiff des Theseus? Die meisten bejahen diese Frage. Der Fall scheint dem Austausch von Zellen im Menschen zu ähneln, bei dem ja auch nach etwa 10 Jahren bis auf die Neuronen keine Zelle mehr an ihrem Platz ist.

Im zweiten Fall vermuten die Athener einen Schaden im Rumpf. Sie bauen das Schiff vollständig auseinander, finden aber nichts und versetzen es danach wieder in den Originalzustand. Handelt es sich bei dem zusammengesetzten Schiff noch um das Schiff des Theseus? Auch diese Frage bejahen die meisten. Der Fall ist vergleichbar mit einer Armbanduhr, die ein Juwelier in alle Einzelteile zerlegt und danach wieder zusammenbaut. Es wäre seltsam, ihm dann vorzuwerfen, er habe einem nicht «dieselbe» Uhr zurückgegeben.

Sobald man jedoch beide Geschichten zusammenführt, entsteht ein *Paradox*. In diesem dritten Fall ersetzen die Athener das Schiff Planke um Planke, heben aber diesmal das alte Material auf und bauen daraus ein weiteres Schiff. Nun liegen zwei Schiffe im Hafen. Welches davon ist das Schiff des Theseus? Manche antworten spontan, dass sie ihm beide gehören. Das mag so sein, aber da Theseus vorher nur ein Schiff hatte, stellt sich die Frage, welches von den beiden Schiffen *dieses* Schiff ist. Für beide Exemplare haben wir gute Gründe, sie als das Schiff des Theseus anzusehen, wie die zwei Geschichten zuvor gezeigt haben. Aber nur eines kann sein Schiff sein.

Das Paradox von Theseus' Schiff beschäftigt die Philosophie seit ihren Anfängen. Im ersten Fall scheint die Funktion zentral für die Identität zu sein, während wir das Material allmählich austauschen. Im zweiten Fall scheint das Material zentral zu sein, während die Funktion zeitweise aufgehoben ist, als das Schiff in Einzelteile zerlegt war. Selbst wenn man sich im dritten Gedankenexperiment für eines der beiden Kriterien, also Material oder Funktion, entscheidet, muss man diesen Vorrang begründen und gleichzeitig erklären, warum das jeweils andere, scheinbar unwichtige Kriterium in den Beispielen zuvor eine Rolle gespielt hat.

Das Paradox verbindet zwei Elemente des Phänomens der *Persistenz*, nämlich dass Dinge sie selbst bleiben, obwohl sie sich verändern. In der Frage, wie personale Identität möglich sein kann, geht es genau darum, nämlich wie ein Mensch *persistieren*, das heißt er selbst bleiben kann, obwohl er sich verändert.

Der englische Philosoph Derek Parfit hat in einer Reihe vieldiskutierter Gedankenexperimente das Paradox von Theseus' Schiff auf Menschen angewandt. Stellen wir uns einen Teletransporter in der Zukunft vor, der Menschen von der Erde zum Mars beamen kann. Dazu steigt man in einen Scanner auf der Erde, der den Gesamtzustand des Körpers aufzeichnet, ihn dann zerstört und die Informationen an einen 3-D-Drucker auf dem Mars sendet, der den Körper Molekül für Molekül wieder zusammensetzt. Der ganze Vorgang dauert etwa eine Stunde. Wer jetzt meint, Parfit habe zu viel *Star Trek* gesehen, der muss sich klarmachen, dass dieses Gedankenexperiment nicht technisch oder naturwissenschaftlich möglich sein muss, sondern nur darauf abzielt, unausgesprochene Annahmen über unsere Identität freizulegen und explizit zu machen.

Die Frage lautet also: Würden wir es sein, die auf dem Mars nach einer Stunde die Augen aufschlagen? Parfit meint, dagegen spreche erst einmal nichts. Der Fall ähnelt dem zweiten Schiff im Theseus-Beispiel, das in seine Bestandteile zerlegt und dann wieder zusammengesetzt wird.

Stellen wir uns einen weiteren Fall vor. Ich betrete den Teletransporter, der Scanner läuft, und eine Stunde später schlage ich die Augen auf. Doch ich befinde mich immer noch auf der Erde. Das Fachpersonal informiert mich darüber, dass sich der Vorgang geändert hat. Wieder hat der Scanner die Moleküle kartographiert, die Informationen zum Mars gesendet, wo ein Körper zusammengebaut wurde. Nur diesmal hat der Scanner das Original, also mich, nicht zerstört. Von der Erde kann ich jetzt meinem Doppelgänger über ein Satellitentelefon zuwinken. Parfit meint, in diesem Fall habe er eher die Intuition, dass er auf der Erde weiterleben würde und die Person auf dem Mars ihm nur sehr ähnlich, aber eben nicht er sei. Man kann das auch so ausdrücken, dass der Doppelgänger auf dem Mars nur *qualitativ identisch* mit mir sein kann, da ich auf der Erde ja schon *numerisch identisch* mit mir bin.

Wenn wir Parfits Intuition teilen, fragt sich, warum wir die beiden Menschen auf dem Mars so unterschiedlich behandeln. Im ersten Fall glauben wir, *wir* befänden uns auf dem Mars, im zweiten gehen wir davon aus, dass nur ein *Doppelgänger* von uns dort oben ist. Doch auf dem Mars ist zweimal exakt dasselbe passiert, denn der 3-D-Drucker hat dort einen Menschen erschaffen, der im ersten Fall von dem im zweiten Fall ununterscheidbar ist. Wie kann es dann sein, dass der im ersten Fall ich bin, doch der im zweiten bloß mein Doppelgänger ist?

Um dieses Problem noch zuzuspitzen, greift Parfit auf tatsächliche medizinische Fälle zurück, in denen Menschen große Teile einer Hirnhälfte verloren haben, ohne dass ihnen oder ihrer Umgebung eine wesentliche Veränderung aufgefallen ist. Parfit nimmt nun wiederum in einem Gedankenexperiment entgegen den tatsächlichen Fakten an, dass beide Hirnhälften exakt gleich aufgebaut sind, sodass alles, was in der linken, auch in der rechten Hirnhälfte gespeichert ist. Stellen wir uns vor, Victor verliert seine linke Hirnhälfte. Das würde sich nicht negativ auf sein Leben auswirken, weil ja alles, was ihn ausmacht, zusätzlich in der rechten gespeichert ist. Victor würde also weiterexistieren. Für die linke Hirnhälfte gilt natürlich dasselbe.

Doch nehmen wir an, die Ärzte der Zukunft können Hirnhälften transplantieren, der einzige Fall übrigens, wie Dennett einmal meinte, bei dem man lieber Organspender als Organempfänger ist. Sie entnehmen die linke Hälfte von Victors Hirn und pflanzen sie in einen von ihm geklonten Körper, dessen Schädel bis auf das Stammhirn leer ist. Jetzt hätten wir zwei Menschen, die jeweils eine Hirnhälfte besitzen und wie Victor aussehen. In beiden Fällen haben wir gute Gründe zu sagen, dass es sich um Victor handelt. Aber wie im Fall von Theseus' Schiff existierte am Anfang ja nur ein Victor, jetzt gibt es aber anscheinend zwei. Wieder stehen wir vor einem Rätsel.

Aus solchen Fällen und aus seiner Kritik an anderen Positionen zur personalen Identität schließt Parfit ähnlich wie Hume, dass wir zu viel von der Identität erwarteten. Worauf es ankäme, sei zwar wie bei Locke die Erinnerung, aber nicht in Form eines Speichers, auf den wir immer wieder zurückgreifen können, zumal wir ja auch viel vergessen. Erinnerung sei eher als eine Kontinuität zwischen einzelnen Phasen des Lebens wichtig, zum Beispiel, dass man sich jeden Tag an den vorigen erinnern kann. Sobald aber eine kausale Verbindung zwischen benachbarten Erlebnissen im Bewusstsein bestünde und eine langfristige Kontinuität zwischen den Erinnerungen, müssten wir die Annahme aufgeben, dass dazu noch Identität eine Rolle spielt. Im Teletransporter-Fall würde sich eine Person einfach in zwei *aufspalten* und ein Teil der ersten Person gleichsam in zwei neuen Personen weiterleben. Ebenso im Transplantations-Fall. Was eigentlich zählt, sei diese Kontinuität der mentalen Zustände, nicht die Identität.

Die Einsicht, dass es auf personale Identität nicht ankommt und es ausreicht, dass man zu einem Teil in anderen Menschen, zum Beispiel in seinen Kindern, weiterlebt, oder gar in seinen Büchern, hat nach Parfits Aussage sein Leben von Grund auf verändert. Als er seine Identität noch wichtig nahm, glaubte er an einen Kern seiner Persönlichkeit, der über die Zeit bestand und mit dem Tod abrupt enden würde. Dabei hatte er den Eindruck, in sich «gefangen» zu sein. Sein Leben kam ihm vor wie ein «Glastunnel», in dem er sich mit jedem Jahr schneller auf das Ende zubewegte, die absolute «Dunkelheit». Doch dieses kafkaeske Bild verschwand, als Parfit glaubte erkannt zu haben, dass es nur lose kausale Verbindungen zwischen einzelnen mentalen Zuständen gibt. Der Tunnel «öffnete sich», er sah sich «im Freien», fühlte «weniger Unterschiede zu anderen» und war weniger mit sich selbst beschäftigt, sondern kümmerte sich mehr um die Anliegen seiner Freunde und Bekannten.

Buddhas Einsicht war, dass die Identität im Leben nicht wichtig ist. Durch Meditation und Körperarbeit solle man versuchen, dieselbe Erleuchtung zu erfahren. Parfit ist auf einem argumentativen, nichtspirituellen Weg dorthin gelangt. Für ihn mag die Aufgabe des Identitätsgedankens beruhigend gewirkt haben, doch nicht allen Menschen wird das tröstlich vorkommen. Daher sollte man nach weiteren Möglichkeiten Ausschau halten, wenn man jedenfalls, wie ich zum Beispiel, gespaltene Hirne eher beunruhigend findet und vorzieht, in seiner vollen Identität zu überleben, statt abgewandelt in anderen zu existieren, also sich nicht Buddha, sondern eher Woody Allen anschließt, wenn er sagt: «Ich möchte nicht durch meine Werke unsterblich werden, ich möchte einfach nicht sterben.»

Zudem scheinen Parfits Beispiele zu unterstellen, dass es auf die subjektive Perspektive nicht ankommt. Mit der Annahme, dass die beiden Hirnhälften exakt gleich sind, unterstellt er ja schon, dass man nur eine braucht, um zu existieren, und die andere wie ein Ersatzrad dabeihat. Er meint, der von ihm ersonnene Transplantationsfall sei vielleicht technisch, aber nicht metaphysisch unmöglich. Doch mir scheint diese These ohne Argument im Raum zu stehen. Es könnte gut sein, dass Hirne immer nur eine einzige subjektive Perspektive unterstützen und das Bewusstsein daher niemals auf zwei Hirne aufteilbar sein wird, so wie es metaphysisch unmöglich ist, dass Elektronen positiv geladen sein könnten, weil sie sonst einfach aufhören, Elektronen zu sein. Es ist zumindest eine offene Frage, ob unser Bewusstsein in diesem Punkt wie Elektronen ist, die notwendige Eigenschaften haben, die sie zu dem machen, was sie sind.

MEINIGKEIT

Wenn die subjektive Perspektive des Bewusstseins nicht duplizierbar ist, worin besteht sie dann genau? Schon bei Locke finden sich Stellen, die so klingen, als sei auch er von einem *Selbstsinn* ausgegangen, wenn er sagt, dass eine Eigenschaft von Bewusstsein darin zu liegen scheint, dass es sich selbst gegenüber es selbst ist. Man kann sich diese *Meinigkeit*, wie schon angedeutet, als ein phänomenales Element vorstellen, das dafür verantwortlich ist, dass ich alle meine Wahrnehmungen, Gefühle, Gedanken und Vorstellungen als *meine* Erlebnisse empfinde.

Es handelt sich dabei aber nicht um einen zusätzlichen Gedanken, wie Kant sich das vielleicht vorgestellt hat, sondern eben um ein reflexives Element, das jeder Zustand mitbringt, sodass er gleichsam sich selbst eine Einfärbung der Subjektivität gibt. Eine ähnliche Idee findet sich schon bei Husserl und Sartre. In der aktuellen Diskussion hat sie unter anderem der israelische Philosoph Uriah Kriegel ausgearbeitet. Der Ansatz setzt nicht voraus, dass ein Wesen schon einen Ich-Begriff erworben hat oder gar ein passendes Wort kennen muss, um subjektive Erlebnisse zu haben. Vermutlich erleben schon einige Tiere und kleine Kinder diese Meinigkeit, ohne sie in Worte fassen zu können.

Selbst mit Begriffen kann man seine Meinigkeit schwer beschreiben. Man hat Mühe, einen richtigen Kontrastfall zu finden, der zeigt, was es hieße, dass ein Erlebnis von mir nicht *mein* Erlebnis ist. Philosophen diskutieren vor allem zwei Fälle für so eine mögliche Dissoziation von Erlebnis und Meinigkeit.

Erstens scheint es zunächst so, als würde der Selbstsinn einigen Schizophrenen in ihren Wahnvorstellungen abhandenkommen, denn diese Patienten berichten, dass sie während ihrer psychotischen Zustände Gedanken haben, die «fremd» sind und «nicht von ihnen» stammen. Das hat einige Wissenschaftler zur Annahme verleitet, dass Schizophrenen der subjektive, personengebundene Charakter der Bewusstseinszustände, also ihre Meinigkeit, fehlt. Bei genauerer Betrachtung sieht man allerdings, dass die Patienten ihre Gedanken lediglich als fremdartig empfinden, als passiv gegeben und nicht von ihnen selbst produziert. Tatsächlich bleiben sie selber ja diejenigen, die die Gedanken haben. Wie könnten sie sonst davon berichten? Sie scheinen eher starke Erfahrungen von Passivität zu haben, vergleichbar mit einem Ohrwurm, den man ständig ungewollt im Kopf hört, ohne dass man die Melodie selbst gewählt hat.

Das zweite Beispiel in der Diskussion stammt von einem Patienten, der nach einem Tauchurlaub über ein eigenartiges «zweistufiges Sehen» klagte. Bald stellte sich heraus, dass er zwar etwas sah, aber immer in einem zweiten Schritt erkennen musste, dass es sich um seine eigenen Seheindrücke handelte. So jedenfalls beschrieb der Patient seinen Zustand. Nimmt man ihn beim Wort, hat er zuerst einen rohen Eindruck und fügt dann in einem zweiten Schritt seine Meinigkeit hinzu. Wenn das stimmte, könnte er sich die scheinbar absurde Frage stellen: «Jemand sieht einen Sonnenuntergang, aber bin ich das?» Auch hier stellt sich allerdings die Frage, ob der Patient seine Erlebnisse präzise genug beschreibt.

Selbst wenn diese Fälle keine empirisch wasserdichten Beispiele für eine Dissoziation beider Faktoren, Erlebnis und Meinigkeit, darstellen, so sind die Bestandteile allerdings immerhin theoretisch zu trennen, denn die Inhalte von Wahrnehmungen und Gedanken ändern sich ständig, aber die Perspektive bleibt dieselbe. Was sich dabei von einem zum nächsten überträgt, ist die Meinigkeit.

Die Meinigkeit macht allerdings nicht den Unterschied zwischen Menschen aus. Als kontinuierliche subjektive Perspektive sorgt sie lediglich dafür, dass wir über die Jahre dieselben bleiben, obwohl wir uns verändern. Man kann also immer noch die dritte Frage nach dem Selbst stellen, nämlich was Individuen im Vergleich zu anderen *individuell* macht. Hier kommt ein zweiter Sinn von «Identität» oder «Selbst» ins Spiel, das Selbst als *Persönlichkeit*, die den Charakter und den moralischen Kompass umfasst.

ICH ALS CHARAKTER

Der erste Kuss, die letzte Scheidung, der Urlaub in Mexiko oder die gescheiterte Fahrprüfung. Wir denken bei «Gedächtnis» meist an solche *autobiographischen Erinnerungen*, an Erlebnis-Episoden aus der Vergangenheit. Seit Locke haben viele Philosophen diese Form des Gedächtnisses als das entscheidende Merkmal der personalen Identität angesehen.

Doch auch andere Fähigkeiten und Eigenschaften müssen im Gedächtnis gespeichert sein: das sprachlich verfasste *Faktenwissen* wie «Sizilien liegt im Mittelmeer» oder «Die Winkelsumme im Dreieck ist 180 Grad», die *Sprachfähigkeit*, die die mentale Grammatik und das mentale Lexikon umfasst, *nichtsprachliches Hintergrundwissen* beispielsweise über die Beschaffenheit von Schnee, *praktisches Können* wie Klavier spielen oder Auto fahren, *Wünsche und Vorlieben*, beispielweise ob wir lieber Arzt oder Architekt werden wollen, saure Gurken mögen oder uns für den Expressionismus begeistern, *Charaktereigenschaften* wie «schüchtern», «abenteuerlustig» oder «vorsichtig» sowie *moralische Einstellungen* wie Ehrlichkeit, Egoismus oder Höflichkeit.

Die Forschung geht davon aus, dass es sich dabei um unterschiedliche Gedächtnisarten handelt, die sich unabhängig voneinander verändern oder sogar einzeln ausfallen können. Wer beispielweise nach einem Unfall an Amnesie leidet, kann sich keine autobiographischen Episoden mehr ins Bewusstsein rufen, jedoch weiterhin Klavier spielen.

Die Psychologin Nina Strohminger und der Philosoph Shaun Nichols aus den USA wollten nun wissen, welchen Aspekt wir im Alltag als entscheidend für unsere Identität ansehen. Dazu entwarfen sie kleine Gedankenexperimente, in denen sich bei einer fiktiven Person einige der oben genannten Fähigkeiten veränderten. Sie fragten Probanden, ob sie trotzdem sagen würden, dass die Person «dieselbe» geblieben ist.

Eine Geschichte spielt im Jahr 2049. Bei einem Unfall wird Jims Hirn verletzt, doch dank der hochentwickelten Medizin können Ärzte verletztes Hirngewebe entfernen und durch anderes Gewebe ersetzen, das sie aus Jims Neuronen gezüchtet haben. Strohminger und Nichols teilten die Probanden nun in fünf Gruppen ein und gaben ihnen jeweils einen anderen Fortgang der Geschichte zu lesen, wobei sie im Anschluss allen die Frage stellten: «Ist der Patient nach der Operation noch Jim?»

Bei der Kontrollgruppe gibt es keinen Unterschied zu vorher, doch bei den anderen Gruppen hat Jim entweder die *Objekterkennung* verloren, leidet an *Apathie*, ist also antriebslos und unmotiviert, leidet an *Amnesie*, hat also keine autobiographischen Erinnerungen mehr, oder er hat sein *Gewissen* verloren, kann also nicht mehr Gut von Böse unterscheiden und zeigt auch kein Mitgefühl mit anderen. Bei fast allen Fähigkeiten sahen die Probanden keinen Grund anzunehmen, dass die Person nach der Operation nicht mehr Jim sei. Nur die moralische Komponente, also sein Gewissen, gab einen deutlichen Ausschlag. Wer seine zwischenmenschliche Orientierung verliert, weil der moralische Kompass verrückt spielt, verliert nach unserer Alltagsauffassung offenbar den wichtigsten Teil seiner Identität.

In einem zweiten Experiment sollten sich Probanden vorstellen, jemand würde eine Pille schlucken, die das

Gehirn dauerhaft positiv oder negativ verändert. Zum Beispiel konnte der Pillenschlucker sich in einen Psychopathen verwandeln, feige werden, rücksichtslos, hilfsbereit oder religiös, plötzlich zur Kleptomanie neigen oder von seiner Pädophilie geheilt sein. Bei solchen Veränderungen handelte es sich wie beim ersten Versuch um die moralischen Merkmale. Ebenso tauchten auf der Liste Fragen zu Charaktereigenschaften wie «ängstlich», «verträumt» oder «ehrgeizig» auf sowie Kindheitserinnerungen oder Wünsche, die man verlieren konnte. Von den insgesamt 62 Merkmalen, die in die vier großen Gruppen fielen, stachen erneut die moralischen heraus, bei denen Probanden der Persönlichkeitsänderung einen Wert von etwa 60 Prozent gaben, während sie die anderen Merkmale als unwesentlich erachteten.

Dieses Ergebnis blieb in drei weiteren Variationen des Versuchs konstant. Strohminger und Nichols vermuten, dass Charaktereigenschaften und vor allem unsere moralische Richtschnur uns in den Augen anderer zu dem machen, was wir sind, und wir deshalb so viel Wert darauf legen. Ein Grund könnte darin liegen, dass wir unser Sozialleben nach diesen Kriterien ausrichten. Wir möchten gerne Freund- oder Liebschaften mit denjenigen Menschen eingehen, die ähnliche moralische Standards haben wie wir selbst. Die Studie zeigt aber auch, dass die philosophische Diskussion offenbar seit Jahrhunderten einen blinden Fleck hatte, weil sie das Gedächtnis auf die autobiographischen Erinnerungen reduzierte und damit andere Eigenschaften und Fähigkeiten wie Charakter, Vorlieben und Moralvorstellungen ignorierte.

Der amerikanische Philosoph Sydney Shoemaker hat dieses Problem übrigens schon einige Jahrzehnte zuvor erkannt, als er seine Theorie der personalen Identität vorstellte. Er kann damit zwar nicht die Paradoxien von Parfit lösen, doch er verbindet eine von Locke inspirierte Theorie der Identität mit unserer Alltagsauffassung, dass der Charakter und unsere moralischen Haltungen den wichtigsten Teil unserer Identität ausmachen.

Schon die nachfolgende Generation von Philosophen hatte Locke dafür kritisiert, dass wir in unserem Leben zwar viele autobiographische Erinnerungen verlieren, doch deshalb noch nicht von einem Verlust unserer Identität ausgehen. Shoemaker spitzt dieses Problem zu, indem er sich einen Fall von totaler *Amnesie* vorstellt, vergleichbar mit der Figur Jason Bourne in dem Film *Bourne Identity* aus dem Jahre 2002, der von Fischern aus dem Wasser gezogen wird und sich an nichts aus seinem früheren Leben erinnern kann, während seine Sprachfähigkeit, sein Charakter sowie Interessen, Geschmack, Talente und Persönlichkeitszüge noch vorhanden sind und vor allem seine motorischen Fähigkeiten einwandfrei funktionieren. Wir würden in so einem Fall nicht sagen, dass Jason Bourne keine Identität mehr hat, also aufgehört hat zu existieren, auch wenn der Filmtitel das zu suggerieren scheint.

Shoemaker verdeutlicht das mit einem Gedankenexperiment. Stellen wir uns vor, in der nahen Zukunft wird ein Mann namens Brown operiert. Dabei bleibt sein autobiographisches Gedächtnis erhalten, aber seine Charakterzüge werden durch die von einem Herrn Robinson ersetzt. Auf der Krankenstation erwacht der mentale Mischling Brownson. Ist Brownson eine neue Person, also bloß ein Nachfolger, der aus Brown und Robinson entsprungen ist, oder ist er mit einem der beiden identisch? Wir sind geneigt, Brownson als identisch mit Robinson anzusehen, der jetzt lediglich *Pseudo-Erinnerungen* hat. Aber Brownson scheint nicht identisch mit Brown zu sein, denn sie teilen keine Charakterzüge.

Die Studien von Strohminger und Nichols bestätigen

Shoemakers Intuition auch unter Nichtphilosophen, dass nämlich der Charakter, speziell die moralischen Haltungen, den Ausschlag für die Identität geben und nicht die episodischen Erinnerungen. Auch wenn Shoemaker nicht ins Detail geht, scheint er zu unterstellen, dass jede Aktualisierung des Gedächtnisses im Bewusstsein eine subjektive Perspektive enthält. Wir können uns zwar über alles irren, was uns passiert ist, aber niemals darüber, dass *wir* es sind, die sich irren. Personale Identität liegt Shoemaker zufolge in der psychischen Kontinuität des *Gedächtnisses*, das neben Erlebnissen auch Charaktereigenschaften, Fähigkeiten, Neigungen und so weiter umfasst, die wir uns ins Bewusstsein rufen können. So wird auch klar, warum einige Forscher die Rollentheorie so ansprechend finden, weil soziale Rollen oft etwas mit dem Charakter und unseren moralischen Haltungen zu tun haben. Doch als abgespeicherte Handlungs- und Erwartungsmuster machen sie eben nur einen Teil unseres Gedächtnisses aus.

Wenn man Shoemakers Ansatz noch etwas weiterentwickelt, könnte man sagen, dass unser Selbst zwei Aspekte hat, das Bewusstsein mit einer Ich-Perspektive und unsere Persönlichkeit, die sich aus Charakter, Neigungen, moralische Haltungen und anderen Fähigkeiten zusammensetzt. Die Verbindung zwischen beiden ist aber nicht zufällig, denn unsere Persönlichkeit färbt die Art und Weise ein, wie wir unser Bewusstsein erleben. Nur mir kommt meine Wohnung auf diese bestimmte Weise vertraut vor, nur ich trage meine individuellen Hintergrundannahmen über Materialien und Gebrauchsgegenstände mit mir rum, nur mir schmeckt der Streuselkuchen gerade so gut, nur ich spüre meine Liebe für meine Freundin, nur ich schätze im Museum das Gemälde von van Gogh auf diese mir eigene Weise, nur ich habe meine Einfälle, meine Empörung und meine verworrenen Gedanken. Der Strom momentaner bewusster Erlebnisse, ob wiederkehrend oder flüchtig, schießt im Flussbett fester Gedächtnisstrukturen dahin. Bewusstsein und Gedächtnis interagieren also über Rückkopplungsschleifen miteinander.

Auch wenn oft verkündet wird, dass wir uns unser «Ich» bloß einbilden und eigentlich vom Hirn, von Rollen oder Geschichten bestimmt sind oder lediglich ein Dasein als Benutzeroberfläche fristen, kann man Entwarnung geben. Unser «Selbst» als *Charakter* ist insofern real, als uns unsere moralischen Haltungen und unsere Persönlichkeit bestimmen, indem sie jeden Moment unseres Bewusstseins einfärben und unser Handeln bestimmen. Und unser «Selbst» als *Ich-Perspektive* ist insofern real, als all diese Erlebnisse im Bewusstsein durch einen fundamentalen, unteilbaren Selbstsinn charakterisiert sind. Unser «Ich» oder «Selbst» ist so wenig eine Illusion wie unser Bewusstsein.

INSTINKTIVE SPRACHE

IMMER IM RAHMEN BLEIBEN

Die Pubertät war noch nicht ganz vorüber, wir waren unreif und übermütig. Auf Partys, vor allem im Umland von Hannover, beobachtete ich immer mal wieder einen groben Streich. Ein paar Jungs suchten sich ein Opfer, das schon etwas angetrunken war, und einer forderte es heraus: «Ich wette, dass ich dir diese offene Flasche verkehrtherum in die Hosentasche stecken kann, ohne dass das Bier ausläuft.» Die Antwort war natürlich: «Kannst du nicht.» Da sprach noch die Stimme der Vernunft durch den Nebel des Alkohols. Doch der nächste Satz brachte sie schnell zum Verstummen: «Zehn Mark, dass ich es schaffe.» Plötzlich war nur noch die Wette wichtig: «Das schaffst du nie.» Kurz darauf steckte die Flasche in der Hosentasche, und das Bier rann lauwarm das Bein herab. Das Opfer war zehn Mark reicher und doch arm dran.

Dieser Scherz unter der Gürtellinie ist ein gutes Beispiel für den *Framing Effect*, also den *Einrahmungseffekt*. Wie viele psychologische Studien zeigen, kann der sprachliche Kontext, in dem ein zu erwartendes Ergebnis präsentiert wird, unsere Entscheidungen beeinflussen. Im glänzenden Rahmen «Wette gewinnen» sah die Situation verlockend aus. Das Opfer machte sich kein realistisches Bild von den Folgen, zumal Alkohol das kritische Nachdenken mindert. Wäre die sprachliche Einfassung gradliniger gewesen, beispielsweise: «Ich gebe dir Geld, um dich öffentlich zu demütigen», hätte sicherlich niemand zugestimmt.

Der sprachliche Rahmen nimmt viele Formen an. Ein Beispiel findet sich im trockenen Humor von Woody Allen: «Neulich ist mir einer gegen den Kotflügel gefahren. Ich habe ihm gesagt: Pflanze dich fort! Nur nicht genau mit diesen Worten.» Vor allem in ethisch umstrittenen Fragen spielt die sprachliche Fassung eine wichtige Rolle. Es ist nicht dasselbe, ob man von «Schwangerschaftsabbruch» spricht oder vom «Töten eines ungeborenen Kindes». Ebenso, ob ein militärischer Einsatz «operation enduring freedom», also «Operation dauerhafte Freiheit», oder «Angriffskrieg» heißt. Sprachliche Einrahmungen sind ein universelles Phänomen. Das beste Beispiel sind Euphemismen. Man findet sie in der Werbung, der Politik und der Außendarstellung von Firmen. Im Alltag hat jeder von uns schon einmal etwas geschönt, vielleicht eine gefährliche Reise als «Abenteuerurlaub» verkauft oder einen Alkoholexzess als «wilde Party» veredelt.

Offensichtlich kann die Sprache unser Denken und Entscheiden beeinflussen. Die Frage ist, wie stark dieser Einfluss sein kann. In diesem Kapitel geht es um die Macht der Worte. Es scheint zunächst, als könne man Menschen mit Sprache beliebig manipulieren. Tatsächlich ist der Einfluss der Worte meist nur oberflächlich, denn vor allem wenn man die Effekte kennt, kann man sich schützen. Doch viele Forscher haben mehr als die bloße Manipulierbarkeit im Sinn. Sie behaupten beispielsweise, dass wir, ohne es zu merken, in Sprachbildern denken, oder gar, dass unsere Muttersprache unbewusst unser gesamtes Weltbild festlegt. Solche Thesen erscheinen nur beim ersten Hinsehen plausibel, wie sich in diesem Kapitel zeigen wird.

Bleiben wir noch ein wenig beim Einfluss der Worte. Ein klassischer Versuch belegt, dass unsere Entscheidungen nicht nur gelegentlich, sondern systematisch vom Einrahmungseffekt betroffen sind. Die israelisch-amerikanischen Psychologen Amos Tversky und Daniel Kahneman präsentierten Versuchspersonen eine kleine Geschichte, in der sich 600 Menschen in den USA mit einer neuen Krankheit anstecken. Die Ärzte in der Geschichte haben zwei Hilfsprogramme zur Verfügung. Mit Programm A werden 200 Menschen sicher «gerettet». Bei Programm B hingegen ist ein Risiko im Spiel, denn mit der Wahrscheinlichkeit von einem Drittel werden alle gerettet, mit zwei Dritteln niemand. Obwohl das im Mittel auf dieselbe Quote von 200 Menschen hinausläuft, wählten 72 Prozent der Probanden die Option A. Dieses *risikoscheue* Verhalten ist typisch für Menschen: Wir haben lieber den Spatz in der Hand als die Taube auf dem Dach. Eine Überraschung tritt allerdings auf, sobald man die Frage negativ umformuliert. In dieser Version hieß es, dass mit Programm A 400 Menschen sicher «sterben», aber bei Programm B mit einer Wahrscheinlichkeit von einem Drittel niemand stirbt und mit einer Wahrscheinlichkeit von zwei Dritteln 600 Menschen sterben. Diese Formulierung drückt exakt dieselben Tatsachen aus wie im ersten Fall, einzig die sprachliche Einrahmung ist durch die Wortwahl anders, denn es geht ums Sterben und nicht mehr ums Überleben. Jetzt wählten plötzlich 78 Prozent die Option B. Diesen Fall kann man allerdings nicht mehr allein mit Risikovermeidung erklären, sondern der Grund muss im negativen Wort «Sterben» liegen. Es hat die Entscheidungen geprägt, ohne dass die Versuchspersonen etwas bemerkten.

Unsere Reaktionen auf emotionale Worte macht sich auch der Einzelhandel zunutze. Es klingt ansprechender, bei Barzahlung für ein Kleid mit dem Preis von 90 Euro eine «Ermäßigung» von 5 Euro zu gewähren, als das Kleid für 80 Euro anzubieten und dann eine «Kreditkartengebühr» von 5 Euro draufzuschlagen. Selbst junge Forscher der Ökonomie sind nicht gegen den Effekt gefeit: 93 Prozent der Doktoranden einer Studie meldeten sich für eine Konferenz frühzeitig an, als die Veranstalter mit einem «Bußgeld» für eine Verspätung drohten. Doch nur 67 Prozent taten das, als es für die frühe Registrierung einen «Nachlass» auf die Konferenzgebühr gab. Bei den Professoren des Fachs konnten die Forscher keinen derartigen Effekt beobachten.

Gerade dieses Beispiel zeigt, dass Einrahmungseffekte zwar deutlich ausfallen können, jedoch nicht auftreten, wenn man sich einen Fall einmal klargemacht hat. Ein erfahrener Volkswirt ist nicht durch eine gefühlige Sprachverpackung zu blenden, denn er schaltet sofort auf die kühle Kosten-Nutzen-Rechnung um. Wer darin nicht so geübt ist, kann sich durch aktive Aufmerksamkeit und Nachdenken schützen. Natürlich können wir im Alltag nicht dauerhaft wachsam sein, denn ein Leben mit heruntergelassenem Visier wäre einfach zu anstrengend. So sind wir gerade in Momenten der Ablenkung und Erschöpfung anfällig für Manipulationen durch die Sprache.

Tversky und Kahneman kritisieren mit solchen Versuchen die klassische Entscheidungstheorie, nach deren Auffassung man vernünftigerweise das tut, wofür am meisten spricht. Dabei dürfte es keinen Unterschied machen, ob jemand dieselbe Tatsache mit den Worten «Sterben» oder «Überleben» beschreibt. Einflüsse durch emotionale Wörter sind erst einmal nicht vorgesehen.

Doch sind solche Effekte wirklich so überraschend? Niemand, der sich oder andere Menschen beobachtet hat, würde doch behaupten, dass Worte keine Macht haben. Seit den Anfängen der Kultur täuschen Menschen andere durch Sprache, mit mehr oder minder arglistigen Absichten, sei es in der Politik, auf dem Marktplatz oder in der Partnerschaft. Der entscheidende Punkt ist, dass Worte nicht zwingend unser Handeln beeinflussen. Sie hindern uns zwar manchmal daran, die beste Entscheidung zu treffen, aber eben nicht *grundsätzlich*. Wir können Verkaufstricks, unrealistische Wahlversprechen und falsche Komplimente durchschauen. Der Einrahmungseffekt betrifft also die *angewandte Vernunft*, nicht die Vernunft als *allgemeine Fähigkeit*.

Erst wenn jemand weiß, dass die Zahlen dasselbe ausdrücken, und dennoch darauf besteht, dass er sich nur bei einer Überlebenswahrscheinlichkeit von 80 Prozent auf den OP-Tisch legt, nicht aber bei einem Sterberisiko von 20 Prozent, dann ist er wirklich irrational. Zum Vergleich: Jeder von uns hat sich schon mal versprochen, also etwas wie «Ich pfeife nicht nach deiner Tanze» gesagt. Daraus folgt aber nicht, dass wir kein Deutsch können. Einzelne Fehler bei der *Sprachverwendung* stellen unsere allgemeine *Sprachfähigkeit* nicht in Frage. Wir erkennen ja sofort, was falsch war. Nur wenn jemand nicht weiß, dass es «Ich tanze nicht nach deiner Pfeife» heißt, könnten wir an seiner Kenntnis des Deutschen zweifeln.

Einrahmungsbeispiele zeigen also zunächst nur, dass Worte manchmal unser Denken und unsere Entscheidungen *beeinflussen* können, ohne dass wir es merken. Das ist nicht sonderlich überraschend. Doch in der Psychologie und der Sprachwissenschaft finden sich, wie gesagt, auch stärkere Thesen, nämlich, dass die Sprache das Denken festlegt. Um sie beurteilen zu können, muss man sich zuerst fragen: Was ist überhaupt mit «Sprache» gemeint?

SPRACHE ALS ORGAN

Bei «Sprache» denken wir spontan an Wörter, weil wir mit ihnen am meisten vertraut sind. So befürchten einige, das Deutsche verfalle, weil es zu viele Anglizismen enthalte oder weil Teenager per *WhatsApp* nur noch mit Abkürzungen kommunizieren. Andere mögen Italienisch oder Französisch, weil die Wörter so schön klingen. Doch die kann man leicht austauschen, und selbst 1000 schöne französische Wörter reichen partout nicht aus, um die Sprache zu verstehen. Man muss auch wissen, wie man sie richtig zusammensetzt, also die *Grammatik* kennen. Bei unserer Muttersprache kennen wir die Regeln, ohne sie ausdrücklich formulieren zu können. Manche Forscher sagen daher, die Grammatik unserer Muttersprache sei bei jedem von uns *unbewusst* im Gedächtnis gespeichert. Der Amerikaner Noam Chomsky, der Begründer der modernen Linguistik, ist da präziser, wenn er von einer *stillschweigenden Kenntnis* spricht, denn die Sprachprozesse laufen nicht unbewusst, sondern *nichtbewusst* ab. Wir können zwar viel über unsere im Gedächtnis gespeicherte *mentale Grammatik* herausfinden, aber sie dadurch nicht erleben oder erspüren. Unser phänomenales Bewusstsein spielt dennoch eine Rolle, denn wir haben ein feines Gespür für grammatische Korrektheit. Den Satz «Farblose grüne Ideen schlafen wütend» empfinden wir als sprachlich wohlgeformt, auch wenn er inhaltlich sinnlos ist. Im Gegensatz dazu ist «Ich habe fertig» verständlich, aber ungrammatisch. Wir fühlen also unmittelbar, ob das Komische am Inhalt oder an der Grammatik liegt. Unsere Sprachfähigkeit speist sich dabei aus zwei Quellen, aus der mentalen Grammatik und den Wörtern, die wir kennen. Beide sind im Langzeitgedächtnis gespeichert.

Chomsky und viele seiner Kollegen haben nachgewiesen, dass allen Sprachen derselbe Bauplan zugrunde liegt, die angeborene *Universalgrammatik*. Dafür spricht, dass jedes Kind schon im Grundschulalter die wesentlichen Strukturen seiner Muttersprache beherrscht, unabhängig von Intelligenz oder sozialem Hintergrund. Das ist erstaunlich, weil Kinder ganz unterschiedliche Sätze hören, von denen viele falsch oder unvollständig sind. Außerdem werden Kinder nicht systematisch korrigiert. Sie können also gar nicht gelernt haben, dass ein Satz wie «kleine bellt Hund der» nicht wohlgeformt ist. Trotzdem bilden sie solche Sätze so gut wie nie.

Wenn aber die Grundprinzipien der einzelnen Sprachen nicht erlernbar sind, so Chomsky, müssen sie angeboren sein. Für diese These spricht außerdem, dass die Sprachfähigkeit *universell* ist, denn jeder gesunde Mensch lernt sprechen. Außerdem erwerben Kinder eine Sprache *mühelos*. Sie sind so gierig auf Wörter und Strukturen, dass man nicht mit ihnen üben muss. Rechnen zu lernen hingegen ist mühsam und langwierig. Und mathematisches Wissen ist bei weitem nicht weltweit verbreitet.

Unser Sprachzentrum im Kopf kann man sich als ein Organ wie das Herz oder die Lunge vorstellen. Es arbeitet im Zusammenspiel mit anderen Fähigkeiten, hat aber seine eigene autonome Funktionsweise. Chomskys Kollege, der Entwicklungspsychologe Steven Pinker, spricht von einem *Sprachinstinkt*. Von Geburt an wartet das Sprachzentrum auf Input. Eine seiner Voreinstellungen könnte zum Beispiel die Regel sein «Das Adjektiv hängt immer vom Nomen ab». Wo das Adjektiv dann auftaucht, bestimmt die Grammatik der jeweiligen Einzelsprache, beispielsweise vor dem Nomen wie in der Phrase «die raue Küste» oder dahinter wie in «la costa brava». Chomskys These war so revolutionär, dass er inzwischen auf Tabellenplatz sieben der meistzitierten Autoren aller Zeiten liegt: unter anderem hinter Aristoteles und Platon aber noch vor Hegel und Cicero.

Wenn wir sprechen, machen wir von «endlichen Mitteln unendlichen Gebrauch», wie schon Wilhelm von Humboldt erkannt hat. Endlich, weil unser Gedächtnis begrenzt ist und wir daher nur eine feste Anzahl von Wörtern und Regeln gelernt haben. Unendlich, weil wir damit Sätze erzeugen und verstehen können, die wir nie zuvor gehört haben. Chomsky nannte seine Theorie daher zu Beginn auch *Generative Grammatik*. Zu jedem Satz, den wir hören oder äußern, *generieren*, also erzeugen wir eine entsprechende Struktur.

Sätze benötigen wir, um komplexe Inhalte auszudrücken. Tiere kommunizieren zwar auch, und einige, Hunde und Affen zum Beispiel, können sogar Zeichen lernen. Aber Tiere behaupten, erfragen oder versprechen nichts, denn sie haben keine Grammatik und können keine Inhalte ausdrücken wie: «Gestern war ich etwas schlecht gelaunt, aber heute bin ich wieder gut drauf.»

Um solche komplexen Inhalte zu erfassen, müssen auch unsere Gedanken eine Struktur haben. Der amerikanische Philosoph Jerry Fodor nennt diese Sprache des Geistes *Mentalesisch*. Deren Einheiten sind nicht *Wörter*, sondern *Begriffe*, also die Kategorien unseres Denkens. Mit Wörtern drücken wir Begriffe bloß aus. Ein Beispiel: Wie nennt man das längliche Plastikobjekt, mit dem wir auf dem Fließband unseren Einkauf von dem der anderen abgrenzen? Früher haben die Menschen nur «das Ding an der Kasse» gesagt, inzwischen steht «Warentrenner» im Duden. Jeder von uns hatte also einen Begriff vom Warentrenner, auch wenn wir das Wort gar nicht, oder erst spät, gelernt haben. Begriffe benötigen wir zum Denken, Wörter zum Sprechen.

Alles deutet darauf hin, dass die Sprachfähigkeit angeboren ist und wir unabhängig von unserer Muttersprache über alles nachdenken können. Diese in der Forschung dominierende *Unabhängigkeitsthese* blieb nicht unwidersprochen. Zwei vieldiskutierte Ansätze, die von starken unbewussten Einflüssen der Sprache auf unser Denken ausgehen, werde ich mir im Folgenden näher anschauen. Ich fange mit der

Metaphern-Theorie an, die sagt, all unser Denken sei metaphorisch, beruhe also auf Sprachbildern. Wir könnten das Abstrakte nur durch das Konkrete verstehen.

WOVON WIR REDEN, WENN WIR VON LIEBE REDEN

Paul ist von Paula *überwältigt*. Er will sie *erobern* und ihr Herz *gewinnen*. Daher *bombardiert* er sie mit Komplimenten. Paula *wehrt* ihn erst *ab*. Doch seine *einnehmende* Art führt dazu, dass sie irgendwann *aufgibt*. Das *Bündnis* hält allerdings nicht lang. Sie *zieht sich zurück*, und er *verliert* sie. Paula fragt sich, ob sie anfangs zu *unterwürfig* war. Paul vermutet einen *Rivalen*. Offenbar hat er nicht genug um Paula *gekämpft*.

Wollte man die Metaphern in dieser kleinen Geschichte mit einem Merksatz zusammenfassen, könnte er lauten: *Liebe ist Krieg*. Alle kursiven Wörter haben etwas mit Kampf und Aggression zu tun. Dem amerikanischen Linguisten George Lakoff und seinen Kollegen zufolge ist das kein sprachlicher Zufall, sondern spiegelt fundamentale unbewusste Denkstrukturen wider. Lakoff meint, wir würden das Abstrakte immer in Begriffen des Konkreten verstehen. Liebe sei als Gefühl mysteriös, unsichtbar und daher schwer zu fassen. In diesem Sinne ist unser Begriff davon eher *abstrakt*. Kampf hingegen sei eher *konkret*. Wir können Auseinandersetzungen beobachten und haben schon als kleine Kinder beim Raufen Aggressionen körperlich erfahren. Unser Geist sei so strukturiert, dass wir die unmittelbare Erfahrung nutzen, um damit die flüchtige zu erfassen. Lakoff drückt diese Übertragung durch kurze Merksätze aus, wie eben *Liebe ist Krieg*. Damit ist nicht gemeint, dass beide Begriffe identisch sind, sondern dass wir den ersten mit Hilfe des zweiten verstehen. Das zeigt sich, so Lakoff, vor allem in den sprachlichen Ausdrücken, auch wenn uns das erst auffällt, wenn wir die Wortlisten sehen.

Die traditionelle Rhetorik hat *poetische Metaphern* als Sprachbilder aufgefasst, in denen der Sprecher ein bestimmtes Merkmal von einer Quelle auf ein Ziel überträgt. Wenn Homer in der *Ilias* Achill als einen Löwen beschreibt, dann überträgt er das Merkmal des Mutes vom Tier auf den griechischen Helden. So verstehen wir die Metapher auch: Achill ist der mutigste unter den Kriegern. Lakoff sieht poetische Sprachbilder als Spezialfall eines allgemeineren Phänomens an. Ihm geht es um *kognitive Metaphern*, also, wie gesagt, um Strukturen des Denkens. Die sind Lakoff zufolge so grundlegend, dass sie sich in unserer gesamten Sprache äußern, und nicht nur, wenn wir Gedichte schreiben.

Ein typisches Beispiel ist die Metapher *Zeit ist Raum*: Ostern *liegt hinter uns*, Weihnachten *kommt auf uns zu*. Wir sprechen von *Zeitachsen* und *Zeiträumen*. Wir können Zeit *einteilen* und uns in der Zeit *bewegen*. Auch hier gilt, dass unsere Raumerfahrung konkret und körperlich ist, denn wir können in alle Richtungen schauen, Entfernungen mit den Händen messen und Strecken abschreiten. Unsere Zeiterfahrung hingegen ist unkörperlich. Wieder scheinen wir das Abstrakte durch das Konkrete zu verstehen. Ein drittes Beispiel ist die Metapher *Das Leben ist eine Reise*: Wir *kommen* auf *die Welt*, *beschreiten* unseren *Lebensweg*, arbeiten an unserem *Lebenslauf* und haben trotzdem selten das Gefühl, *angekommen* zu sein. Einige Menschen leben auf der *Überholspur*, andere geraten aufs *Abstellgleis*.

Lakoff verdeutlicht an solchen Beispielen, dass kognitive Metaphern zwei Quellen haben, unseren Körper und die Kultur. Universelle Elemente stammten aus der körperlichen Erfahrung, daher würde man sie in allen Kulturen finden, zum Beispiel *oben ist gut* und *unten ist schlecht*. Sind wir wach, gesund und gut gelaunt, dann stehen wir aufrecht. Wenn wir schlafen, krank oder traurig sind, dann liegen wir meist, oder wir kauern uns zusammen. Das spiegele sich in den Metaphern wider: himmel*hoch*jauchzend, *auf*gemuntert, *Hoch*stimmung oder *nieder*geschlagen, *unter* Depressionen leidend, *am Boden* zerstört.

Ebenfalls universell könnte sein, dass wir das Leben als eine Bewegung ansehen, während andere Elemente von der kulturellen Prägung abhängen wie «Überholspur» oder «Abstellgleis». Lakoff und seine Kollegen haben zahlreiche weitere Metaphern entdeckt. Sie gehen davon aus, dass einige Begriffe mehrere metaphorische Quellen haben. So können wir *Zeit* sowohl als *Raum* als auch als *Ressource* metaphorisieren, im zweiten Fall mit der kulturellen Ausformung *Zeit ist Geld*.

KRIEG, TANZ, KRAFT, REISE

In dieser Vielfalt liegt allerdings auch ein methodisches Problem. Schauen wir uns dazu noch einmal das Anfangsbeispiel *Liebe ist Krieg* an. Daneben existiert auch die Metapher *Liebe ist eine Kraft*: Verliebte spüren ein *Knistern* in der Luft, eine *Elektrizität*, eine starke *Anziehung*, vielleicht sogar eine *Magie*. Und damit wiederum konkurriert noch eine dritte Metapher, so Lakoff, nämlich *Liebe ist eine Reise*: man *kommt* zusammen und *geht* dann miteinander. Manche Paare *beschreiten* schwere *Strecken* gemeinsam, bis sich die *Wege* trennen. Besonders Hochzeitssprüche sprudeln aus diesem nie versiegenden Quell der Bildhaftigkeit: erste *Schritte* Seite an Seite, dann lange gemeinsame *Reise*, natürlich am besten ohne *Abstecher*.

Bei genauerer Betrachtung scheint Lakoff jedoch drei

unterschiedliche Begriffe mit dem Wort «Liebe» zu überblenden. Bei der Kriegs-Metapher geht es um das merkwürdige Verhalten geschlechtsreifer Großstädter zur Paarungszeit, was Biologen *Balz* nennen. Die Kraft-Metapher versinnbildlicht eher das Gefühl des *Verliebtseins*, dem wir passiv wie einer Naturgewalt ausgeliefert sind. Die Reise-Metapher hingegen veranschaulicht eine *Partnerschaft*. Im Idealfall gehört all das zusammen, doch die Elemente sind voneinander trenn- und beliebig verknüpfbar. Ich überlasse es den Lesern, alle Kombinationen durchzuspielen.

Doch wenn wir solche Unterschiede erkennen, dann verstehen und analysieren wir Liebe *unabhängig* von den Metaphern. Nur deshalb können wir sagen, welche Metapher für welchen Aspekt am besten passt. Das widerspricht aber Lakoffs Auffassung, dass wir Liebe und andere grundlegende Begriffe immer metaphorisch verstehen.

Übrigens existiert auch die Metapher *Diskutieren ist Krieg*: Wir *streiten* mit Worten, wir *greifen* eine Position *an*, *verteidigen* unseren Standpunkt, begeben uns in einen *Schlagabtausch*, attackieren *unhaltbare* Thesen und fürchten das *Totschlagargument*. Lakoff meint, unsere Vorfahren seien mit Krallen und Reißzähnen aufeinander losgegangen, doch heutzutage kämpften wir mit Worten. Auch die können jemanden treffen und verletzend sein, aber sie stellen eine verfeinerte Form der Auseinandersetzung dar. Würde jedoch in unserer Kultur die Metapher *Diskutieren ist Tanzen* gelten, wäre unser Sprachverhalten völlig anders.

Ich halte diese argumentative Pirouette eher für einen Ausfallschritt mit stumpfem Säbel. Eine Diskussion ist nämlich einfach eine Interaktion, die manchmal einem Spiel, manchmal einem Sport und manchmal einem Kampf ähnelt. Doch das hängt von den Teilnehmern und den Themen ab, nicht von den Wörtern. «Diskutieren» hat mit «Kampf», «Sport», «Spiel» und «Tanz» einen gemeinsamen Oberbegriff, nämlich eben «Interaktion» oder noch allgemeiner «Handlung». Zwischen einzelnen Handlungstypen findet man Ähnlichkeiten und Unterschiede, doch um die auszumachen, benötigen wir keine Metaphern.

BESTIEN UND VIREN

«Das Verbrechen ist eine Bestie. Vor fünf Jahren war die Stadt Addison noch in guter Verfassung, ohne nennenswerte Schwachstellen. Doch in den letzten Jahren sind die Abwehrsysteme schwächer geworden, und die Stadt ist dem Verbrechen erlegen. Heutzutage gibt es mehr als 55000 Straftaten pro Jahr, 10000 mehr als früher.» Was würden Sie tun, wenn Sie der Bürgermeister wären: härter gegen die Verbrecher durchgreifen oder die Sozialstruktur verbessern, etwa mit Jobprogrammen? Eine längere Version dieser Geschichte und ähnliche Fragen legten die amerikanischen Psychologen Paul Thibodeau und Lera Boroditsky ihren Probanden vor. Von denen sprachen sich 71 Prozent für harte Polizeimaßnahmen aus. Eine zweite Gruppe hörte dieselbe Geschichte, doch diesmal lautete der erste Satz: «Das Verbrechen ist ein Virus.» Alle Sätze danach waren exakt wie in der ersten Fassung. Doch plötzlich befürworteten nur noch 54 Prozent ein strenges Durchgreifen. Bei den Sozialmaßnahmen war es umgekehrt: In der Bestien-Geschichte stimmten weniger Personen für Hilfsprogramme als in der Virus-Geschichte.

In vielen anderen Varianten dieses Versuches ergab sich konstant ein Vorsprung der Bestien-Version von etwa 10 Prozent gegenüber der Virus-Version. Der Unterschied in den vorgeschlagenen Maßnahmen kann also nur an den Metaphern liegen. Thibodeau und Boroditsky erklären das so: Bestien muss man bändigen und an die Kette legen,

Viren hingegen bekämpfen, indem man den Patienten stärkt. Die Forscher halten ihre Studie daher für einen Hinweis auf die Macht der Metaphern, so wie Lakoff es vorhergesagt hat. Sie konnten diesen Bestien-Effekt sogar bei Anhängern der demokratischen Partei in den USA nachweisen, die traditionell eher für soziale Maßnahmen stimmen, allerdings nicht bei Republikanern, die eher konservativ sind und harte Strafen befürworten.

Die Forscher finden bemerkenswert, dass die Versuchspersonen sich nach der Geschichte nicht an die Metaphern erinnern konnten. Doch daraus folgt noch lange nicht, dass das Denken metaphorisch ist, sondern eher, dass die Information der Metapher auf eine abstraktere, nichtmetaphorische Ebene übersetzt wurde, nämlich die Ebene der Begriffe. Dann handelt es sich einfach um einen Einrahmungseffekt wie bei Tversky und Kahneman. Bestien machen Angst, daher will man sie aggressiv bekämpfen, Kranke hingegen erregen Mitleid, daher will man ihnen helfen. Dass Wörter oder ganze Wortfelder einen *Einfluss* auf unsere Entscheidungen haben, zeigt nicht, dass wir grundsätzlich metaphorisch denken. Ob Versuche dieser Art einen empirischen Beleg für Lakoffs Theorie darstellen, bleibt also offen.

DIE METAPHORISCHE SCHROTFLINTE

Lakoffs eigene Metapher müsste lauten: *Denken ist Metaphernbilden*. Seine Beobachtungen sind oft überraschend und vielfältig anwendbar. Doch statt sich auf die Sprachforschung zu beschränken, ließ er es sich nicht nehmen, seine Theorie auf alles in der Welt anzuwenden. So war er im Jahre 2005 Berater der Demokraten, denen er riet, sich metaphorisch besser aufzustellen. Das stieß auf erheblichen Widerstand unter Parteimitgliedern und brachte ihm den Vorwurf ein, die Wähler für dumm verkaufen zu wollen – metaphorisch gesprochen.

Lakoff sieht Anwendungsmöglichkeiten für seine Theorie in der Psychotherapie und der Gesetzgebung. Einer seiner Schüler arbeitet inzwischen für ein Gemeinschaftsprojekt von NSA und CIA, um Computern beizubringen, die Metaphern von Terroristen besser zu verstehen. Lakoff behauptet zudem, die Mathematik sei metaphorischen Ursprungs. Auch die letzten 2500 Jahre westlicher Philosophie sieht er in einer metaphorischen Höhle gefangen. Kants Moralphilosophie beispielsweise sei an die Metapher *Moral ist ein strenger Vater* gebunden. Dabei verzerrt Lakoff die von ihm kritisierten Positionen allerdings dermaßen, dass man die Philosophen gar nicht mehr wiedererkennt. So bekommt man den Eindruck, er feuert mit der abgesägten Schrotflinte auf wehrlose Strohpuppen statt auf echte Gegner.

Was spricht gegen die These, dass wir in Metaphern denken, außer den schon genannten Problemen? Erstens drücken viele Sätze vollkommen nichtmetaphorische Gedanken aus wie «Meine Tante ist Ärztin». Zweitens wissen wir Dinge wie «5 ist eine Primzahl», was nichts mit körperlichen oder kulturellen Erlebnissen zu tun hat. Drittens sind derartige Erlebnisse nicht notwendig, um beispielsweise Gefühle zu verstehen. Wir können jemanden lieben, ohne jemals die Erfahrung einer Reise gemacht zu haben.

Und viertens können wir von einer unabhängigen, abstrakten, nichtmetaphorischen Ebene die Reichweite und die Beschränkungen von Metaphern beurteilen. Pinker verdeutlicht das mit dem Witz «Wenn die Welt eine Bühne ist, wo sitzt dann das Publikum?» Ebenso ist uns bekannt, dass der Raum drei Dimensionen hat, die Zeit aber nur eine. Selbst ohne dieses Wissen machen wir die Erfahrung, dass wir uns im Raum hin und her bewegen können, nicht aber in der Zeit. Unser Wissen über die Zeit können wir also nicht aus der Raumerfahrung erhalten haben.

Zudem konnte der amerikanische Psychologe David Kemmerer zeigen, dass Patienten mit Hirnschäden Präpositionen für räumliche Zusammenhänge verlieren können, ohne die zeitlichen zu verlieren. Sie verstehen also Sätze wie «Wir treffen uns *am* Strand» nicht mehr, haben aber mit «Wir treffen uns *am* 3. Mai» keine Probleme. Wenn die Raumbegriffe die Basis für die Zeitbegriffe wären, dürfte das aber nicht möglich sein. Wie Pinker herausgefunden hat, benutzen Kinder räumliche Metaphern für die Zeit erst sehr spät in ihrer Entwicklung, wobei sie Zeitausdrücke schon viel früher verstehen. Auch das spricht dafür, dass die Gedanken frei und nicht an Metaphern gekettet sind.

Lakoffs Überlegungen zur Philosophie sind ebenfalls zweifelhaft. Die Idee der «objektiven Wahrheit» hält Lakoff zum Beispiel für metaphorisch. Doch in der Wahrheitstheorie zeigt sich gerade, dass alle Versuche scheitern, den Wahrheitsbegriff durch andere Begriffe zu erläutern, beispielsweise als Abbildung, Übereinstimmung, Konsens, Bestätigung oder Nützlichkeit. Das kann man aber nur nachweisen, wenn man einen nichtmetaphorischen Wahrheitsbegriff erfasst, anhand dessen man die Unzulänglichkeiten der anderen Vorschläge festmacht.

Sagen Metaphern wenigstens etwas über unser Selbstbild aus? Lakoff meint, wir würden uns selbst, oder spezieller unseren Geist, als Behälter «erleben» und daher Dinge sagen wie «Ich habe die Nummer im Kopf». Dazu kann ich nur sagen, dass ich mich nicht als Behälter erlebe. Ehrlich gesagt, will ich auch gar nicht wissen, wie sich das anfühlt.

Aus all diesen Kritikpunkten darf man nicht ableiten, dass Metaphern keine Funktion haben, denn manchmal helfen sie uns tatsächlich beim Denken. Jede Metapher arbeitet mit einer Analogie. Gerade in der Wissenschaft finden sich unzählige Beispiele für das kreative Potenzial bildhaften Denkens. Rutherfords Atommodell beispielsweise orientierte sich am Sonnensystem. Umgekehrt eignen sich Metaphern und andere bildhafte Modelle gut als Gedächtnisstützen. Deshalb sind sie in der Politik so beliebt, weil sie Merkzettel sind, die ihre Einrahmung gleich mitbringen.

Meist denken wir gradlinig und ohne Sprachbilder. Manchmal hilft uns bildhaftes Denken. Nur wenn wir nicht aufpassen, sind wir anfällig für metaphorische Manipulationen. Doch einige Forscher vertreten sogar eine verschärfte Variante der Metapherntheorie, nämlich die *sprachliche Relativitätsthese*. Die sagt nicht bloß, dass uns Metaphern beim abstrakten Denken helfen, sondern dass die Sprache unser gesamtes Denken oder unsere Weltsicht festlegt.

DENKT DIE SPRACHE FÜR UNS?

Nilpferde sind keine Pferde und Tintenfässer keine Fässer. Das weiß jeder. Doch Erdnüsse sind keine Nüsse, sondern Hülsenfrüchte. Und Rosen haben Stacheln, Kakteen hingegen Dornen. Nicht umgekehrt. Stacheln sind nämlich aus dem Gewebe des Stammes entstanden, Dornen haben sich aus Blättern entwickelt. Täuscht uns hier die Sprache? Die Tiv-Sprache in Nigeria hat nur drei sogenannte *Grundfarbwörter*: für dunkle Farben, für helle Farbtöne und für den warmen Farbbereich. Das Deutsche dagegen hat mehr: Schwarz, Weiß, Rot, Grün, Gelb, Blau, Braun und

Grau. Manchmal zählt man noch Rosa, Orange und Purpur dazu. Daneben gibt es unzählige Fach- und Modefarbwörter wie Scharlach, Aquamarin, Beige, Mint oder Taupe. Haben deutsche Muttersprachler deshalb auch ein besseres Auge für Farben? Im Deutschen erkennt man die Zeitformen der Gegenwart, Vergangenheit und Zukunft am Verb: Ich sehe, ich sah, ich werde sehen. In manchen Sprachen ist das anders. Das Aztek-Tanoanische der nordamerikanischen Hopi-Indianer drückt Zeiten über den Standpunkt des Sprechers aus. Hat das einen Einfluss auf das Weltbild der Hopi?

Anhänger der *sprachlichen Relativitätsthese* beantworten alle drei Fragen mit «ja». Sie glauben, dass unser Denken, oder wahlweise unsere Wahrnehmung, unser Wissen oder unser Weltbild von unserer Muttersprache abhängt. Die weitverbreitete Gegenthese von Chomsky, Pinker oder dem amerikanischen Philosophen Jerry Fodor besagt, dass Denken *unabhängig* von der Sprache abläuft und wir alle Gedanken in allen Sprachen ausdrücken können. Die Relativitätsthese hingegen meint, Sprache sei das *Medium* der Gedanken. Da man nicht hinter die Sprache zurücktreten könne, sei sie gleichsam die unbewusste Struktur des Denkens – kurz gesagt, Denken sei von der jeweiligen Muttersprache nicht bloß hier und da leicht beeinflusst, sondern vollständig festgelegt: Hopi dächten anders als Deutsche, Deutsche anders als Chinesen. Nietzsche hat ähnliche Thesen vertreten. Auch Wilhelm von Humboldt meinte: «Die Sprache ist das bildende Organ der Gedanken», wobei das Denken nicht nur von der Sprachfähigkeit abhinge, sondern von den jeweiligen Einzelsprachen.

Die Relativitätsthese heißt auch *Sapir-Whorf-Hypothese*, benannt nach den amerikanischen Sprachwissenschaftlern Edward Sapir und Benjamin Lee Whorf, die diese Auffassung vor etwa 80 Jahren mit Studien belegen wollten.

Whorf war ursprünglich ausgebildeter Chemiker, der für eine Versicherung arbeitete. Später betrieb er Sprachstudien mit dem etablierten Forscher Sapir. Durch Befragungen fand er beispielsweise heraus, dass die Hopi-Indianer für alle fliegenden Objekte mit Ausnahme der Vögel dasselbe Wort verwenden: für Libellen, Hubschrauber, Düsenjets. Das erinnerte Whorf an seine Versicherungsfälle. Bei einem hatte ein Bauarbeiter ein Streichholz in eine Öltonne geworfen, die für ihn «leer» war. Doch in der Tonne waren unsichtbare Dämpfe entstanden, die sich augenblicklich entzündeten. Whorf behauptet nun, dass man in beiden Fällen von der Sprache auf das Weltbild schließen kann. Die Hopi könnten einfach nicht zwischen Libellen und Hubschraubern unterscheiden, und die amerikanischen Arbeiter wüssten einfach nicht, dass es unsichtbare Gase gebe.

IST ALLES RELATIV?

Bei genauerer Betrachtung sind die Fälle allerdings alles andere als klar. Halten die Hopi Libellen, Hubschrauber und Düsenjets wirklich für dasselbe Objekt, nur weil sie sie mit einem Wort bezeichnen? Im Deutschen sagen wir «Flieger» zu Piloten, Flugzeugen und zu gefaltetem Papier. Dadurch verlieren wir nicht die Gabe, sie auseinanderzuhalten. Warum sollte es bei den Hopi anders sein? Je allgemeiner ein Begriff ist, desto mehr Dinge umfasst er. Im Fall der ganz allgemeinen Begriffe klingt Whorfs These daher besonders absurd: «Ding» oder «Objekt» können wir zu Knöpfen, Wolkenkratzern oder Kometen sagen. Auch hier bleibt unsere Unterscheidungsfähigkeit unangetastet. Und die Arbeiter in Whorfs Versicherungsfällen hatten in der Tat kein chemisches Wissen, Whorf hingegen schon.

Da sie wie er Englisch sprachen, schien ihr «Weltbild» also gerade nicht von der Sprache abzuhängen, sondern von ihrer Bildung.

Der Relativismus ist in der philosophischen Diskussion traditionell mit dem Problem der *Selbstanwendung* konfrontiert. Müsste die These, dass alles relativ ist, nicht selbst wiederum relativ sein? Dieses Problem klingt zunächst spitzfindig, ist aber einschlägig für die Forschung. Sapir und Whorf meinen nämlich, die Hopi würden *aufgrund* ihrer Sprache anders über Zeit oder Flugobjekte denken als Sprecher des Englischen. Um das jedoch zu erkennen, müssen die Forscher die Sprachen miteinander vergleichen. Bei diesem Vergleich scheinen sie also gerade nicht in ihrer Muttersprache gefangen zu sein, was sie aber den Hopi unterstellen. So klingt die Relativitätsthese überheblich und ethnozentrisch.

Noch weiter zugespitzt: Wenn man wirklich glaubt, die Sprache lege das Denken fest, dann würde daraus folgen, dass man Sprachen prinzipiell nicht ineinander übersetzen und daher niemals vergleichen könne. Auf den ersten Blick gibt es tatsächlich Übersetzungsprobleme zwischen Sprachen. Doch wer bemerkt, dass bei der Übersetzung von einer Sprache in die andere etwas «fehlt» oder «verlorengegangen» ist, muss die Bedeutung beider Sprachen schon kennen. Auf welcher Grundlage könnte er sonst vergleichen? Die Bedeutungsebene, auf der wir die Wörter unterschiedlicher Sprachen gegenüberstellen, hat einen Namen, und zwar «Denken». Ohne diese sprachunabhängige Ebene könnten wir gar nicht einschätzen, ob beispielsweise die Paraphrase eines Satzes die Kernaussage trifft oder nicht.

Sapir und Whorf könnten natürlich behaupten, dass man tatsächlich unübersetzbare Sprachen finden kann. Doch das scheint unplausibel zu sein. Angenommen, wir treffen einen Menschen, dessen Laute und Zeichen keiner uns bekannten Sprache ähneln. Und angenommen, wir würden auch nach etlichen Versuchen der Kontaktaufnahme in seinem Verhalten nichts Sprachliches entdecken: keine Struktur und keine Regeln, keine Ausdrücke, die wir mit «ja» oder «nein» übersetzen könnten, und nichts, was darauf hindeutet, dass er sich auf seine unmittelbare Umgebung bezieht. Wir hätten dann überhaupt keinen Grund, sein Gebaren als eine Sprache anzusehen. So widerlegt der amerikanische Philosoph Donald Davidson den radikalen Sprachrelativismus.

Manche reagieren auf dieses Argument ebenfalls mit dem Vorwurf der Überheblichkeit. «Woher willst du wissen, dass er keine Sprache spricht? Vielleicht spricht er eine, die ganz anders ist als deine.» Doch dieser Vorwurf birgt einen Denkfehler, denn er unterstellt, dass man neben der Grammatik, der Bedeutung der Wörter und der gemeinsamen Kommunikation noch weitere Kriterien hätte, das Verhalten des Fremden als Sprache anzusehen. Doch welche sollen das sein?

Man kann Sapir und Whorf auch wohlwollender lesen, indem man ihre starken Thesen beiseitelässt und ihre Forschung als Beitrag zur Alltagspsychologie versteht, also auf einer Ebene mit Phänomenen wie dem Einrahmungseffekt. Dann sagten sie bloß, Wörter können unser Denken und Handeln beeinflussen. Seit etwa 30 Jahren widmen sich Linguisten und Psychologen erneut diesem Thema, mit teils überraschenden Beobachtungen. Diese *Neo-Whorfianer* neigen allerdings ebenfalls dazu, aus ihren Ergebnissen zu große Thesen abzuleiten. Auf der Seite der Sprache untersuchen sie unter anderem Farbwörter, Zeitformen und Ausdrücke für räumliche Beziehungen. Dazu messen sie Effekte in der Wahrnehmung, im Gedächtnis und beim Schlussfolgern.

Allmählich fügen sich so viele kleine Mosaiksteine zu

einem bunten Bild des menschlichen Geistes zusammen. In den nächsten Abschnitten diskutiere ich ein paar verblüffende Entdeckungen. So bekommt man einen guten Eindruck, was an der Forschung problematisch ist, aber auch eine Ahnung, wie das Gesamtbild irgendwann einmal aussehen könnte.

SCHNEE VON GESTERN

Das bekannteste Beispiel für eine schwächere Leseart der Relativitätsthese ist ausgerechnet der größte Mythos der Sprachwissenschaft. Es geht um Schnee. Die These lautet, dass Eskimos unzählige Schneewörter hätten und deshalb Schnee genauer als Europäer oder Amerikaner wahrnehmen würden. Tatsächlich gebrauchen sie nur wenige Wörter für Schnee. Wie kam es zu diesem Irrglauben? Der deutsch-amerikanische Anthropologe Franz Boas hatte in seinem Handbuch über die nordamerikanischen Ureinwohner aus dem Jahre 1911 korrekt beschrieben, dass die Eskimos die Art und Weise, wie Schnee entsteht, durch die Wortformen ausdrücken, vergleichbar mit dem deutschen «Schneewehe». Er nannte vier Fälle, unter anderem für liegenden und fallenden Schnee. Whorf machte daraus «viele» und, wenn spätere Autoren sich präziser geben wollten, waren es plötzlich 48, 100 oder gar 200 Wörter. Irgendwie schien es das Vorurteil zu bestätigen: Wer im Schnee lebt, kennt viele Wörter dafür.

Das Deutsche hat übrigens mehr als vier Ausdrücke für Schnee. Im Wörterbuch stehen unter anderem: Harsch, Firn, Reif und Raufrost, zudem Graupel, Schloße sowie Pulver-, Papp-, Faul-, Eis- und Sulzschnee. Erfahrene Skiläufer und Meteorologen können diese Formen sicher besser unterscheiden als Leute, die sich nicht sonderlich für eine Schnee-Typologie begeistern. Sie könnten sogar mit noch mehr Wörtern noch feinere Unterscheidungen ziehen. Doch zuerst kommt die Kategorisierung, dann das Wort. Nicht umgekehrt.

Der amerikanische Linguist Geoffrey Pullum verdeutlicht mit einem Beispiel, wie universell, aber auch wie banal Thesen über Wortkategorien sind. Ein eifriger Anthropologe könnte verkünden, Deutsche hätten ein feineres Auge für Buchstaben, denn sie unterscheiden zwischen Hunderten von Schriftarten und geben ihnen klangvolle Namen wie: Arial, Garamond, Courier oder Helvetica. Doch wie man an der weltweiten Verbreitung von Schriftarten sieht, hat das hat gar nichts mit bestimmten Sprachen zu tun. Die schlichte Tatsache ist, dass wir die Welt sprachlich immer noch feiner einteilen können. Das setzt eine gedankliche Unterscheidungsfähigkeit schon voraus. Für viele von uns hocken bunte Vögel in den Bäumen, doch für Experten sind es Rotschwänze, Eichelhäher und Grünrückenflöter.

ACHTUNG: FARBEN!

Jeder Mensch kann etwa eine Million Farbschattierungen unterscheiden. Um das zu testen, legt man Versuchspersonen zwei Farbtafeln vor und fragt sie, ob sie einen Unterschied erkennen. Davon kann man dann hochrechnen. Wir haben aber nicht eine Million Farbbegriffe in unserem Langzeitgedächtnis gespeichert, geschweige denn die dazu passenden Farbwörter gelernt. So können wir das Stoppschild-Rot zwar von dem Rot der alten Sowjetfahne unterscheiden, aber in einem Arrangement von roten Farbtafeln nicht wiederfinden. Uns würde es hingegen relativ leichtfallen, das Stoppschild-Rot zwischen orangefarbenen Tafeln herauszugreifen, zumindest leichter als den Sprechern der Tiv-Sprache, die, wie gesagt, nur ein Wort für den warmen Farbbereich haben.

Der umgekehrte Fall ist auch möglich. Griechen und Russen verwenden zwei Wörter für den Blaubereich. Im Gegensatz zum Deutschen oder Englischen müssen sie sich zwischen den Adjektiven «hellblau» und «dunkelblau» entscheiden, wenn sie den Sommerhimmel preisen wollen. Versuche zeigen, dass sie die Farbtöne auf der Grenze zwischen «hellblau» und «dunkelblau» ein klein wenig schneller, nämlich im Mittel 124 Millisekunden, von ähnlichen Farbnuancen unterscheiden können als deutsche oder englische Sprecher. Einige Forscher folgern daraus, dass die Sprache die Wahrnehmung beeinflusst. Das wäre eine erstaunliche Entdeckung, weil sonst alles darauf hindeutet, dass die Wahrnehmung abgekapselt von Sprach- und Denkprozessen abläuft. Tatsächlich deuten die Experimente auch bloß auf einen indirekten *Aufmerksamkeitseffekt* hin. Russen und Griechen sind einfach geübter darin, Unterschiede zu erkennen. Die Sprache trainiert sie, auf die Übergänge im kühlen Farbbereich zu achten. Daraus folgt nicht, dass sie die Welt anders sehen, im Gegensatz zu den *Tetrachromaten* aus dem Kapitel *Uneinsichtiger Geist*, die tatsächlich 100-mal mehr Farbnuancen als normale Menschen unterscheiden können.

Viele Faktoren beeinflussen die *Voreinstellungen* der Aufmerksamkeit. Wir können uns willentlich vornehmen, auf Farben oder Töne zu achten, aber oft sind automatische Erwartungen am Werk, die unsere Aufmerksamkeit justieren. Dass dabei auch sprachliche Kategorien eine Rolle spielen, dürfte nicht weiter überraschen. Für dieses Phänomen haben Forscher unzählige Sprachbeispiele wie die folgenden beiden gefunden.

Israelische Kinder, in deren Muttersprache Hebräisch das grammatische Geschlecht, das Genus, eine bedeutende Rolle spielt, können das biologische Geschlecht von Erwachsenen früher unterscheiden als finnische Kinder, in deren Muttersprache das Genus unwichtig ist. Das Türkische fordert seine Sprecher auf, bei jeder Behauptung wie «Das Haus hat gebrannt» anzugeben, ob sie das selbst gesehen oder nur gehört haben, daher achten sie auch mehr auf den Unterschied.

Kann man von solchen Aufmerksamkeitseffekten wirklich auf langfristige Denkeffekte schließen? Pinker nennt ein anschauliches Gegenbeispiel. Immer wieder werden Mörder in den USA dadurch überführt, dass sie beispielsweise nach dem Verschwinden der Ehefrau sagen: «Sie war ein guter Mensch», und damit ungewollt zugeben, dass sie wissen, dass ihre Frau nicht mehr lebt. Gerade das Englische mit seinen vielen Zeitformen müsste sie doch für solche Unterschiede sensibilisieren.

Die Aufmerksamkeit spielt auch in folgendem Experiment eine Rolle. Die yukatekischen Maya, die in Mexiko und Guatemala leben, kennen für unbelebte Dinge nur *Stoffwörter* wie «Holz», «Wasser» oder «Sand», aber keine *Wörter für Einzeldinge* wie «Tisch», «Flasche» oder «Sandmann». Stoffwörter erkennt man daran, dass sie mit «viel» verwendet werden wie bei «Ich trinke viel Wasser». Bei Wörtern für Einzeldinge hingegen klingt das seltsam: «Da steht viel Tisch im Zimmer». Wollen die Maya nun über Einzeldinge sprechen, müssen sie auf Umschreibungen zurückgreifen, vergleichbar mit «etwas aus Holz» statt «Tisch». In Versuchen sollten sie ein Bild mit einem früher gezeigten vergleichen und dann sagen, welche Dinge fehlten. Dabei schnitten sie schlechter ab als Sprecher des Englischen. Diesen Versuch halten einige Neo-Whorfianer für einen Beleg der These, dass die Maya die Welt anders erfassen.

Tatsächlich zeigt der Versuch allenfalls, dass Wörter als

Gedächtnisstützen funktionieren. Weil sie in einem sparsamen Speicherformat vorliegen, bleiben sie leichter als Bilder in der Erinnerung, und wer mehr kennt, kann sich Zusammenhänge besser merken. Solche Gedächtniseffekte belegen aber nicht, dass die Maya anders denken als Sprecher des Englischen.

Neue Wörter lernt man schnell. Doch nicht allein Wörter machen, wie gesagt, natürliche Sprachen aus, sondern vor allem grammatische Strukturen. Die liegen uns nicht auf der Zunge, sondern schlummern in den Tiefen unseres Denkapparats. Deshalb sind sie bessere Kandidaten für die unbewusste Beeinflussung unseres Denkens. Aber auch hier liefert die Forschung keinen klaren Beleg für den Neo-Whorfianismus.

GPS IM KOPF

Jack Bambi war auf hoher See, Kilometer von der australischen Küste entfernt, als sein Boot von einem Sturm erfasst wurde und kenterte. Während er Richtung Küste schwamm, tauchten plötzlich Haie um ihn herum auf. Wie durch ein Wunder erreichte er das Festland heil und unverletzt. Bambi war Mitglied der *Guugu Yimithirr*, eines Aborigine-Stammes im Hopevale-Gebiet von Queensland, aus deren gleichnamiger Sprache das Wort «Känguru» stammt. Während er den Vorfall lebhaft schilderte, ahmte er die Bewegung des Bootes nach, indem er den Arm parallel zum Körper drehte. Ein Kollege des britischen Linguisten Steven Levinson filmte ihn dabei. Zwei Jahre später bat Levinson Bambi, die Geschichte noch einmal für eine andere Studie zu erzählen. Dabei fiel Levinson auf, dass Bambi diesmal den Arm rechtwinklig zum Körper hielt. Außerdem stand der Aborigine in einem anderen Winkel zur Unglücksstelle. Levinson erkannte, dass er in beiden Fällen die Hände genau an jener Himmelsrichtung orientiert hatte, in der das Schiff kippte. Offenbar hatte er in beiden Fällen seine Gestik eingenordet.

Als Levinson daraufhin die Orientierungsfähigkeit der Guugu Yimithirr untersuchte, trat Erstaunliches zutage. Sie besaßen einen Orientierungssinn, von dem Pfadfinder nur träumen können. In einem Jeep fuhr er mit seinen Probanden kreuz und quer durch stockfinstere Nacht. Er selbst hatte bald überhaupt keine Ahnung mehr, wo er sich befand. Doch seine Beifahrer konnten bis zu 350 Kilometer entfernte Bezugspunkte wie Häuser oder Bäume mit einer Fehler-Abweichung von weniger als 14 Grad bestimmen. Diese Fähigkeit behielten sie auch in fensterlosen Räumen in ihrer Region. Es ist, als hätten die Aborigines ein GPS im Kopf. Ihre Fähigkeit ist dabei so automatisiert, dass sie nicht erklären können, woher sie stets so sicher wissen, wo Norden liegt.

Die Sprache der Guugu Yimithirr kennt nur *absolute Koordinaten*, vergleichbar mit unseren Himmelsrichtungen. So liegt der Verdacht nahe, dass ihre Sprache sie zwingt, zu perfekten Pfadfindern zu werden. Ein solcher Effekt wäre viel nachhaltiger und damit auch erstaunlicher als die Aufmerksamkeitseffekte bei Farben oder beim Genus. Im Deutschen orientieren wir uns auch manchmal an Nord, Süd, Ost und West, verwenden aber häufiger sogenannte *egozentrische Koordinaten*, also Ausdrücke relativ zur eigenen körperlichen Orientierung wie «Die Tasse vor mir steht links von der Kanne». Bambi und sein Stamm orientieren sich auch im Nahbereich mit absoluten Koordinaten. Sie sagen: «Die Tasse steht südlich der Kanne.»

Doch was ist die Ursache für diese erstaunlichen Fähigkeiten, die Sprache oder die Kultur? Diese Frage kann man gut anhand der Tzeltal-Maya aus dem mexikanischen Yucatán erläutern. Auch sie verwenden hauptsächlich Wörter einer absoluten Orientierung, und auch sie norden sich ein. Am selben Berghang wie die Tzeltal wohnen, kein Scherz, die Tzotil, die sich wie wir Deutschen hauptsächlich mit egozentrischen Koordinaten, also mit «rechts» und «links» orientieren. Doch viele Versuche zeigen, dass sie sich genauso einnorden wie ihre Nachbarn, die Tzeltal. Die absolute Orientierung scheint in dieser Region also ein kulturelles Gut zu sein und nicht von den einzelnen Sprachen abzuhängen.

Für diese Interpretation spricht auch, dass die Guugu Yimithirr ihren inneren Kompass verlieren, sobald sie weite Strecken mit dem Flugzeug zurückgelegt haben. Nach einem dreistündigen Flug nach Melbourne wunderten sich einige, dass die Sonne nicht mehr im Osten aufging. Offenbar funktionierte ihr Hirn-Kompass in der ganz neuen Umgebung nicht. Und selbst wenn allein ein Sprachsystem dazu führen würde, dass Menschen sich ständig einnorden, zeigte das nicht, dass man das nicht auch anders lernen kann.

Wir können erstaunliche Fähigkeiten erwerben. Manchmal ist unsere Muttersprache und manchmal unsere Kultur der Grund dafür. Verblüffend sind die Ergebnisse also in jedem Fall, auch wenn sie bloß eine unstrittige Variante der Relativitätsthese bestätigen: Menschen können durch Konzentration und Übung Unglaubliches leisten.

DIE ENTHEXUNG DES VERSTANDES

Viele Versuche deuten eher auf die Unabhängigkeit von Sprachfähigkeit und Denkleistungen hin. So beschreibt der russische Psychologe Alexander Lurija den Fall eines

Komponisten, der nach einem Unfall weder sprechen noch etwas verstehen konnte, aber weiterhin uneingeschränkt komponierte. Die amerikanische Neuropsychologin Rosemary Varley konnte nachweisen, dass drei ihrer Patienten, die ihre Sprachfähigkeit vollständig verloren hatten, anspruchsvolle mathematische Gleichungen lösen konnten, beispielsweise Brüche oder geklammerte Funktionen wie «42 – (5 x (6 + 2))». Letztere haben große Ähnlichkeit mit Satzstrukturen wie «Der Mann, der den Löwen tötete, war wütend.» Varleys Versuch zeigt, dass die Denkoperation des Rechnens auch ohne Sprache funktioniert.

Einige Neo-Whorfianer meinen, man müsse angesichts der Funde die philosophische Diskussion um Raum und Zeit neu aufrollen. So glaubt der israelische Psychologe Guy Deutscher, das absolute Koordinatensystem der Aborigines widerlege Kants Annahme, dass Orientierung grundsätzlich egozentrisch sei. Kant betont nämlich, dass uns bei der Ausrichtung im Raum unser asymmetrischer Körper helfe, denn unsere Vorderseite unterscheidet sich in einigen Details von unserer Rückseite. Deutscher übersieht in seiner Kritik allerdings, dass auch ein absolutes Koordinatensystem einen *arbiträren Nullpunkt* hat. Damit ein Guugu Yimithirr weiß, wo Norden ist, muss er wissen, wo sich Norden *relativ* zu seiner eigenen Blickrichtung befindet. Dieses egozentrische Element kann man niemals eliminieren, wie spätere Philosophen gezeigt haben.

Manchmal hilft uns unsere Sprache, manchmal werden wir von ihr in die Irre geleitet. Wittgenstein war sogar überzeugt, dass alle Probleme der Philosophie allein auf Sprachverwirrung beruhen. Die Philosophie sei deshalb «ein Kampf gegen die Verhexung unseres Verstandes durch die Mittel unserer Sprache». Glücklicherweise ist diese Verhexung nur metaphorisch und vorübergehend und kann durch Nachdenken kuriert werden.

Kein Versuch hat bisher zweifelsfrei belegt, dass Sprachen einen nachhaltigen unbewussten Einfluss auf das Denken oder gar die Vernunft haben. Alle Ergebnisse kann man, wie gesagt, mit drei schwächeren Effekten erklären. Erstens sind Wörter *Erinnerungsstützen*: Wer zum Beispiel viele Farbwörter kennt, kann sich Farben besser merken. Zweitens fordert die Sprache die *Aufmerksamkeit*: Wer ausschließlich Wörter für die Himmelsrichtungen kennt, achtet vielleicht mehr darauf, sich ständig einzunorden, um sich zu orientieren. Drittens ist die Sprache ein *Informationsspeicher*: Wir erschließen aus den Wörtern, dass Kanarienvögel Vögel und Maikäfer Käfer sind. Doch wir können uns nicht immer auf unsere Muttersprache verlassen. Ohne Biologieunterricht halten wir Walfische für Fische, Erdnüsse für Nüsse und Detox-Getränke für ein Mittel, den Körper zu entgiften. Ohne Allgemeinbildung könnten wir glauben, dass sich die Sonne um die Erde dreht, weil wir sagen «Die Sonne geht auf und unter». In solchen Einzelfällen irren wir uns einfach. Das passiert Sprechern aller Sprachen. Der Irrtum hindert uns aber nicht daran, mehr über Erdnüsse herauszufinden und sie dann, anders als Haselnüsse, zu den Schmetterlingsblütenartigen zu zählen.

UNTERSCHWELLIGE WAHRNEHMUNG

DER VERFÜHRERISCHE SUPERMARKT

Stellen Sie sich vor, Sie schlendern hungrig durch einen Supermarkt und kaufen gedankenverloren ein. Währenddessen telefonieren Sie noch mit einem Bekannten und schreiben sich danach mit ihrem Geliebten lustige SMS. An der Kasse sind Sie erstaunt, als Sie den überquellenden Einkaufswagen neben sich stehen sehen. Ist das wirklich Ihrer? Darin finden Sie unter anderem Grillfleisch, Chips und ein Sixpack Bier, Markenprodukte, Joghurt mit roten Reduziert-Schildern, zwei Paar Tennissocken zum Preis von einem, eine sündhaft teure, fein gewürzte Wildschweinsalami in einer Holzbox und Obst und Gemüse in rauen Mengen.

Das kann passieren, wenn sie in einem guten Supermarkt gelandet sind und ihre Aufmerksamkeit gleichzeitig auf Standby geschaltet war. Gut für den Besitzer, nicht für Sie, versteht sich. Wenn der sich in der ausufernden Konsumforschung auskennt, hat er vermutlich einige Vorkehrungen getroffen, die erklären, warum Ihr Einkaufswagen so voll ist.

Ein guter Supermarkt ist nämlich unter anderem linksdrehend, weil die meisten Menschen Rechtshänder sind und so schneller ihren Einkaufskorb füllen können. Obst und Gemüse werden über eine Anlage fein mit Wasser bestäubt, damit alles wie kürzlich gepflückt aussieht. Das Wasser enthält Zitronenaroma, denn so wirkt das Gemüse besonders frisch. Teure Markenprodukte lauern auf Augenhöhe, die billigen Hausmarken sind in den unteren Fächern versteckt. Neben dem Fleisch ist ein Aufsteller platziert, auf dem eine Gruppe fröhlicher Mittdreißiger um einen Grill herumsteht. Direkt daneben finden sich Bier, Tacos, Chips und Soßen, alles thematisch gruppiert, damit man sie nicht einzeln zusammensuchen muss. Auf vielen Milchprodukten klebt die leuchtend rote Aufschrift «reduziert», obwohl sich der Preis zum Vortag gar nicht geändert hat. In der Feinkostabteilung steht ein Probierstand mit nur zwei Produkten, Hartkäse aus Norditalien und Wildschweinsalami aus dem Schwarzwald, alles andere würde die Kunden überfordern. Der nette Verkäufer mit der sauberen weißen Schürze versichert, dass es sich um «ganz was Feines» handelt. Zudem ist die gepresste Rohwurst edel und wertig verpackt, hochpreisig zwar, aber man gönnt sich ja sonst nichts. Währenddessen hören sie eine Werbedurchsage, gehaucht mit rauchiger Stimme, die überzeugend klingt: Die neue Nachtcreme wirkt wirklich und nachweislich gegen das Altern. Bei dem Preis muss sie es auch. Auf den letzten Metern sticht dann noch die Aktion der Woche ins Auge. Wer ein Paar weiße Socken kauft, bekommt das zweite Paar «gratis!» dazu. Für die Kinder gibt es an der Kasse Süßigkeiten mit einer Überraschung. Sollte man ihnen diesen Wunsch nicht erfüllen, kann man die Reaktion nur mit einem kleinen Schnaps ertragen, der ebenfalls neben dem Kassenband erhältlich ist.

All diese Maßnahmen beruhen auf unzähligen Studien, die deren Effekte auf unser Konsumverhalten nahelegen. Wie können wir so manipulierbar sein? Man kann, wie schon erwähnt, drei Stufen unterscheiden.

Erstens sind einige Einflüsse unterschwellig, erreichen das Bewusstsein zwar nicht, erzeugen aber trotzdem einen

Effekt. Man denke an unsere Vertrautheit mit bekannten Marken, bei denen wir erst später bemerken, dass wir sie aus der Werbung kennen. Zweitens gelangen die meisten Eindrücke wohl ins Bewusstsein, doch einige davon liegen dann nicht im Zentrum der Aufmerksamkeit, wie vielleicht der Zitronenduft beim Gemüse. Drittens sind wir, selbst wenn wir Informationen aufmerksam erfassen, bei der Kaufentscheidung von Faktoren beeinflusst, die eigentlich irrelevant sein sollten, etwa wenn wir auf vermeintliche Sonderangebote hereinfallen oder mit «gratis!» gelockt werden. Die bewusst und aufmerksam verarbeiteten Informationen haben gewiss den stärksten Effekt auf unser Handeln. Um sie soll es im nächsten Kapitel gehen, genauer um die Frage, wie vernünftig unsere Entscheidungen eigentlich sind.

In diesem Kapitel konzentriere ich mich auf die unterschwellige Wahrnehmung, also unbewusste Einflüsse beim Einkaufen und in anderen Alltagssituationen. Dazu finden sich einige überraschende Versuche, die in den letzten Jahren auch jenseits der Wissenschaft viel Aufmerksamkeit gefunden haben.

WIE MAN ENTSCHEIDUNGEN IN DIE RICHTIGE BAHN LENKT

Für eine BBC-Sendung ließ der Magier Derren Brown zwei Werbefachleute aus einer führenden Londoner Agentur mit dem Taxi abholen und in sein Büro bringen. Brown, der tatsächlich eine riesige Sammlung mit ausgestopften Tieren besitzt, gab vor, eine Firma für Tierpräparationen zu leiten, die sich auf das Konservieren von Haustieren spezialisiert hat. In der Kreativsitzung vor Ort bat er die Werber, einen Namen, einen Werbeslogan, ein Logo und ein Werbeposter für die Firma zu entwickeln. Dafür hatten sie nur 30 Minuten Zeit. Die Werber steckten die Köpfe zusammen, ließen ihrer Kreativität freien Lauf und präsentierten nach einer halben Stunde ein überzeugendes Ergebnis. Die Firma sollte «animal heaven» heißen, also sinngemäß *Tierhimmel*, der Werbeslogan lautete übersetzt «Der beste Ort für verstorbene Tiere», das Logo bestand aus zwei Engelsflügeln, und auf dem Poster war ein Bär zu sehen, der Harfe spielte, daneben das Tor eines Zoos in den Wolken.

Die Werber staunten nicht schlecht, als ihr Auftraggeber seinen eigenen Vorschlag danebenhielt. Fast alle Details stimmten überein, sogar die Bären glichen sich bis aufs Schnurrbarthaar. Wie hatte Brown das geschafft? Die Antwort lautet: Mit akribischer Vorbereitung und dem schon bekannten «priming», also dem *Bahnungseffekt*, bei dem bewusste oder unbewusste Eindrücke die Informationsverarbeitung einer Person in eine bestimmte Bahn lenken.

Brown hatte die assoziativen Verschaltungen der Werber von Anbeginn der Taxifahrt bis zu dem Treffen in seinem Konferenzraum durch unzählige Bilder aktiviert und gelenkt. Schon auf der Straße neben ihrem Büro klebten Poster von Bären mit Harfen. Die Fahrt ging am Londoner Zoo vorbei, an einer Ampel überquerten Dutzende Kinder einen Zebrastreifen, sie trugen T-Shirts mit einem stilisierten Tor und dem Logo «Zoo». In dem Schaufenster eines Geschäfts stand eine große Harfe, später musste das Taxi neben einem Pub halten, der auf der Menütafel «Der Himmel für Tiere» ankündigte. Auf dem gesamten Weg hingen unzählige Werbeplakate mit dem Satz «Der beste Ort für verstorbene Tiere».

Man kann davon ausgehen, dass die Werber auf dem

Rücksitz des Taxis viele der Schilder und Hinweise zwar bewusst wahrgenommen, aber sicherlich nicht aufmerksam verarbeitet haben, sodass ihnen ihre Ideen in der Kreativsitzung neu und originell vorkamen, obwohl sie gerade erst in ihren Geist gelangt waren. Vermutlich ist sogar ein Großteil kreativer Ideen ein Flickenteppich aus schnell verarbeiteten Wahrnehmungseindrücken, bunten Erinnerungsfetzen und zufälligen Verknüpfungen mit gelegentlichen Einschnitten durch die Selbstzensur, bei denen man selten weiß, woher sie stammen.

Man kann Informationen sogar bahnen, wenn sich jemand auf eine Aufgabe konzentriert. Ein einfaches Beispiel ist eine Scherzfrage, die schon bei Kindern beliebt ist. Sagen Sie zehnmal nacheinander «weiß», zählen Sie dabei genau mit, und beantworten Sie dann folgende Frage: «Was trinkt die Kuh?» Die meisten sagen spontan «Milch», obwohl Kühe natürlich Wasser trinken. Das Wort «weiß» hat offenbar ein Bedeutungsnetz aktiviert, mit dem auch «Milch» verknüpft ist. Bei der Beantwortung der Frage bildet «Milch» die schnellste Verbindung zwischen «weiß», «Kuh» und «trinken». Bei der Frage hat also der erste Stimulus den Weg zur falschen Antwort gebahnt.

Wir kennen andere Fälle aus dem Alltag. Wer einen Horrorfilm gesehen hat und spätabends noch den Müll runterbringt, hört überall verdächtige Geräusche und sieht bedrohliche Schatten. Auch einige eingebildete Krankheiten kann man so erklären. Viele Ärzte berichten, dass sie am Anfang des Medizinstudiums so viel über Krankheiten gelernt hatten, dass sie plötzlich bei sich einfache Kopfschmerzen oder eine harmlose Hautrötung als Symptome einer seltenen Erbkrankheit deuteten.

Seit fast 50 Jahren untersuchen Forscher auch die gänzlich unbewusste Bahnung. Beispiele dafür stammen aus den schon erwähnten Maskierungs-Experimenten, bei denen der englische Psychologe Anthony Marcel Pionierarbeit geleistet hat. Er zeigte Personen zwei Bilder in rascher Folge, bei denen das erste etwa 80 Millisekunden aufblitzte, sodass die Probanden nur das zweite bewusst wahrnehmen konnten. Sahen sie auf diese Weise unbewusst Farbwörter wie «Rot» oder «Blau», so erkannten sie die passenden sichtbaren Farben etwa 20 Millisekunden schneller. Zu diesem Phänomen liegen inzwischen Hunderte von Versuchen vor, die zeigen, wie Wörter, Bilder, Fotos oder Zahlen solche Effekte haben können.

Hier sind einige Beispiele. In Versuchen zeigten Kollegen von Marcel ihren Probanden zwei Bilder mit geometrischen Figuren in rascher Folge. Das erste zeigte zum Beispiel einen Stern, das zweite eine Raute. Wieder leuchtete der Stern nur so kurz auf, dass er unbewusst blieb, weil die Raute ihn maskierte. Die Probanden sollten einen Knopf betätigen, wenn sie bewusst eine Raute sahen. Obwohl sie nur das zweite Bild erkennen konnten, reagierten sie schneller, wenn das Bild davor damit übereinstimmte, also bei Raute-Raute. Sie reagierten langsamer, wenn es sich um eine andere Form handelte, also im Fall von Stern-Raute. Der Einfluss auf die Reaktionsgeschwindigkeit spricht dafür, dass schon der unbewusste Stimulus eine Aktivierung im *motorischen Areal* des Hirns angebahnt hatte, die dann zu der richtigen Bewegung führte.

Ähnliche Effekte kann man auch beim *unilateralen Neglect* finden, unter dem einige Patienten nach Hirnverletzungen leiden. Diese Patienten haben in einer Hälfte ihres Gesichtsfeldes, typischerweise der linken, keine bewussten Seheindrücke. Wenn sie beispielsweise einen vollen Teller vorgesetzt bekommen, essen sie nur die rechte Hälfte auf, weil sie die linke nicht sehen können. Zeigt man ihnen Bilder in ihrem linken Gesichtsfeld, geben sie ebenfalls an, nichts zu erkennen. Doch wenn es sich um pornographische Bilder handelt, empfinden die Patienten ein Gefühl von Scham, auch wenn sie sich nicht erklären können, warum. Zeigt man ihnen die Bilder von zwei Häusern, die untereinander abgebildet sind und sich bloß darin unterscheiden, dass bei dem unteren Flammen aus dem linken Fenster lodern, so geben die Patienten an, dass sie zwischen den Häusern keinen Unterschied erkennen können. Doch wenn sie eines der Häuser wählen sollen, entscheidet sich ein Großteil für das Haus ohne Feuer. Die Bilder hatten also ebenfalls einen unterschwelligen Effekt, in diesem Fall auf die emotionale Verarbeitung, denn wir scheuen, wovon Gefahr ausgeht.

Das kann man auch an gesunden Probanden verdeutlichen, die die Attraktivität von Gesichtern beurteilen sollten. Sie gaben schlechte Bewertungen für ein Foto ab, wenn ihnen die Versuchsleiter zuvor unterschwellig das Bild eines Leichnams oder eines Werwolfs zeigten, und deutlich bessere für dasselbe Bild, wenn sie vorher das Bild eines Liebespaares oder eines kleinen Kätzchens unbewusst wahrgenommen hatten.

Neben der schon erwähnten Bahnung für mathematische Aufgaben im Zahlenraum von 1 bis 9 konnten Forscher auch Effekte für eine andere erlernte Fähigkeit nachweisen, nämlich Schach. Profispieler sahen den Ausschnitt eines Schachbretts mit neun Feldern und sollten so schnell wie möglich beurteilen, ob der König in der jeweiligen Stellung im Schach steht. Sie waren schneller in ihren Antworten, wenn sie zuvor unbewusst eine andere Situation wahrgenommen hatten, in der der König ebenfalls im Schach stand, und langsamer als im Normalfall, wenn der König im unterschwelligen Bild nicht bedroht war. Bei Hobbyspielern konnte man keinen derartigen Effekt beobachten.

Unbewusst verarbeitete Wörter, Bilder und Fotos haben also einen kleinen, aber feinen Einfluss auf die Voreinstellung unseres Hirns, und zwar auf die Sprache, auf Emotionen, aufs Rechnen und aufs Schachspielen. Natürlich stellt sich jetzt die Frage, ob man diese Effekte auch nutzen kann, um Menschen gezielt zu steuern. Wie zu erwarten, versuchen Unternehmen das bis heute.

DER SCHWELLENWERT DER WERBUNG

In David Finchers Filmklassiker *Fight Club* von 1999 geht es vordergründig um Kampf und Männlichkeit. Eine Gruppe frustrierter Männer trifft sich, um aufeinander einzuprügeln. Doch auf einer zweiten Ebene thematisiert der Film die Identität des modernen Menschen in der Konsumwelt. Ein namenloser Erzähler, gespielt von Edward Norton, trifft auf sein Alter Ego, Tyler Durden, den Brad Pitt darstellt. Tyler erzählt, dass er als Filmvorführer heimlich Szenen in Filme schneidet. Diese Aussage stellt sich als ein selbstbezüglicher Verweis des Regisseurs Fincher heraus, denn *Fight Club* ist seinerseits voll von unterschwelligen Reizen.

Noch bevor der Film beginnt, leuchtet unmittelbar nach der Copyright-Warnung ganz kurz eine zweite Warnung auf, in der unter anderem sinngemäß steht: «Wenn Du das liest, dann ist es auch für Dich bestimmt. Hör auf mit dem exzessiven Shoppen, kündige Deinen Job, beweise Dir, dass Du am Leben bist. Wenn Du Deine Menschlichkeit nicht einforderst, bist Du nur ein Statist.» Unterschrieben ist diese Warnung mit «Tyler». Ehe der Erzähler diesen ominösen Tyler das erste Mal trifft, taucht die Figur in mindestens fünf Szenen für den Bruchteil einer Sekunde auf. Außerdem entdeckt man in fast jeder Szene des Streifens Kaffeebecher der Firma *Starbucks*. Und am Ende des Films kurz vor dem Abspann folgt noch ein letzter unerwarteter

Reiz, der gerade so über der Wahrnehmungsschwelle liegt. Das Bild von einem Penis blitzt auf.

Seit den Anfängen des Kinos ist die Angst vor dem Einfluss der bewegten Bilder ein wichtiges Thema. Vor allem der Mythos von unterschwelliger Manipulation durch Filme, mit dem *Fight Club* spielt, hält sich bis heute hartnäckig. Dessen Ursprung reicht bis in das Jahr 1957 zurück. Damals behauptete der Amerikaner James Vicary, er habe in einen Kinofilm die Aufforderung «Iss Popcorn, trink Coca-Cola» unsichtbar für die Zuschauer hineingeschnitten, woraufhin die über 40000 Kinobesucher insgesamt 50 Prozent mehr Popcorn und fast 20 Prozent mehr Cola gekauft hätten. Später gab Vicary zu, dass er sich alles nur ausgedacht hatte, um seine kleine Marketingfirma bekannt zu machen.

Der Mythos hatte da schon Spuren hinterlassen, die sich weiterhin abzeichnen. Laut Rundfunkstaatsvertrag stellt eine unterschwellige Werbung in Deutschland bis heute eine Ordnungswidrigkeit dar, die mit bis zu 50000 Euro bestraft werden kann, obwohl gar nicht klar ist, ob es solche Effekte überhaupt gibt. Selbst politische Parteien scheinen an die Macht des Unterschwelligen zu glauben. Im Wahljahr 2000 versuchten die Republikaner unter George W. Bush den vermeintlichen Effekt auszunutzen, indem sie «rats», also «Ratten», in einem ihrer Werbespots gegen die Demokraten um Al Gore kurz aufblitzen ließen. Ob sie dadurch die Wahl gewonnen haben, bleibt allerdings offen.

Der amerikanische Psychologe Kent Berridge und seine Kollegen konnten den Cola-Effekt in Filmen tatsächlich nachweisen, allerdings in einer schwächeren Variante, als Vicary sie damals verkündet hatte, und zudem mit einem weitaus kleineren Testpublikum. Die Forscher präsentierten Probanden unterschwellige Reize von fröhlichen, neutralen und wütenden Gesichtern und ließen sie danach

Cola trinken. Die Gruppe, die durch das fröhliche Gesicht unsichtbar beeinflusst war, trank im Mittel etwa 100 Milliliter, also 0,1 Liter, mehr als die Gruppe mit dem wütenden Gesicht. Und sie waren bereit, etwa 30 Cent mehr für das Getränk zu bezahlen.

Doch ist der Effekt so gefährlich, dass man sich mit einem Gesetz davor schützen müsste? Selbst wenn sich dieses Ergebnis in Nachfolgestudien als valide erweisen sollte, ist der Einfluss doch eher bescheiden. Der Versuch zeigt nicht, dass Menschen entgegen ihren Vorlieben plötzlich koffeinhaltige Limonade trinken, auch nicht, dass unsichtbare Bilder dazu führen, dass man plötzlich ungeheuren Durst bekommt. Aus anderen Versuchen und der eigenen Lebenserfahrung wissen wir, dass eine positive Stimmung einen leichten Einfluss auf unsere Konsumfreudigkeit hat. Mehr ist sicherlich im Cola-Versuch nicht passiert.

Schaut man sich all die anderen Bahnungs-Versuche mit Wörtern, Farben, Gesichtern oder Zahlen an, drängt sich derselbe Eindruck auf. Oft sind Reaktionszeiten nur wenige Millisekunden schneller, Einschätzungen ein klein bisschen akkurater oder Ergebnisse einen Hauch besser.

Wie auch andere Kritiker glaube ich, dass solche feinen und flüchtigen Effekte keinesfalls den Schluss zulassen, dass wir unbewusst manipulierbar sind. Wie schon in früheren Kapiteln erwähnt, erhärtet sich eher der Verdacht, dass nur wenige Informationen auf unbewusstem Wege bei uns ankommen und wir allein mit Hilfe des Bewusstseins reichhaltige Details über die Welt erhalten, die so auch einen entsprechend stärkeren Einfluss haben können. Mit anderen Worten: Wir haben guten Grund, Angst vor sichtbarer Werbung zu haben, während wir die unsichtbare ruhig über oder unter uns ergehen lassen können.

Selbst wenn die unbewussten Stimuli kaum etwas ausrichten, könnte es nicht immerhin sein, dass bewusste

Reize uns *auf unbewusste Weise* beeinflussen? Einige Forscher behaupten, dass sie unser soziales Verhalten in bestimmte Bahnen lenken können, ohne dass wir es merken. Schaut man sich ihre Versuche näher an, erscheint der Grat zwischen unglaublichen und unglaubwürdigen Entdeckungen sehr schmal, fast möchte man sagen: mit dem bloßen Auge nicht mehr erkennbar. Um das zu sehen, muss man einige der Versuche näher betrachten.

DIE UNWIEDERHOLBARKEIT UNBEWUSSTER MANIPULATION

Ein kleines Experiment. Lesen Sie die folgenden Wörter: Pensionierung, vergesslich, Rollator, Hörgerät, weißes Haar, Großmutter, Glatze, Rentner. Gehen Sie danach in die Küche und holen Sie sich ein Glas Wasser. Hatten sie dabei das Gefühl, sich langsamer zu bewegen? Wenn ja, würden das eine These des amerikanischen Psychologen John Bargh bestätigen, der seinen Studenten ähnliche Wörter präsentierte, die alle sprachlich mit dem Wort «alt» verbunden sind. Danach filmte er heimlich, wie sie den Gang hinunter zum Fahrstuhl gingen. Dabei bewegten sie sich signifikant langsamer, so Bargh, als Studenten der Kontrollgruppe, die neutrale Wörter gelesen hatten. Offenbar leitete das Wortfeld «alt» ein Verhalten ein, das typisch für alte Leute ist. Weil in der Originalversion das Wort «Florida» vorkam, ein beliebter Altersruhesitz in den USA, nannte Bargh seine vermeintliche Entdeckung *Florida-Effekt*.

Als ich den Versuch zum Florida-Effekt das erste Mal mit Studenten diskutierte, waren alle skeptisch. Keiner von uns im Seminar konnte sich so recht vorstellen, dass ein über Umwege aktiviertes Wort einen derart großen Einfluss auf die Handlungssteuerung haben könnte. Inzwischen hat sich herausgestellt, dass die Skepsis wohl berechtigt war, denn Folgestudien konnten die Ergebnisse tatsächlich nicht bestätigen.

Wie bei den Experimenten von Ap Dijksterhuis aus dem Kapitel *Philosophisches Handwerk*, in denen Probanden unbewusst die vermeintlich beste Entscheidung für ein Auto trafen, war zwar das Echo in den populären Medien groß, doch die Kritik vieler Fachkollegen bald umso größer. Bargh hat sich in einem offenen Brief mit dem Titel «Angry Birds» gegen das harsche Urteil aus seiner Zunft verteidigt, indem er den Kritikern vorwarf, sie hätten seinen Versuch nicht genau genug repliziert. Doch wenn die Versuchsanordnung so fragil ist, dass das Ergebnis schon bei kleinen Variationen verschwindet, dann fragt sich, wie Bargh davon ausgehen kann, einen robusten Effekt entdeckt zu haben.

In den letzten zwei Jahrzehnten erschienen weitere erstaunliche Studien zur unterschwelligen Bahnung unseres Verhaltens. Ich nenne hier einige, weil sie ebenfalls überraschend klingen, einprägsame Namen haben und deshalb in die öffentliche Wahrnehmung gelangten. Oft dienen sie den Freunden des Unbewussten als Beispiel für die Macht des Unterschwelligen. Doch auch diese Studien haben ein kritisches Echo erzeugt.

Beim *Lady-Macbeth-Effekt* sollten Probanden sich in einem unkonventionellen Versuch vorstellen, einen Arbeitskollegen zu erstechen. Die Versuchsleiter beobachteten danach ihr Kaufverhalten. Offenbar von Schuldgefühlen geplagt wie Lady Macbeth in Shakespeares Drama, die im Wahn glaubte, dass Blut an ihren Händen klebt, kauften die Testpersonen mehr Seife und Reinigungsmittel als die Kontrollgruppe. In einem anderen Versuch sollten die Probanden eine unbekannte Person anlügen und danach Fragen zu Haushaltsprodukten beantworten. Im Vergleich zur neutralen Kontrollgruppe bewerteten sie Mundspülung positiver, wenn sie jemanden mit gesprochenen Worten angelogen hatten, und Seife positiver, wenn sie in einer E-Mail, also mit Hilfe der Hände, gelogen hatten. Doch auch in diesen Fällen konnten spätere Überprüfungen von Kollegen die Ergebnisse selbst mit größeren Testgruppen nicht bestätigen.

In einem anderen Experiment sollten Personen in den USA Fragen zu politischen Themen beantworten. Die Versuchsleiter hatten zuvor zwei Rollen an deren Bürostuhl jeweils so abgeschraubt, dass die eine Gruppe bei Fragen nach rechts und die andere Gruppe nach links lehnte. Mit Rechtsneigung antworteten die Probanden auch eher rechts-konservativ, also näher am Wahlprogramm der Republikaner, mit Linksneigung eher links-liberal, also näher am Wahlprogramm der Demokraten. Auch bei dieser Studie fragt sich, ob unsere politischen Einstellungen so wankelmütig sind, dass ein schiefer Stuhl ausreicht, um uns in die eine oder andere Richtung kippen zu lassen.

In einer Reihe von Versuchen zur *sozialen Distanz*, die gut zur Bankenkrise und der weltweiten Ungleichheit passen, hatten Probanden bei einem neutralen Test, der nur zur Ablenkung diente, Geldscheine als Bildschirmschoner gesehen. Danach informierte die Versuchsleiterin sie, dass noch ein zweiter Teilnehmer für eine Gruppendiskussion erwartet würde, und bat sie, schon einmal die Stühle bereitzustellen. Es zeigt sich, dass die mit Geld angefixten Probanden die Stühle doppelt so weit auseinanderstellten wie die Personen aus der neutralen Vergleichsgruppe. In einer anderen Anordnung halfen die Probanden der Geld-Gruppe deutlich später und weniger enthusiastisch dabei, einen Stoß Bleistifte aufzuheben, der jemandem «zufällig» heruntergefallen war. Wieder scheint die Suggestion klar zu sein: Geld macht kalt und einsam. Doch auch diese Art von Studien sind fragwürdig, wie eine Überprüfung kürzlich zeigte, die keine derartigen Ergebnisse ergab.

Beim ersten Hören klingen all diese Versuche irgendwie plausibel, vor allem weil sie unsere Vorurteile zu bestätigen scheinen. Sicher, wer sich schuldig fühlt, will sich von der Schuld «reinwaschen», und wer immer nur an Geld denkt, wird distanziert und abweisend. Doch der erste Anschein der Plausibilität sollte uns nicht vom Nachfragen abhalten.

Neben dem Problem der Replizierbarkeit, das zurzeit in der Psychologie ein vieldiskutiertes Thema ist, stellen sich noch zwei allgemeinere Fragen. Erstens scheinen viele der untersuchten Faktoren so schwach zu sein, dass man gar nicht sicher sagen kann, was sich da genau anbahnt. Könnte nicht vielleicht auch das schöne Wetter, das nette Lächeln der Versuchsleiterin oder die Einrichtung des Zimmers einen Einfluss haben? Dieses Problem nennt man das der *verdeckten Variablen*. Schönes Wetter macht gute Laune. Eine positive Stimmung verbessert im Allgemeinen die Leistungsfähigkeit. Wer also die Testgruppe bei Sonnenschein und die Kontrollgruppe bei Wolkenbruch befragt, könnte schon allein deshalb unterschiedliche Ergebnisse erhalten.

Ein Beispiel aus der Forschung ist der vermeintliche *Mozart-Effekt*. Psychologen hatten Probanden eine Klaviersonate von Mozart vorgespielt und ihnen danach Aufgaben aus einem Intelligenztest gegeben. Ihre Leistung war dabei etwa 8 Intelligenzpunkte besser als die der Probanden aus den beiden Kontrollgruppen, die entweder eine Entspannungs-CD gehört oder ohne Musik auf den Test gewartet hatten. Dazu muss man wissen, dass der Intelligenzquotient jeder einzelnen Person übers Leben zwar relativ konstant bleibt, doch mit der Tagesverfassung bei Aufgaben leicht schwankt und durch Übung leicht angehoben werden kann. Der vermeintliche Mozart-Effekt hielt allerdings im Experiment nur etwa eine Viertelstunde an. Dennoch fand die Idee «Mozart macht schlauer» vor allem in den US-Medien großen Anklang und bildete den Auftakt für zahlreiche Bildungsmaßnahmen in den einzelnen Bundesstaten. In einigen bekamen Mütter Mozart-CDs für ihre Babys geschenkt, in manchen Kindergärten mussten die Kleinen täglich Klassik hören.

Doch bald stellte sich heraus, dass der Effekt nichts mit Mozart im Speziellen zu tun hatte, sondern allein mit der Stimmung der Probanden. Bei vielen Menschen weckt Mozart die Lebensgeister, und sie sind deshalb punktuell besser bei anspruchsvollen Aufgaben wie dem Intelligenztest. Der Effekt ist aber nur nachweisbar, wenn die Probanden Mozart mögen. Umgekehrt kann man für Hardrockfans also genauso den *Metallica-Effekt* oder für Hip-Hopper den *Jay-Z-Effekt* finden, denn die Stimmung und nicht Mozart ist die entscheidende Variable im Versuch. Solche versteckten Variablen müssen auch Bahnungs-Versuche ausschließen.

Zweitens könnte es sich bei den Ergebnissen in Bahnungs-Versuchen in vielen Fällen einfach um statistische Zufälle handeln. Wenn man ein Experiment nur oft genug durchlaufen lässt, findet man immer mal wieder Datenreihen, die eine These stützen, was in der Fachwelt als «Fischen nach Daten» bekannt ist. Normalerweise muss man vorher klare Kriterien für die *Nullhypothese* angeben, also die These, die man formal widerlegt, um seine eigene *Gegenhypothese* zu stützen. Tut man das nicht, wird man immer, wenn die Datenmenge nur groß genug ist, *Scheinkorrelationen* zwischen zwei Faktoren finden, denn die tauchen auch in reinen Zufallsverteilungen auf.

Selbst wenn man eine Nullhypothese formuliert hat, ist nicht ausgeschlossen, dass man *falsch positive* Ergebnisse an der Angel hat, sogenannte *statistische Fehler der 1. Art*, die eine These nur zufällig zu bestätigen scheinen. Daher muss man möglichst strenge Kriterien anlegen, um die *Irrtumswahrscheinlichkeit*, also die Wahrscheinlichkeit, einen Fehler 1. Art zu machen, möglichst gering zu halten.

Zur Erläuterung: Wenn Sie davon überzeugt sind, dass Sie täglich ungeheuer viele Spam-E-Mails erhalten, dann wäre Ihre Nullhypothese, dass Sie wenig erhalten. Um Ihre eigene These zu bekräftigen, müssten Sie die Nullhypothese widerlegen. Dazu schauen Sie dann in ihren Spam-Ordner, und siehe da, der platzt aus allen Nähten. Es könnte aber sein, dass Ihre Spamkriterien zu umfassend eingestellt sind, sodass viele Nachrichten Ihrer Freunde darin landen, nur weil «lustig» oder «Dope» in der Betreffzeile steht. Erst wenn Sie genauer angeben, was der Filter abfangen soll, können Sie ein verlässlicheres Urteil über die Menge von Spam treffen.

Dieses Problem ist in der Medizin, die viele Korrelationen wie «Verursacht Kaffee Magenkrebs?» testet, schon seit einigen Jahrzehnten bekannt. Dort werden auch immer mal wieder Studien publiziert, die einander widersprechen. In der einen Woche erhöht selbst moderater Alkoholkonsum die Gefahr von Brustkrebs, in der nächsten ist er wieder harmlos, im Wein verlängert er sogar das Leben, begünstigt aber Migräne, aber vielleicht auch nur in Kombination mit dunkler Schokolade. Irgendwann wird man fatalistisch und hofft bloß, Alkohol oder Kaffee gerade in dem Zeitraum getrunken zu haben, als beides noch ungefährlich war.

Um den Ruf seiner Zunft und die Aussagekraft von Bahnungs-Experimenten besorgt, hat der israelisch-amerikanische Nobelpreisträger Daniel Kahneman deshalb in einem offenen Brief an seine Kollegen gefordert, die fraglichen Versuche in mehreren unabhängigen Laboren zu wiederholen. Vielleicht wird sich so in den nächsten Jahren endgültig zeigen, wer recht hat. Bis dahin sind Zweifel angebracht.

DAS GESETZ DER GROSSEN WAHL

Kann man auch politische Entscheidungen unbemerkt steuern? Wenn Wörter oder Bilder einen kleinen, aber spürbaren Effekt auf unsere Einstellungen ausüben, könnte es dann nicht sein, dass auch unsere Umgebung einen Einfluss auf unser Handeln hat, ohne dass wir etwas davon mitbekommen? Könnten Bahnungseffekte auf große Gruppen gerechnet von gesellschaftlicher Relevanz sein? Das fragten sich der amerikanische Psychologe Jonah Berger und seine Kollegen. Sie untersuchten das Abstimmungsverhalten von Bürgern im Bundesstaat Arizona bei der Wahl zum US-Präsidenten im Jahre 2000. Wie in Deutschland werden auch in den USA viele Wahllokale in Schulen eingerichtet, einige aber auch in Ämtern oder in Kirchen. Jonah und seine Kollegen wollten nun wissen, ob das Umfeld einer Schule Einfluss auf das Wahlverhalten haben könnte. Gleichzeitig zur Präsidentschaftswahl stimmten die Bürger von Arizona nämlich über eine Steuererhöhung ab, durch deren Mehreinnahmen die Ausbildungssituation an Schulen verbessert werden sollte.

Dazu verglichen Berger und Kollegen die Wahlergebnisse aus den Urnen in Schulen mit denen anderer Standorte und rechneten Faktoren wie Alter, Einkommen, politische Gesinnung oder Entfernung zu den Wahllokalen in den jeweiligen Bezirken heraus. Sie kamen zu dem Ergebnis, dass in Schulen etwa 56 Prozent der Wähler für die Schulreform gestimmt hatten. Das waren 3 Prozent mehr als beim Gesamtergebnis. Ein paar Prozentpunkte mögen gering erscheinen, können in politischen Abstimmungen aber bekanntlich den entscheidenden Unterschied ausmachen. In Folgeversuchen baten Berger und seine Kollegen Probanden, eine hypothetische Steuererhöhung für eine

Bildungsinitiative zu bewerten. Einer Gruppe zeigten sie davor ganz nebenbei Bilder von Schulen, der Vergleichsgruppe Bilder von neutralen öffentlichen Gebäuden. Wieder ließ sich ein Unterschied ausmachen, und zwar von etwa 7 Prozent. Wer also auf Schulen eingestimmt war, stimmte auch eher für die Bildungsförderung.

Falls sich dieser Effekt langfristig bestätigen sollte, wäre er auch hierzulande für politische Wahlen einschlägig. Wie in anderen Ländern ist auch in Deutschland Parteiwerbung in den Wahlämtern verboten. Doch wenn es schon allein der Ort ist, der Wähler in die eine oder andere Richtung kippen lässt, ist die Neutralität der Wahl in Gefahr, zumindest bei Bildungsfragen.

Wer selbst im Bildungssystem arbeitet, wird diesen Effekt natürlich begrüßen, aber es fragt sich, ob man unter diesen Bedingungen überhaupt eine faire Wahl garantieren kann. Es könnte ja außerdem sein, dass Schulen eher mit Begriffen wie «Autorität», «Pflicht» oder «Anpassung» assoziiert werden, und so Wahlprogramme von konservativen Parteien begünstigen. Oder vielleicht ist es umgekehrt so, dass die Assoziationen mit «Widerstand», «Rebellion» und «Individualität» eher den kleinen Oppositionsparteien helfen. Auf Folgeversuche darf man gespannt sein.

Auch das Internet bringt seine eigenen Umweltbedingungen mit, weil dort der Informationsfluss einen Rahmen setzen kann, der Nachrichten und damit die politischen Entscheidungen von Menschen in eine bestimmte Richtung lenkt. Der amerikanische Psychologe Robert Epstein und seine Kollegen haben das während der Wahlen um das Amt des indischen Premierministers im Jahre 2014 demonstriert. Sie rekrutierten insgesamt 2150 unentschiedene Wähler aus fast allen Wahlbezirken Indiens und präsentierten ihnen über Google Informationen zu den drei Kandidaten. Allerdings war die Suchmaschine so eingestellt, dass Nachrichten zu jeweils einem der drei Kandidaten weiter oben in der Trefferliste landeten, auch wenn die Probanden den Eindruck hatten wie gewöhnlich über Google nach Links zu den Kandidaten zu suchen. Abgesehen davon veränderten Epstein und seine Kollegen nichts.

Das Ergebnis der drei Testgruppen gibt einem zu denken. Epstein und Kollegen konnten in 20 Prozent aller Fälle die Wahlpräferenzen verschieben. Bei einigen Personengruppen, zum Beispiel Arbeitslosen in einer Wahlregion, erzeugten sie sogar in 65 Prozent aller Fälle eine Meinungsänderung. Obwohl es in dem Versuch nur um die Gruppe der Wechselwähler ging und diese vielleicht nur einen kleinen Teil der Wahlberechtigten ausmachen, könnte eine solche Verschiebung schon über Sieg oder Niederlage einer Partei entscheiden. Da Epsteins Untersuchungen zufolge etwa 85 Prozent aller Menschen weltweit zumindest einen Teil ihrer politischen Informationen über das Internet erhalten und diese Tendenz zunimmt, wird die politische Macht von Google bald noch größer sein.

Das Gesetz der großen Zahl greift auch im Supermarkt, selbst wenn die Effekte durch unbewusste Reize auf den Einzelnen dort ebenfalls nur schwach sind. Um den Verkauf von Süßwaren anzukurbeln, reicht es aus, wenn jeder zehnte Besucher unaufmerksam ins Regal greift. Nicht nur Epsteins Versuch, sondern vor allem die Werbung zeigt, dass gerade die sichtbaren Informationen in unser Bewusstsein dringen, sich im Gedächtnis einnisten und uns so später zu sinnlosem Konsum verführen.

Dagegen können wir uns nur schützen, wenn wir aufpassen, also die Aufmerksamkeit einschalten. Klar ist, dass man politisch gefestigte Menschen genauso wenig manipulieren kann wie Verbraucher, die mit Einkaufsliste und schmalem Budget in den Supermarkt gehen. Für viele ist das der Regelfall, andere kennen das vielleicht noch aus der Studentenzeit, als man wehmütig an der Feinkostabteilung vorbeigeschlichen ist und im Supermarkt eher mit den unteren Regalböden vertraut war. Wer dann das erste Geld verdient, übertreibt die große Freiheit zunächst, merkt am Monatsende aber, dass er über das Ziel hinausgeschossen ist, und pendelt sich schnell bei einem gesunden Mittelmaß ein, was nach traditioneller Auffassung für die Vernunft des Menschen spricht.

Zwischen minuziösen Einkaufslisten und Impulskäufen existieren viele Zwischenformen. Ein Freund von mir lässt sich auf Amazon bewusst und gerne von den Empfehlungen inspirieren, weil seiner Meinung nach der Algorithmus des Online-Kaufhauses besser als alle anderen «weiß», was er mag. In meiner WG-Zeit hatten wir die Regel, beim Einkauf spontan immer ein unbekanntes Produkt auszuprobieren, um wenigstens ein kleines Gefühl von Wahlfreiheit zu haben.

Selbst wer ausschließlich nach Gusto einkauft und sich von all den Sonderangeboten und Pappaufstellern inspirieren lässt, muss nach der *klassischen Entscheidungstheorie* nicht irrational sein, solange er genug Geld hat und andere Wünsche wie Urlaubsreisen oder die Altersvorsorge nicht darunter leiden. Nach der klassischen Theorie ist es vernünftig, seinen *Gesamtnutzen zu maximieren*, also den höchsten Ertrag für sein Geld zu bekommen. Viele Theorien verstehen unter dem «outcome», also dem «Ertrag» oder dem «Resultat», die Produkte, die man gekauft hat. Wenn man das Resultat aber nicht als ein *Objekt*, sondern genauer als dasjenige *Ereignis* ansieht, das einem das Objekt verschafft, dann muss der Ertrag nicht mehr nur die Produkte beinhalten, sondern kann auch das Kauferlebnis und das Gefühl von Wahlfreiheit umschließen oder den Kitzel, sich von neuen Produkten überraschen zu lassen. Solange dadurch nicht die Welt vornehm zugrunde geht, kann es vollkommen rational sein, Geld für diesen Zusatz auszugeben. Wir zahlen beim Einkaufen eben nicht nur für Produkte, sondern manchmal denken wir, wir kauften ein ganzes Lebensgefühl.

Der Weg von unterschwelligen Reizen bis hin zu unseren Entscheidungen ist steinig, weit und mit einigen Schranken gesichert. Wenn überhaupt, konnten Forscher bisher nur äußerst schwache unbewusste Einflüsse auf unser Handeln nachweisen. Und selbst wenn man diese Einflüsse zugesteht, machen sie uns weder zu unvernünftigen Verbrauchern noch zu Marionetten der Konsumindustrie.

Bei bewussten Entscheidungen bieten sich, wie schon angedeutet, viel mehr Angriffsflächen für Manipulationen. Daher ist die Sache dort komplizierter, aber zum Glück auch nicht ganz hoffnungslos. Darum geht es im nächsten Kapitel.

INTUITIVES ENTSCHEIDEN

MIT FESTEM SCHUHWERK AUF DEM PFAD DER LOGIK

In Goethes *Faust* schlüpft Mephisto in die Rolle eines Hochschullehrers, der mit einem Studienanfänger den Lehrplan durchgeht. Er empfiehlt dem sichtlich überforderten Erstsemester das «Collegium Logicum», denn: «Da wird der Geist Euch wohl dressiert, / In spanische Stiefeln eingeschnürt, / Dass er bedächtiger so fortan / Hinschleiche die Gedankenbahn».

Das klingt nicht, als sei Logik ein Strandspaziergang mit Flipflops, sondern eher, als würde man beim Finanzamt in der Schlange stehen. Leider gibt es im Leben kaum etwas, was einen Wert hat, umsonst oder ohne Anstrengung. Für die *formale Logik*, also die Wissenschaft vom logischen Schließen, gilt dasselbe.

Allerdings spielen *informelle logische Schlüsse* in unserem Leben von Anfang an eine große Rolle, auch wenn wir das nur selten bemerken. Schon kleine Kinder lernen unausgesprochene Wenn-dann-Regeln wie «Wenn du weinst, kommt Mama» oder «Wenn du auf den Knopf drückst, spielt die Musik». Diese Regeln werden mit dem Alter komplexer und bilden dann einen Teil unserer bewussten, begrifflich strukturierten Gedanken wie bei: «Ich nehme entweder den Zug von Berlin nach Hannover ohne Zwischenhalt oder, wenn er über Wolfsburg fährt, dann nur als

ICE, aber beide nur, wenn ich noch eine Sitzplatzreservierung bekomme, sonst fahre ich mit dem Auto, allerdings nicht, wenn Unwetter angesagt ist, dann bleibe ich einen Tag länger in Berlin.»

Vielleicht sind einige logische Anforderungen in unserer Kultur inzwischen schon zu komplex. So zeigte die PISA-Studie von 2014, dass etwa ein Fünftel aller 15-Jährigen bei einigen Kombinationsaufgaben im Alltag scheitern, zum Beispiel dabei, einen Fahrkartenautomaten zu bedienen. Zum Glück ist es zum Lernen nie zu spät. Wenn man sich im Schlussfolgern durch logische Knobeleien übt, fallen einem auch andere komplexe Entscheidungen leichter.

Wer sich also für menschliches Handeln interessiert, kommt nicht um Logik und Mathematik herum, weil sie sowohl vielen alltäglichen Entscheidungen zugrunde liegen also auch den Kern aller Ansätze in der *Entscheidungstheorie* ausmachen. Die Entscheidungstheorie spielt in vielen Disziplinen eine Rolle, der Psychologie, Philosophie, Ökonomie oder der Rechtsprechung. Dabei unterscheidet man zwischen einer *normativen* Variante der Theorie, die uns sagt, wie wir idealerweise *entscheiden sollen*, und einer *beschreibenden* Variante, mit der man modelliert, wie Menschen *tatsächlich entscheiden*. Wie zu erwarten, sind die Ergebnisse beider Spielarten selten deckungsgleich.

Man kann sich die Unterschiede gut anhand des Schlussfolgerns klarmachen. Fangen wir mit einem einfachen Beispiel an: «Wenn es regnet, dann wird die Straße nass. Es regnet. Also wird die Straße nass.» Mit diesem Schluss müssen sich Philosophiestudenten seit Jahrzehnten in Einführungskursen in die Logik herumschlagen. Er scheint recht verständlich und klar zu sein. Wie sieht der Fall bei einer geänderten Aufgabenstellung aus? «Wenn es regnet, dann wird die Straße nass. Es regnet *nicht*. Also ...» Viele Antworten hier «... wird die Straße *nicht* nass». Doch das ist ein logischer Fehler, nämlich eine Verletzung des sogenannten *Modus Tollens*, auch bekannt als das *Gesetz der Kontraposition*. Den Fehler kann man so erklären: Wenn es nicht regnet, kann die Straße noch anderweitig nass werden, zum Beispiel durch einen Wassersprenger im Vorgarten. Richtig ist nur der umgekehrte Schluss: «Wenn es regnet, dann wird die Straße nass. Die Straße ist nicht nass. Also hat es nicht geregnet.»

In meinem ersten Logikseminar als Student habe ich mir ziemlich lange den Kopf über das *Konditional*, also die Wenn-dann-Beziehung, zerbrochen, bis mir klarwurde, dass das Beispiel verwirrend ist. Wir lesen den Satz nämlich als: «Der Regen *verursacht*, dass die Straße nass wird.» Als ich später eigene Kurse in Logik unterrichtete, habe ich daher zur Veranschaulichung Beispiele ohne Verursachung gewählt, etwa: «Wenn ein Tier ein Wal ist, dann ist es ein Säugetier. Dieses Tier ist ein Wal. Also ist es ein Säugetier.» Ändert man in diesem Fall die Vorgaben, ist die Reaktion meist anders als im Regen-Beispiel: «Wenn ein Tier ein Wal ist, dann ist es ein Säugetier. Dieses Tier ist *kein* Wal. Also ...» Hier antworten nur wenige mit «... ist das Tier *kein* Säugetier». Vielen fallen sofort Hunde und Katzen ein, die Säugetiere, aber keine Wale sind. Unser Allgemeinwissen scheint also zu helfen, im Wal-Beispiel sofort auf Alternativen zu stoßen, während wir im Regen-Beispiel ein wenig um die Ecke denken müssen.

Logisches Schließen gilt als Kernelement von Intelligenz und Vernunft. Sowohl viele Intelligenztests wie auch die verbindliche Aufnahmeprüfung für amerikanische Universitäten verwenden Bilder oder Textaufgaben, die Fähigkeiten im Schlussfolgern voraussetzen, unter anderem das Gesetz der Kontraposition richtig anzuwenden. Seit mindestens 50 Jahren weiß man aber, dass viele Menschen ohne Übung mit bestimmten Schlüssen Probleme haben, vor allem, wenn darin Negationen, also Verneinungen, enthalten sind. In Versuchen verletzt zum Beispiel etwa die Hälfte aller Probanden das Gesetz der Kontraposition. Wir bleiben also allem Anschein nach oft hinter den Standards der Logik zurück, und das kann einen Einfluss auf unsere Lebensentscheidungen haben, ohne dass wir es merken. Heißt das, dass wir unintelligent und unvernünftig sind?

Um diese Frage ist ein Streit zwischen zwei Lagern in der psychologischen und philosophischen Entscheidungstheorie entbrannt, die sogenannte *Große Rationalitätsdebatte*. Das größere Lager bilden dabei die *Pessimisten*, die davon ausgehen, dass wir durch Denken selten das Ideal einer vernünftigen Entscheidung erreichen. Wir würden uns zu sehr von den Umständen, der Fragestellung oder anderen irrelevanten Faktoren beeinflussen lassen und könnten zudem einfach nicht gut mit Zahlen und mit Logik umgehen. Oft fallen wir stattdessen «heuristics and biases» zum Opfer, frei übersetzt *abkürzenden Denkmustern und Fehlschlüssen*.

Die *Optimisten* gehen hingegen davon aus, dass unsere geistigen Fähigkeiten in der Evolution gereift sind, um sich innerhalb einer Gruppe und in einer feindlichen Umgebung, in der Nahrung knapp war, zurechtzufinden. Tatsächlich handle es sich bei den automatischen Abkürzungen im Denken um die «Vernunft unseres Bauches», um nützliche Schlüsse, die man auch als *unbewusste Faustregeln* beschreiben kann. Vermeintliche Fehlschlüsse in der Logik kann man den Optimisten zufolge damit erklären, dass wir die Aufgaben oft anders verstehen und somit gerade keine Denkfehler begehen. In vielen, vielleicht sogar allen Fällen könnten wir uns auf unsere Intuition, also unser spontanes Wissen verlassen.

Eine Mittelposition besetzen Stanovich und einige seiner Kollegen mit den *Dualen Theorien*. Sie nehmen an, dass beim Denken und Entscheiden in unserem Kopf *zwei Systeme* ineinandergreifen: ein älteres, das in der Evolution gereift ist, nämlich dasjenige, das die Optimisten meinen, und ein neueres, das für Mathematik und logisches Schließen zuständig ist und mühevoll trainiert werden muss, von dem die Pessimisten sprechen, wenn sie von «Vernunft» reden.

Im Folgenden stelle ich zunächst einige einschlägige Beobachtungen der Pessimisten und der Optimisten vor, anhand deren man gut den Kern des Streits nachvollziehen kann. Im Anschluss daran soll es um die *Duale Theorie* gehen.

DIE ANGEKRÄNKELTE VERNUNFT

Vergegenwärtigen wir uns noch einmal das Regen-Beispiel: «Wenn es regnet, dann wird die Straße nass ...» War um macht uns die Negation solche Probleme? Um das zu beantworten, führte der englische Psychologe Peter Wason in den sechziger Jahren mehre inzwischen berühmte Versuche zum logischen Schlussfolgern im Alltag durch. Einer geht folgendermaßen: Auf einem Tisch liegen vier Karten, auf denen Zahlen und Buchstaben «K», «A», «8», «5» stehen. Auf jeder Karte ist auf der einen Seite ein Buchstabe und auf der anderen eine Zahl abgedruckt. Auf der Rückseite der A-Karte steht also eine Zahl, auf der Rückseite der 8-Karte ein Buchstabe. Der Versuchsleiter gibt nun eine Regel vor, die überprüft werden soll: «Wenn ein Vokal auf der einen Seite der Karte steht, dann steht eine gerade Zahl auf der anderen.» Die Aufgabe lautet: «Welche Karte oder Karten muss man umdrehen, um herauszufinden, ob die Regel richtig oder falsch ist?» In fast allen Durchläufen wählen 50 Prozent der Probanden die Karten «A» und «8», 20 Prozent nur die Karte «A», weitere 20 Prozent Kombinationen wie «K» und «8». Alle liegen falsch. Die richtige Antwort lautet «A» und «5». Diese Antwort geben tatsächlich nur 10 Prozent aller Teilnehmer. Das Ergebnis ist erstaunlich stabil, wie Dutzende Wiederholungen des Versuchs zeigen.

Wieso lautet das Ergebnis «A» und «5»? Die A-Karte muss man umdrehen, um herauszufinden, ob hinter den Vokalen gerade Zahlen stehen. Stünde hinter der «A» eine «7», wäre die Regel falsch. Das scheint klar zu sein. Doch die Karte mit der «5» ist die, auf die man nicht so schnell kommt. Man benötigt sie aber, um die Regel von der anderen Seite zu überprüfen. Befände sich hinter der «5» zum Beispiel ein «E», so wäre die Regel falsch, denn sie besagt ja, dass bei Vokalen gerade Zahlen auf der Rückseite stehen. Drehte man hingegen die Karte mit der «8» um, hätte man nichts gewonnen, denn wenn sich dahinter ein Vokal verbirgt, ist die Regel zwar bestätigt, doch wenn man einen Konsonanten aufdeckt, ist die Regel nicht widerlegt, denn sie sagt nur etwas über Vokale aus. Die Karte «8» ist also *irrelevant* für die Überprüfung der Regel.

Der Kartentest hat dieselbe Struktur wie der Schluss «Wenn es regnet, dann wird die Straße nass.» Auch um diese Regel zu widerlegen, müsste man nachsehen, ob die Straße nicht nass ist, obwohl es geregnet hat. Viele Forscher halten den Wason-Kartentest daher für das Musterbeispiel wissenschaftlichen Denkens, denn jede Hypothese muss man nicht nur durch Beispiele bestätigen, sondern auch an ihren möglichen Gegenbeispielen überprüfen, nämlich schauen, ob man zeigen kann, dass sie falsch sind. Wer bei der Aufgabe falsch geantwortet hat, erlag wahrscheinlich seinem sogenannten «confirmation bias», also dem *Bestätigungsvorurteil*, denn wenn wir etwas glauben, tendieren wir eher dazu, positive Belege dafür zu finden, als kritisch nach Gegenbeispielen zu suchen.

Heißt das nun, dass 90 Prozent aller Menschen nicht wissenschaftlich denken können, weil sie automatisch und in diesem Sinne unbewusst falsch schlussfolgern? Nicht unbedingt. Wie beim Regen-Beispiel hängt auch dieser Versuch von der Aufgabenstellung ab. Sobald man sie ändert, fallen auch die Ergebnisse anders aus. Ein New Yorker Polizist kommt in eine Bar, in der vier Gäste sitzen. Von zweien weiß er, dass sie jeweils 22 und 18 Jahre alt sind, hat aber keine Ahnung, was sie trinken. Bei zwei weiteren ist ihm sofort klar, dass einer Cola und der andere Bier vor sich stehen hat, kennt aber ihr Alter nicht. Das Gesetz sagt: «Wenn eine Person Bier trinkt, muss sie über 21 Jahre alt sein.» Wen muss er überprüfen? Oder, wenn wir vier Karten hätten, auf denen «22», «18», «Bier», Cola» steht, welche Karte oder Karten muss er umdrehen? Die Antwort lautet «18» und «Bier», denn bei dem 18-jährigen Gast muss man schauen, ob er Alkohol trinkt, und bei dem Bier-Trinker muss man schauen, ob er alt genug ist. Hier antworten fast alle Probanden richtig, sogar diejenigen, die im Wason-Kartentest zuvor falschlagen, und das, obwohl beide Aufgaben der Form nach identisch sind.

Zwar argumentieren einige Kritiker, dass es sich beim Beispiel mit dem Polizisten um Gesetze, also *normative* und keine *logischen Regeln* handelt, doch das Schema scheint dasselbe zu sein, auch wenn der Inhalt variiert. In einer anderen Variante des Wason-Tests war die hypothetische Regel von der Art: «Immer wenn ich nach Hannover fahre, nehme ich den Zug» mit den vier Karten «Hannover», «Stuttgart», «Zug» und «Auto». Dabei drehten immerhin fast 60 Prozent der Versuchsteilnehmer die richtigen Karten um, nämlich «Hannover» für die mögliche Bestätigung, dass dahinter auch «Zug» steht, und «Auto» für die mögliche Widerlegung, wenn dahinter vielleicht doch «Hannover» gedruckt ist.

Die englischen Psychologen Mike Oaksford und Nick Chater meinen, wer von Menschen erwarte, dass sie im Alltag die Regeln der formalen Logik beherzigen, habe ein falsches Modell des menschlichen Geistes. Weil sich unser Denken in der Evolution in einer rauen und feindlichen Umgebung ausgebildet habe, war es vorteilhaft für unsere Vorfahren, dass sie automatisch einschätzten, ob beispielsweise der Verzehr eines schönen roten Pilzes zum Tode führt oder ob ein Raubtier zum Angriff ansetzt, wenn es die Zähne fletscht.

Daher war es hilfreich, dass wir unbewusste Wahrscheinlichkeitsmodelle über solche Ereignisse anlegten, auch wenn uns die bewusste, also mathematische Wahrscheinlichkeitsrechnung heutzutage sichtlich schwerfällt. Wir würden, so Oaksford und Chater, die Wenn-dann-Beziehung in Sätzen wie «Wenn es regnet, wird die Straße nass» automatisch sinngemäß als «Regen erhöht die Wahrscheinlichkeit, dass die Straße nass wird» verstehen. Weil den Forschern zufolge nicht die Logik, sondern die von dem englischen Mathematiker Thomas Bayes entwickelte Wahrscheinlichkeitsrechnung unserem Denken zugrunde liegt, nennen sie ihr Modell *bayesianische Rationalität*.

Mit ihrem technisch ausgearbeiteten Modell konnten Oaksford und Chater das Antwortverhalten der Probanden im Wason-Kartentest und vielen anderen Situationen fast perfekt vorhersagen und die meisten «logischen Fehler» damit erklären, dass Menschen die Aufgabe einfach anders verstehen. Aus bayesianischer Sicht verstehen wir die Aussage «Wenn es regnet, wird die Straße nass» als «Regen erhöht die Wahrscheinlichkeit, dass die Straße nass wird». Daraus würde folgen: «Wenn es nicht regnet, wird die Straße nicht nass», auch wenn das wie ein logischer Fehler aussieht, denn wir würden den Satz als «Ohne Regen ist die

Wahrscheinlichkeit hoch, dass die Straße nicht nass wird» verstehen.

Selbst für die Ergebnisse im Wason-Kartentest haben Oaksford und Chater eine Erklärung parat. Angenommen, es gilt die Regel «Wenn jemand von einem Vampir gebissen wurde, wachsen ihm spitze Zähne». Nach klassischer Logik müsste man nach Menschen mit normalen Zähnen suchen, die dennoch von Vampiren gebissen wurden, um die These zu falsifizieren. Doch angenommen, Vampirismus bricht in unserer Welt aus. Dann wäre es töricht, alle gesunden Menschen zu überprüfen, um solche allenfalls seltenen Fälle auszumachen. Besser wäre, zu schauen, ob Vampirbisse die Wahrscheinlichkeit erhöhen, selbst Vampir zu werden, oder ob jemand mit neuen spitzen Zähnen von einem Vampir gebissen wurde. Mit beiden Manövern könnten wir die These bestätigen, dass Vampirbisse es wahrscheinlicher machen, dass sich jemand in einen Vampir verwandelt, auch wenn der zweite Test wiederum nach klassischer Logik nicht schlüssig ist.

Oaksford und Chater können mit unbewussten Wahrscheinlichkeitsannahmen zwar recht genau unser alltägliches Denken modellieren, doch das klassisch logische Schließen ist dennoch in vielen Fällen unentbehrlich, wie sie selbst zugeben. Die Forscher sind also nur gemäßigte Optimisten, weil sie betonen, dass wir in *vielen* Fällen die Aufgabe anders verstehen und somit nicht irrational sind, wenn wir anders antworten, als die Logik es vorsieht. Aber eben nicht in *allen* Fällen.

Ihre Beispiele sind außerdem insofern suggestiv, als sie typischerweise *Kausalrelationen* unterstellen: Der Regen *verursacht* die Nässe, und die Vampirbisse *verursachen* die Ansteckung. Sicher, im Alltag machen wir oft solche Annahmen, man denke an das Kind, das der Regel folgt: «Wenn ich schreie, kommt Mama.» Doch wichtiger als für unsere Vorfahren ist heutzutage eben formales, nichtkausales Denken, zum Beispiel in der Überprüfung wissenschaftlicher Theorien oder wenn wir die ideale Verbindung am Fahrkartenautomaten finden wollen.

Dann geht es gerade nicht darum, von vielen Fällen auf eine Regel zu schließen wie bei «Wenn das Raubtier mit den Zähnen fletscht, greift es gleich an», sondern es geht nur um den Einzelfall wie im Wason-Kartentest, der deshalb auch nichts mit Wahrscheinlichkeiten zu tun hat. Oaksford und Chater können also gut erklären, wie wir tatsächlich oft denken und warum wir so viele Fehler der klassischen Logik begehen. Doch selbst als Beschreibung unseres Alltagsdenkens kann die bayesianische Rationalität die klassische Rationalität in vielen Fällen nicht ersetzen, als normatives Ideal für Entscheidungen schon gar nicht.

DIE FALLSTRICKE DER MATHEMATIK

Linda ist 31 Jahre alt, Single, freimütig und sehr intelligent. Sie hat einen Uni-Abschluss in Philosophie und hat sich als Studentin gegen Diskriminierung und soziale Ungleichheit eingesetzt. Was ist wahrscheinlicher: «Linda ist Bankangestellte» oder «Linda ist Bankangestellte und in der Frauenbewegung aktiv»? Diese Frage stellten der israelisch-amerikanische Nobelpreisträger und Psychologe Daniel Kahneman und sein Kollege Amos Tversky ihren Probanden in einem klassischen Experiment. Von denen tippten 85 Prozent auf die zweite Antwort, doch die ist leider falsch, auch wenn sie auf den ersten Blick plausibel erscheint.

Das kann man leicht mit Mengen verdeutlichen. Nehmen wir der Einfachheit halber an, die Menge aller weiblichen Bankangestellten enthält 100 Personen. Da nicht alle Bankleute in der Frauenbewegung aktiv sein werden, ist die Teilmenge der feministischen Bankangestellten wohl kleiner, vielleicht sind es 50 Personen, vielleicht auch nur 10. Selbst wenn es 100 wären, also *alle* Bankangestellten auch in der Frauenbewegung aktiv sind, kann diese Menge niemals größer sein als die Menge der Bankangestellten. Mathematisch ausgedrückt, kann die Teilmenge immer nur kleiner oder gleich der Gesamtmenge sein. Bezogen auf Linda heißt das, dass in der Gruppe der Bankangestellten zu sein, die zudem noch in der Frauenbewegung aktiv sind, *niemals* wahrscheinlicher ist, als bloß zur Teilmenge der Bankangestellten zu gehören.

Weil Versuchspersonen Fehler machen, wenn sie Mengen kombinieren, haben die Forscher das Phänomen «conjunction fallacy» also *Konjunktions-Fehlschluss* genannt. Schon wieder scheint die Vernunft, in diesem Fall unser bewusstes Nachdenken über Wahrscheinlichkeiten zu versagen, zumindest wenn man Tversky und Kahneman glauben darf.

Doch dieser Schluss ist wohl etwas vorschnell, wie der deutsche Psychologe Gerd Gigerenzer in Folgeversuchen nachweisen konnte. Im Alltag ist das Wort «wahrscheinlich» aus der Fragestellung nämlich mehrdeutig, denn wir können es je nach Kontext zum Beispiel als «sicher», «mutmaßlich» oder «naheliegend» verstehen. Wie der Sprachphilosoph H. Paul Grice gezeigt hat, lösen wir solche Mehrdeutigkeiten in der Kommunikation oft dadurch auf, dass wir dem Sprecher das sogenannte *Relevanzprinzip* unterstellen, das automatisch zum Einsatz kommt und ausdrücklich so lauten könnte: «Sprecher tendieren dazu, das zu sagen, was in einer Situation für die Unterhaltung relevant ist.» So wie die Frage gestellt war, schien es klarerweise um die gesellschaftspolitische Einstellung von Linda zu gehen und nicht um einen Vergleich von Gesamtmenge und Teilmenge. Daher geben wir dem Satz eher die Lesart: Was ist naheliegender «Linda ist Bankangestellte» oder «Linda ist Bankangestellte und in der Frauenbewegung aktiv»? Das scheint die Interpretation zu sein, die die meisten Versuchspersonen wählen, auch wenn sie aus klassisch logischer Sicht einen Fehler darstellt.

Gigerenzer konnte zeigen, dass sich das Ergebnis sofort ändert, wenn man die Frage eindeutig formuliert. In einem Versuch gab er seinen Probanden die Geschichte zu lesen und fragte sie dann: «Es gibt 100 Personen, auf die die Beschreibung von Linda zutrifft. Wie viele von ihnen sind Bankangestellte, und wie viele sind in der Frauenbewegung aktiv?» Jetzt antworteten die Probanden mit ganzen Zahlen und gaben der Antwort «Bankangestellte» einen Wert um 90, also genau umgekehrt zu den Antworten im Originalversuch von Tversky und Kahneman.

Um zu veranschaulichen, dass Probanden Aufgaben oft anders verstehen als die Erfinder der Experimente, nennt Gigerenzer die vielen Lesarten des alltagssprachlichen Ausdrucks «und». Das logische «und» in dem Satz «David ist klein, und Goliath ist groß» ist symmetrisch, denn es erlaubt eine Vertauschung der Teilsätze, ohne dass sich etwas an der Aussage, genauer ihrem Wahrheitswert, ändert. Der Satz «David ist klein, und Goliath ist groß» hat dieselbe Bedeutung wie «Goliath ist groß, und David ist klein». Das ist aber in vielen Alltagssätzen nicht der Fall, wie folgendes Satzpaar zeigt: «David schleuderte den Stein, und Goliath starb» im Gegensatz zu «Goliath starb, und David schleuderte den Stein». Im ersten Fall lesen wir das «und» kausal im Sinne von «und das verursachte, dass».

Auch hier scheinen die Pessimisten ihre Schlussfolgerung übertrieben zu haben. Allerdings haben Optimisten wie Gigerenzer auch nicht recht, denn es klingt oft so, als würden sie annehmen, dass das intuitive Denken dem logischen überlegen sei und somit gar keine Fehlleistungen vorlägen. Wer einmal das Problem des Konjunktions-Fehlschlusses verstanden hat, wird in anderen Fällen nicht mehr darauf hereinfallen. Aber es bleibt mühsam für uns, Wahrscheinlichkeiten gegeneinander abzuwägen, sodass wir dabei weiterhin Fehler machen werden, sofern wir nicht sehr geübt sind. Natürlich kann man behaupten, dass das eben im weitesten Sinne Rechenfehler sind und keine des vernünftigen Schließens. Doch dann muss man erwarten, dass ein vernünftiger Mensch, sobald er um seine beschränkten Fähigkeiten weiß, nur noch urteilt, wenn er gründlich nachgerechnet oder einen Experten gefragt hat. Das tun wir jedoch nicht immer, und dann sind wir eben punktuell irrational.

Vernünftig hingegen sind wir, wenn wir uns zum Beispiel in medizinischen Fragen auf die Experten verlassen, etwa auf die statistische Präzision der Forscher, die Medikamente entwickelt haben. Das schließt natürlich nicht aus, dass Ärzte oder Pharmakologen Fehler machen. Dennoch ist klar, dass sie sich in wichtigen Forschungsfragen, die über Leben und Tod entscheiden, nicht auf das Relevanzprinzip berufen können. Auf die Frage der Studienleiterin, welches Antibiotikum in der Teststudie gewirkt hat, das mit dem alleinigen Wirkstoff A oder das mit der Wirkstoffkombination A und B, kann der Forscher nicht antworten «A und B», wenn er glaubt, dass B irrelevant ist, und sich später damit herausreden, dass die Frage so klang, als sei der Versuchsleiterin der Wirkstoff B besonders wichtig gewesen.

Schauen wir uns noch zwei Beispiele an, in denen es um Mathematik geht. Mit einem Kollegen gab Kahneman seinen Studenten folgende Aufgabe «Ein Baseballschläger und ein Ball kosten zusammen 1,10 Dollar. Der Schläger kostet einen Dollar mehr als der Ball. Wie viel kostet der Ball?» Sofort springt einem eine Antwort in den Kopf, nämlich «10 Cent». Doch leider ist sie falsch, denn 10 Cent für den Ball und 1,10 Dollar für den Schläger ergeben 1,20 Dollar. Die richtige Antwort lautet «5 Cent» für den Ball und «1,05 Dollar» für den Schläger, macht zusammen 1,10 Dollar.

Falls Sie die Frage beim ersten Anlauf falsch beantwortet haben, müssen Sie sich keine Sorgen machen. Nur etwa die Hälfte aller Studenten der Elite-Universitäten Harvard, MIT und Princeton gaben die richtige Antwort. An weniger anspruchsvollen Universitäten lagen sogar etwa 80 Prozent falsch. Kahneman erklärt das mit unserer mentalen Faulheit. Wir würden einfach das sagen, was uns intuitiv und spontan durch den Kopf geht. Selbst von den Studenten mit den richtigen Antworten werden viele den ersten Impuls unterdrückt und noch einmal nachgerechnet haben. Das Beispiel zeigt also, dass wir schon mit einfachen mathematischen Aufgaben Probleme haben und daher falsch schließen. Es zeigt aber auch, dass wir unseren ersten Impuls unterdrücken können. Würde über der Aufgabe stehen: «Obacht, diese Frage ist knifflig, auch wenn sie einfach aussieht», würden sicherlich viel weniger Fehler auftreten.

Ein mit dem Linda-Problem verwandtes Phänomen findet sich in folgender Frage: «Steve ist sanft, ordentlich und mag Bücher. Was ist wahrscheinlicher, dass er Bibliothekar ist oder dass er in der Landwirtschaft arbeitet?» Die meisten antworten «Bibliothekar», doch da nur wenige Männer in Bibliotheken, dafür umso mehr in der Landwirtschaft arbeiten und da die Landwirtschaft in Deutschland im Vergleich zu Bibliotheken deutlich mehr Menschen beschäftigt, ist diese Antwort falsch. Wir begehen den «base-rate neglect», also den *Basisratenfehler*, weil wir wie im Linda-Beispiel eine Nähe zwischen den Charaktereigenschaften und der Tätigkeit sehen und darüber die realistischen Zahlen nicht in Augenschein nehmen.

Von diesen und anderen klassischen Versuchen zu unseren Entscheidungen kann man zweierlei lernen. Erstens gehen die Pessimisten oft vorschnell von unserer Dummheit aus. Tatsächlich sind einige Aufgaben mehrdeutig, Probanden lesen die Wörter näher an der Alltagssprache oder sind nicht vorgewarnt, dass es knifflig wird. Es muss auch nicht immer irrational sein, wenn man Fehler macht, weil man sich verrechnet hat oder in Mengenlehre nicht so bewandert ist.

Zweitens ist vernünftiges Schlussfolgern zwar schwierig, man kann es allerdings lernen und verfeinern. Denken wir noch mal an den Wason-Kartentest in der Variante mit den Zugverbindungen zurück. Dort liegen deutlich weniger als im Originalversuch falsch, aber immerhin sind es noch 40 Prozent. Sobald man den Probanden den Fehler erklärt, machen sie ihn wahrscheinlich bei anderen Aufgaben nicht mehr. Jemandem, der Logik gepaukt hat, springt die Lösung beim Wason-Kartentest ebenfalls sofort ins Auge. Wenn man auf diese Weise Schließen lernen kann, dann ist man nur dann wirklich unvernünftig, wenn man von dem Fehler weiß und weiterhin die falschen Karten umdreht. Das wird wohl selten passieren. Grundsätzlich sind also viele Menschen zwar vorübergehend unvernünftig, aber lernfähig.

Einige Optimisten gehen noch einen Schritt weiter, indem sie behaupten, man könne nicht nur manche, sondern so gut wie alle Denkfehler durch eine bessere Aufgabenstellung oder alternative Formen des kausalen oder probabilistischen Schließens erklären. Der Gegenbegriff zur bewussten «Vernunft» ist für sie die «Intuition», verstanden als eine Art Vernunft des Bauches.

In einem Experiment zeigten Versuchsleiter ihren Studenten die Gesichter von vermeintlichen Professoren und informierten sie darüber, ob diese eher gute oder schlechte Noten vergaben. Ohne dass die Studenten es wussten, waren einige der Gesichter normal, andere leicht gestaucht und wieder andere leicht in die Länge gezogen. Die Professoren mit den gestauchten Gesichtern gaben gute, die mit den länglichen Gesichtern schlechte Noten. Nach einer Zeit konnten die Studenten recht zuverlässig sagen, wie streng einer von den im Anschluss gezeigten neuen Professoren sein würde, ohne angeben zu können, woher ihr Bauchgefühl stammte. Man kann vermuten, dass sie ein positives Gefühl mit dem Merkmal der Gestauchtheit und ein negatives mit dem Merkmal des länglichen Gesichts verbanden. Sie hatten also offenbar eine Wahrnehmungsregel gelernt, ohne sie ausdrücklich nennen zu können.

Gigerenzer zufolge sind solche Regeln Teil unserer *Intuition.* Mit dem Ausdruck «Intuition» meint er allerdings nicht vage Eingebungen oder ein obskures inneres Sinnesorgan, sondern vielmehr *spontanes Wissen*, das «rasch» im Bewusstsein ist, dessen «tiefere Gründe» wir nicht kennen und das «stark genug ist, danach zu handeln». Im Gegensatz zu unserem bewussten und vernünftigen Abwägen arbeitet die Intuition mit sogenannten *Heuristiken*, also einfachen *Faustregeln*, die auf in der Evolution entstandene Fähigkeiten zurückgehen. Einige dieser Faustregeln sind angeboren wie unsere Gesichtserkennung, andere können wir je nach Situation entwickeln wie die Studenten im Experiment, die ein Gespür für die Strenge von Gesichtstypen bekamen.

Diese Art spontanen Wissens haben viele Wissenschaftler untersucht. Hier sind noch ein paar Beispiele aus der

Forschung. In einem Experiment mussten Versuchspersonen auf einem Bildschirm inmitten von vielen Ziffern eine bestimmte Zahl, zum Beispiel die «5», entdecken, die nach einem komplizierten Prinzip umhersprang. Mit etwas Übung verbesserten sie sich deutlich darin, die «5» zu finden, auch wenn sie nicht die Regel angeben konnten, die den Sprüngen zugrunde lag. Selbst mit dem Ansporn einer Belohnung von 100 Dollar konnte niemand die korrekte Regel finden.

Als ein weiteres Beispiel für spontanes, aber unaussprechliches Wissen gilt die Fähigkeit, Küken zu *sexen*, also männliche und weibliche Küken mit einem Griff und einem Blick zu identifizieren. Eierproduzenten sind vor das Problem gestellt, dass nur weibliche Küken einen Wert für sie haben, weil nur sie später Eier legen. Das Geschlecht der Küken lässt sich allerdings nicht ohne weiteres eindeutig erkennen. Professionelle Geschlechtsbestimmer drücken dafür den Geschlechtskanal von Küken zusammen und entscheiden dann nach ihrem Bauchgefühl. Diese Kunst haben Züchter in Japan perfektioniert, und sie wird dort von Meistern an ihre Schüler weitergegeben, indem der Schüler anfangs rät und der Meister die Wahl bestätigt oder verneint, bis der Schüler seine eigene Intuition entwickelt hat.

Ein Meister kann mit einer Zuverlässigkeit von über 98 Prozent etwa 2000 Küken pro Stunde nach Geschlecht sortieren. Dabei können selbst die Experten nicht genau sagen, an welchen Merkmalen sie die Geschlechtsunterschiede festmachen. Sie verlassen sich dabei also auf einen spontanen Eindruck, dessen Quelle ihnen nicht oder zumindest nicht vollständig zugänglich ist.

Aus dem Alltag kennen wir viele Situationen, in denen wir unser «spontanes Wissen» anwenden. So können geübte Schachspieler mit einem Blick recht zuverlässig beurteilen, ob bei einer fortgeschrittenen Partie Weiß oder Schwarz im Vorteil ist, auch wenn sie lange nachrechnen müssten, um den Vorteil auch strategisch nachzuweisen. Manche Kunstexperten können mit einem Blick zuverlässig eine Fälschung erkennen, ohne dass sie spontan sagen können, woran sie ihre Einschätzung festmachen. Unser Gespür für den richtigen Abstand beim Fahren liegt ebenfalls nicht als ausdrückliche, sprachlich verfasste Regel vor, sondern eben als Intuition, selbst wenn wir in der Fahrschule explizite Faustregeln gelernt haben wie «Auf der Autobahn: halber Tachoabstand».

Gigerenzer zufolge ist unser Denkapparat ein «adaptiver Werkzeugkasten» aus Instinkten und erlernten Faustregeln, deren Grundlagen in der Evolution entstanden sind. Er spricht zwar von der «Intelligenz des Unbewussten», man sollte das aber dahingehend präzisieren, dass die Intuition sich im Bewusstsein äußert, die zugrundeliegenden Prinzipien uns aber nicht zugänglich sind. In diesem Sinne sind sie *nichtbewusst*. Wie schon die Kritik an vermeintlichen «Denkfehlern» gezeigt hat, arbeitet die Intuition anders als die formale Logik, zum Beispiel, indem sie den Kontext mit einbezieht. Doch nicht nur das. Laut Gigerenzer kommt die Intuition sogar zu besseren Ergebnissen als das bewusste und damit typisch vernünftige Schlussfolgern. Schauen wir uns ein paar Beispiele an.

LIEBE: PRO UND CONTRA

Entsteht Liebe im Bauch oder auf einer Liste? Um den Unterschied zwischen Vernunftentscheidungen und Bauchentscheidungen zu verdeutlichen, beschreibt Gigerenzer seinen Freund Harry, der sich zwischen zwei Frauen nicht entscheiden konnte, nennen wir sie Mona und Lisa. Deshalb legte er eine Liste mit Pro und Contra an. Obwohl am

Ende mehr für Mona sprach, warf Harry die Liste weg und wählte Lisa, denn offenbar hatte sich sein «Herz» schon «entschieden». Wir erfahren nicht, ob Mona und Lisa von dem Procedere etwas mitbekommen haben, was auf ihren eigenen Harry-Listen wohl eher unter «Contra» gelandet wäre.

Gigerenzers Punkt ist jedenfalls, dass wir in wichtigen Lebenssituationen nicht nach bewusst abgewogenen Gründen gehen. Wir rechnen nicht bewusst alle relevanten Faktoren durch, um unseren *Gesamtnutzen* zu maximieren, also das beste Ergebnis für unseren Einsatz zu erhalten. Die Methode einer Liste mit Pro und Contra stammt von dem amerikanischen Wissenschaftler und Staatsmann Benjamin Franklin aus einem Brief an seinen Neffen, in dem er sie ihm als «moralische Algebra» empfahl. Man kann das listenbasierte Verfahren der Franklin-Liste als Inbegriff der klassischen Entscheidungstheorie ansehen.

Mit vielen Beispielen will Gigerenzer nun zeigen, dass Franklins Liste nicht nur unrealistisch ist, weil wir sie selten anwenden, sondern auch oft zu schlechteren Entscheidungen führt, als wenn wir uns auf unsere Intuition verlassen. Man kann Gigerenzers Kritik auch mit der alten Scherzfrage an einen Verfechter der Entscheidungstheorie verdeutlichen: «Warum hast du dich für deinen Partner entschieden?» Er wird wohl nicht «ganz klassisch mit Pro und Contra» antworten, vor allem dann nicht, wenn sein Partner oder seine Partnerin danebensteht.

Aber ist unsere Intuition tatsächlich dem gründlichen und bewussten Überlegen überlegen? Das Beispiel mit Harry ist natürlich absichtlich anschaulich und suggestiv gewählt. Dennoch muss es nicht zeigen, dass wir allein nach den Faustregeln des Bauchs und nicht nach Vernunftprinzipien der Optimierung entscheiden oder dass es gar besser sei, wenn wir immer auf den Bauch hören.

Warum ist das Beispiel suggestiv? Harrys Fall ist so konstruiert, dass für ihn offenbar *nur* die Liebe zählt. Im Liebesrausch richten wir uns aber nach dem Entscheidungsprinzip der *Rangordnung* und nicht nach dem Prinzip der *Gewichtung*, um die es in einer Kritik an der Franklin-Liste ja gehen soll. Beim Prinzip der Rangordnung zählt immer nur das höchste Merkmal, in diesem Fall die Liebe. Nur wenn sich zwei potenzielle Partner darin nicht unterscheiden, wir sie also gleich stark lieben, würden wir uns nach einem weiteren Merkmal umschauen. Vielleicht war das bei Harry anfänglich sogar der Fall. Aber auch das wird im echten Leben äußerst selten vorkommen. Würde Harry nach der Gewichtung gehen, könnten zum Beispiel Attribute wie «Humor», «gemeinsame Interessen» oder «Bildungsstand» so positiv sein, dass sie ein weiteres, die Liebe, überstimmen. Nach so einer Gewichtung sucht man sich vielleicht einen neuen Mitbewohner für die WG aus, doch nicht seinen Partner, wenn man verliebt ist.

Im Fall, in dem nur die Liebe zählt, hat Gigerenzer also auf den ersten Blick recht. Doch selbst dort kann man das Prinzip der Rangordnung mit der Franklin-Liste abbilden, wenn man das Merkmal «Liebe» nur stark genug gewichtet. Harrys Listen-Entscheidung für Mona zeigt dann einfach, dass seine Aufstellung falsch war, nicht aber, dass sein Bauch schlauer als die Liste ist. Harry hatte den Grad seiner Liebe zu Lisa nicht genau genug abgebildet, hatte also offenbar keinen perfekten Zugriff auf Informationen aus seinem «Herzen». Wie frühere Kapitel verdeutlicht haben, ist der Zugang zu unseren eigenen Erlebnissen und Gefühlen oft ungenau, vor allem, wenn es um Abstufungen auf einer Skala geht. In diesem Punkt treffen sich Liste und Intuition, denn wer eine perfekte Liste anlegen will, muss aufmerksam auf seinen Bauch hören, damit er alle

Merkmale richtig beziffert. Die Intuition ist also der Liste untergeordnet.

Was ist mit den Fällen, in denen nicht nur die Liebe zählt? Bei Entscheidungen für Partnerschaften stellen sie sicherlich die größere Gruppe dar. In anderen Teilen der Welt werden viele Ehen immer noch arrangiert, also aus sozialen Gründen geschlossen, wie es in Europa über viele Jahrhunderte üblich war. In solchen Fällen müssen sich Menschen oft *gegen* ihre Leidenschaft *für* sekundäre Attribute wie Beständigkeit oder Lebenssicherheit entscheiden. Da passt dann Franklins Methode der Pro-Contra-Liste sehr genau, und sie klingt auch nicht mehr so skurril wie in Harrys Fall.

Ein anschauliches Beispiel für das Listendenken ist der deutsche Astronom Johannes Kepler, der Anfang des 17. Jahrhunderts, mit 41 Jahren verwitwet, noch einmal eine Frau suchte. Bei der Brautschau, die er in einem Brief an einen Baron beschreibt, ging Kepler mathematisch vor. Über seine eigene Attraktivität machte er sich keine Illusion, denn den «Gipfel» seines «Mannesalters» hatte er schon überschritten, und sein Körper war «von Natur saftlos und weich». Beim Evaluieren künftiger Bräute ging er ebenso nüchtern vor. Eine Witwe, von seiner sterbenden Frau empfohlen, hatte nicht genug Geld, und ihre älteste Tochter, deren «gefällige Züge» Kepler zwar ansprachen, war noch zu jung. Andere potenzielle Gattinnen waren zu groß, zu kräftig oder, wenn adelig, dann oft zu hochmütig. Wieder andere verschmähten ihn, weil er Protestant war oder zu lange mit der Entscheidung zögerte. Kepler heiratete schließlich eine Frau, die durch «Demut, Schlichtheit, Emsigkeit und Liebe zu den Stiefkindern siegte».

Keplers Vorgehen wirkt vielleicht aus heutiger Sicht skurril, es war für seine Zeit aber üblich, denn die Partnerschaft stand im Vordergrund und nicht die romantische

Liebe, zumal Kepler betont, dass seine «Affekte» sich ohnehin schon «beruhigt» hatten. Bei genauerem Hinsehen entstehen auch heute viele Partnerschaften aus gewichtenden Überlegungen, man denke an Partnerbörsen im Internet, auch wenn die weniger systematisch sein mögen, denn die Liebe kommt zwar passiv über uns, aber eine Partnerschaft wählen wir bewusst.

Spätestens bei einer Trennung ist die Franklin-Liste, also die Gewichtung, wieder einschlägig. Stellen wir uns Harry in ein paar Jahren vor. Das erste Verliebtsein ist vielleicht schon verflogen, die Liebe nur noch ein schwacher Hauch. Jetzt würde er vermutlich die Gründe wägen, leidenschaftslos mit Lisa weiterzuleben oder sich von ihr zu trennen. Es wäre gewagt zu behaupten, dass so etwas nicht immer mal wieder im Leben vorkommt. Auch wenn die «wahre Liebe» ein Ideal unserer Zeit ist, folgt daraus nicht, dass in Partnerschaften Abwägungen keine Rolle spielen, und auch nicht, dass gute Gründe manchmal eine Trennung verhindern, zum Beispiel die Kinder, die Vertrautheit miteinander oder die Angst, im Alter allein zu sein. Umgekehrt machen manchmal die Temperamente aus einem Paar ein selbstzerstörerisches Gespann, auch wenn die Liebe zwischen ihnen leidenschaftlicher nicht sein könnte. Vielleicht entscheidet sich die Frau dann trotz Liebe gegen den Draufgänger oder der Mann trotz Liebe gegen die Femme fatale. Selbst wenn dabei keine handschriftliche Pro-Contra-Liste im Spiel ist, kann man die Gedanken dahinter mit einer solchen Liste modellieren.

Bei der Liebe darf man nur aufs Herz hören, in der Partnerschaft sollte man noch andere innere Stimmen zu Wort kommen lassen. Wie sieht die Lage in den übrigen Alltagssituationen aus?

Welche Stadt hat mehr Einwohner, Detroit oder Milwaukee? Diese Frage beantworteten amerikanische Studenten in einem Versuch. Etwa 60 Prozent gaben die richtige Antwort «Detroit». Fragt man deutsche Studenten, liegen fast alle richtig.

Warum sind deutsche Studenten so viel besser, obwohl sie nicht einmal in den USA leben? Gerade deshalb, so Gigerenzer, denn die meisten kennen Milwaukee gar nicht. Sie haben ein «nützliches Maß an Nicht-Wissen» und verwenden daher eine einfache Faustregel, die gekürzt so lautet: «Wenn dir der Name einer Stadt bekannter vorkommt als der einer anderen, dann schließe daraus, dass die bekanntere Stadt größer ist». Gigerenzer nennt diese Regel *Rekognitionsheuristik*, man könnte sie auch das *Wiedererkennungsprinzip* nennen. Dem Anschein nach waren die deutschen Studenten besser, weil sie sich auf die «Intelligenz» ihres «Bauches» verlassen haben.

Gigerenzer führt nicht im Detail aus, warum das Wiedererkennungsprinzip manchmal verlässlich ist. Vielleicht kann man die Idee folgendermaßen rekonstruieren. Ist eine Stadt groß, wird sie typischerweise öfter in Büchern oder anderen Medien genannt. Was wir oft hören oder lesen, gibt uns ein Gefühl von Vertrautheit, wie der *Vertrautheitseffekt* aus dem ersten Kapitel, *Philosophisches Handwerk*, gezeigt hat. Weil es diese oft verlässliche Korrelation zwischen Größe, Nennung und Vertrautheit gibt, kann man sagen, dass unser Vertrautheitsgefühl in vielen Fällen die Größe einer Stadt *repräsentiert*, in dem Sinne, dass das Gefühl die Einwohnerzahl weitgehend *verlässlich anzeigt*. So wie mein Schmerzempfinden in meinem linken Zeigefinger mir Informationen über eine Verletzung meines

Körpers gibt, verschafft mein Vertrautheitsgefühl mir also indirekt Informationen über die Größe einer Stadt.

Der Ausdruck «Intelligenz des Unbewussten» trifft die Sache also nicht ganz, denn mein Vertrautheitsgefühl vermittelt mir ja im Bewusstsein *Informationen.* Allerdings sind diese Informationen nicht sprachlich oder satzartig verfasst, also nicht *propositional*, sondern eben in unserem *phänomenalen* Erleben enthalten.

Ich würde nicht bestreiten, dass wir immer mal wieder richtigliegen, wenn wir unseren nichtsprachlichen Intuitionen folgen, allerdings eben nur dann, wenn «die Rekognitionsvalidität größer als die Wissensvalidität» ist, wie Gigerenzer selbst sagt. Doch woher weiß man das? Um diese beiden Wissensquellen zu vergleichen, muss man bewusst nachdenken, darf also gerade nicht auf eine weitere Intuition hören.

Doch selbst wenn man keine andere Quelle als das Vertrautheitsgefühl hat, ist die Wiedererkennungsregel nur bedingt verlässlich. Der Grund liegt auf der Hand. Oft ist unser Vertrautheitsgefühl aus anderen Gründen mit Städtenamen korreliert. Würde man beispielsweise italienische Probanden fragen, welche Stadt größer ist, Köln oder San Francisco, würden sicherlich viele die amerikanische Küstenstadt nennen. San Francisco ist aus Liedern und Filmen bekannt, man hat sofort die Skyline mit den Wolkenkratzern vor Augen, und in den USA ist ohnehin alles eine Nummer größer als in Europa. Tatsächlich hat San Francisco nur etwa 800 000 Einwohner, Köln hingegen über eine Million. Umgekehrt würden Amerikaner, nach deutschen Städten gefragt, vermutlich eher Heidelberg als Bielefeld nennen, weil Heidelberg ein beliebtes Ziel für Touristen ist. Wie Gigerenzer selbst einräumt, würde die Rekognitionsheuristik in diesem Fall versagen, denn Heidelberg hat etwa 150 000 Einwohner, Bielefeld mehr als

300 000. Die Bekanntheit repräsentiert hier also nicht die Größe.

Gigerenzer sagt in einem Beispiel, dass die Mittelposition beim Wissensstand oft die beste sei, denn wer zu viel weiß, überschreibt sein ursprüngliches Vertrautheitsgefühl, und wer zu wenig weiß, hat überhaupt keins. Nur wer genau dazwischenliegt, so Gigerenzer, also nicht viel, aber gerade genug von Detroit oder Milwaukee gehört hat, liegt bei der Einschätzung der Einwohnerzahl richtig. Doch so jemand wird auch in vielen Fällen falschliegen. Welche Stadt ist größer, Guangzhou oder Hongkong? Sie ahnen bereits, es ist Guangzhou, eine chinesische Metropole, die zu den zehn größten Städten der Welt gehört. Von dieser Stadt habe ich selber erst erfahren, als ich im Internet nach Metropolen gesucht habe. Das zeigt aber gerade, dass wir uns *nicht* auf unsere Intuition, genauer unser Bauchgefühl, verlassen können, denn unsere Vertrautheit mit einer Stadt kann viele Gründe haben. Wir müssen also *bewusst* alle Möglichkeiten durchspielen, bevor wir unserem Bauch folgen.

DIE SCHWÄCHEN DER INTUITION

Auch bei Personen kann uns das Vertrautheitsgefühl in die Irre leiten. Der amerikanische Psychologe Larry Jacoby und seine Kollegen veröffentlichten einen Aufsatz, der übersetzt lautet: «Wie man über Nacht berühmt wird». Sie zeigten ihren Teilnehmern Namen von C-Prominenten, die so ausgewählt waren, dass kaum jemand wusste, wofür die betreffende Person eigentlich bekannt war. So mussten die Versuchspersonen sich allein auf ihr Vertrautheitsgefühl verlassen. Jacoby führte verschiedene Testreihen durch, in denen er seinen Probanden Namenslisten zum

Vorlesen gab. Manchmal mischte er die bekannten Namen mit Phantasienamen wie «Sebastian Weisdorf» oder «Valerie Marsh», manchmal enthielten die Listen ausschließlich Phantasienamen. Fragt man Versuchspersonen direkt nach dem Test, wer von den Leuten bekannt ist, so können sie sehr gut zwischen den echten C-Prominenten und den fiktiven Personen unterscheiden. Doch schon nach 24 Stunden sieht die Sache anders aus. Plötzlich hielten die Versuchspersonen Leute wie Valerie Marsh und Sebastian Weisdorf für bekannte Persönlichkeiten. Der Effekt ist dann besonders deutlich, wenn die Lernsituation lang zurückliegt. Anhand des Vertrautheitsgefühls kann man die Macht der Medien besser verstehen, vor allem die Faszination, die nicht nur berühmte, sondern selbst mäßig bekannte Menschen auf uns ausüben.

Doch je mehr Fakten wir ausdrücklich und bewusst gelernt haben, desto seltener sind wir für die falschen Vertrautheitseffekte anfällig und desto besser werden unsere Antworten bei einem Wissenstest sein. Das sieht man auch daran, dass der Berühmtheitseffekt verschwindet, sobald die Versuchspersonen den Phantasienamen oft genug am Tag zuvor gelesen hatten, denn dann können sie sich ausdrücklich daran erinnern. Jacoby und Kollegen zufolge überstimmt die sprachliche Erinnerung dann den emotionalen Effekt. Fehlt die ausdrückliche Erinnerung, können sie sich lediglich auf ihr Vertrautheitsgefühl verlassen und halten so eher jemanden fälschlich für einen Prominenten der zweiten oder dritten Reihe. Ohne Kontrolle leitet uns das Vertrautheitsgefühl auch hier oft in die Irre.

Um Wissenslücken zu kompensieren, hilft es, wenn wir gelernt haben, unsere primären Intuitionen richtig einzuschätzen. Doch beim Vertrautheitsgefühl müssen wir überprüfen, ob es zum Beispiel eher von der Größe der Stadt herrührt oder aus einer anderen Quelle stammt. Das bewusste Nachdenken hat also das letzte Wort und nicht die Intuition.

Gigerenzer zufolge bestimmen oft die Umweltstrukturen, also der Kontext, wie gut oder schlecht eine Faustregel funktioniert. Auch darauf können wir uns gerade nicht verlassen. Bei vielen Handlungen müssen wir exakt wissen, wie die Welt beschaffen ist. Man stelle sich vor, ein Arzt verschreibt einem Patienten ein Medikament gegen eine seltene Krankheit, allein weil ihm der Name bekannt vorkommt. Oder eine Regierungschefin startet nach einem schweren Unwetter ein Krisenprogramm nur für diejenigen Städte, mit denen sie vertraut ist.

Über seine Faustregeln sagt Gigerenzer, dass «das Gehirn evaluiert, ob sie in einer gegebenen Situation zum Einsatz» kommen. Diese «Art der Evaluation» bezeichnet er als «Intelligenz des Unbewussten». Da Gehirne nicht selbst «evaluieren», sind damit wohl automatische Prozesse in Gehirnen gemeint. Doch wie all die Beispiele zeigen, tun wir gut daran, sie gerade nicht unkontrolliert für uns laufenzulassen, sondern sie zu überprüfen, denn für die wichtige Frage, welche Faustregel in welcher Situation am besten passt, gibt es keine weitere Faustregel. Spätestens da kommt unser bewusstes Nachdenken ins Spiel.

Gigerenzer meint, es sei ein Irrtum, dass Intelligenz bewusst sein müsse. Doch seine Ausführungen zeigen eher, dass wir einige *nichtpropositionale Informationen* über die Welt durch unser Bauchgefühl erhalten. Die Informationsquelle allein macht uns nicht intelligent, allenfalls zeigt sich unsere Intelligenz, wenn wir die Informationen richtig nutzen. Dass Bewusstsein eine Bedingung für Intelligenz ist, sieht man schon daran, dass ein Wesen ganz ohne Bewusstsein nicht intelligent sein kann. Entgegen Gigerenzers Auffassung vermittelt uns unser Unbewusstes zwar Informationen über die Welt, ist aber selbst nicht schlau. Den entscheidenden Schritt müssen wir schon selber tun.

Es mag sein, dass wir in der Moderne verlernt haben, auf unseren Bauch zu hören, und uns damit einer wichtigen «Wissensquelle» berauben, aber es erscheint kühn, aus diesem Umstand zu folgern, dass logisches Denken nicht die Oberhand behielte. Selbst wenn wir in der *Mehrzahl* der Fälle erfolgreich mit der Intuition entscheiden, kommt in den *entscheidenden* Fällen der Vernunft mehr Gewicht zu.

Zudem scheint die Betonung der Evolution bei den «evolutionär» gereiften Faustregeln, Instinkten und anderen Prozessen in zwei Fällen problematisch zu sein. Erstens muss das, was in den frühen Tagen der Menschheit *adaptiv* war, also das Überleben unserer Spezies befördert hat, heute nicht mehr nützlich sein. Unser Verlangen nach Fett, Salz und Zucker beispielsweise diente dem Überleben in einer Umgebung, in der Nahrungsmittel selten waren. Wenig hilfreich ist dieses Verlangen in einer Welt des Überflusses, in der kaum etwas die Lebenserwartung so sehr mindert wie Übergewicht und Stoffwechselkrankheiten. Als weitere, aus falschen Intuitionen stammende Übel der Menschheit nennt Stanovich unter anderem religiösen Fanatismus, die Bankenkrise, gescheiterte Ehen, Umweltzerstörung, Kreationismus und Impfverweigerung. Wer an die unbewusste Vernunft der Intuition glaubt, muss also erklären, warum die Welt trotz allmählicher Aufklärung immer noch voller Unvernunft ist.

Zweitens fragt sich, warum es gerade von den Instinkten und Faustregeln heißt, sie seien überlebensdienlich gewesen. Wenn man sieht, dass unsere Spezies die Welt beherrscht und außer sich selbst keine natürlichen Feinde mehr hat, scheint doch eindeutig unser bewusstes Nachdenken, mit anderen Worten: unsere Vernunft, der größte adaptive Vorteil der Evolution gewesen zu sein. Es ist einfach nützlich, wenn nicht nur automatisierte Instinkte in uns walten, sondern wir sie auch in besonderen Situationen stoppen und überdenken können.

Dass wir grundsätzlich vernünftig sind und noch Hoffnung besteht, zeigt sich darin, dass wir mit unserer Vernunft unsere temporären und strukturellen Schwächen erkannt haben. Doch warum fällt es uns dann so schwer, richtig zu handeln? Die Antwort lautet wie im Fall von Fett, Salz und Zucker: weil uns unsere Faustregeln nicht nur helfen, sondern uns eben oft in die Quere kommen. Diesen Widerstreit beschreiben die dualen Theorien.

DAS ZUCKERBROT DER INTUITION UND DIE PEITSCHE DER VERNUNFT

Manchmal folgen wir unserem Bauchgefühl, und manchmal denken wir bewusst nach, indem wir Pro und Contra abwägen. Die Lösung zwischen klassischer und evolutionär orientierter Entscheidungstheorie scheint in der Verbindung beider Positionen zu liegen. Diese Mischtheorien, die *dualen Theorien*, erfreuen sich in der Psychologie immer größerer Beliebtheit. Der Psychologe Jonathan Evans war einer der ersten, die ausdrücklich von «dualen» Prozessen sprachen, nämlich heuristischen auf der einen und logisch-analytischen auf der anderen Seite. Stanovich hat die Idee mit einem Kollegen auf Probleme in der Entscheidungstheorie angewandt. Heutzutage muss man bei dualen Ansätzen allerdings eher von einer «Theoriefamilie» sprechen, denn sie stützen sich auf alle möglichen Dichotomien, die schon seit der Antike bekannt sind, wie:

Bauch und Verstand, Gefühl und Vernunft, unbewusst und bewusst, Intuition und Logik.

Kahneman, der sich Stanovich anschloss, ist in seiner Wortwahl etwas zurückhaltender als seine Kollegen. Er schlägt vor, die Rede von zwei «Systemen» in unserem Kopf nicht wörtlich zu nehmen, sondern sie ihrerseits als eine methodische Heuristik anzusehen. Er will also nicht sagen, dass zwei autonome Systeme real in unserem Kopf existieren, so wie wir ein Sprachzentrum oder ein Sehzentrum haben. Die Redeweise von «Systemen» dient eher dazu, zwei grundverschiedene *Arten* von Denkprozessen zu unterscheiden.

Das *System 1*, vereinfacht gesagt der «Bauch», arbeitet «unbewusst», «automatisch», «unmittelbar», «anstrengungslos», «emotional» und «ohne willentliche Kontrolle» nach dem Prinzip «schnell und schmutzig». Es verwendet einige der von Gigerenzer erwähnten Faustregeln. Stanovich, Kahneman und andere nennen als Beispiele für System 1 die Sprachverarbeitung, die Gesichtskennung, die Tiefenwahrnehmung, den emotionalen Ausdruck von Gesichtern wie beispielsweise Ekel, unsere soziale Intelligenz, wenn wir unmittelbar einen feindlichen Unterton in den Worten eines anderen bemerken, das Bauchgefühl von Experten oder das Autofahren auf einer leeren Landstraße.

Das *System 2*, vereinfacht gesagt die «Vernunft», ist hingegen «bewusst», «langsam», «anstrengend», «willentlich», «logisch», «abstrakt» und «fordert die Aufmerksamkeit». Typische Beispiele sind, den Preis von zwei Waschmaschinen zu vergleichen, in eine enge Lücke einzuparken, die Steuererklärung zu machen, sich auf die Musik zu konzentrieren, ein Buch zu lesen oder über Politik zu diskutieren.

An den Merkmalen und Beispielen sieht man, dass es sich beim System 1 eher um ein Konglomerat an Prozessen handelt, die einen Gegensatz zu einer idealtypischen Handlung aus System 2 bilden, die wir bewusst, kontrolliert, aufmerksam und überlegt durchführen.

Mir scheint daher die Idee eines mentalen Dualismus, also zweier Denksysteme oder zweier Arten von Prozessen, irreführend zu sein. Tatsächlich laufen zahlreiche Vorgänge in uns ab, von denen einige automatisch, andere unbewusst und wieder andere emotional sind. Da auch Kombinationen möglich sind, kann man mindestens eine Handvoll, vermutlich Dutzende, unterscheiden. Die Daten sprechen also eher für eine *Plurale Theorie* des Denkens. Die zukünftige Forschung wird zeigen, wie die unterschiedlichen Prozesse ineinandergreifen.

Dennoch existiert immer nur eine *allgemeine Vernunft*, die sich an den Idealen der Logik und Mathematik orientiert. Nur weil wir diese Ideale oft nicht erreichen, macht uns das nicht unvernünftig, genauso wenig, wie man darauf schließen kann, dass jemand seine Muttersprache nicht beherrscht, nur weil er sich manchmal verspricht. Weil unser vernünftiges Denken selbstbezüglich ist, haben wir die Fähigkeit, unsere Gedanken, Entscheidungen und Handlungen zu überdenken und unsere eigenen Fehler und Vorurteile zu bemerken und zu korrigieren. Im adaptiven Werkzeugkasten ist die bewusste Vernunft so etwas wie ein Schweizer Taschenmesser, mit dem man alles machen kann.

KONTROLLIERTES HANDELN

WAS TUN?

Ein heißer Junitag in Sarajevo im Jahre 1914. Gavrilo Princip krümmt den Finger, zieht den Abzug der Pistole, feuert einen Schuss ab, trifft Erzherzog Franz Ferdinand in den Hals, verursacht seinen Tod und löst damit den Ersten Weltkrieg aus. Wie viele Handlungen hat Princip vollzogen? Die Antwort ist nicht leicht, denn die Ereignisse folgen nahtlos aufeinander: Das Krümmen verursacht den Schuss und der Schuss den Tod. Weil in diesem Fall die Ereignisse durch Verursachung aneinandergebunden sind, spricht man von einer *Kausalkette*. Solche Ketten laufen durchs ganze Universum. Es gab sie, schon lange bevor Menschen existierten, und an den wenigsten haben wir Anteil. Kausalketten kann man immer weiter zergliedern, zum Beispiel das Fingerkrümmen: Princip entscheidet sich, den Abzug zu ziehen, ein elektrischer Impuls läuft die Nervenbahnen seines Armes entlang und bewirkt, dass sich die Fingermuskeln zusammenziehen.

Der amerikanische Philosoph Donald Davidson, einer der einflussreichsten Handlungstheoretiker des 20. Jahrhunderts, sagt, Princip habe nichts getan, außer den Finger zu krümmen. Alles andere sei Sache der Natur gewesen, also der Physik von Impuls und Flugbahn der Kugel sowie der Biologie eines verletzten Körpers. Dennoch gehörten Teile dieser Natur zu Princips Handlung, was man schon daran sieht, dass er sich nicht vor Gericht herausreden kann mit «Ich habe doch nur meinen Finger gekrümmt».

Er konnte schließlich damit rechnen, was er mit der Fingerbewegung anrichtet.

Die englische Philosophin Jennifer Hornsby geht noch einen Schritt weiter als Davidson oder eher einen Schritt zurück. Sie meint, es könnten nur die Gedanken als Handlung zählen, weil die Natur ja schon im Körper beginne. Princip konnte nichts weiter tun, außer sich zu entscheiden. Danach musste er sich darauf verlassen, dass seine Muskeln richtig funktionieren und der Rest der Welt mitspielt. Die eigentliche Handlung ist nur die Entscheidung im Geiste. Damit will Hornsby allerdings keinen Dualismus vertreten, also nicht behaupten, dass der Geist unabhängig vom Körper funktioniert. Jede Entscheidung hängt von der Hirntätigkeit ab, nur worauf wir dabei unmittelbar Einfluss haben, ist eben zeitlich eng bemessen. Das ist physiologisch zwar korrekt, trifft aber nicht ganz unsere Verwendung von Handlungsverben, denn die umfassen typischerweise unsere Entscheidungen, Bewegungen und die weiteren Handlungsfolgen.

Princip hat noch mehr verursacht, was wir nicht zur Handlung zählen. Er hat auch Krach gemacht und Leute aufgeschreckt. Das hat er bei seiner Tat offenbar billigend in Kauf genommen, wenn er es überhaupt bedacht hat. «Bedacht» ist hier das Stichwort. Wie viele Philosophen gezeigt haben, ist es nämlich am sinnvollsten, Handlungen anhand der Absichten zu begrenzen, und zwar gegenüber Nebeneffekten und gegenüber weiteren, in der fernen Zukunft liegenden Folgen. So hatte Princip die Absicht, Österreich durch die Ermordung des Erzherzogs an der Gründung eines Großreiches zu hindern, aber nicht, damit einen Krieg auszulösen, auch wenn das tatsächlich die Folge war. Die Einleitung des Ersten Weltkrieges war also nicht Teil seiner Handlung, die Ermordung des österreichischen Thronfolgers schon. Princip musste zwar nicht mehr tun, als den Finger zu krümmen, aber seine Absicht beruhte auf vielen Annahmen: dass sich beim Abdrücken ein Schuss löst, dass die Kugel tödlich ist, dass andere die Tat als ein politisches Zeichen auffassen und so weiter.

Anhand von Absichten greifen wir also unterschiedliche Handlungen heraus, auch wenn die zugrundeliegenden Körperbewegungen oft ganz profan sind. Ein weiteres Beispiel: Jemand streckt den Arm mit erhobenem Zeigefinger nach oben. Was tut er? Die Möglichkeiten sind unzählbar: er meldet sich zu Wort, prüft die Windrichtung, bietet auf einen Picasso, feiert eine Party auf Ibiza, fordert die Rechnung, zeigt jemandem den Sternenhimmel oder teilt einem Freund mit, dass ein Bier reicht.

Zwei Faktoren machen das Fingerstrecken zu einer dieser vielen Handlungen. Der erste Faktor ist die schon erwähnte *Absicht*. Er muss damit etwas im Sinn haben, ein Ziel, das er mit dem Fingerzeig erreichen will. Der zweite Faktor: Er muss die Bewegung *willentlich* ausführen. Wäre sein Arm von selbst hochgeschnellt wie das Bein beim Kniereflex, wäre er auf der Auktion zwar ganz schön ins Schwitzen gekommen, hätte aber keine Handlung vollzogen. Die bloße Bewegung reicht nicht aus, sie muss im richtigen Modus ausgeführt werden.

Mit «willentlich» bezeichnet man also die Art und Weise, *wie* wir etwas tun. Manche Forscher charakterisieren Handlungen auch als ein «kontrolliertes» oder «absichtliches» Tun. Bis heute ist umstritten, worin genau sich diese Lesarten im Alltag und in den Wissenschaften unterscheiden. Wie auch immer diese Debatte ausgehen mag, als Arbeitsdefinition für Handlungen kann man festhalten: Wir handeln, wenn wir etwas willentlich tun. Bei komplexen Handlungen haben wir zudem *vorher* eine Absicht oder einen Plan gefasst. Auch wenn sich «Absicht» und «absichtlich» vom selben Wortstamm herleiten, genauso wie «Wille» und «willentlich», bezeichnen sie nicht dasselbe.

Was heißt das für die Ebene des Hirns? Damit ich etwas willentlich tun kann, muss ein Nervenpfad existieren, auf dem Signale zwischen dem neuronalen Motivationszentrum und den Muskeln entlangwandern. Der Kniereflex und andere *Automatismen* wie Schluckauf, Niesen oder der Herzschlag laufen auf anderen Bahnen. Automatismen erkennt man daran, dass man sie nicht willentlich vollziehen kann. Um zu überprüfen, ob ein Verhalten eine Handlung oder ein bloßer Automatismus ist, eignet sich der *Aufforderungstest*. Man kann Menschen nämlich darum bitten, eine Handlung auszuführen wie: «Könntest du mir die Butter reichen!», oder: «Erzähl mir mal von gestern!» Bei Automatismen ist das nicht möglich. Wir haben meist nicht einmal die passenden Verben zur Verfügung. Sätze wie «Lass dein Herz schlagen!» oder «Niese!» klingen eher wie ulkige Wortspiele.

Natürlich können wir die Muskelkontrolle auch verlieren, sodass uns Handlungen verwehrt bleiben, die vormals möglich waren. Ein Beispiel: Der Komponist Robert Schumann galt in jungen Jahren als hochbegabter Pianist. Im Alter von 21 Jahren ließ ihn der Mittelfinger seiner rechten Hand im Stich. Er hatte die willentliche Kontrolle völlig verloren. In seiner Not komponierte er die *Toccata Opus* 7 für Klavier, die man auch ohne Mittelfinger spielen kann. Doch schon zwei Jahre später konnte er seine rechte Hand nicht mehr gebrauchen. Diese Bewegungsstörung ist als *Pianistenkrampf* bekannt. Sie ist zwar nicht abschließend verstanden, klar ist jedoch, dass die entscheidende Nervenverbindung unterbrochen ist. Egal, wie stark die Patienten wollen, es passiert nichts, weil die Signale nicht beim Finger ankommen.

Mit Handlungen greifen wir in den Lauf der Welt ein,

indem wir Dinge verändern, zum Beispiel, wenn wir einen Brief schreiben. Vorher war das Papier weiß, jetzt steht da ein Text. Solche Veränderungen verlangen nach einer *kausalen Erklärung*.

Bis heute streiten sich Philosophen, ob man die Grundbausteine einer Handlung selbst noch einmal in Ursache und Wirkung zerlegen kann. Wenn ich einen Brief verfasst habe, klingt es falsch zu sagen «Meine Absicht verursachte meine Schreibbewegung», da *ich* es war, der die Worte zu Papier brachte. Das Vokabular der Handlung passt nicht perfekt zu dem der Verursachung. Philosophisch präzise sollte man daher sagen: «Immer wenn ich einen Brief schreibe, wird ein Kausalsatz wahr, der beschreibt, wie ein Nervenimpuls von der Hirnregion, die meine Absicht repräsentiert, über die motorischen Nervenzellen bis hin zu den Fingermuskeln gelangt.» Bei spontanen und routinierten Handlungen, die ich der Einfachheit halber *Routinen* nenne, fehlt eine unmittelbar vorausgehende Absicht. Doch deshalb darf man sie nicht mit Automatismen verwechseln, die keine Handlungen sind, weil man an deren Auslöser eben nie direkt herankommt. Automatismen sind jedoch oft Teil von Handlungen, denn wir können sie in vielen Fällen immerhin indirekt ansteuern.

WIE MAN BEIM HANDELN AUF AUTOPILOT SCHALTET

Angenommen, auf einem Blatt stehen 200 unsortierte Vornamen in vier Spalten. Wie findet man den Namen «Juliane»? Die systematische Strategie wäre, die Liste Name für Name durchzugehen, von oben nach unten. Wenn man dabei Pech hat, steht «Juliane» an vorletzter Stelle. Viel effizienter ist, die Augen über das gesamte Blatt schweifen zu lassen. Schon bald springt einem der Name ins Auge. Studien zeigen, dass die Augenbewegung dabei weitgehend automatisch abläuft, also nicht willentlich gesteuert. Das heißt aber nicht, dass die Suche gar keine Handlung ist, sondern nur, dass man den mentalen *Autopiloten* eingestellt hat. Wir können automatische Prozesse nämlich für uns arbeiten lassen. Das tun wir ohnehin ständig, beispielsweise beim Fahrradfahren, bei dem wir die meisten Muskelbewegungen in den Beinen nicht direkt kontrollieren.

Ein anderes Beispiel: Wenn der Startschuss fällt, sprinten erfahrene Läufer oft schon nach etwa 100 Millisekunden los. Das ist so schnell, dass sie den Schuss nicht bewusst gehört und dann ihre Handlung initiiert haben können, denn beides zusammen dauert mindestens 200 Millisekunden. Laufen sie deshalb nicht selbst los? Auch hier ist ein Automatismus im Spiel. Während des Trainings haben sich die Läufer selbst so eingestellt, dass ihr Körper automatisch auf den Schuss reagiert. Doch jede Trainingseinheit war natürlich eine überlegte und willentlich ausgeführte Handlung. Zudem schalten sie den antrainierten Autopiloten willentlich ein, indem sie in den Startblock steigen, um loszulaufen. Würde sich ein Läufer vornehmen, hocken zu bleiben, könnte auch der Startschuss nichts ausrichten. Andernfalls würde jeder Knall einen Sprint auslösen. An Silvester wäre das anstrengend.

Wir können Automatismen also für uns arbeiten lassen. Genauso können wir in sie eingreifen. Das beste Beispiel ist die Atmung. Sie läuft zum Glück automatisch ab, sonst würden wir unseren eigenen Schlaf nicht überleben. Doch wir können auch auf die willentliche Atmung umschalten, etwa indem wir die Luft anhalten.

Hat man sich einmal den Unterschied zwischen geplanten Handlungen, Routinen und Automatismen vor Augen geführt, erkennt man schnell die Denkfehler jener Forscher, die unser Handeln für unfrei, unbewusst oder gar eine Illusion halten. Der erste Denkfehler beruht auf einer Verwechslung zwischen Routinen und Automatismen, da beide meist am Rande der Aufmerksamkeit ablaufen. Doch Routinen führen wir willentlich aus, Automatismen nicht. Der zweite Denkfehler lautet: Wir handeln nur bewusst, wenn wir alle Details unserer Handlung kennen. Da so gut wie niemand weiß, wie die Neurotransmitter der Motor-Neuronen an die postsynaptischen Rezeptoren andocken, würden sich so all unsere Taten definitionsgemäß in unbewusste Handlungen verwandeln. Diese These ist, wie gesagt, witzlos, weil sie Bewusstsein mit Wissen verwechselt und so die Messlatte zu hoch hängt. Verwandt damit ist der dritte Denkfehler, dem zufolge wir nur dann handeln, wenn wir alles bewusst kontrollieren. Doch wie die Beispiele mit den Sprintern zeigen, ist unser Körper eine biologische Maschine, in der die meisten Bauteile von allein vor sich hin rattern: Zellteilung, Stoffwechsel, Herzschlag, Reflexe. Handeln heißt nicht, dass man alle Zahnräder einzeln ansteuert, sondern eher, dass man ab und zu den Schalter umlegt oder eine Schraube anzieht.

Bewusstsein spielt dabei zwei Rollen. Zum einen greifen wir willentlich in die Automatismen unseres Körpers ein, und dafür müssen sie bewusst erlebt sein. Bewusstsein hat also eine unmittelbare Kontrollfunktion, auch wenn die schon erwähnten Epiphänomenalisten in der Philosophie und einflussreiche Forscher wie der amerikanische Psychologe Daniel Wegner das verneinen. Außerdem können wir weit in die Zukunft planen, also Handlungen *beabsichtigen.* Wir können uns zum Beispiel im Frühjahr vornehmen, dieses Jahr den Weihnachtsbaum nicht erst am 23. Dezember zu kaufen. Dazu müssen wir uns ein Bild von der Zukunft machen und unsere Fähigkeiten kennen. Wir müssen beispielsweise wissen, wie die Zeitrechnung funktioniert, was ein Weihnachtsbaum ist und wie man ihn transportiert. Das geht aber nur, wenn wir reichhaltige Details über die Welt bewusst wahrgenommen, mit Hilfe der Aufmerksamkeit kategorisiert und im Langzeitgedächtnis gespeichert haben.

Viel spricht dafür, dass das ohne eine natürliche Sprache nicht möglich wäre, denn Begriffe für Raum und Zeit, für unsere Fähigkeiten und Möglichkeiten sind zu abstrakt, als dass sie Tiere erwerben könnten, die keine natürliche Sprache beherrschen. Hätten unsere Vorfahren diese Fähigkeiten nicht besessen, hätten sie niemals Vorräte angelegt, Brücken gebaut oder Computer erfunden. Aufmerksamkeit ist also der Schlüssel zu denjenigen Handlungen, die uns als vernünftige Menschen ausmachen, nämlich die geplanten.

Manchmal fordern übrigens schon einfache Körperbewegungen unsere ganze Aufmerksamkeit. Die müssen wir dann behutsam einsetzen, denn an der falschen Stelle stört sie eben wie in folgendem Beispiel.

DER FLOW

Beim Skilaufen zieht man fast anstrengungslos seine Schwünge, oder vielmehr, die Schwünge ziehen einen mit, die Skier bilden eine Einheit mit dem Körper, der Hang übernimmt die Führung. Bei routinierten Bewegungsabläufen im Sport entsteht oft ein solches *Flow-Erlebnis*, bei dem man ganz in dem Moment aufgeht, sich im Fluss der Tätigkeit verliert und gleichzeitig eine angenehme, anstrengungslose Konzentration aufrecht hält. In der Musik ist das ähnlich. Wie von selbst federt der Geigenbogen leicht und weich über die Saiten.

Der deutsche Psychologe Gerd Gigerenzer denkt an solche Handlungsabläufe, wenn er behauptet, dass uns beim Handeln das Bewusstsein oft im Wege steht und wir uns lieber auf unsere Intuition verlassen sollten. So hilft es zwar einem Golfanfänger, wenn er vor dem Abschlag den Schwung noch einmal Schritt für Schritt durchgeht. Einem erfahrenen Golfspieler schaden solche Gedanken aber, wie Studien zeigen, weil sie offenbar den Bewegungsfluss stören.

Ähnliche Phänomene kennen wir vom Reden. Wer über sein eigenes Sprechen spricht, verspricht sich öfter als in einer gewöhnlichen Unterhaltung. Selbst einfache Prozesse wie das Schnürsenkelbinden laufen Gigerenzer zufolge «am reibungslosesten außerhalb des Bewusstseins ab». Diese Beobachtungen sind zwar für sich genommen richtig, doch Gigerenzer überblendet hier mehrere Phänomene. So sind die Golfabschläge von Profi und Anfänger ganz klar im Bewusstsein, nämlich als Golfabschläge *phänomenal erlebt*, denn die Spieler spüren ja ihre Körperbewegungen dabei.

Beide schlagen auch *willentlich* den Ball. Ihre Arme bewegen sich ja nicht von alleine. Allein beim Profi sind einige komplexe Bewegungsabläufe so routiniert, dass sie gestört werden, sobald er die *Aufmerksamkeit* darauf lenkt. Nicht so beim Anfänger. Das heißt aber nicht, dass man Golf am besten ohne Aufmerksamkeit spielen sollte. Im Gegenteil, der Profi muss seine Aufmerksamkeit aufs Ziel lenken, weil dann die untergeordneten Bewegungen ungestört ablaufen. Er lässt sie gleichsam für sich arbeiten wie ein Konzernchef, bei dem die Mitarbeiter auch ins Stocken geraten, wenn er ihnen ständig über die Schulter schaut. Das Schnürsenkelbinden vollziehen wir ebenfalls bei vollem Bewusstsein, auch wenn wir die einzelnen Bewegungen nicht mehr isoliert ausführen können, weil sie zu einem Bewegungsmuster verschmolzen sind, das wir nur noch als Ganzes beabsichtigen können. Wir sind aber in der Lage, die einzelnen Schritte zu rekonstruieren, spätestens dann, wenn wir unseren Kindern erklären, wie man sich die Schuhe zubindet.

Auch in anderen Situationen, so Gigerenzer, würde Nachdenken nicht weiterhelfen, zum Beispiel beim Lächeln. Auch das ist richtig, betrifft aber wiederum ein anderes Phänomen. Beim echten Lächeln sind der Jochbeinmuskel und der Augenringmuskel beteiligt, beim falschen grinst nur der Mund, doch die Augen lachen nicht mit. Die Muskeln des Mundes haben wir nämlich gut unter Kontrolle, den Augenringmuskel können wir hingegen nur mit großer Mühe willentlich ansteuern. Über Umwege hingegen schon, indem wir uns absichtlich in einen heiteren Zustand versetzen oder indem wir lange bewusst üben. Einige Schauspieler und Politiker können das so gut, dass man ihnen ihren Charme abkauft, wenn sich die kleinen Fältchen im Augenwinkel bilden.

Die von Gigerenzer genannten Phänomene sind also gerade keine Hinweise dafür, dass das Bewusstsein beim Handeln hinderlich ist, sondern im Gegenteil für die Macht der kontrollierten Aufmerksamkeit, mit der ich automatische Prozesse in mir modulieren oder für mich arbeiten lassen kann, wenn ich es will.

Aber hat mein Wille tatsächlich diese Macht? Es könnte ja sein, dass nicht ich es bin, der meinen Willen kontrolliert. Ich könnte mich kolossal darin täuschen. Auch solche steilen Thesen sind beliebt, vor allem unter Neurowissenschaftlern. In den nächsten Abschnitten geht es um Varianten von Kontrollverlust. Fangen wir mit dem Extremfall an.

HANDELT UNSER HIRN FÜR UNS?

«Ich glaube an die Willensfreiheit, ich habe keine Wahl», hat der polnisch-amerikanische Literaturnobelpreisträger Isaac Bashevis Singer einmal gesagt. Beim Libet-Experiment geht es mir ähnlich. Ich muss darüber schreiben, ich habe keine Wahl. Und zwar, weil so viele es als einen Beleg gegen die Willensfreiheit ansehen. Durch diese Selbstverstärkung gehört das Experiment inzwischen zu den berühmtesten der Neurologie. Der amerikanische Hirnforscher Benjamin Libet bat seine Probanden, aus freien Stücken einen Finger zu bewegen. Dabei beobachteten sie eine spezielle Uhr und sollten sich merken, wann genau sie den *Willensruck* spürten, die Bewegung auszuführen. Währenddessen maß Libet mit dem EEG das sogenannte *Bereitschaftspotenzial*, eine elektrische Entladung im Hauptហirn, die sich etwa eine halbe Sekunde vor einer Körperbewegung aufbaut. Der gefühlte Willensruck hinkte diesem Potenzial aber etwa 300 Millisekunden hinterher, kam also allem Anschein nach eine Drittelsekunde zu spät. Libet folgerte daraus, dass das Gehirn für uns entscheide, was wir tun, und uns nur vorgaukle, dass wir die Urheber unserer Handlungen seien. Dieser Interpretation schließen sich bis heute viele Neurowissenschaftler an. So hält sich das Gerücht, Libet habe die *Willensfreiheit* wissenschaftlich widerlegt.

Willensfreiheit heißt ja, dass wir zwischen unseren Wünschen wählen, also entscheiden können, ob wir den Finger heben oder nicht. Sie bezeichnet also die Fähigkeit, eine *mentale Handlung* auszuführen, die wir im Geiste vollziehen, ohne einen Muskel anzuspannen. Wäre alles schon vorher festgelegt, wäre unsere Freiheit eine Illusion. Seit der Veröffentlichung in den achtziger Jahren haben Philosophen und einige Naturwissenschaftler Libets abenteuerliche These so grundlegend zerlegt, dass es verwundert, warum sie bis heute so viele Anhänger findet.

Deshalb in aller Kürze: Die ursprüngliche Studie umfasste als Testpersonen nur fünf junge, gebildete und westlich geprägte Studenten der Psychologie. Davon auf die Unfreiheit der ganzen Menschheit zu schließen, ist, gelinde gesagt, etwas gewagt. Die Studie hatte zudem etliche technische Defizite, die Folgeversuche des englischen Psychologen Patrick Haggard und seiner Kollegen zwar teilweise ausräumen konnten. Aber zum Kern von Libets Denkfehlern sind sie nicht vorgedrungen. Schon die Aufgabe war so formuliert, dass sie unerfüllbar ist. Die Probanden sollten den Finger spontan und ungeplant bewegen. Doch muss man das nicht gerade planen? Bei jedem spontanen Impuls, den Finger zu bewegen, müsste man kurz innehalten und überprüfen, ob das nicht doch geplant war.

Offenbar ging es Libet um einen «Willensruck», doch er bat seine Probanden, auf die «Entscheidung», den «Drang» oder den «Wunsch» zu achten, den Finger zu bewegen. Das sind aber ganz unterschiedliche Phänomene. Die Entscheidung zum spontanen Fingerzucken haben die Personen vermutlich schon mit dem Entschluss getroffen, am Experiment teilzunehmen. Typische Handlungen entspringen gerade nicht einem Drang. Und Wünsche kann man haben, ohne sie zu spüren. Anstatt nachzufragen, auf was sie eigentlich achten sollten, haben die Probanden vermutlich alles Mögliche als Willensruck identifiziert. Einige haben vielleicht innerlich «Los geht's!», gesagt, andere auf die Muskelzuckung geachtet. So datierten einige den Willen auf drei Sekunden vor der Bewegung, andere auf eine halbe Sekunde danach. Ruck, zuck lag der Wille dann gemittelt irgendwo zwischen Bereitschaftspotenzial und Bewegung, aber aussagekräftig ist das nicht, zumal wir unsere subjektiven Erlebnisse nur sehr ungenau datieren können, schon gar nicht in Millisekunden. Außerdem geht der Versuch an unserem Erlebnisbewusstsein vorbei, denn er unterstellt fälschlicherweise, dass ein kleiner Willensruck all unseren Taten vorangeht. Wer sich selbst genauer beobachtet, merkt, dass das eher selten der Fall ist. Und selbst wenn, dann wäre das Sich-einen-Ruck-Geben ebenfalls eine Handlung, für die wir einen weiteren Ruck benötigten. Libet hielt trotzdem tapfer an der These fest, dass das Hirn für uns entscheide. Ähnlich argumentieren seine deutschen Kollegen Gerhard Roth und Wolf Singer, wenn sie behaupten, Verschaltungen würden uns festlegen. Nichts von alldem folgt jedoch aus dem fragwürdigen Versuch.

Wir kennen allerdings schwächere Formen von Unfreiheit, zum Beispiele Zwang oder Kontrollillusionen, die Neurologen und Psychologen ebenfalls erforschen. Die Behauptung ist dann zwar nicht «Wir sind Marionetten des Hirns», aber oft «Wir irren uns, wenn wir glauben, wir hätten alle Fäden in der Hand». Tatsächlich sei ein Großteil des Handelns unbewusst, und wir seien anfällig für Manipulationen. Auch diese Thesen entpuppen sich in den meisten Fällen als phänomenale Irrtümer.

FUSSBALL, TOURETTE UND ANDERE ZWÄNGE

Der Patient sieht sonderbar aus. Auf seiner Nase ruhen zwei Brillen. Reicht man ihm eine dritte, so setzt er sie unverzüglich auf. Das geht so lange weiter, bis die Nase keinen Platz mehr bietet. Gibt man ihm einen Kamm, so scheitelt er sich wieder und wieder sauber sein Haar. Jedes Glas Wasser, das man ihm hinstellt, trinkt er aus. Jede angebotene Zigarette zündet er an. Fragt man ihn, warum er das tue, so hat er immer eine Antwort parat: Ich muss etwas lesen, mein Haar ist zerzaust, ich habe ungeheuren Durst, ich will eine rauchen. Der Patient leidet an einer seltenen Form eines sogenannten *Zwangsverhaltens*, dem «utilization behavior», also dem *Anwendungsverhalten*.

Der französische Neurologe François Lhermitte beschreibt diese Handlungsstörung als «magnetisch», denn es ist, als würden die Objekte ihn zu den entsprechenden Bewegungen hinziehen. Solch ein Hingezogensein kann man schon bei kleinen Kindern beobachten, die die Hände nicht von dem neuen Spielzeug lösen können. Ab einem gewissen Alter ist ein derartiges Verhalten allerdings bedenklich. Lhermitte und seine Kollegen fanden heraus, dass Verletzungen im vorderen Stirnlappen des Hirns zu Anwendungsverhalten führen können. Dort verorten Neurologen Fähigkeiten für Handlungsplanung und Impulskontrolle. Eine naheliegende Interpretation ist also, dass den Patienten die Kontrolle abhandengekommen ist. Wie die Antworten andeuten, empfinden die Patienten ihr Verhalten allerdings nicht als einen Zwang, sondern können es sogar gut begründen. Das sind natürlich genau jene nachgereichten Scheinerklärungen, also die *Konfabulationen*, die wir aus dem Kapitel über Selbsttäuschung kennen.

Nun könnte man meinen, die Patienten wären einem *unbewussten Zwang* ausgesetzt, wie der englische Psychologe Bruce Hood behauptet. Doch das scheint weit hergeholt, zumal sie die Handlungen des Trinkens und Kämmens ja willentlich ausgeführt haben. Auch die Alltagsgegenstände haben sie bewusst wahrgenommen: Brille, Glas, Feuerzeug, Kamm. Ihre Handlungen waren allerdings unbewusst in einem anderen Sinn. Sie merkten nicht, dass die Objekte die *automatischen Auslöser* ihrer Handlungsmuster waren.

Das ist auch der Unterschied zu unseren kleinen *All-*

tagsneurosen, denn da spüren wir das Ziehen und Drängen im Bewusstsein. Ein Beispiel: Während der Fußballweltmeisterschaft 2006 lag in Berlin Mitte ein Fußball herum. Als ich daran vorbeilief, überkam mich sofort der spontane Wunsch dagegenzutreten. Zum Glück bemerkte ich rechtzeitig, dass der Ball mit einer Stahlkette an einem Laternenpfahl festgemacht war. Das machte mich misstrauisch. Es stellte sich heraus, dass ihn jemand mit Beton gefüllt hatte. Und er war nicht der einzige seiner Art. Immer mehr davon tauchten in der Stadt auf. Einige in der Nähe der Fan-Meile hatten sogar in pinker Farbe die provozierende Aufforderung «Can you kick it?» aufgesprüht.

Aus den Nachrichten erfuhr ich, dass zwei Besucher nicht innegehalten, sondern herzhaft zugetreten hatten und mit Fußverletzungen ins Krankenhaus mussten. Es ist schwer zu sagen, ob die Urheber eine Kunstaktion im Sinn hatten, die uns unsere Routinen oder gar unsere Konformität vor Augen, oder vielmehr vor die Füße führen sollte. Vielleicht haben sie sich gedacht: Welcher vernünftige Mensch tritt schon mit voller Wucht gegen einen herumliegenden Fußball? Dabei haben sie offenbar die Macht der *stillen Aufforderungen* unterschätzt, und die der ausdrücklichen ohnehin, zumal schon eine leichte Alkoholisierung die vernünftige Kontrolle mindert. Der Staatsschutz jedenfalls sah die Urheber in der Verantwortung und ermittelte wegen Körperverletzung.

Im Alltag kennen wir also auch Formen von Zwang. Doch in solchen Fällen erleben wir unsere Handlungsimpulse bewusst und können sie dann auch stoppen, im Gegensatz zum krankhaften Anwendungsverhalten. Bei jedem Impuls gibt es zwei Grenzen, eine beim *Wollen* und eine beim *Können*. Manche Alltagszwänge sind so stark, dass wir nicht widerstehen wollen. Das heißt aber nicht, dass wir es gar nicht können.

Das kann man gut am *Tourette-Syndrom* verdeutlichen. Der amerikanische Neurologe Oliver Sacks beschreibt eine Frau, die er in New York beobachtet hat. Sie stand auf der Straße mit zuckendem Gesicht: Lächeln, Zorn und Anspannung wechselten in schneller Folge, weil sie die Mimik der Passanten imitierte. Später sah Sacks, wie sie in einer Nebenstraße gut 50 Gesichtsausdrücke noch einmal in einer einzigen Grimassen-Kaskade abspulte. Die Frau litt an Tourette. Besonders typisch für diese Krankheit sind unkontrollierbare *Ticks*, also kleine Muskelbewegungen wie die Schulter hochziehen oder Räuspern, die so automatisiert sind, dass viele sie gar nicht bemerken. Solche Ticks sind gar keine Handlungen, sondern reine Automatismen. Das Imitieren von Gesichtsausdrücken und das berüchtigte Ausstoßen von Schimpfwörtern, die *Koprolalie*, sind hingegen vergleichsweise selten. Man findet sie nur bei etwa zehn Prozent aller Patienten.

Obwohl viele Forscher wie Hood oder der amerikanische Neurowissenschaftler David Eagleman sie als Automatismus auffassen, deuten die Berichte von Patienten auf etwas anderes hin. Jene beschreiben ihr Verhalten nämlich ungefähr so: Die Wörter würden sich anstauen und seien nur mit Mühe zurückzuhalten. Doch es komme der Punkt, an dem die Patienten sich nicht mehr zurückhalten wollen, weil es unerträglich sei. Sie würden nachgeben und die Wörter herauslassen. Danach fühlten sie sich erleichtert.

Kommt Ihnen diese Form von Zwang aus dem Alltag bekannt vor? Richtig, sie hat verblüffende Ähnlichkeit mit dem Harndrang. Auch da haben wir irgendwann den Punkt überschritten, wo wir nicht mehr anhalten *wollen*. Aber wenn unser Leben davon abhinge, würden wir noch etwas länger aushalten, bis wir tatsächlich nicht mehr *können*. Das ist dann ein reiner Automatismus, nämlich, wie Woyzeck sagen würde, «wenn einem die Natur kommt».

Mit dem Wort «Zwang» können also ganz unterschiedliche Dinge gemeint sein. Erstens klare Fälle aus dem Alltag, bei denen mich jemand mit Gewalt dazu bringt, etwas zu tun, was ich nicht will. Zweitens Automatismen wie ein Schluckauf oder der Herzschlag, die keine Handlungen sind, weil wir sie weder direkt beabsichtigen noch kontrollieren können. Wir können sie allenfalls indirekt beeinflussen: die Luft anhalten, um den Schluckauf zu unterdrücken. Drittens spontane *Handlungsimpulse*, die im Alltag in uns aufkeimen: der Drang, einen Ball zu kicken oder das plötzliche Verlangen, einem niedlichen Kind in die Pausbacken zu kneifen. Solche Impulse «machen uns geneigt», etwas zu tun, wie der englische Philosoph John Locke sagt, aber zwingen uns nicht buchstäblich dazu. Beim krankhaften Anwendungsverhalten schließlich ist «Zwang» auch nicht der passende Ausdruck, denn hier verwandeln sich die stillen Aufforderungen der Dinge zu Handlungsimpulsen, genau wie im Alltag. Der einzige Unterschied ist eben, dass die Patienten das nicht bemerken und deshalb auch nicht kontrollieren können.

Wenn die Auslöser einer Handlung im Dunkeln liegen, sind Freiheit und Kontrolle also ein wenig eingeschränkt, in pathologischen Fällen vielleicht sogar verschwunden. Auch der umgekehrte Fall ist denkbar, nämlich wenn der Auslöser bekannt, aber das Handeln eine Illusion ist. Das jedenfalls behaupten einige Forscher. Doch vermutlich täuschen sie sich, wie die folgenden Beispiele zeigen.

Als kleiner Junge bin ich im Sommerurlaub in einer griechischen Bar immer an die Automaten mit den Computerspielen gegangen in der Hoffnung, dass jemand vielleicht ein Freispiel übersehen hat. Doch selten hatte ich Glück. Manchmal rüttelte ich minutenlang am Joystick und drosch auf den Feuerknopf ein, bis ich bemerkte, dass das Spiel in der Demo-Version lief. In der Handlungstheorie nennt man das eine *Kontrollillusion*. Ich hatte den Eindruck, ich steuerte das Raumschiff, doch in Wirklichkeit lief bloß ein Film ab. Die Illusion entstand, weil ich oft genau dahin steuern wollte, wohin sich das Raumschiff sowieso bewegte. Nun könnte man meinen, Kontrollillusionen seien wie optische Täuschungen eher amüsante Randphänomene, die vom Normalfall abweichen. Wegner vertritt die provokante These, dass wir in unserem gesamten Handeln Opfer dieser Illusion sind. Sobald unsere Körperbewegungen zu unseren Absichten passen, ziehen wir den falschen Schluss, dass wir die Urheber unserer Handlungen sind. In Wirklichkeit liefe alles aber auf der Ebene des Hirns ab: von den motorischen Nervenzellen bis hin zu den Muskelfasern. Das Bewusstsein sei dabei auf Demo-Modus geschaltet ohne irgendeine Kontrollfunktion.

Um diese Theorie zu belegen, hat Wegner Experimente durchgeführt, in denen er Probanden Gedanken unterjubelt, die nur zufällig zu ihren Bewegungen passen. Eines davon macht sich die Illusion bei der Demo-Version zunutze. Zusammen mit seiner Kollegin Thalia Wheatley bat er zwei Personen, sich zusammen vor einen Bildschirm zu setzen, auf dem Bilder von Tieren zu sehen waren. Vor dem Bildschirm lag eine Computermaus, auf die beide gleichzeitig jeweils eine Hand legen sollten. Die Aufgabe war einfach. Die Personen sollten mit der Maus den Cursor herumbewegen und auf ein Signal hin zu einem Tier ihrer Wahl steuern. Der Trick war, dass eine der beiden gar keine Probandin, sondern Mitarbeiterin der Psychologen war. Das wusste die andere aber nicht. Wegner und Wheatley veranstalteten mehrere Durchläufe des Versuchs. Im ersten hatte die Mitarbeiterin zwar ihre Hand zusammen mit der Probandin auf der Maus liegen, steuerte aber nicht gezielt mit, übte also kaum eine Kraft auf die Maus aus. Nach Ablauf der Zeit landete der Cursor zum Beispiel auf einer Giraffe. Wegner und Wheatley fragten nun die echten Versuchspersonen, wie sehr sich für sie die Endposition als «beabsichtigt» anfühlte. Im Mittel gaben sie «56 Prozent» an.

In dem entscheidenden zweiten Durchlauf hörten die Probanden aber kurz vor der Endposition ein Stichwort über Kopfhörer wie zum Beispiel «Schwan», was angeblich nur andeuten sollte, dass die Zeit bald abgelaufen sei. Diesmal bekam die Mitarbeiterin heimlich über Kopfhörer die Aufforderung, den Cursor gezielt auf den Schwan zu lenken. Sie übte also eine Kraft auf die Maus aus. Die Probandin wusste von alldem nichts. Durch den Einfluss der Mitarbeiterin landete der Cursor tatsächlich auf dem Schwan. Überraschenderweise meinten die Versuchspersonen diesmal, sie hätten die Endposition zu 60 Prozent beabsichtigt. Der Schwan-Stopp fühlte sich offenbar zu einem etwas höheren Anteil selbstgewählt an. Und das, obwohl die Psychologen zuvor in Kontrollversuchen nachgewiesen hatten, dass solche Stichwörter die Wahl überhaupt nicht beeinflussten, und obwohl die Mitspielerin diesmal spürbar mehr Kraft auf die Maus ausübte. Wegner hält das für einen Beleg seiner Theorie. Weil das Stichwort im Kopf zum Zielobjekt passe, würden die Personen sich selbst die Handlung zuschreiben, obwohl der Zusammenhang zwischen Wort und Ziel rein zufällig sei.

Sind wir deshalb nicht die Urheber unserer Handlungen? Das ist mehr als fragwürdig, denn der Versuch basiert auf einer fundamentalen Verwechslung, und zwar zwischen *Tun* und *Herbeiführen*. Nehmen wir noch einmal das Beispiel mit dem Computerspiel in der Demo-Version. Wenn ich den Joystick bewege, kann ich mich über zweierlei irren, nämlich erstens, dass ich meine Hand selbst bewege, und zweitens, dass ich damit wiederum das Raumschiff bewege. Die Handbewegung ist das, was ich *tue*, die Raumschiffbewegung das, was ich dadurch *herbeiführe*, also die weiteren Folgen meines basalen Tuns. Oft umfassen Handlungsbeschreibungen sowohl Tun als auch Herbeiführen – wie das Beispiel mit Princips Attentat in Sarajevo gezeigt hat. Daher können wir sagen: «Ich steuere das Raumschiff», und müssen nicht umständlich erklären: «Ich bewege meine Hand und verursache damit die Bewegung des Raumschiffs.» Über den zweiten Teil, das Herbeiführen, kann man sich leicht irren. Wegners Beispiele zeigen also allenfalls, dass man den Eindruck der Verursachung bei den Probanden mit viele Mühe um ein paar Prozentpunkte erhöhen kann. In so einem Fall von einer «Illusion» zu sprechen, ist schon recht gewagt – von einer universellen Illusion des Tuns auszugehen, geradezu aberwitzig.

Urteile über Verursachung sind wie alle Urteile *fallibel*: Sie können sich als falsch erweisen. Daraus folgt jedoch nicht, dass das Tun eine Illusion ist. Die Probanden führen ihre Handbewegungen immer noch selber aus, auch wenn sie sich teilweise darüber täuschen, wie groß ihr Beitrag zum Endergebnis ist.

Wegners Theorie ist noch aus anderen Gründen fragwürdig. Sie gibt ein falsches Bild davon ab, wie sich unser Handeln anfühlt. Wir vergleichen ja nicht ständig im Bewusstsein, ob unsere Bewegungen zu unseren Absichten passen. Beim Gefühl, etwas selbst zu tun, handelt es sich gerade nicht um eine Schlussfolgerung. Das sieht man am besten an Alltagsroutinen wie: unter der Dusche singen oder sich am Kopf kratzen. Beides empfinden wir als Handlungen. Nur weil wir zuvor keine Absichten gefasst haben, entsteht nicht plötzlich der Eindruck in uns, unser Mund würde von selbst singen oder unsere Hand würde sich bewegen, als habe sie einen eigenen Willen.

Wegner hat ein ganzes Buch über solche Versuche und andere ganz alltägliche Entscheidungsfehler geschrieben. Daraus folgert er kühn, bewusstes Handeln sei eine Illusion. Genau genommen hat er bloß den *Epiphänomenalismus* in neue Worte gekleidet, also die These, unser Bewusstsein sei wirkungslos. Dabei argumentiert er wie jemand, der einen fotokopierten Euroschein findet und daraus folgert, dass Geld keinen Wert hat. Allerdings ähnelt die Grundidee der von Libet und seinen Anhängern: Alles läuft auf der Ebene des Hirns ab, welches uns unser bewusstes Handeln vorgaukelt, um uns ruhigzustellen. Viele Forscher meinen obendrein, wenn man diese vermeintliche «Illusion» künstlich erzeugen könne, würde das die These noch mehr bekräftigen. Zu dieser fragwürdigen Folgerung haben vor allem Neurologen Versuche ins Feld geführt.

FERNGESTEUERTE MENSCHEN

Eine Arena in Cordoba. Der wilde Stier nähert sich dem Matador. Die Hörner gesenkt, das rote Tuch im Blick. Er rennt auf den flackernden Stoff zu, stößt hindurch. Einmal, zweimal. Doch beim dritten Mal stoppt er plötzlich und wendet sich ab. Wie kann das sein? Der Torero hatte einen Funksender in der Hand, der direkt mit einem Empfänger im Hirn des Tieres verbunden war. Klingt wie aus einem Horrorfilm, ist aber ein Experiment aus dem Jahre 1963. Tatsächlich handelte es sich bei dem Stier-Dämpfer nicht um einen gewöhnlichen Matador, sondern um den Neurophysiologen José Delgado. Der hatte zuvor in einer Operation den *Schweifkern* des Stieres verdrahtet, eine kleine Hirnregion, die für Bewegungskontrolle zuständig ist. Zusammen mit dem Funksender hatte er so eine Fernbedienung für Stiere erfunden. Delgado mochte große Inszenierungen, und er war Spanier. Vielleicht wählte er deshalb für seinen Versuch einen Stier als Versuchskaninchen. Heute würde natürlich keine Ethikkommission einer Universität solch einen Versuch genehmigen.

Delgado ging noch einen Schritt weiter, evolutionär gesprochen. Er implantierte denselben Empfänger sogar ins Hirn von Menschen. In den meisten Fällen waren das Patienten, deren Schädel ohnehin für eine Operation geöffnet werden musste. Die Prozedur fand, wie auch bei Hirnoperationen heutzutage, bei vollem Bewusstsein statt und war für die Patienten schmerzlos, da es im Hirn keine Rezeptoren für Schmerz gibt. Delgado reizte unter anderem den *Hippocampus* und den *Mandelkern*, womit er viele überraschende Effekte erzeugte. Nicht ohne eine gewisse Euphorie berichtet er, wie die Patienten Farbeindrücke, Entspannung oder eine Hochstimmung erlebten.

Dabei ließ er sich von dem Amerikaner Wilder Penfield inspirieren, dem Erfinder der direkten *Hirnstimulation*. Dieser leitete schon in den dreißiger Jahren Strom in das offene Hirn von Patienten, die ebenfalls berichteten, dass sie zum Beispiel plötzliche hyperrealistische «Flashbacks» aus Kindertagen vor Augen hatten. Penfield erreichte auch, dass sich bei einigen Patienten der Arm bewegte oder sie unwillkürliche Laute von sich gaben. Er berichtet, dass seine Patienten die Bewegungen als fremd empfanden und auf den Arzt schoben.

Bei Delgado lag der Fall etwas anders. Nachdem einer seiner ferngesteuerten Patienten jedes Mal auf Knopfdruck den Kopf bewegte, als würde er etwas suchen, fragt Delgado ihn nach dem Grund. Der Patient antwortete je nach Situation, er suche nach seinen Hausschuhen oder habe ein Geräusch gehört. Auf die Fernbedienung des Arztes schob er seine Bewegungen nicht. Das klingt erst einmal nach einer echten Handlungsillusion.

Zudem scheinen aktuelle Versuche mit einer nichtinvasiven Methode, der sogenannten *transkraniellen Magnetstimulation* (TMS), auf einen ähnlichen Effekt hinzudeuten. Dabei hält ein Neurowissenschaftler ein Gerät, das an eine Polizeikelle erinnert, an den Kopf der Probanden. Schnell wechselnde Magnetfelder verändern den Stromfluss im Hirn. Hält man die Kelle an die Bewegungszentren im linken Hirn, kann sich das auf die rechte Hand auswirken. In dem Experiment sollten die Versuchspersonen willentlich den rechten oder linken Finger bewegen. Ohne TMS verteilten sich die Bewegungen in etwa gleich häufig. Mit TMS konnten die Forscher die Verteilung verschieben.

Roth schließt aus diesen Fällen, dass es sich um echte Handlungsillusionen handelt. Doch bei genauerer Betrachtung ist dieser Schluss nicht gerechtfertigt. Delgado gibt selbst zu, dass er nicht sicher sein kann, ob sein ferngesteuerter Patient tatsächlich den *Eindruck* hatte, selbst nach rechts oder links zu schauen, oder es im Nachhinein lediglich so *begründet* hat. Bei den Versuchen mit Magnetfeldern ist die Aussage noch schwächer, denn hier stammten die Bewegungen eindeutig von den Probanden. Das Magnetfeld schien allenfalls die Zufallsverteilung von rechten und linken Handbewegungen minimal zu verändern. Es kann also keine Rede davon sein, dass TMS gewollte Fingerbewegungen «auslösen» würde. Ob Roth bei seiner Behauptung absichtlich all die Daten ignoriert hat oder bloß von einer Sensationslust ferngesteuert wurde, sei dahingestellt. Bisher hat jedenfalls niemand überzeugend nachgewiesen, dass man eine reichhaltige Illusion des Handlungserlebens erzeugen kann.

Daraus folgt natürlich nicht, dass das unmöglich ist. Jedes bewusste Erlebnis, jeder Gedanke und jede Bewegung hängt vom Hirn ab. Im Prinzip ist eine Illusion also möglich, wenn man nur die richtigen Nervenzellen künstlich reizt. Hollywood-Filme wie *The Matrix* spielen das durch. Dort sind die Menschen an eine Maschine angeschlossen, die ihnen eine falsche Wirklichkeit vorgaukelt. Im Labor ist das bisher nicht gelungen. Und selbst wenn es punktuell möglich wäre, würde das allenfalls zeigen, dass wir uns manchmal irren können. Unser Handeln im Alltag ist deshalb keine dauerhafte Illusion. Im Gegenteil: Das Gefühl, selbst etwas zu tun, erfüllt im Normalfall sogar eine Funktion.

WIE FÜHLT SICH HANDELN AN?

Haben Sie schon mal versucht, so mit den Zähnen zu klappern, als würden Sie frieren? Das kriegt man selten so gut hin, dass es echt wirkt, denn die Taktung des Klapperns ist deutlich langsamer, als wenn einem wirklich kalt ist. Zittern vor Kälte ist eine von vielen Spielarten des *Tremors*, einer rhythmischen Muskelkontraktion. Ein anderes Beispiel ist das Zittern beim Gewichtheben, wenn die Muskeln erschöpft sind. Manchmal zuckt auch nur ein kleiner Körperteil, zum Beispiel das Augenlid. Bei mir war es einmal der Zeigefinger, als ich gerade an meiner Doktorarbeit über Handlungstheorie schrieb. Dieser Tremor kam wie gerufen, denn ich konnte direkt am Schreibtisch einen kleinen Selbstversuch durchführen. Der Zeigefinger wippte ganz leicht auf und ab, während meine Hand ruhig auf der Tischplatte lag. Es fühlt sich nicht so an, als würde *ich* ihn bewegen, ganz gleich, wie sehr ich mich darauf konzentrierte. Als es vorbei war, bewegte ich den Finger noch einmal, doch diesmal willentlich. Ich spürte, dass nun weitere Muskelgruppen aktiv waren. Aber ich hatte auch das Gefühl, den Finger selbst zu bewegen. Nennen wir dieses spezielle Gefühl des Selbst-Tuns unser *Handlungserleben.* Wegner meint, es entstünde aus einer Schlussfolgerung, nämlich dann, wenn die Absichten zu den Körperbewegungen passen. Wie wir gesehen haben, ist das aber äußert unplausibel.

Worin liegt dann der Unterschied zwischen Tremor und Handlung, wenn doch beide Fingerbewegungen von außen ununterscheidbar sein können? Oder, wie Wittgenstein gewohnt hintergründig fragt: «was ist das, was übrig bleibt, wenn ich von der Tatsache, dass ich meinen Arm hebe, die abziehe, dass mein Arm sich hebt?» Die physiologische Antwort lautet, wie gesagt: Wenn ich den Arm selbst bewege, läuft ein Nervenimpuls vom Motivationszentrum im Gehirn zum Finger, bei dem Tremor und anderen Automatismen nicht, denn da handelt es sich um einen neuronalen Kurzschluss. Die phänomenale Antwort lautet: Unser willentliches Tun ist von einem Handlungserleben begleitet.

Über das Handlungserleben spekuliert die Forschung seit einigen Jahrzehnten. Die meisten glauben, dass es sich um eine Art Mischgefühl handelt, zusammengesetzt aus anderen Erlebnissen. Eine Komponente könnte Anstrengung sein, da es immer ein bisschen Mühe macht, den Körper selbst zu bewegen. Doch Anstrengung kennt viele Abstufungen von leicht bis unerträglich. Das Handlungsgefühl aber nicht, denn es ist entweder da, oder es fehlt. Ein anderer Vorschlag geht von einem vermeintlichen Freiheitsgefühl aus. So behauptet Searle, beim Handeln hätten wir den Eindruck, dass uns keine Kräfte oder Zwänge entgegenstehen. Auch das trifft nicht auf alle Fälle zu. Beim Armdrücken steht uns sehr viel Kraft entgegen, doch auch da haben wir ein Handlungsgefühl. Anderen Forschern zufolge soll ein Gefühl von Kontrolle im Spiel sein. Doch hier werden oft zwei Lesarten von «Kontrolle» überblendet. Wer kontrolliert das Salz umfüllt, der tut zweierlei: die Körner in den Streuer füllen und seine Aufmerksamkeit darauf lenken, damit nichts danebengeht. Doch solche Doppelhandlungen sind selten. Viele Routinen laufen ohne Aufmerksamkeit ab und sind dennoch von einem Handlungserleben begleitet. Meint man mit «Kontrolle» hingegen nur, dass wir die Urheber oder Autoren unserer Handlungen sind, dann ersetzt man lediglich das Wort «Handlungserleben» durch «Kontrollgefühl». Das führt also auch nicht weiter.

Der englische Neurowissenschaftler Chris Frith schlägt eine andere Erklärung vor. Er glaubt, bei jeder Handlung würde eine Art *Kopie* der erwarteten Bewegung zwischengespeichert und dann mit dem Endergebnis, der tatsächlichen Bewegung, verglichen. Passten beide zusammen, verspürten wir das Handlungsgefühl. Frith' «comparator model», das *Vergleichs-Modell*, ist einflussreich in der Forschung. Die Grundidee klingt ähnlich wie bei Wegners Theorie, dass das Handlungsgefühl ein Fehlschluss ist, nur finden bei Frith alle Prozesse im tiefen Unbewussten statt. Allerdings bleibt fraglich, warum sich so ein unbewusster «Vergleich» auf eine bestimmte Weise für uns anfühlt. Frith hat dafür keine Erklärung. Das Vergleichs-Modell ist noch aus einem anderen Grund zweifelhaft, denn wenn wir nach der Weinflasche greifen und plötzlich die Butterdose in der Hand haben, verlieren wir nicht das Handlungserleben. Ein Widerspruch zwischen Erwartung und Ergebnis aktiviert eher unsere Aufmerksamkeit, wie andere Versuche zeigen. Wir sind überrascht, wenn wir danebenliegen. Aufmerksamkeit ist aber etwas anderes als Bewusstsein. Englischsprachige Forscher bezeichnen beide mit dem Ausdruck «awareness», vielleicht erklärt das diese Begriffsverwirrung.

Wenig scheint dafür zu sprechen, dass unser Handlungserleben ein Mischgefühl ist. Plausibler ist, dass es für sich steht wie Schmerz und andere phänomenale Erlebnisse, in denen Informationen codiert sind. Wenn wir uns in den Finger schneiden, teilt uns der Schmerz gleichsam nichtsprachlich mit, dass unser Körper verletzt ist. Ein süßer Geschmack informiert uns darüber, dass unsere Nahrung Zucker enthält. Wie künstlicher Süßstoff zeigt, sind natürlich auch hier Irrtümer möglich.

Was deutet uns unser Handlungserleben an? Die einfache Antwort: dass wir eine Handlung ausgeführt haben. Das klingt trivial, macht aber einiges aus, wie folgendes Gedankenexperiment zeigt. Stellen Sie sich vor, Sie wachen morgens auf und wollen aufstehen. Plötzlich bemerken Sie, wie ihr Körper sich von selbst erhebt. Ängstlich und verwirrt entschließen Sie sich, Ihren Arzt anzurufen. Plötzlich tippen Ihre Finger von ganz allein auf dem Telefon. Als Sie mit der Sprechstundenhilfe verbunden sind, beginnt Ihr Mund für Sie zu sprechen. Soweit ich weiß, hat bisher niemand so eine neurologische Störung beobachtet: das Nichtfühlen des eigenen Handelns. Da Ihr Körper tut, was Sie wollen, kommen Sie im Alltag vermutlich immer noch gut zurecht. Ganz abwegig ist diese Form des Handelns übrigens nicht, denn gelähmte Patienten, die ihren Körper über eine *Gehirn-Computer-Schnittstelle* steuern oder, wie der Physiker Stephen Hawking, nur über die Augenbewegungen einen Sprachcomputer bedienen, werden ähnliche Erlebnisse haben, zumindest am Anfang, wenn sie sich noch nicht an die Steuerung gewöhnt haben.

Treibt man das Gedankenexperiment auf die Spitze, sticht ein Unterschied ins Auge. Würden wir das Handlungserleben verlieren, müssten wir uns auf alles wahnsinnig konzentrieren, denn wir könnten nicht mehr zwischen Routinen und echten Automatismen unterscheiden: Eine Überlegung geht beiden nicht voraus. Mit einem gesunden Handlungserleben hingegen ist diese Unterscheidung immer zur Hand, wenn auch nur am Rand des Bewusstseins. Darauf können wir uns fast immer verlassen.

Die Illusionen finden sich anderswo. Wir irren uns manchmal darüber, was wir mit unserm Tun anrichten.

TISCHRÜCKEN UND ANDERE BEWEGUNGSILLUSIONEN

Das kennt vermutlich jeder: Man ist spät dran, eilt in den Fahrstuhl und drückt wild und energisch auf den Knopf, fünfmal, zehnmal. Und nur das allerletzte Drücken, bei dem die Tür endlich schließt, scheint dann wirklich etwas gebracht zu haben. Natürlich wissen wir: Einmal reicht aus. Nur tritt der Effekt einfach ein bisschen zu spät ein. Mit dieser Art der *verzögerten Kausalität* können wir nicht so gut umgehen. Im Alltag sind wir es gewohnt, dass die Wirkung unmittelbar auf die Ursache folgt. Wenn wir einmal darüber nachdenken, ist uns natürlich klar, dass Verursachung manchmal Zeit braucht. Wäre das nicht so, hätte nie ein Bauer im Frühling das Feld bestellt, um im Herbst zu ernten. Dennoch sind wir oft ungeduldig, besonders bei den kleinen Kausalketten im Alltag. Das erklärt zum Beispiel, warum selbst kluge Menschen beim Arzt nachfragen, warum der Hustenlöser nicht am ersten Tag anschlägt. Oder warum man stärker auf die Fernbedienung drückt, wenn die Batterien schwach sind.

Umgekehrt sehen wir überall Verursachung, wo gar keine ist. Eine schlaflose Nacht? Das muss am Mond liegen. Pech gehabt? Vorher nicht auf Holz geklopft. Zweimal am Tag den großen, attraktiven Unbekannten gesehen? Das ist Schicksal. Schon fünf Runden lang gute Karten? Das liegt an der heißen Pokerhand. Von solch spontan unterstellten kausalen Verbindungen leben der harmlose Alltagsaberglaube, aber auch die Scharlatanerie und die Pseudowissenschaft.

Ein Beispiel ist das Tischrücken, das Mitte des 19. Jahrhunderts in den Salons in Europa und Amerika beliebt war, um die Geister zu beschwören. Bei solchen Séancen legten die Teilnehmer ihre Hände auf einen Tisch. Nach einer Weile begann der Tisch, sich zu bewegen. Für die Teilnehmer ein Beleg dafür, dass die Geister der Ahnen Kontakt aufnehmen wollten. Wie historische Studien zeigen, waren in einigen Fällen einfach Betrüger am Werk. In vielen anderen war eine Bewegungsillusion im Spiel, die der Experimentalpsychologe William James schon damals exakt beschrieb: Der Gedanke an eine Bewegung kann kleine Muskelbewegungen aktivieren, von denen man nichts mitbekommt. Weil die Idee die Motorik bestimmt, nannte James das den *ideomotorischen Effekt*. Man kann ihn leicht mit einem Pendel im Selbstversuch testen. Drückt man die Schnur zwischen Zeigefinger und Daumen fest zusammen und denkt an eine Bewegungsrichtung, beispielsweise «rechts, links», so wird das Pendel schon bald seitwärts ausschlagen, auch wenn sich das nicht wie eine eigene Bewegung anfühlt.

Ein tragisches Beispiel für diese Selbsttäuschung durch

unbewusste Bewegungen ist die sogenannte *gestützte Kommunikation*, die in den frühen neunziger Jahren in Deutschland durch das Buch *Ich will kein Inmich mehr sein* von Birger Sellin für Aufsehen sorgte, der an einer schweren autistischen Störung leidet. Nachdem seine Mutter von der gestützten Kommunikation gehört hatte, übte sie mit ihrem Sohn, indem sie seine Hand mit ihrer führte, während er auf einer Computertastatur tippte. Obwohl Birger Sellin nie Sprechen oder Schreiben gelernt oder mit seinen Eltern auf andere Weise kommuniziert hatte, schrieb er auf einmal verständliche Texte. Mehr noch, sie klangen wie moderne Poesie: «ja ich will einmal etwas eisernes erzählen / es handelt von einem eisernen alten weisen aber wenig / reichen mann er wollte gern quatsch sichtbar machen in- / dem er wirklich ernste unsichtbare worte sichtbar mach- / te und ersichtlichen quatsch unsichtbar machte». Sellins Formulierungen erschienen als Buch. Daraus entstanden Songtexte, Hörspiele und Theaterstücke. Nur ist leider bis heute nicht klar, wer von den Sellins die Texte schrieb, der Sohn oder die Mutter.

Über diese Frage entbrannte ein heftiger Streit unter den Fachleuten, da die Methode damals schon weltweite Anwendung fand. Spätestens als einige Forscher aus den Texten von Behinderten Vorwürfe sexuellen Missbrauchs gegenüber Familienmitgliedern herauslasen, wurde es ernst, da diese Texte Gerichtsbeschlüsse zur Folge hatten. In anderen Fällen meinten Wissenschaftler, in den Worten ihrer Schützlinge Liebesbekundungen zu entdecken. Nach vielen kritischen Kontrollversuchen ist inzwischen klar, dass die Helfer die alleinigen Autoren der Texte waren. Sobald man nämlich über Kopfhörer den Autisten andere Fragen als ihren Unterstützern stellte, passten die Antworten nur zu dem, was die Unterstützer gehört hatten. Davon ließen sich auch die meisten Gerichte überzeugen.

Eltern, denen die Kinder aufgrund erfundener Vorwürfe weggenommen wurden, erhielten Abfindungen in Millionenhöhe. Ebenso diejenigen, die zu Unrecht im Gefängnis gesessen hatten.

Von diesen schlimmen Fällen abgesehen, waren es oft liebende Eltern, die das Tippen der Autisten lenkten. Man kann ihnen nicht verdenken, dass sie felsenfest davon überzeugt waren, dass die Texte von ihren Kindern stammten. Schließlich hätten sie sich nichts mehr gewünscht, als endlich einen Zugang zu ihnen zu finden. Umso unverantwortlicher, dass ihnen einige Forscher über Jahre Hoffnung machten, ohne die fragwürdige Methode durch *Blindversuche* zu überprüfen, also Versuche, bei denen der Helfer eben nicht weiß, auf welche Frage der Autist antworten soll.

Wegner meint, die Illusion zeige, dass die Helfer keinen Zugang zu ihrem Handlungserleben gehabt hätten. Doch das scheint erneut nicht den Kern zu treffen, denn die Helfer führten zumindest einen Teil der unterstützenden Handlungen willentlich aus. Sie waren allerdings einer anderen Illusion erlegen. Sie hatten keinen Zugang zu ihren eigenen Wünschen, die offenbar die einzelnen Bewegungen beeinflussten. Doch die unkontrollierten und nicht wahrgenommenen Bewegungen beim ideomotorischen Effekt sind gerade keine Handlungen. Wie beim Pendel haben die Helfer vermutlich an ebenjene Wörter gedacht, die dabei unmerklich ihre Hände und damit die der Autisten steuerten.

Wir täuschen uns also zuweilen über den Einfluss, den wir auf die Welt haben. Mal halten wir ihn für zu groß, mal ist er so klein, dass wir ihn anderen zuschieben. Dennoch ist unser Handlungserleben keine Illusion. Die meisten Vorgänge in unserem Körper laufen zwar automatisch ab. Doch wir können bewusst in diese Abläufe eingreifen und sie für uns arbeiten lassen. Dafür benötigen wir unser phänomenales Bewusstsein und unsere Aufmerksamkeit. Im Alltag schalten wir oft auf Autopilot, aber bei Turbulenzen nehmen wir das Steuer gern selbst in die Hand.

KONZENTRIERTE VERNUNFT

DER GEIST AUF WANDERSCHAFT

Als Vorbereitung auf dieses Kapitel wollte ich mir die Webseite eines Psychologen ansehen. Während ich auf Google danach suche, trifft eine E-Mail ein. Ein Kollege hat mir einen Link zu einem neuen Musikvideo auf YouTube geschickt. Das läuft eine Weile, bis mich plötzlich eine Video-Empfehlung in ihren Bann zieht. Ein charismatischer Philosoph aus Slowenien spricht über die Europäische Linke. Gerade als ich umschalten will, merke ich, dass ich Durst habe. Ich gehe in die Küche und stelle den Wasserkocher an, um mir einen Tee zu brühen. Währenddessen höre ich im Arbeitszimmer das Signal einer SMS. Zurück am Schreibtisch, ärgere ich mich über die vielen geöffneten Fenster auf dem Bildschirm. Als ich mich anschicke weiterzuschreiben, pfeift plötzlich der Wasserkocher in der Küche.

Muss ich mir Sorgen machen, dass ich zum sprichwörtlich zerstreuten Akademiker werde, der seinen Schlüsselbund im Kühlschrank vergisst? Oder bildet meine Abgelenktheit vielleicht eher den Normalfall, während Fokussierung etwas Besonderes ist? Zerstreutheit ist nicht das Gegenteil von Aufmerksamkeit, denn die war die ganze Zeit auf etwas gerichtet: E-Mail, Video, Durst, SMS. Zerstreutheit ist vielmehr die Unfähigkeit, seine Aufmerksamkeit aktiv auf eine Aufgabe zu fokussieren, kurz, sich zu *konzentrieren.*

Die passive Aufmerksamkeit übernahm in der Evolution vermutlich eine wichtige Schutzfunktion. Wer bei einem verdächtigen Knacken im Unterholz die Ohren spitzte, vor herannahenden Schatten zurückschnellte oder im richtigen Moment von nackter Haut gebannt war, hatte bessere Chancen auf überlebensfähigen Nachwuchs. Was wir heute als Zerstreutheit erleben, könnten die Nachwehen dieser ständigen Wachsamkeit sein. Bei unseren Vorfahren waren die Sinne auf der Jagd zwar fokussiert, aber die übrige Zeit passiv auf Alarm gestellt, und so zog die Aufmerksamkeit automatisch von einem Reiz zum nächsten. Vor allem soziale Informationen wecken ständig das Interesse: Wer in unser Gruppe schaut verärgert, wer zeigt Interesse an uns, wer ist Freund, wer ist Feind? Selbst rückblickend drängen sich solche Gedanken in den Fokus des Bewusstseins: Haben wir uns gestern richtig verhalten, bilden andere Bündnisse gegen uns?

Die passive Aufmerksamkeit ist ein Beispiel für einen *mentalen Automatismus*, denn Eindrücke gelangen ohne unser Zutun in unser Bewusstsein. Ein anderes Beispiel ist das innere Bild eines weißen Bären, wenn jemand sagt: «Stell dir mal einen Eisbären vor!» Solche Automatismen muss man von *mentalen Handlungen* wie Kopfrechnen oder Nachdenken unterscheiden. Eine Mittelstellung zwischen beiden nehmen Ohrwürmer ein, bei denen wir manchmal gar nicht so genau sagen können, ob wir sie im Kopf gleichsam lautlos selbst singen oder ob wir ihnen nur passiv zuhören.

Der amerikanische Psychologe Matthew Killingsworth wollte zusammen mit einem Kollegen wissen, welchen Anteil passive Gedanken und Vorstellungen im Leben ausmachen. Dazu hat er ein Programm für das iPhone entwickelt, das nach einem Zufallsprinzip Versuchspersonen mehrmals am Tag fragte, was sie gerade tun und ob sie dabei glücklich sind. An der Studie haben weltweit über 5000 Menschen aus 83 Ländern teilgenommen. Dabei kam heraus, dass wir etwa die Hälfte unserer wachen Lebenszeit zerstreut sind und uns in Tagträumen verlieren. Während dieses sogenannten «mind wanderings», wenn also der Geist auf Wanderschaft geht, sind wir vor allem damit beschäftigt, unwillkürlich zu planen, zu phantasieren und über unsere sozialen Kontakte nachzugrübeln. Typische Inhalte sind Gedanken wie «Morgen vor dem Zahnarzttermin kann ich noch die Hose umtauschen», Sorgen wie «Warum hat die Kollegin vorhin so komisch geguckt?» oder die Phantasie, eine Figur in einer fiktiven Welt zu sein, zum Beispiel eine Prinzessin, die Drachen befehligt. Killingsworth konnte zeigen, dass Tagträumereien vor allem dann entstehen, wenn wir gestresst, gelangweilt oder unglücklich sind, und dass wir uns dadurch insgesamt noch unglücklicher machen.

Der deutsche Philosoph Thomas Metzinger zieht aus diesen und anderen Befunden Schlüsse für unser Selbstbild. Wenn wir nämlich etwa ein Drittel unseres Lebens schlafen und eines der zwei wachen Drittel für Tagträumerei verlorengeht, dann haben wir nur etwa ein Drittel unseres Lebens aktive Kontrolle über unsere Gedanken. Philosophen seien derart stolz auf ihre Vernunft, so Metzinger, dass sie ihre Aufmerksamkeitskontrolle beim Nachdenken für den Normalfall hielten. Tatsächlich seien wir aber typischerweise nicht selbstkontrolliert. Metzinger spricht daher vom «Mythos der mentalen Autonomie».

Mir scheint diese Diagnose voreilig zu sein, denn aus der Dauer unkontrollierter Phasen kann man noch keine Hierarchie ableiten, also folgern, dass Selbstkontrolle den Ausnahmefall darstellt. Im Gegenteil haben wir ja, wie Metzinger selbst sagt, eine *Veto-Fähigkeit*, wir können nämlich unsere Tagträume stoppen und uns wieder an unsere

Aufgaben machen. Diese *Freiheit*, verstanden als die *Fähigkeit*, mentale Handlungen zu vollziehen, verlieren wir nicht, nur weil wir sie manchmal nicht ausüben. Frei, oder «autonom», sind wir auch dann, wenn wir uns gerade einmal nicht konzentrieren. Das treffen die populären Metaphern für den Geist übrigens ganz gut, nämlich Aufmerksamkeit als Chef einer Firma, als Treiber auf dem Rücken eines Elefanten oder als Kapitän an Bord eines Frachters. In allen Fällen reicht für die Kontrollfunktion, dass wir im richtigen Moment eingreifen können. Platon und Aristoteles haben das nicht anders gesehen.

Die Macht unserer mentalen Autonomie zeigt sich auch in den großen Leistungen der Kulturgeschichte, sei es in Wissenschaft, Kunst oder Technologie. Gutenberg, Leonardo da Vinci, Shakespeare, Bach, Gauß, Einstein oder Goethe hätten ihr Lebenswerk nicht im Modus der Zerstreutheit oder allein auf Grundlage eines Bauchgefühls schaffen können, sondern es bedurfte der Kontrolle, der Planung und einer starken Willenskraft.

Zwei Systeme wohnen, wach, in unserer Brust. Während wir das jüngere einsetzen, indem wir versuchen, aktiv unsere Pläne zu verfolgen, alarmiert und beschäftigt uns ständig das ältere der beiden, die passive Aufmerksamkeit. Gegen sie müssen wir unsere Pläne immer wieder abschirmen, um die Kontrolle zu behalten. Und weil wir nicht mehr in Kleingruppen von 200 Menschen leben wie unsere Vorfahren vermutlich noch vor 10000 Jahren und weil die Eindrücke heute schneller und bunter sind als in der Savanne oder im Regenwald, kommen uns alle möglichen Reize und Eindrücke in die Quere.

DIE ZERSTREUUNG IN DER KULTUR

Ich werde Ihnen jetzt von den zehn gefährlichsten Situationen in meinem Leben erzählen, vor allem die siebte war echt brenzlig. Oder wie wäre es mit den 33 schönsten Fotos von Koalabären? Bei Nummer 14 hatte ich Tränen in den Augen. Man kann Ankündigungen dieser Art nur schwer widerstehen. Sie versprechen Spannung, Abwechslung und manchmal extreme Gefühle. Alles, was sozial, emotional oder sexuell ansprechend ist, gerät automatisch ins Aufmerksamkeitszentrum, also den VIP-Bereich des Geistes, von dem Informationen ins Gedächtnis oder die Handlungssteuerung gesendet werden.

Der Kontakt mit stets neuen, überraschenden Informationen ist zweifellos ein Merkmal der modernen Medien- und Industriegesellschaften. Zerstreutheit ist zwar ein natürlicher Zustand, viel deutet jedoch darauf hin, dass sie durch Internet und Smartphones zugenommen hat. Bei Zivilisationskritik dieser Art muss man sich natürlich vor der reflexartigen These hüten, dass früher immer alles besser war, zumal die Kulturpessimisten des letzten Jahrhunderts nicht immer klare Kriterien oder empirische Studien für ihre Einschätzungen nannten. Die Datenlage zur Zerstreutheit, dem Mangel an Fokussierung, ist allerdings ziemlich klar.

Eine Möglichkeit, der Anforderungen Herr zu werden, scheint *Multitasking* zu sein, also mehrere Handlungen vermeintlich gleichzeitig auszuführen. Während früher der Fernseher nur beim Bügeln lief, schauen immer mehr Menschen Filme und surfen gleichzeitig im Internet. Auch wenn es so scheint, als würden wir dabei mehr schaffen, erleben und aufnehmen, ist das ein Irrtum. Multitasking kann man wahrscheinlich nicht trainieren. Im Gegenteil, diejenigen, die gelernt haben, ihre Aufmerksamkeit zu fokussieren und sich eher vor Multitasking scheuen, sind besser im Lösen komplexer Aufgaben als jene, die sich selbst für Experten im ständigen Umschalten halten.

Was wären digitale soziale Netzwerke ohne Welpen, Katzen, Kriegsbilder, Liebschaften und Trennungen, gemeinsame Feiern, Missgeschicke und moralische Entrüstung? All diese Dinge versprechen eine direkte Reizbefriedigung, weil sie aufregend, spannend oder rührend sind. Sich die Hintergründe von Wirtschaft, Politik oder der Gesellschaft zu erarbeiten, ist langwieriger, anstrengender und fordert Triebverzicht, eben mentale Autonomie. Nicht zuletzt für Universitäten ist das weltweit ein neues und drängendes Problem.

Der Amerikaner Clay Shirky, Professor für Journalismus an der New York University, hat die neuen Verhältnisse in den Hörsälen sehr anschaulich beschrieben. Täglich müsse er in seinen Veranstaltungen um die Aufmerksamkeit seiner Studenten buhlen und immer neue Verlockungen überbieten. Als Beispiel nennt er zwei konkurrierende Inhalte, seine Seminarfrage «Welche Rolle spielte die Erfindung des Telegraphen für den Krimkrieg im 19. Jahrhundert?», gegenüber einer Statusmeldung auf Facebook «Dein Ex hat ein Bild von dir kommentiert». Natürlich ist nichts für Menschen spannender als soziale Informationen, vor allem im Alter zwischen 18 und 25 Jahren. Als Dozent kämpfe man deshalb, so Shirky, ganz alleine gegen eine Armee brillanter Köpfe aus der Kreativindustrie, die sich immer faszinierendere Videos, Spiele oder Apps ausdenkt. Das sei, als würde man mit Kreide bewaffnet bei einem Pistolenduell aufkreuzen. Deshalb dürfen Shirkys Studenten keine Laptops mehr in seinen Seminaren benutzen.

Die Universität Harvard und viele andere Hochschulen verbieten sogar seit einigen Jahren elektronische Endgeräte in vielen Hörsälen. Mit gutem Grund, wie Studien belegen, in denen Studenten einer Vorlesung folgen und danach Fragen zum Inhalt beantworten mussten. Eine Gruppe durfte Laptop und Smartphone mit in den Hörsaal bringen, die andere Gruppe nicht. Wie zu erwarten, hatten die Studenten ohne Endgerät deutlich mehr behalten als die abgelenkte Gruppe. Sogar das Medium beeinflusst die Aufmerksamkeit, wie eine andere Untersuchung nahelegt. Probanden konnten sich denselben Inhalt besser merken, wenn er aus einem Buch stammte statt aus einer Zeitung, und das wiederum besser, als wenn sie an den Inhalt über Google gelangt waren. Eine Erklärung könnte sein, dass wir uns selbst in einen konzentrierten Modus versetzen, wenn wir ein Buch lesen, oder eben in einen flüchtigen und unkonzentrierten, wenn wir im Netz surfen.

Ablenkung durch digitale Medien behindert nicht nur das Lernen, sondern kann auch im Alltag gefährlich werden. So verletzen sich allein in den USA jährlich über 100 Menschen, weil sie sich zu sehr von ihrem Smartphone in den Bann schlagen lassen. Die chinesische Stadt Chongqing hat inzwischen neben dem normalen Fußgängerweg und dem Fahrradweg einen dritten Gehweg eingerichtet, der Smartphone-Benutzer unter anderem mit Pfeilen am Boden vor Zusammenstößen schützen soll. Wenn das Telefon zu viel Aufmerksamkeit abzieht, kann das sogar tödlich sein. In Portugal stürzte ein Touristenpaar rückwärts eine Steilklippe hinab, weil sie unbedingt das perfekte Selbstporträt machen wollten und dabei nur noch auf die Kamera, nicht aber auf ihre Umgebung achteten.

Heidegger klingt in seinem eher poetischen Text «Der Feldweg» stellenweise, als habe er die Gefahren von Smartphones vorhergesehen. Den «Heutigen», so Heidegger «fällt nur noch der Lärm der Apparate, die sie fast für die Stimme Gottes halten, ins Ohr. So wird der Mensch zerstreut und weglos. Den Zerstreuten erscheint das Einfache einförmig.» Heidegger selbst hat viele Wanderungen im Schwarzwald unternommen, gestützt auf seinen selbstgeschnitzten Spazierstock. Dabei hat er sich bestimmt nie gelangweilt.

Als Kritiker sah er das Wesen der modernen Technik darin, dass wir durch sie, vereinfacht ausgedrückt, alles nur noch auf seine Funktionen abfragten. Wir würden den Gebirgsbach nicht mehr als ein Naturphänomen ansehen, sondern nur noch als einen Energielieferanten für ein Wasserkraftwerk. Selbst wenn wir am Fluss entlangspazierten, seien wir dabei nicht mehr romantische Schwärmer, die sich an der Natur ergötzten, sondern nur noch Teil einer Tourismusindustrie.

In seinem Text «Der Feldweg» ist die Technik nicht nur als das vorgestellt, was uns bloß zweckrational denken lässt. Sie scheint auch für einen Verlust an Fokussierung und innerer Versenkung, oder modisch gesprochen von Achtsamkeit, verantwortlich zu sein. In Heideggers Beobachtung klingt zudem ein zweites Motiv durch, nämlich, dass Ruhe und Einfachheit nur denjenigen langweilig erscheint, die immer Abwechslung benötigen.

Psychologen nennen solche Leute auch «sensation seekers», in der Umgangssprache hat sich *Adrenalin-Junkies* durchgesetzt. Sie suchen das Abenteuer, lieben Reisen, Partys und Drogen, sind extrovertiert, oft sexuell enthemmt und werden unruhig, wenn gerade einmal nichts Neues passiert, ein Persönlichkeitsmerkmal, das bei Akademikern wie Heidegger, die einen Großteil ihres Lebens am Schreibtisch verbringen, seltener vorkommt.

Allerdings könnte es gut sein, dass eine moderne Welt, die überall unmittelbare Reizerfüllungen anbietet, die Ausbildung ebenjenes Charakterprofils begünstigt oder seine Züge in uns allen zum Vorschein bringt. Indem wir uns immer mal wieder vom schnellen Vergnügen verführen lassen, den kurzfristigen Lustgewinn und die angenehme Ablenkung suchen, laufen wir auch Gefahr, in unser Suche nach kleinen Glücksmomenten zu Dopamin-Junkies zu werden.

Nietzsche hat in unserem Drang nach ständiger Ablenkung einen tieferen Grund gesehen, eine existenzielle «Hast», die uns Menschen ausmacht, «weil jeder auf der Flucht vor sich selbst ist». Wir ließen uns auch deshalb so gerne unterhalten und zerstreuen, weil wir uns ohne Ablenkung mit unseren Nöten und Abgründen beschäftigen müssten: «Wir fürchten uns, wenn wir allein und stille sind, dass uns etwas in das Ohr geraunt werde; und so hassen wir die Stille und betäuben uns durch Geselligkeit.»

In einem fiktional anmutenden Vorwort zu seinem Roman-Fragment *The Pale King* deutet der amerikanische Schriftsteller David Foster Wallace den weltweiten Erfolg von Unterhaltungstechnologie im Sinne Heideggers und Nietzsches, indem er fragt, warum plötzlich überall Flachbildschirme auftauchten, in Wartezimmern, Supermärkten, und den Rücksitzen von Autos, und warum jeder nur noch den iPod-Kopfhörer im Ohr und das Mobiltelefon in der Hand habe. Wallace starb schon im Jahre 2008. Hätte er geahnt, wie verbreitet Smartphones einmal sein würden, hätte er sich wohl auch gewundert, warum jeder in der Straßenbahn, im ICE, im Park oder auf Popkonzerten nur noch auf einen handtellergroßen Bildschirm starrt, anstatt Menschen kennenzulernen, die Umgebung zu beobachten oder die Musik zu genießen. Wer glaubt, es ginge bei den neuen Medien vornehmlich darum, Informationen zu erhalten, der irre, so Wallace. Denn tatsächlich wollten die Menschen dem «Terror der Stille» entrinnen. Man könnte seine Beobachtung auch so zuspitzen: Wir leben nicht im Informationszeitalter, sondern im Ablenkungszeitalter.

Schon der deutsche Soziologe Georg Simmel meinte vor über 100 Jahren, im Gegensatz zum Landmenschen, der seinen Blick ruhig über die gleichförmige Natur schweifen ließe, habe der Stadtmensch ein gesteigertes «Nervenleben». So würden «die rasche Zusammendrängung wechselnder Bilder, der schroffe Abstand innerhalb dessen, was man mit einem Blick umfasst, die Unerwartetheit sich aufdrängender Impressionen» die Aufmerksamkeit des Stadtbewohners verbrauchen. Er könne nur seinen «Verstand» einsetzen, um sich vor dieser «Vergewaltigung» der Großstadt zu schützen. Präzisiert man «Verstand» hier als «Aufmerksamkeitskontrolle», trifft die Formulierung den Kern der modernen Forschung. Doch wie macht man das, den Verstand gegen die Ablenkung ins Feld führen?

DAS GLÜCK DER SELBSTBEHERRSCHUNG

Ein vierjähriger Junge sitzt in einem fensterlosen Laborraum an einem Tisch. Vor ihm liegt ein Marshmallow, eine Süßigkeit, die auch als «Mäusespeck» bekannt ist. Der Versuchsleiter sagt ihm: «Dieser Marshmallow gehört dir. Du kannst ihn gerne essen. Aber wenn du es schaffst, ihn 15 Minuten nicht anzurühren, bekommst du noch einen zweiten.» Die scheinbar leichte Aufgabe stellt den Kleinen vor eine brutale Herausforderung, denn 15 Minuten ohne Spiele, Bilderbücher oder Eltern sind für Kinder eine halbe Ewigkeit. Allein gelassen, muss er einer Süßigkeit widerstehen, die dauerhaft die stille Aufforderung «Iss mich!» an ihn richtet.

Der österreichisch-amerikanische Psychologe Walter Mischel hat diesen berühmten *Marshmallow-Versuch* Ende der sechziger Jahre in den USA mit mehr als 500 Kindern durchgeführt. Es ist rührend zu sehen, wie die jungen Probanden reagierten. Einige schnupperten am Marshmallow, nahmen ihn in den Mund, legten ihn zurück, andere leckten vorsichtig daran. Viele scheiterten vor Ablauf der Zeit. Diejenigen Kinder, die widerstehen konnten, verwendeten immer dieselbe Technik der Selbstbeherrschung: Sie lenkten aktiv ihre Aufmerksamkeit um. Ein Mädchen stellte sich die Süßigkeit erfolgreich als Wolke vor, ein Junge drehte sich einfach um und starrte die Wand an, ein anderer zog sich die Sandalen aus und spielte auf seinen Zehen so lange Klavier, bis die 15 Minuten um waren.

Der entscheidende Teil des Versuchs begann allerdings erst danach. Mischel hat die Lebenswege der Kinder bis heute verfolgt. Dabei stellte sich heraus, dass die disziplinierten Kinder als Erwachsene in glücklicheren Beziehungen lebten als die unbeherrschten Kinder, außerdem hatten sie in ihrem Leben weniger Rauschmittel zu sich genommen, konnten besser mit Stress umgehen, hatten ein stärkeres Selbstbewusstsein und verdienten mehr Geld. In einer zweiten Langzeitstudie mit über 1000 Teilnehmern aus Neuseeland konnten Kollegen von Mischel zeigen, dass selbstbeherrschte Kinder als Erwachsene im Mittel einen höheren Bildungsabschluss haben, weniger Schulden machen, seltener ungewollt schwanger werden und weniger mit dem Gesetz in Konflikt geraten.

Der norwegische Schriftsteller Karl Ove Knausgård beschreibt in seinem autobiographischen Roman *Sterben* eine Extremform von Selbstbeherrschung, nämlich Selbstüberwindung. Sein Vater hielt ihn und seinen Bruder dazu an, abends Brote mit Sardinen in Tomatensauce zu essen, vor denen er sich ekelte. Knausgård entwickelte allerlei Tricks, die widerlichen Fische doch irgendwie herunterzubekommen. Dem einen oder anderen Leser dürften ähnliche Regeln bekannt sein, die einem in der Kindheit sinnlos erschienen, zum Beispiel, beim Apfel auch das Kerngehäuse aufzuessen oder die Aufforderung, doch einfach die Spucke herunterzuschlucken, wenn man auf einer Wanderung jammerte, weil man Durst hatte. Doch vermutlich muss man seinen Eltern dankbar sein, denn sie haben einem mit diesen kleinen Regeln Selbstdisziplin abverlangt, sodass man später auch anderen Versuchungen entsagen konnte. Vielleicht hätte sich Knausgård nicht bis zur Veröffentlichung des sechsten Teils seiner Roman-Reihe durchgekämpft, wenn er damals immer nur süße Marmeladenbrote gegessen hätte. Die Forschung zeigt insgesamt jedenfalls, dass man anhand von Selbstbeherrschung besser den späteren beruflichen Erfolg vorhersagen kann als anhand von Intelligenz oder sozialer Herkunft.

Es könnte der Eindruck entstehen, dass der Marshmallow-Test nur bei Kindern funktioniert. Doch das stimmt nicht. Man muss nur das Lockmittel ändern. Lässt man Erwachsene wählen, ob sie 10 Euro sofort oder 11 Euro in 7 Tagen haben wollen, so entscheiden sich immer noch viele für das schnelle Geld, obwohl der Gewinn von einem Euro, also eine Verzinsung von 10 Prozent innerhalb einer Woche, auf einen Jahreszins von mindestens 520 Prozent hinausläuft. Diese Rendite hat selbst vor der Bankenkrise kein Investmentbanker erzielt.

Den Unterschied in den Reaktionen kann man gut mit Untersuchungen am Hirn belegen. In der Motivationsforschung unterscheiden einige Forscher zwischen dem *heißen System* und dem *kühlen System* des Handelns, ganz ähnlich, wie Freud zwischen *Es* und *Über-Ich* unterschieden hat. Beim schnellen Geld ist das heiße, das *limbische System* aktiv, das für Belohnung und emotionale Verarbeitung zuständig ist, also für die kurzfristige Befriedigung. Wenn wir Zinsen ausrechnen und uns unser zukünftiges Leben vorstellen, ist das kühle System, die *präfrontale Hirnrinde*, aktiv, die mit

Selbstkontrolle, langfristigem Planen und Aufmerksamkeit assoziiert ist.

Ändert man die Aufgabe in eine Entscheidung zwischen 10 Euro in 6 Tagen oder 11 Euro in 7 Tagen, so wählt niemand mehr die 10 Euro, sondern alle warten einen Tag länger, um die 11 Euro zu erhalten, denn jetzt ist nur noch das kühle System eingeschaltet. Die Hirnscans der Probanden zeigen dann auch eine entsprechende Aktivität in der präfrontalen Hirnrinde.

Wer sich bei Versuchen fürs schnelle Geld entscheidet, hat auch andere Eigenschaften, die auf mangelnde Selbstkontrolle schließen lassen. Im Vergleich zu den geduldigen Teilnehmern rauchten die impulsiven Probanden mehr, trieben weniger Sport und hatten schlechtere Schulnoten. Da überrascht es nicht, dass Straftäter laut einer Studie im Mittel eine deutlich niedrigere Selbstbeherrschung haben als die Durchschnittsbevölkerung.

Aus der Forschung lässt sich klar ableiten, wie entscheidend Selbstbeherrschung in unserem Leben ist. Noch etwas anderes kristallisiert sich heraus. Aufmerksamkeit ist die wichtigste Voraussetzung für das, was Persönlichkeits- und Sozialpsychologen «Selbstbeherrschung» oder «Selbstkontrolle» nennen. Sich selbst zu beherrschen heißt, seine Aufmerksamkeit auf eine Aufgabe zu konzentrieren und dabei störende Impulse abzublocken.

ZIRKELTRAINING FÜR DIE AUFMERKSAMKEIT

Die gute Nachricht lautet: Aufmerksamkeit kann man trainieren, die schlechte: Es ist ziemlich anstrengend. So hat der amerikanische Psychologe Roy Baumeister mit Kollegen in Experimenten gezeigt, dass die aktive Aufmerksamkeit wie ein Muskel funktioniert. Bei langen Konzentrationsaufgaben verbrauchen Versuchspersonen mehr Kalorien als die entspannte Kontrollgruppe und sind danach körperlich erschöpft.

Baumeisters Experimente bestehen typischerweise aus zwei aufeinanderfolgenden Aufgaben, die jeweils Selbstbeherrschung erfordern. Im ersten Teil mussten Probanden beispielsweise in einem Raum sitzen, in dem eine Schale mit frisch gebackenen Schokoladenkeksen stand, deren Duft den ganzen Raum erfüllte, die sie aber nicht anrühren durften. Im darauffolgenden Teil des Experiments bekamen sie die Aufgabe, geometrische Rätsel zu lösen, die tatsächlich unlösbar waren, was die Probanden allerdings nicht wussten. Im Gegensatz zu einer neutralen Kontrollgruppe brach die Keks-Gruppe bei der zweiten Aufgabe deutlich früher ab. Ihre Aufmerksamkeits-Ressourcen hatten unter der Impulskontrolle so sehr gelitten, dass nur noch wenig Kraft für die zweite Aufgabe übrig blieb.

In einer anderen Variante durften die Personen bei einem lustigen Kurzfilm nicht lachen und mussten danach einen Griff festhalten, der immer stärker vibrierte. Auch hier ließ die erschöpfte Testgruppe deutlich schneller los als die entspannte Vergleichsgruppe. Wenn Probanden eine flammende Rede für eine politische Partei halten mussten, die ihren eigenen Ansichten deutlich widersprach, oder wenn sie zwischen Hunderten von T-Shirts die schönsten auswählen sollten, gaben sie danach bei Konzentrationsaufgaben schneller auf als der Durchschnitt.

Diese *Ich-Entleerung*, wie Baumeister es nennt, also die Erschöpfung nach aktiver Aufmerksamkeit, tritt auf, wenn wir unsere Gedanken, Gefühle, Impulse oder Handlungen kontrollieren. Den Energieverbrauch kann man sogar am Blutzuckerspiegel messen, der bei Selbstkontrolle schnell abfällt. In einem unkonventionellen Versuch maßen Psychologen den Blutzuckerspiegel von verheirateten Paaren. Diese sollten, sobald sie sich über ihren Ehepartner ärgerten, Nadeln in eine Voodoo-Puppe des Partners stecken und ihr Aggressionsniveau schriftlich festhalten. Das Experiment zeigte, dass Probanden mit niedrigem Blutzuckerspiegel weit mehr Nadeln verwendeten als die mit hohem. Andere Versuche zu Konzentrationsaufgaben scheinen diese Beobachtung zu bestätigen. Bei einem Experiment hielten Probanden, wenn sie dabei zuckrige Limonade trinken durften, länger durch als eine Vergleichsgruppe, die lediglich Limonade mit Süßstoff erhalten hatte.

In einem anderen Experiment untersuchten Forscher in Israel Bewährungsrichter ohne deren Wissen. In mehreren Tagessitzungen mussten die Richter über Dutzende von Bewährungsfällen entscheiden, für die sie im Mittel nur 6 Minuten Zeit hatten. Im Regelfall verweigern sie dabei die Bewährung, und zwar in 65 Prozent aller Fälle. Die Forscher korrelierten nun die Genehmigungen der Bewährung mit der Nahrungsaufnahme, also der Mittags- und der Kaffeepause. Dabei stellte sich heraus, dass die Richter vor ihrer Pause mit leerem Magen so gut wie keine Bewährung genehmigten, aber nach dem Essen bei 65 Prozent der Straftäter Gnade walten ließen, also 30 Prozentpunkte über ihrer Durchschnittsquote lagen. Der amerikanische Psychologe Daniel Kahneman erklärt das damit, dass sich Menschen bei Hunger und Aufmerksamkeitserschöpfung am leichteren Regelfall orientieren, der in diesem Fall bei der Bewährungsverweigerung lag.

Noch weitere Beobachtungen deuten darauf hin, dass sich Aufmerksamkeit wie ein Muskel erschöpfen kann. So werden trockene Alkoholiker oder Drogenabhängige auf Entzug eher abends rückfällig. Auch Diäten geben Menschen eher am Abend oder in der Nacht auf. Das sind gerade jene Phasen des Tages, an denen unsere Kontrolle verbraucht und damit am schwächsten ist. Umgekehrt regenerieren wir nicht nur durch Zuckerzufuhr, sondern auch durch Schlaf, was ebenfalls die Analogie zum Muskel verdeutlicht.

Eine zweite Parallele zwischen Aufmerksamkeit und Muskel liegt in der ökonomischen Einteilung von Kraft. Probanden haben ein gutes Gespür für den Pegel ihrer Ressourcen. Wissen sie, dass sie drei anspruchsvolle Aufgaben in Folge bearbeiten müssen, streuen sie ihre Aufmerksamkeit gleichmäßig, ganz wie ein geübter Sportler, der sich seine Kräfte einteilt.

Neben Ermüdung und Einteilung ist Training der dritte Aspekt, bei dem Aufmerksamkeit und Muskelkraft einander ähneln. Unsere Selbstbeherrschung kann nämlich sowohl ausdauernder als auch stärker werden, wenn wir die Aufmerksamkeit täglich dauerhaft erhöhen. Nach anfänglicher Erschöpfung wie bei einem Fitness-Workout zeichnet sich bald ein Trainingseffekt ab. So gab Baumeister einer Gruppe seiner Studenten Aufgaben für längere Zeiträume. Rechtshänder mussten alles mit der linken Hand schreiben und Linkshänder mit der rechten. Zudem sollten die Probanden während des Tages alle Kalorien ihrer gesamten Ernährung aufschreiben, durften nur noch in ganzen Sätzen sprechen und nicht mehr fluchen. Die letzten beiden Aufgaben scheinen amerikanische Studenten vor echte Herausforderungen zu stellen.

Schon nach wenigen Wochen war ein Effekt erkennbar. Im Vergleich zu einer Kontrollgruppe hielten die trainierten Studenten jetzt bei Konzentrationsübungen deutlich länger durch, hatten bessere Noten in der Uni, rauchten weniger, hatten seltener ungeschützten Sex, aßen weniger Fastfood und schätzten sich selbst als glücklicher und zufriedener ein. Offenbar schlug das Training auf alle Lebensbereiche durch.

Aufmerksamkeit hilft uns also nicht nur, Informationen über die Welt besser aufzunehmen, in Begriffe zu fassen und langfristig zu speichern. Selbstbeherrschung als aktive Kontrolle der Aufmerksamkeit ist zudem einer der stärksten Faktoren in der Lebensführung. Wer sich gut konzentrieren kann, ist glücklicher, hat mehr Freunde, lebt gesünder und verdient mehr als die Abgelenkten. Schon Aristoteles hat betont, dass Genussmenschen sklavenartig vom nächsten Glücksmoment abhängig sind. Fast möchte man sagen: Nur ein biederes Leben ist ein erfülltes Leben.

Die aktive Aufmerksamkeit ermöglicht Selbstbeherrschung über mehrere Kanäle. Erstens führt hohe Konzentration dazu, dass sich das Bewusstseinsfeld verengt, also viele Ablenkungen wie beispielsweise ein Gorilla gar nicht ins Bewusstsein gelangen. Wer sich zum Beispiel in einen Roman versenkt, vergisst die Welt um sich herum. Sollte man dennoch von Musik oder einer E-Mail-Benachrichtigung gestört werden, kann man, zweitens, die Aufmerksamkeit erneut aktiv auf die Aufgabe lenken. Drittens benötigen langfristige Projekte selbstgesetzte Ziele, die man sich mindestens einmal ins Bewusstsein rufen und dann in einem Sprachformat speichern muss. Auch das ist ohne Aufmerksamkeit nicht möglich. Und viertens kann man bei langfristigen Projekten die eigene Impulsivität und Willensschwäche vorhersehen und sich entsprechend dagegen wappnen. Die eigenen inneren Störfaktoren muss man sich zuvor vergegenwärtigen, und auch dafür ist Aufmerksamkeit vonnöten. Ein literarisches Beispiel dafür ist Odysseus.

DAS ODYSSEUS-PRINZIP

Auf seinen Irrfahrten durchs Mittelmeer näherte sich das Schiff des Odysseus und seiner Gefährten der Insel der Sirenen. Odysseus wusste, dass niemand ihrem Gesang widerstehen konnte. Weil er dennoch neugierig war, ließ er die Ohren seiner Männer mit geschmolzenem Wachs verschließen und sich selbst an einen Mast fesseln. So schützte er sich davor, dem Drang nachzugeben, von Bord zu springen und zu den Sirenen zu schwimmen, als er ihre lieblichen Stimmen vernahm.

Während Homer den Helden der Ilias, Achill, als impulsiven und brutalen Krieger im Kampf um Troja darstellt, der schnell eingeschnappt ist, wenn er nicht bekommt, was er will, so porträtiert er Odysseus buchstäblich und sprichwörtlich als verschlagen und mit allen Wassern gewaschen. Odysseus antizipiert die Zukunft und schmiedet listenreiche Pläne. Zugespitzt könnte man sagen, mit ihm hat Homer den ersten modernen Menschen beschrieben.

In der Psychologie nennt man die vorausschauende Selbstkontrolle daher auch das *Odysseus-Prinzip*. Wir rechnen immer mal wieder damit, in der Zukunft willensschwach zu werden, und verhindern das im Voraus in einem Moment der Klarheit und Kontrolle. Dazu finden sich ganz profane Beispiele: den Wecker weit entfernt vom Bett aufstellen, nicht mit leerem Magen einkaufen, bei wichtigen Entscheidungen eine Nacht darüber schlafen und keine Schokolade im Haus aufbewahren, wenn man abnehmen will.

Hier ist die Technologie sogar hilfreich. Auf der Webseite *Stickk.com* kann man Geld einzahlen, das zum Beispiel einer ungeliebten Hilfsorganisation zufließt, sofern man sein selbstgesetztes Ziel nicht erreicht. Mit dem Programm

Freedom kann man den Zugang zum Internet für einen bestimmten Zeitraum sperren, wenn man gerade an einem wichtigen Projekt arbeitet. Daneben gibt es inzwischen unzählige Apps, mit denen man neue Gewohnheiten, wie Gitarre spielen, verfestigen oder alte, wie Fernsehen, abbauen kann. Das funktioniert über automatische Erinnerungen, kleine Belohnungen oder die Rückmeldungen aus einer Gemeinschaft von Gleichgesinnten.

Wir können also unsere Impulse nicht nur unmittelbar unterdrücken, sondern auch über Umwege. Unter dem Stichwort «Nudging», also «Stupsen», finden diese Techniken inzwischen auch Anwendung im Alltag, nämlich indem man sich selbst oder andere Menschen nicht mit Verboten, sondern durch eine *Veränderung der Anreizstruktur* behutsam steuert.

Eines der anschaulichsten Beispiele sind öffentliche Stehtoiletten, in deren Mitte ein kleines Fußballtor platziert ist, was Männer dazu verleitet, besser zu zielen. Ein anderes Beispiel ist die Anschnallpflicht, die man mit Strafandrohung schwerer durchsetzen kann als mit einem nervtötenden Ton, der so lange piept, bis der Fahrer den Gurt anlegt. In öffentlichen Kantinen wäre ein kleiner Stupser ebenfalls sinnvoll. Es würde der Volksgesundheit dienen, Obst und Joghurt auf Augenhöhe zu präsentieren, während Muffins und Sahnetorten am Rand des Sichtfeldes versteckt sind. Supermarktketten folgen diesem Prinzip ohnehin schon lange, natürlich mit einer anderen Motivation, indem sie teure Markenprodukte in Sicht- und Griffnähe platzieren und die preiswerten Hausmarken in den unteren Regalböden.

Der Einsatz indirekter Kontrollmechanismen findet inzwischen auch in der Politik Einsatz. Da Menschen von sich aus zu wenig für den Ruhestand sparen, ist es zum Beispiel sinnvoll, risikoarme Rentenpläne als Normalfall anzubieten, die Angestellte aktiv ablehnen müssen, wenn sie einen selbstgewählten Plan bevorzugen. Auch die Besteuerung von ungesunden Lebensmitteln kann die Anreizstruktur verschieben und damit Menschen dazu verlocken, sich ausgewogener zu ernähren.

Nicht alle Rechtstheoretiker stehen dem positiv gegenüber. So sagt der ehemalige Verfassungsrichter Udo Di Fabio in einem Interview: «Lockung, Verführung und unbemerktes Einwirken auf die Psyche sind etwas für Werbeagenturen, nichts für den Rechtsstaat», Politiker würden uns sonst zu «verhaltenstechnisch gelenkten Versuchsobjekten» machen.

Doch solange die Anreize durchsichtig sind, widersprechen sie weder dem demokratischen Ideal von Transparenz, noch greifen sie die Freiheit der Bürger an. Im Gegenteil, auch jeder Status Quo bringt ja eine Anreizstruktur mit, die unser Verhalten in eine Richtung lenkt. Nur wer sich gewiss sein kann, dass die gegenwärtige Welt die beste aller möglichen Welten ist, kann sich Veränderungen grundsätzlich verschließen.

Unzählige Beispiele zeigen, dass Verbesserungsbedarf besteht. So weist der deutsche Psychologe Gerd Gigerenzer darauf hin, dass im Jahre 1995 etwa 12000 Deutsche gestorben sind, weil es nicht genug Organspender gab. In Deutschland ist zwar die Mehrheit der Bevölkerung für die Organspende, aber nur etwa 12 Prozent haben einen Ausweis. In Frankreich, Österreich und Ungarn hingegen sind 99,9 Prozent aller Bürger Organspender.

Der Grund ist einfach. In diesen Ländern ist jeder per Gesetz im Regelfall Organspender. Wer das aus religiösen oder anderen Gründen nicht will, muss ausdrücklich widersprechen. Die Forschung zeigt nun, dass es Menschen viel leichter fällt, den Status Quo zu akzeptieren, als vom Normalfall abzuweichen. Gigerenzer verdeutlicht das mit der *Vorgaberegel*, der wir oft folgen. Sie heißt: «Wenn es eine Vorgabe gibt, weiche nicht davon ab.» So sind ein Großteil der Deutschen *entgegen ihrer moralischen Überzeugung* keine Organspender. Wendet man das Odysseus-Prinzip hier an, weil man die fatale Wirkung der Vorgaberegel erkannt hat, spricht viel dafür, sich in solchen Fällen auch politisch an den Mast binden zu lassen und wie in Frankreich oder Österreich die Organspende zum Normalfall zu machen. Angesichts der vermeidbaren Todesfälle fällt es in diesem Fall schwer, Argumente zu finden, die für die alte Anreizstruktur sprechen.

WIE MAN DAS LEBEN RICHTIG ABZINST

Der britische Philosoph Alfred North Whitehead meinte, der Fortschritt der Zivilisation bestünde darin, dass wir immer mehr Handgriffe ausführen können, ohne darüber nachzudenken. Die Freunde des Unbewussten zitieren ihn gerne als Stütze ihrer These, dass das Bewusstsein keine oder wenig Macht habe. Doch mir scheint das schlicht falsch zu sein. Der Fortschritt besteht im Gegenteil in mehr «Selbstzwang» und mehr «Langsicht», wie Norbert Elias in seinem Werk *Über den Prozess der Zivilisation* eindrücklich gezeigt hat. Das kann man unter anderem am Erfolg der Wissenschaft und dem weltweiten Rückgang der Gewalt sehen. Das belegt auch der amerikanische Psychologe Steven Pinker in einer umfassenden und detaillierten empirischen Studie, die auf Elias' Ideen aufbaut. Selbstzwang und Langsicht fordern unsere Aufmerksamkeit und unsere Vernunft. Bevor wir eine Handlung guten Gewissens zu einem Automatismus werden lassen können, müssen wir gründlich darüber nachdenken.

So hat Odysseus nicht nur spontan intelligent gehandelt, sondern vor allem langfristig geplant, indem er seine eigene fehlbare Natur erkannt und entsprechend vorgesorgt hat. Langfristiges Denken ist ein wesentliches Merkmal der menschlichen Vernunft, erfordert in vielen Fällen Selbstkontrolle und ist daher eng mit der aktiven Aufmerksamkeit verbunden.

Die Vernünftigkeit des Planens hängt davon ab, wie realistisch wir unsere eigene Zukunft antizipieren. Es ist nämlich nicht vernünftig, das zu tun, was *gerade* meinen Gesamtnutzen maximiert, sondern nur, was ihn relativ zu der von mir erwarteten Restlebenszeit maximiert. Wer als Student täglich eine Schachtel Zigaretten raucht, mag in jedem einzelnen Moment keinen besseren Grund haben, den Nikotinkitzel zu spüren, doch sobald er den Konsum auf sein Leben hochrechnet und sich als Rentner mit Lungenkarzinom visualisiert, wird er sich fragen, ob wirklich keine anderen Gründe gegen das Rauchen gesprochen haben.

Man kann sich diesen Lebens-Gesamtnutzen mit der Frage verdeutlichen, ob das spätere «Ich» dem früheren «Ich» Vorwürfe machen würde, denn wir sind nicht nur für unsere unmittelbaren Handlungen, sondern auch für deren absehbare Folgen verantwortlich und müssen beide Faktoren gegeneinander aufwiegen: die saftige Schweinshaxe jetzt, dafür Gefäßverengung später, Spannung am Roulettetisch jetzt, dafür Armut im Alter, ungeschützten Sex jetzt, dafür Geschlechtskrankheiten und uneheliche Kinder in der Zukunft.

In unserem Zukunftsdenken tendieren wir dazu, nur die nächsten paar Jahre, aber nicht unser gesamtes Leben in den Blick zu nehmen. Pinker zufolge ist diese existenzielle Kurzsichtigkeit ein Erbe der Evolution, denn vor Anbruch der Zivilisation erreichten unsere Vorfahren selten das

30. Lebensjahr. Mit der heutigen mittleren Lebenserwartung von fast 80 Jahren gehört dieses Alter eher zur verlängerten Pubertät. Vielleicht ist es Unwissen, weil wir uns nie über unsere gesamte Lebensspanne Gedanken gemacht haben, vielleicht ist es eine Form von Selbsttäuschung, weil wir uns einfach nicht ausmalen wollen, wie wir im Alter leben. Wir hängen jedenfalls zu oft im stammesgeschichtlich alten, kurzfristigen Denken fest, was sich schon daran zeigt, dass wir zu wenig für unsere Altersvorsorge zurücklegen.

Dabei muss es nicht grundsätzlich unvernünftig sein, in einem Augenblick gut zu essen und zu trinken und sein Leben zu genießen, denn wie Geld verliert auch jedes andere Gut für uns mit jedem Tag ein bisschen an Wert, aufgrund der schlichten und vielleicht erschreckenden Tatsache, dass wir alle eines Tages sterben werden. Es kommt also auf die richtige Gewichtung an.

Das kann man sich gut an einem Apfel verdeutlichen. Wenn ich den Apfel heute esse, werde ich ihn genießen. Hebe ich ihn mir bis morgen auf, wird er ein wenig an Wert für mich verlieren, denn es besteht ja ein Risiko, dass der Apfel verfault oder mir geklaut wird. Esse ich ihn sofort, dann schließe ich das sicher aus. Für den Wertverlust des Apfels gibt es einen noch schwerwiegenderen Grund, nämlich dass mit jedem Tag, wie gesagt, eine kleine aber stetig wachsende Wahrscheinlichkeit besteht, dass ich am nächsten gar nicht mehr auf der Welt bin, den Apfel also gar nicht «verwerten» kann. So verliert auch Geld nicht allein aufgrund der Inflation an Wert, sondern weil wir es mit jedem weiteren Tag auf der Welt weniger nutzen können.

Wüsste ich sicher, dass ich morgen sterben werde, dann wäre es rational zu feiern, als gebe es kein Morgen; Erbschaften und Nachfahren sind in diesem Gedankenexperiment der Einfachheit halber ausgeschlossen. In allen anderen Fällen ist es unvernünftig, sich nach dem Spruch «Lebe jeden Tag, als sei es dein letzter!», zu richten, er müsste vielmehr lauten: «Lebe jeden Tag so, wie es gemessen an einer realistischen Einschätzung deiner Lebenserwartung sinnvoll ist!» In der korrekten Fassung passt der Spruch allerdings auf kein T-Shirt.

Weil Geld an Wert verliert und der Gläubiger, der einen Kredit gewährt, heute auf möglichen Konsum verzichtet, ist es sinnvoll, bei Krediten Zinsen zu erheben. Denn auch hier besteht ja für den Gläubiger ein stetig wachsendes Risiko, dass er seinen Einsatz nicht wiedersieht oder vor der Rückzahlung selber stirbt und es daher nicht mehr nutzen kann. Der Zinssatz spiegelt dabei idealerweise die Erwartungen wider, wie wahrscheinlich ein Zahlungsausfall ist und wie der Konsumverzicht honoriert werden muss. Historische Studien zeigen, dass der Zinssatz im Geldverleih über die Jahrhunderte ebenso kontinuierlich fiel, wie die Lebenserwartung kontinuierlich gestiegen ist.

Viele Experimente verdeutlichen nun, dass wir dazu tendieren, unsere eigene Zukunft *zu steil abzuzinsen*, also von einem zu schnellen Wertverlust unser Güter und Erlebnisse ausgehen. Wir essen den Apfel heute ganz auf, und riskieren damit, dass wir morgen nichts mehr zu essen haben. Zügellosigkeit ist für sich genommen nicht unvernünftig, sondern immer nur relativ zur eigenen Lebenszeit. Umgekehrt ist Aufsparen nur vernünftig, wenn man das Ersparte im Alter noch nutzen kann. Wer ohne Angehörige oder Erben mit Millionen auf dem Bankkonto stirbt, hat etwas falsch gemacht.

Studien zeigen, dass Menschen in gefährlichen Vierteln von Großstädten, zum Beispiel den brasilianischen Favelas, hedonistischer leben als in anderen Stadtbezirken und ihr Leben umso steiler abzinsen, je niedriger die Lebenserwartung vor Ort ist. Dieser Lebensstil muss dann gerade kein Ausdruck von Willensschwäche oder Zügellosigkeit sein, sondern erscheint vielmehr vernünftig, wenn die Einschätzung der Lebensdauer realistisch ist. Irrational ist es eher, wenn jemand in einem westeuropäischen Land mit hoher Lebenserwartung und guten sozialen Sicherungssystem den extremen Lebensstil eines Favela-Bewohners führt.

Bildet man die tägliche Anreizstruktur korrekt auf sein Leben ab, so ist man nur dann willensschwach, wenn man nicht auf den momentanen Genuss zugunsten des langfristigen Planes verzichtet. Den augenblicklichen Reizen können wir nur mit der Fähigkeit zur Selbstkontrolle widerstehen, die, wie schon angedeutet, im Kern eine Form von Aufmerksamkeitskontrolle ist. Es gilt also: Ohne Aufmerksamkeit keine Kontrolle und ohne Kontrolle keine Vernunft. Umgekehrt wirkt das langfristige Denken der Vernunft auf die Einstellung der Kontrolle zurück. Wenn wir erkannt haben, dass wir alle dazu neigen, unser Leben zu steil abzuzinsen, weil wir die verlockenden Sirenen des Konsums hören, ist es vernünftig, sich beispielsweise staatlich auf eine gesetzlich bindende Altersvorsorge festlegen zu lassen.

FREUDE AM KONTROLLIERTEN KONTROLLVERLUST

Ein kontrolliertes Leben mag sinnvoll sein, klingt aber auch lustfeindlich: Nur Lernen, Arbeiten und Sport, dafür keine Zigarette, kein Bier und kein Burger. Ein Merkmal unserer Zeit ist aber gerade, dass viele den punktuellen Kontrollverlust zelebrieren: den Totalabsturz auf dem Oktoberfest, die Kneipenschlägerei, den Liebesrausch, den psychedelischen Trip auf dem Musik-Festival. Wie passt das zusammen?

Die amerikanischen Philosophen Hubert Dreyfus und Sean Dorrance Kelly deuten an, dass unser alltägliches Handeln nicht durch Kontrolle und Vernunft bestimmt sei, sondern durch Kontrollabgabe. Sie meinen zum Beispiel, wir seien nicht mehr Herr unserer Handlungen, wenn wir bei einem Fußballspiel im Stadion plötzlich aufspringen, nur weil alle anderen aufspringen. Der englische Philosoph John L. Austin hat schon Mitte des letzten Jahrhunderts ähnliche Fälle diskutiert, etwa wenn wir nach einem klassischen Konzert gedankenverloren anfangen zu klatschen und uns danach verwundert fragen, ob wir überhaupt klatschen wollten. Dreyfus und Kelly gehen aber so weit zu behaupten, solche Routinen seien das Kernstück der menschlichen Erfahrung, würden den Grundgedanken der Aufklärung widersprechen und müssten daher für deren Verfechter «erschreckend» wirken.

Ich kann nicht nachvollziehen, ob sie dabei an jemand Bestimmten gedacht haben. Mir scheint eher die These von Dreyfus und Kelly erschreckend kurzschlüssig zu sein. Der ganze Witz eines Stadionbesuches ist ja das Gruppenerlebnis. Es macht vielen Menschen Spaß, einen Teil ihrer Kontrolle abzugeben, in einer Gruppe aufzugehen und sich zusammen mit anderen als eine Einheit zu erleben.

Das widerspricht keineswegs der Idee der Aufklärung, die ja zumindest in der berühmten Fassung von Kant fordert, sich seines «Verstandes ohne Leitung eines anderen zu bedienen». Ist eine Zuschauerwelle im Stadion durch einen anderen Verstand geleitet und demnach unvernünftig? Auch wenn wir uns dort und in vielen anderen Fällen von den Umständen mitreißen lassen, haben wir uns ja, als wir das Stadion betraten und in die Gruppe eintauchten, kontrolliert und selbständig dazu entschieden, die Kontrolle wohldosiert abzugeben. Ein missmutiger Zuschauer, der sich nicht als Teil der Gruppe ansieht, wird sitzen bleiben, ebenso ein enttäuschter Musikliebhaber, der nach einem schlechten Konzert bewusst nicht klatscht.

Vernünftig zu handeln kann nicht heißen, dass der Partner beim Tanzen nie die Führung übernehmen darf, und nicht, dass wir keine Gruppenerlebnisse und keinen Spaß mehr haben dürfen. Selbst fleißige und disziplinierte Menschen lassen sich meistens irgendwo gehen, sei es beim Essen, Shoppen oder an der Spielkonsole. Dauerhaft die Kontrolle aufrechtzuerhalten, ist einfach zu anstrengend. Natürlich kann Kontrollabgabe auch gefährlich sein. Man denke an Unfälle, bei denen Autofahrer so sklavisch den Anweisungen ihres Navis folgten, dass sie in einen Fluss oder eine Baustelle fuhren.

Der gewollte Kontrollverlust jedenfalls bettet sich in den meisten Fällen in die weichen Daunen eines kontrollierten Lebens. Die Neo-Romantiker, die in unserem wissenschaftlich entzauberten Zeitalter auf der Suche nach dem Unerklärbaren, dem Unkontrollierten und Mystischen sind, übersehen oft, dass dies immer schon in einem geordneten Rahmen geschieht. Auch sie wollen nicht zurück in die unkontrollierten Epochen der Geschichte, in denen jeder Streit mit einer Rauferei oder Messerstecherei endete, Kinder scharenweise durch Vernachlässigung starben oder Quacksalber Quecksilber verabreichten, um Krankheiten zu «heilen». Sie wünschen sich eher kleine Nischen des Überraschenden und Unbegreiflichen. Wenn das ein weitverbreiteter Wunsch ist, dann ist es auch sinnvoll, solche Freiräume zu schaffen, gerade weil sie der Vernunft untergeordnet sind.

Ein anschauliches Beispiel für den kulturellen Gewinn des kontrollierten Kontrollverlusts ist die Kunst, sei es Malerei, Musik oder Literatur. Der russische Schriftsteller Boris Pasternak soll gesagt haben: «Kunst ist Philosophie im Zustand der Ekstase.» Der deutsche Sänger Udo Lindenberg hat das ähnlich ausgedrückt. Auf die Frage, was das Geheimnis eines guten Liedtextes sei, antwortete er: «Nüchtern geschrieben, breit gegengelesen. Oder andersrum.» Mit dieser Auffassung stehen beide in einer langen Tradition, die mit Sokrates' Kunsttheorie in Platons Dialog *Ion* begann, der, zumindest nach gängiger Lesart, davon ausging, dass nicht Kunstfertigkeit oder Wissen den Dichter ausmacht, sondern der *Enthusiasmus* oder, ins Lateinische übertragen, die *Inspiration*, ganz wörtlich verstanden als ein göttlicher Hauch, der in den Erzähler fährt, seinen Verstand ausschaltet und ihn in einen ekstatischen Moment versetzt.

Wer in der Kulturgeschichte nicht auf die Götter warten wollte, hat selbst für Inspiration gesorgt, sei es mit Spirituosen wie bei Lindenberg oder anhand anderer Quellen, die die Lebensgeister wecken und aufscheuchen. Schon Ortswechsel können helfen, den starren Pfad der Logik zu verlassen und gedankliche Nebenwege einzuschlagen, von denen man selbst oft überrascht ist. So kommen einem gute Ideen an seltsamen Orten und in zwielichten Momenten, unter der Dusche, beim Tanzen, im Halbschlaf, beim Abwasch oder am Strand. Selbst viele Wissenschaftler berichten von solchen Heureka-Momenten wie der französische Mathematiker Henri Poincaré, auf dessen Studien sich Einstein stützte, als er seine Relativitätstheorie entwickelte. Als Poincaré einen Bus im französischen Urlaubsort Caen betrat, hatte er plötzlich und in aller Klarheit eine wichtige Umformung in der nichteuklidischen Geometrie vor Augen, auf die er die Wochen zuvor in seiner Studierstube nicht gekommen war.

Künstlern dienen nicht nur Entspannungsmomente, sondern oft Träume als Musenkuss, die nach Lehrmeinung ungefährliche, psychotische Halluzinationen sind. So hat Paul McCartney das Lied *Yesterday* angeblich in einem Traum gehört. Ähnliche Zustände kann man im Drogenrausch erleben. Toulouse-Lautrec ließ sich vom Halluzinogen *Tuchon*, der «grünen Fee» im Absinth, verzaubern, Basquiat nahm Heroin. Man kann davon ausgehen, dass in Kunst und Literatur des letzten Jahrhunderts jedes erdenkliche Rauschmittel zum Einsatz kam. Viele Künstler haben sich von Menschen anregen lassen, die selbst im Ausnahmezustand lebten, man denke an die Malerei von Wahnsinnigen, die die Avantgardekünstler der zwanziger Jahre beeinflusste.

Ein anderes Mittel, die kreativen Schleusen zu öffnen, besteht darin, Zufallselemente bei Handlungen zu erzeugen. So hat Jackson Pollock bei seinem «Action Painting» zwar seine Handbewegungen kontrolliert, aber nicht, wie die Farbe dabei auf die Leinwand tropfte. Max Ernst hat die Methode der sogenannten *Décalcomanie* angewandt, indem er mit einem Glas Farbe auf der Leinwand verwischte, um in spontanen Assoziationen darin Formen zu entdecken. Jean Arp ließ Papierschnipsel auf eine Leinwand rieseln und klebte sie dort fest, wo sie liegen blieben. Gerhard Richter hat eine Art Riesenspachtel entwickelt, um Farbe kontrolliert und doch zufällig auf seinen Leinwänden zu verschmieren. In der surrealistischen Literatur war das *automatische Schreiben* beliebt, bei dem der Schriftsteller gleichsam den Schwüngen seines Federkiels hinterherdenkt, weil er einen assoziativen, unzensierten Wortschwall aufs Papier bringt. Ähnlich dachte Picasso, der sagte, die Malerei sei stärker als er selbst, nicht er würde den Pinsel schwingen, sondern der Pinsel führte ihn. Viele Jazzmusiker haben nicht nur Drogen konsumiert, um ihre Improvisation zu verbessern, sie berichten auch oft, dass beim Spielen die Finger irgendwann ein Eigenleben führen. Auch ein Freestyle-Rapper lässt sich beim «spitten» von seinen eigenen Wortassoziationen überraschen und ist bewusstseinsverändernden Substanzen ebenfalls nicht immer abgeneigt.

Der Kontrollverlust kann so weit fortschreiten, dass Künstler ihn schon fast als einen Ich-Verlust empfinden. So stimulierte sich Gottfried Benn mit Kokain und beschwor die dadurch hervorgebrachten «Trance-Zustände» als ein «Anregen geheimer Sphären». In seinem Gedicht *Cocain* drückt er das so aus: «Den Ich-zerfall, den süßen, tiefersehnten, / Den gibst Du mir: schon ist die Kehle rauh, / Schon ist der fremde Klang an unerwähnten / Gebilden meines Ichs am Unterbau». Und der Maler Philip Guston meinte, wenn er sein Atelier betrete, hörte er die Stimmen der Kritiker, Kollegen und all der wichtigen Maler der Geschichte. Doch sie würden allmählich verstummen und aus dem Atelier verschwinden. Wenn er Glück habe, so Guston, würde er beim Malen selbst verschwinden.

Die Forschung legt nahe, dass das geradlinige, analytische, problemorientierte Denken in vielen Fällen der Kreativität nur im Wege steht. Es gibt zwar auch eine wissenschaftliche Kreativität, aber gerade Kunst lebt von wilden, unlogischen, assoziativen Querverbindungen. Studien zeigen, dass man mental entweder auf das analytische oder das kreative Denken schalten, aber beide Modi nicht gleichzeitig aktivieren kann. Gute Kunst verbindet aber oft beides, wie Thomas Mann schon in seiner Theorie des Künstlers angedeutet hat, wilde Kreativität und klare Struktur. Nach der Erleuchtung ist nämlich Kontrolle, Selbstzensur und Überarbeitung nötig. So vernichtet Gerhard Richter beispielsweise viele seiner halb zufällig entstandenen Gemälde, wenn sie seinen Ansprüchen nicht genügen. Viele Künstler haben auf diese Weise den Kontrollverlust beschworen, ihn aber gleichzeitig in ein ehrgeiziges künstlerisches Schaffen eingebettet. Sie sind ein Musterbeispiel dafür, wie man überlegt und geplant, im eigenen Geist die unbewussten, automatischen und zufälligen Elemente für die gute Sache arbeiten lassen kann.

DIE DUNKLE SEITE DES BEWUSSTSEINS UND DIE RÜCKKEHR DER VERNUNFT

Aristoteles und Kant gelten als die Gewährsmänner für die traditionelle Auffassung, dass der Mensch ein vernünftiges Wesen ist. Die empirische Forschung und der Blick in die Kultur zeige aber, so die Pointe der Aufklärungskritiker, dass wir Menschen uns fälschlicherweise für vernünftig hielten, tatsächlich aber von unbewussten Kräften gesteuert oder jedenfalls massiv manipulierbar seien.

Aristoteles müsste über Fälle von mangelnder Vernunft nicht sonderlich staunen. Er hat zwar den Menschen als denkendes Tier charakterisiert, aber natürlich gesehen, dass die Vernunft nicht bei allen Menschen gleichermaßen ausgebildet ist. Gerade weil wir frei handelten, könnten wir uns auch für ein ungerechtes oder zügelloses Leben entscheiden. Wer sich Aristoteles zufolge über Jahre zu einem untugendhaften Menschen «gemacht» hat, hat seine Vernunft gerade nicht walten lassen und ist dann auch für seine Defizite verantwortlich.

Kant hat zwar die Idee der Aufklärung vertreten, er

kannte aber auch seine Zeitgenossen genau und war eher pessimistisch, ob die Vernunft unter den Menschen walte. So stellt er in der *Grundlegung der Metaphysik der Sitten* sogar in Frage, ob überhaupt irgendein Mensch jemals aus der Pflicht gehandelt habe, die ihm die Vernunft diktierte, und ob wir in unserem Handeln nicht eher durch Egoismus oder «geheime Triebfedern» bestimmt seien. Kant war überzeugt, dass «die Vernunft für sich selbst und unabhängig von allen Erscheinungen gebiete, was geschehen soll, mithin Handlungen, von denen die Welt vielleicht bisher noch gar kein Beispiel gegeben hat».

Für beide, Aristoteles und Kant, war Vernunft ein Ideal, das man gar nicht, oder wenn überhaupt, nur mit Anstrengung erreichen könne. Vernunft als *normatives Ideal*, also als das, was wir anstreben *sollen*, scheint einen schwächeren, empirischen Vernunftbegriff vorauszusetzen. Wir haben gerade deshalb das Bild einer perfekten Vernunft, weil wir unsere alltägliche Vernunft kennen und sie idealisieren können.

Die Vernunft ist, wie gesagt, kein Organ wie das Herz, sondern sie zeigt sich in der Art und Weise, wie wir etwas tun, also als *theoretische Fähigkeit*, wenn wir gründlich nachdenken, und als *praktische Fähigkeit*, wenn wir wohlüberlegt handeln. Die ideale Vernunft kann man sich wie unsere Sprachfähigkeit oder unsere mathematische Fähigkeit vorstellen. Wir wissen, wie man einen korrekten Satz des Deutschen formuliert, selbst wenn wir uns manchmal versprechen, und wir kennen die Additionsregel auch dann, wenn wir durch Rechenfehler hinter dem Ideal der Korrektheit zurückbleiben. In diesem Sinne haben Menschen, von pathologischen Fällen abgesehen, die *Vernunft* als eine *allgemeine Fähigkeit*, die sie mehr oder weniger erfolgreich im Alltag anwenden, auch dann, wenn sie nie *perfekt rational* sind.

Nur von weitgehend vernünftigen Wesen kann man überhaupt sagen, dass sie etwas Unvernünftiges tun, wie der amerikanische Philosoph Donald Davidson gezeigt hat. Eine Stubenfliege ist nicht unvernünftig, wenn sie ins Netz einer Spinne gerät, denn bei ihr stellt sich die Frage nach Vernunft gar nicht.

Menschliche Vernunft setzt Aufmerksamkeit voraus, denn wir müssen die Welt in Worte fassen, um sie im Gedächtnis abzubilden und danach entsprechend zu handeln. Die Aufmerksamkeit dient aber auch der Selbstbeherrschung, indem wir künftige Situationen einschließlich unserer Willensschwäche antizipieren können und indem wir an unseren Neigungen arbeiten und sie, wenn nötig, umformatieren.

Dasselbe Prinzip ist auch auf vernünftiges Denken und Handeln anwendbar. Sobald wir Mechanismen der Manipulation aufdecken, können wir uns gegen sie schützen. Der amerikanische Psychologe Keith Stanovich und einige seiner Kollegen nennen diese Fähigkeit «Meta-Rationalität», weil man auf einer höheren Ebene über Rationalität, also Vernunft, nachdenkt. Tatsächlich ist unser Denken aber immer schon selbstbezüglich, denn wir können mit unseren Gedanken über unsere Gedanken nachdenken, darüber, ob unsere Wünsche angemessen sind, ob wir richtig geschlussfolgert haben oder ob wir angemessen handeln. Daher gibt es «Meta-Rationalität» ebenso wenig wie «Meta-Philosophie». Beide Ausdrücke bezeichnen dieselbe Fähigkeit, die den Selbstbezug einschließt.

Typische Beispiele für die Selbstanwendung der Vernunft sind *Wünsche zweiter Stufe*, wie der amerikanische Philosoph Harry Frankfurt sie nennt, das heißt, wenn wir unsere unmittelbaren Impulse auf einer höheren Ebene bewerten und uns fragen, ob wir die Impulse eigentlich haben sollten. Wer sich das Rauchen abgewöhnt, verspürt täglich den Drang nach Nikotin, unterdrückt ihn aber, weil ihm seine Gesundheit dauerhaft wichtiger ist.

Ein anderes Beispiel sind die schon erwähnten Fälle, bei denen wir an uns arbeiten, weil wir merken, dass wir manipulierbar sind. Wer erkennt, dass er sein Leben mit Computerspielen verdaddelt, kann sie löschen oder wegwerfen. Wer weiß, dass er durch Werbung manipulierbar ist, kann aufhören fernzusehen oder sich einen Werbeblocker im Browser installieren.

Stanovich unterscheidet daher überzeugend zwischen zwei Formen der Vernunft, nämlich der angewandten, der *fluiden Vernunft*, mit der wir uns in einer Alltagssituation konkret gegen falsche Informationen, Vorurteile oder für die Entscheidung irrelevante Faktoren schützen. Die fluide Vernunft hängt ihrerseits von einer festen Form ab, der *kristallisierten* oder eben *allgemeinen Vernunft*, die wir explizit ausbilden und verbessern können, zum Beispiel indem wir lernen zu rechnen, logisch zu schließen, Wahrscheinlichkeiten einzuschätzen und ökonomisch zu denken. Die kristallisierte Vernunft stärken wir auch, indem wir vermeiden, an das Übersinnliche zu glauben oder uns zu sehr auf die Intuition zu verlassen. Genauso können wir uns vor pseudowissenschaftlichem Denken oder einem unrealistischen Optimismus schützen. Diese Teilaspekte der allgemeinen Vernunft hängen nicht direkt von der Intelligenz ab und können trainiert werden, sodass es umso erstaunlicher ist, dass wir sie nicht systematisch in der Schule lernen, sondern allenfalls in Fächern wie Mathematik oder Philosophie streifen.

So wie man lernen kann, sich gewählt auszudrücken, kann man auch seine Vernunft verfeinern. In beiden Fällen war eine allgemeine Fähigkeit schon vorher da, die man auf- und ausbaut. Viele unbewusste Automatismen und Denkstrukturen in uns mögen dazu gedient haben, in einer feindlichen, vorzivilisatorischen Umgebung zu überleben, wie einige Evolutionspsychologen vermuten. Doch der größte Vorteil ist für uns sicherlich, dass sich mit unserer Denkfähigkeit ein mentales System entwickelt hat, das alles kann, Ackerbau, Kunst oder Quantenphysik, und das somit unabhängig von der Situation fast jedem Problem gewachsen ist.

AUSBLICK: AN DER LANGEN LEINE DES BEWUSSTSEINS

ICH AM ENDE DES TUNNELS

Alles, was uns und unsere Kultur ausmacht, gründet sich auf gründliches, bewusstes Nachdenken. Das schließt eine Distanz und kritische Haltung ein, die wir gegenüber allen Themen einnehmen können. Diese Haltung ist typisch für die Philosophie oder allgemeiner für die Wissenschaft, doch sie ist in uns allen angelegt, wenn wir überlegen und unsere Ansichten überprüfen. Selbst Wissenschaftler, die Thesen über die Macht des Unbewussten, die Illusion von Freiheit oder unseren Kontrollverlust vertreten, hätten ohne Bewusstsein, Kontrolle und Vernunft niemals Bücher darüber schreiben können.

Kommen wir noch einmal auf die Fragen vom Anfang des Buches zurück. Sind wir Marionetten der Pheromone, wenn wir uns verlieben? Im Rausch des Verliebtseins machen wir sicherlich Passivitätserfahrungen. Wir sind uns oft selbst ein Rätsel, weil wir nicht wissen, woher unsere Wünsche und Leidenschaften stammen. Doch diese *Quellenamnesie* verwandelt uns nicht zu Marionetten von Botenstoffen im zwischenmenschlichen Zusammenleben, vielmehr geben uns Wünsche oft einen Grund, sich nach ihnen zu richten. Unser Handeln setzt erst dann ein, wenn die Verliebtheit schon da ist, und dann kann es vernünftig sein, sie zu befeuern und zu erhalten.

Zwingt uns die Gesellschaft zur Selbstoptimierung? Seit

den Anfängen unserer Spezies haben Menschen sich und ihre Umwelt «optimiert», indem sie ihre Jagdtechniken verfeinert, ihr Wissen vergrößert und ihre Wohnstätten verbessert haben. Selbstoptimierung zahlt sich in den meisten Fällen aus, zum Beispiel wenn man Klavier übt, für den Marathon trainiert, gründlich nachdenkt, systematisch forscht und dabei hohe Ansprüche an sich stellt. Selbstoptimierung ist nur in den wenigen Fällen unvernünftig, in denen sie aufs Leben gerechnet zu hohe *Opportunitätskosten* erzeugt, wenn also der zu geringe Ertrag einer Optimierung den hohen Einsatz von Anspannung und Unzufriedenheit nicht rechtfertigt. In so einem Fall hat man Kosten und Nutzen einfach nicht vernünftig abgebildet.

Zielt die Werbung auf unser Reptilienhirn? Wenn man damit die niederen Instinkte meint, lautet die Antwort «manchmal», zum Beispiel bei Fett, Salz und Zucker in Nahrungsmitteln. In der Werbung geht es aber viel häufiger um Status und Abgrenzung durch Konsum. Das läuft auf der Ebene des Bewusstseins ab und kann uns entsprechend stark beeinflussen. Allerdings sind die Effekte gerade deshalb auch gut kontrollierbar, sobald wir die Aufmerksamkeit aktivieren oder, wenn es der Einzelne nicht mehr schafft, notfalls durch staatliche Eingriffe.

Macht uns unsere digitale Zerstreutheit manipulierbar, wie Metzinger diagnostiziert? Viel spricht dafür. Da wir dauerhaft abgelenkt und kognitiv überladen sind, verbrauchen wir unsere Aufmerksamkeitsressourcen und mindern damit unsere Selbstkontrolle. Oder wie Pinker einmal sinngemäß meinte: Bei erschöpfter Willenskraft verhalten sich Menschen haargenau so, wie es die Evolutionspsychologie vorhersagt. Doch das hat die Forschung erkannt, und wir wissen, wie wir uns schützen können, zum Beispiel mit «digital detox», einer digitalen Entgiftung. Einfach mal das Smartphone ausschalten und ein schönes Buch lesen.

DAS SICHTBARE MYSTERIUM

Stellen unbewusste, nichtbewusste und automatische Prozesse unsere Freiheit, Kontrolle und Vernunft in Frage? Der argumentative Pfad in diesem Buch war lang und verschlungen, weil die Lesarten von «unbewusst» viele Positionen versammelten und es deshalb nicht eine große Antwort gibt, sondern viele kleine. Ich habe für eine Reihe zusammenhängender Thesen argumentiert. Dabei kristallisiert sich folgendes Bild heraus.

Philosophisches Handwerk: Prozesse jenseits des Bewusstseins versteht man erst, wenn man einen klaren Begriff davon hat, was man mit «Bewusstsein» meint. Wenn man einen Körperprozess schon dann «unbewusst» nennt, wenn wir nicht sagen können, wie er funktioniert, wie viele Naturwissenschaftler es tun, dann wird die These von der Macht des Unbewussten witzlos. Wissenschaftlichen Ergebnissen gegenüber ist eine kritische Haltung angebracht, denn einige vieldiskutierte Experimente beruhen auf fraglichen Annahmen, manche Studien widersprechen einander, und Forscher übertreiben zuweilen ihre Folgerungen.

Uneinsichtiger Geist: Einer systematischen Wissenschaft des Bewusstseins, und damit auch des Unbewussten, sind prinzipielle Grenzen gesetzt, denn einzelne Erlebnisse im Bewusstsein sind schwer zu isolieren, durch unser Vorwissen eingefärbt, von der Aufmerksamkeit beeinflusst, manchmal eingebildet und oft ungenau beschrieben. Wir können sie nicht beliebig präzisieren. Doch gerade das ist ein Merkmal der Naturwissenschaft. In der Erforschung des Geistes ist die Neurowissenschaft der Psychologie untergeordnet, und jede Theorie des Geistes wird immer nur eine grobe Annäherung sein.

Rätselhaftes Bewusstsein: Bewusstsein ist das größte Rätsel der Menschheit, weil wir es aus einer subjektiven Innenperspektive erleben, die sich gegen die objektive Perspektive der Wissenschaft sperrt. Nur weil das Bewusstsein auf unserer Hirnaktivität superveniert, ist es keine Konstruktion, Illusion und kein Epiphänomen. Vermutlich hat es die evolutionäre Funktion, reichhaltige Details über die Welt zu entschlüsseln. Schmerz informiert uns über Verletzungen, Angst warnt vor Gefahr, und unser Vertrautheitsgefühl repräsentiert Bekanntheit.

Selektive Aufmerksamkeit: Im Gegensatz zu Tieren können wir Menschen diese Informationen auch langfristig verwerten. Aufmerksamkeit ist dabei der Türsteher zum Arbeitsspeicher, eine Voraussetzung für Kontrolle und Vernunft. Was die Aufmerksamkeit aus dem Bewusstseinsstrom herausgreift, kann man sprachlich kategorisieren und im Gedächtnis speichern. Unsere Gedanken sind satzartig strukturiert. Wir benötigen sie, um weit in die Zukunft hinein zu planen.

Verdrängte Wünsche: Wir kennen nicht alle unsere Wünsche und wissen nicht immer, woher unsere Leidenschaften stammen, aber Wünsche sind nicht verdrängt und im Unbewussten symbolisch verschlüsselt, wie Freud meinte, der nach heutigen Standards ein begnadeter Kulturwissenschaftler, aber kein wissenschaftlicher Psychologe war.

Getäuschtes Selbst: Selbsttäuschung ist ein verbreitetes Phänomen. Weil wir vor uns selbst und anderen in einem guten Licht erscheinen wollen, beschönigen wir manchmal unsere Erinnerungen, überschätzen unbemerkt unsere Fähigkeiten und täuschen uns aktiv oder passiv über unsere Lebenssituation hinweg. Doch das ist in den meisten Fällen harmlos. Wir können uns normalerweise auf unsere Erinnerung und unsere Selbsteinschätzung verlassen.

Unsichtbares Ich: Unser «Ich» oder «Selbst» ist weder

eine Illusion noch im Kern von Rollen oder Geschichten bestimmt. Schon gar nicht fristen wir ein Dasein als bloße «Benutzeroberfläche» unseres Hirns. Unsere Identität ist durch unseren Charakter und unsere moralischen Haltungen bestimmt, die im Gedächtnis gespeichert sind und die sich in unserem Bewusstsein äußern. Das Bewusstsein bringt seinen eigenen fundamentalen und unteilbaren Selbstsinn mit.

Instinktive Sprache: Die Sprache denkt weder für uns, noch legt sie unser Denken fest oder lässt uns die Welt nur durch Metaphern verstehen. Sie hat auch keinen nachhaltigen unbewussten Einfluss auf unsere Vernunft. Wir können hingegen Gedanken sprachunabhängig fassen, auch wenn wir sie danach in unserer Muttersprache ausdrücken. Wörter determinieren nicht unser Denken, sondern verfeinern allenfalls unsere Aufmerksamkeit oder dienen manchmal als Erinnerungsstützen oder Informationsspeicher.

Unterschwellige Wahrnehmung: Unterschwellige Reize in der Wahrnehmung bleiben nur kurz im Hirn erhalten, verfallen schnell und haben kaum einen Effekt. Die meisten Studien zur unbewussten Manipulation sind fraglich. Wenn überhaupt, konnten Forscher bisher nur äußerst schwache unbewusste Einflüsse auf unser Handeln nachweisen. Einflüsse sind sichtbar, wenn wir Informationen bewusst verarbeiten. Doch dann können wir sie auch bewusst kontrollieren, verwandeln uns im Supermarkt also nicht zu unvernünftigen Verbrauchern. Kleine Bahnungseffekte können in großer Zahl gesellschaftspolitisch relevant sein. Aber dieses Problem haben Forscher erkannt, sodass man sich schützen kann.

Intuitives Entscheiden: Entscheidungen gründen wir oft auf Intuitionen, also unser spontanes Wissen. Doch in wichtigen Lebensentscheidungen sollten wir uns nicht vom Bauch leiten lassen, sondern die Intuition allenfalls als weitere Informationsquelle ansehen, über die wir bewusst und gründlich nachdenken. Beim Denken machen wir systematische Fehler, vor allem wenn es aufs logische und mathematische Schließen ankommt, können aber lernen, sie zu vermeiden. Nur weil wir das Ideal einer perfekten Vernunft nicht erreichen, macht uns das nicht grundsätzlich unvernünftig.

Kontrollierbares Handeln: Beim Handeln sind wir frei in unseren Entscheidungen, auch wenn wir uns manchmal über den Einfluss täuschen, den wir auf die Welt haben. Unser Handlungserleben ist keine Illusion. Die meisten Vorgänge in unserem Körper laufen zwar automatisch ab, aber wir können in sie eingreifen und sie kontrollieren. Manchmal lassen wir unbewusste Prozesse wohlüberlegt für uns arbeiten. Ein Beispiel dafür ist Kreativität.

Konzentrierte Vernunft: Wir sind zwar die Hälfte unseres wachen Lebens zerstreut und hängen Tagträumen nach, doch wenn es darauf ankommt, haben wir mentale Autonomie. Unsere Aufmerksamkeit können wir wie einen Muskel trainieren, was uns erfolgreicher und zufriedener im Leben macht. Wir haben zudem die Fähigkeit, uns die Grundprinzipien der Vernunft zu vergegenwärtigen, indem wir unser Denken selbstbezüglich auf uns richten. So schützen wir uns gegen Aberglauben, Propaganda, Werbung und Pseudowissenschaft und stellen unser Denken auf Langfristigkeit ein.

Man kann Menschen natürlich mit Worten oder Bildern manipulieren, indem man ihnen Ideologien in den Kopf setzt, an denen sie sich wie im Wahn festbeißen. Doch mit Worten kann man sie davon wieder befreien, auch wenn der Weg zur Einsicht staubig und steinig ist. Unseren Intelligenzquotienten können wir durch Training zwar kaum verändern, aber beim Rationalitätsquotienten ist der Spielraum nach oben offen.

Als ich zum ersten Mal von unbewussten Einflüssen las, von unvernünftigen Entscheidungen in Experimenten, unterschwelliger Manipulierbarkeit und der Widerlegung der Willensfreiheit, war ich fasziniert. Je mehr ich darüber erfuhr, desto mehr wich meine anfängliche Faszination einem Unbehagen. War wirklich alles eine Illusion, was wir als typisch menschlich ansahen, Freiheit, Bewusstsein und Vernunft? Doch je länger ich darüber nachdachte, desto beruhigter wurde ich wieder, denn bei genauerem Hinsehen war alles nur halb so schlimm. Unbewusste Prozesse haben selten einen Effekt, wenn sie einen haben, ist er meist schwach, und wenn ein bewusster Effekt stark ist, können wir ihn auch bewusst kontrollieren.

Gerade weil wir bewusst und vernünftig denken, stechen die Effekte des Unbewussten so heraus, als kleine Erinnerung an unsere tierische Natur. Das verleitet Forscher dazu, sich von unbewussten, automatischen und unausdrückbaren Phänomenen faszinieren zu lassen, wenn sie die menschliche Natur erkunden. Das ist auch naheliegend, denn dabei decken sie Effekte auf, die bisher im Verborgenen lagen. Doch mir scheint, sie suchen das Mysterium an der falschen Stelle, denn es ist nicht im Dunkeln verborgen, sondern in seiner Sichtbarkeit versteckt.

Das größte Rätsel des Universums ist nicht das Unbewusste, sondern ein Phänomen, mit dem wir Menschen uns aus den Zwängen der Evolution befreiten, uns unsere eigene Umwelt schafften und anfingen, über uns selbst nachzudenken – unser Bewusstsein.

DANK

Für Korrekturen, Ratschläge und Literaturhinweise danke ich Juliane Marie Schreiber, Dagmar Hübl-Busse, Lothar Hübl, Ulla Hohls-Hübl, Johannes Hübl, Julius Hübl, zudem Addick Addicks, Andreas Barthelmess, Hauke Behrendt, Stefan Börnchen, Sanja Dembić, Thomas Derda, Daniel Eggers, Susanne Frank, Julian Hanich, Tim Henning, Laszlo Hetey, Geert Keil, Louis Kohlmann, Nora Kreft, Harald Landwehr, David Lanius, Matthias Lohmann, Christoph Michel, Ernst Piper, Tom Poljanšek, Alf Pretzell, Christoph Schamberger, Florian Schmiedek, Pascal Wallisch und Benedikt Zacher.

Außerdem danke ich den Teilnehmern im Kolloquium von Geert Keil an der Humboldt-Universität Berlin im Sommersemester 2015 und den Studenten in meinen Seminaren an der Universität Stuttgart für wertvolle Hinweise und spannende Diskussionen.

ENDNOTEN

EINFÜHRUNG: DAS ENTFESSELTE UNBEWUSSTE

S. 7 «Vernunft als Merkmal des Menschen»: Aristoteles charakterisiert den Menschen als Tier, das Vernunft hat (zoon logon echon) und Staaten bildet (zoon politikon), in Aristoteles, *Politik* 1253a 9f.

S. 8 «mehr Cola»: Winkielman et al. (2005)

S. 8 «Autofahrer»: Stevenson (1981)

S. 9 «Farben leichter merken»: Kay/Kempton (1984)

S. 12 «Blinzeln»: Bristow (2005)

S. 14 «Unterbewusstsein»: Freud hat die Verwendung des Ausdrucks «Unterbewusstsein» als Merkmal der «Laienanalyse» gesehen, also als Anzeichen für die Redeweise von «Nicht-Ärzten», siehe Freud (1925–1931)

S. 15 «Maskierungs-Experimente»: einen Überblick geben Ansorge et al. (2007)

S. 15 «Schlange hinterlässt Spuren» Öhmann/Soares (1994)

S. 15 «Wörter vervollständigen»: mit einem etwas anderen Schwerpunkt, siehe Biederman/Cooper (1992)

S. 15 «Freud widerlegt»: siehe zum Beispiel Koch/Crick (2001); Hobson (2002)

S. 17 «Ich stärken»: bei Freud steht «Wo Es war, soll Ich werden», in Freud (1933), 31. Vorlesung

S. 17 «Zwängen der Kultur»: Freud (1930), Abschnitt VIII

S. 18 «Richter»: Danziger et al. (2011)

S. 18 «Hirnhälften durchtrennt»: Gazzaniga (1967); Sperry (1968)

S. 18 «Herr im eigenen Hause»: Freud (1916–1917), 18. Vorlesung

S. 18 «Hund hübsch an die Kette gelegt»: Nietzsche (1887), Dritte Abhandlung, Abschnitt 8

PHILOSOPHISCHES HANDWERK

S. 20 «Vertrautheitseffekt»: Zajonc (1968)

S. 20 «asiatische Schriftzeichen»: Monahan et al. (2000)

S. 20 «Präferenzen»: Zajonc (2011), S. 224

S. 20 «Eurovision Song Context»: Verrier (2012)
S. 21 «bekannte Gemälde»: Cutting (2007)
S. 21 «Menschen im Freundeskreis»: Swap (1977)
S. 21 «Ton bei Küken»: Rajecki (1974)
S. 21 «Küken mit Schachteln»: Taylor/Sluckin (1964)
S. 21 «William Wilson»: Wilson (1979)
S. 23 «evolutionäre Erklärung»: Zajonc (2011), S. 224
S. 23 «Nancy Cartwright»: Cartwright (1999)
S. 23 «Der Mensch ist einfach zu komplex»: Cesario (2014), S. 45; siehe auch Meehl (1978)
S. 24 «Daten lassen sich nicht präzisieren»: Davidson (1970)
S. 26 «Selbstbild»: beim Frage-Antwort-Spiel ist oft das «social desirability bias» am Werk, also das *Vorurteil der sozialen Erwünschtheit*, siehe Holtgraves (2004)
S. 26 «Was hängt womit zusammen?»: problematisiert in Wagenmakers (2012)
S. 26 «Gegenbeispiel»: universelle Aussagen werden durch ein einziges Gegenbeispiel *falsifiziert*, siehe Popper (1935)
S. 28 «Vertrautheitsgefühl» Zajonc (2011)
S. 28 «Eingangstür zum Unbewussten»: im Original «gateway to the subliminal», siehe Zajonc (2011)
S. 30 «Dijksterhuis»: Dijksterhuis et al. (2006a), Dijksterhuis et al. (2006b)
S. 30 «Werkzeuge»: Schon bei den Daten bleibt unklar, ob die Probanden sich für ein Auto *entscheiden* oder lediglich ein *Urteil* dazu abgeben mussten. Dijksterhuis hat dieses Problem auch auf Nachfragen von Kritikern nicht präzisiert, dabei ist es schon lange als Problem bekannt, siehe Billings/Scherer (1988).
S. 30 «Folgeversuche»: Strick et al. (2010)
S. 31 «Kollegen widersprechen»: González-Vallejo et al. (2008); Shanks (2006)
S. 31 «Hilde Huizenga»: Huizenga (2012)
S. 32 «Strategie der Rangordnung»: auch «lexikographische Strategie» genannt
S. 32 «ein Dutzend Strategien»: Riedl et al. (2008)
S. 33 «Systemfehler»: Cesario (2014)
S. 34 «Anreiz für kritische Überprüfung»: siehe die Einleitung zur Spezialausgabe in Open Science Collaboration (2012)

S. 34 «fragwürdige Studien in Lehrbüchern»: ein Beispiel ist der vermeintliche *Mozart-Effekt*, siehe Rauscher et al. (1993)
S. 34 «Stanislas Dehaene»: Dehaene (2014), S. 121
S. 34 «Eric Kandel»: Kandel (2012), S. 467 f.
S. 34 «echte Fälscher»: Horace Freeland Judson hat eine Zunahme an Fälschungen ausgemacht, gleichzeitg aber auch ein neues Problembewusstsein und bessere Überprüfungsmöglichkeiten durch Internetpublikation, siehe Judson (2004)
S. 34 «Autismus-Spektrum»: Baron-Cohen (1992)
S. 35 «Extremform des männlichen Hirns»: Baron-Cohen (2003)
S. 35 «Kristi Klein und Sara Hodges»: Klein/Hodges (2001)
S. 35 «Isabel Dziobek»: Dziobek (2006)
S. 36 «buntes Bild von einem Hirnscan»: McCabe/Castel (2008)
S. 36 «Ernst Pöppel»: Pöppel (1973)
S. 36 «Jonathan Haidt»: Haidt (2001)
S. 37 «starke Gefühle der Menschheit verletzt»: Freud (1917)
S. 37 «Berechnungen»: der amerikanische Philosoph John Searle kritisiert diese Annahme als die Idee des *tiefen Unbewussten* («deep unconscious») siehe Searle (1992), S. 151 f.; ob das Hirn buchstäblich etwas «berechnet», ist ebenfalls fraglich, siehe Searle (1990)
S. 38 «Noam Chomsky»: Chomsky (1965)
S. 38 «David Marr»: Marr (1982)
S. 38 «Jahrzent des Gehirns»: Jones/Mendell (1999)
S. 39 «Meinungsverschiedenheiten»: für eine Diskussion, siehe Fogelin (1985); für einen Überblick, siehe Feldman/Warfield (2000)
S. 39 «Stephen Schiffer»: persönliche Kommunikation
S. 41 «experimentelle Philosophie»: für einen Überblick, siehe Knobe/Nichols (2008)

UNEINSICHTIGER GEIST

S. 44 «Achrotomatopsie»: hochgerechnet nach François (1961)
S. 44 «Wie-es-ist-Charakter»: der geht zurück auf Nagel (1974); siehe auch du Bois-Reymond (1872)
S. 44 «Tetrachromatinnen»: Halsey/Chapanis (1951)
S. 44 «Experimente zur Farberkennung»: Jordan et al. (2010); für einen Überblick siehe Jameson (2009)
S. 45 «Blicke im Kino spüren»: für eine detaillierte Analyse solcher Situationen siehe Hanich (2016)

S. 46 «abstrakte Gedanken»: für einen Überblick, siehe Bayne/ Montague (2012)

S. 46 «zwei fundamental verschiedene Aspekte»: Block (1995); Chalmers (1996)

S. 47 «Schnupfen auf der Terrasse»: Morgenstern (1905)

S. 47 «Perspektive der ersten Person»: Descartes sagt, «dass es Denken ohne ein denkendes Ding nicht gibt; denn das, was denkt, ist nicht nichts», Descartes (1641), AT VII, 175

S. 48 «meine Rückenschmerzen»: siehe dazu Wittgenstein (1958), S. 66 f., in der deutschen Ausgabe Wittgenstein (1984), S. 89 f.

S. 48 «Kant»: Kant (1781/1787), B 131

S. 48 «ausdehnungsloser Referenzpunkt»: Wittgenstein (1958), S. 66 f.

S. 49 «Zu-mir-Gehörigkeit oder Meinigkeit»: siehe Searle (1992); Metzinger (2003); Kriegel (2009)

S. 49 «Bist du sicher, dass *du* es bist, der Schmerzen hat?»: Wittgenstein (1958), hier zitiert nach Wittgenstein (1984), S. 107

S. 49 «fehlidentifizieren»: Shoemaker (1968)

S. 49 «SMS von gestern Nacht»: www.smsvongesternnacht.de/ sms16102

S. 50 «Da hat jemand Schmerzen. Bin ich das?»: Perry (1979)

S. 50 «blühende, schwirrende Verwirrung»: im Original «blooming buzzing confusion», siehe James (1890a), S. 462; siehe auch Freud (1930), S. 199; Freud (1900), S. 538–539

S. 50 «transzendentale Einheit der Apperzeption»: Kant (1781/1787), B 131

S. 50 «Bindung»: für einen Überblick, siehe Cleeremans (2003)

S. 50 «rote Kugel»: für eine Diskussion, siehe Revonsuo (1999)

S. 50 «Formblindheit»: auch *apperzeptive Agnosie* oder *visuelle Formagnosie* genannt, siehe Farah (2004); siehe auch Goodale/Milner (2004)

S. 51 «Stroboskoplicht»: Rees (2002); Zihl (1983)

S. 51 «Strom des Bewusstseins»: als «stream of consciousness» oder «stream of thought» in James (1890a), S. 224 f. und S. 451 f.

S. 51 «Zeitachse»: Husserl, Edmund (1925), S. 202 f.

S. 52 «Qualitäten vergegenwärtigen»: Harman (1990); Tye (1995); Kind (2003)

S. 52 «James Turrell»: jamesturrell.com

S. 52 «Blumenwiese»: Schon George Edward Moore hat dafür

argumentiert, dass man sich transparente («diaphanous») Erfahrung durch Aufmerksamkeit vergegenwärtigen kann, siehe Moore (1922)

S. 52 «Urteilsenthaltung»: Husserl nennt die Urteilsenthaltung «Epoché», siehe Husserl (1913), § 18

S. 53 «natürliche Unterstellung»: Husserl nennt das die «Generalthesis der natürlichen Einstellung», siehe Husserl (1913), § 30

S. 53 «das Unbewusste oder das Hirn»: Husserl (1901), Zweiter Band, 1. Teil, § 14, S. 398

S. 53 «zeitgenössische Psychologen»: Husserl zufolge vertreten sie eine naive «Apperzeptionslehre», siehe Husserl (1901), Zweiter Band, 1. Teil, § 14, S. 398

S. 53 «Dilemma»: Husserl (1913), § 90

S. 53 «Neo-Phänomenologen»: Beispiele sind O'Reagan (2001); Noë (2004); Gibson, (1979); Gibson (1977); Varela (1996)

S. 54 «Gestaltwahrnehmung»: Ehrenfels (1890)

S. 54 «Gesichter entdecken»: ein Anwendungsbeispiel findet sich in Button (2006)

S. 54 «Körper und Leib»: Husserl (1907); Husserl (1973)

S. 54 «Fremde-Hand-Syndrom»: eine Beschreibung findet sich in Beaumont et al. (1996), S. 108 f.

S. 55 «Wand»: live.demetrimartin.com

S. 55 «stille Aufforderung»: Lewin (1936); Koffka (1935); später diskutiert unter dem Begriff *Affordanz* («affordance») durch Gibson, (1977)

S. 55 «Tafelmesser»: ein ähnliches Beispiel und eine Theorie zur Ontologie alltäglicher Sinngegenstände findet sich in Poljanšek (2015a)

S. 56 «WG-Party»: eine Diskussion der Enttäuschungen von Erwartungen findet sich in Poljanšek (2015b)

S. 56 «Handlungsmuster im Hirn»: Creem-Regehr/Lee (2005); Buccino et al. (2009)

S. 57 «die Dinge wollen zu viel von uns»: auch bekannt als die «Tücke des Objekts», erwähnt in Vischer (1879)

S. 57 «Heidegger»: Heidegger (1927)

S. 58 «ökologische Psychologie»: dort heißt es: «Terrestrial surfaces, of course, are also climb-on-able or fall-off-able or get-underneath-able or bump-into-able relative to the animal», siehe Gibson (1977)

S. 59 «Trigger Happy TV»: www.channel4.com/programmes/trigger-happy-tv, produziert von Dom Joly

S. 59 «Hintergrund»: Searle (1992), S. 175 f.

S. 61 «Kleist»: Kleist (1807), Kapitel 1

S. 63 «Kellner»: Sartre, Jean-Paul (1943), S. 139

S. 64 «Rollentheorie»: Goffman (1956)

S. 64 «Türklinke»: Sartre (1938), S. 23

S. 65 «Weinprobe»: Morrot et al. (2001); für einen Überblick über die Psychologie des Essens und Trinkens, siehe Spence/Piqueras-Fiszman (2014)

S. 65 «Gault & Millau»: *La lettre de Gault & Millau*, *The Wine Advocate* und andere

S. 66 «Weißwein in blauem oder rotem Licht»: Die Probanden hätten sogar mehr Geld für den Rotlicht-Wein gezahlt, siehe Oberfeld et al. (2009)

S. 66 «Lieblingsmarke der Biertrinker»: Allison/Uhl (1964)

S. 66 «Erdnussbutter»: Hoyer/Brown (1990)

S. 66 «Geruchssinn»: Hoover (2010)

S. 66 «Verarbeitung olfaktorischer Reize»: Herz/Engen (1996)

S. 67 «Ferran Adriá»: sein Chef-Chemiker geht ähnlich vor, siehe Gopnik (2011)

S. 67 «Kartoffelchips»: Zampini/Spence (2004)

S. 68 «Augenweiß»: Adelson (2000)

S. 68 «Kühlschrank-Illusion»: Block (2007), S. 492

S. 68 «Erlebnisse im Bewusstseinsfeld»: für einen Überblick über den Zusammenhang zwischen Aufmerksamkeit und phänomenalem Bewusstsein, siehe Wu (2014), S. 110 f.

S. 69 «Erlebnisse zeitlich genau datieren»: eine frühe Kritik findet sich in Dennett/Kinsbourne (1992)

S. 69 «Tolstoi»: Tolstoi (1878), S. 97

S. 69 «Lotteriegewinne»: Loewenstein/Schkade (1998)

S. 69 «Lebenszufriedenheit»: Brickmann et al. (1978); Forgas (2000); siehe auch Eysenck (1990)

S. 69 «Lieblingsgerichte»: Simonson (1990)

S. 69 «Spendenaufforderung»: Epley/Dunning (2000)

S. 70 «Scheidungsrate»: Baker/Emery (1993)

S. 70 «Grimms Märchen»: Brüder Grimm (1812), Band 1, KHM 4
S. 71 «prinzipiell unausdrückbar»: mit dem Begriff «ineffable», aber auch «private» umschrieben, siehe zum Beispiel Crick/Koch (1998), S. 104
S. 71 «an die Erlebnisse herankommen»: Nietzsche (1873), *Über Wahrheit und Lüge im außermoralischen Sinne*
S. 71 «Goethe»: in einem Brief an Lavater vom 20.09.1780 drückt das Goethe so aus «individuum est ineffabile», siehe Goethe (1780)
S. 71 «Mit Worten erschafft man Dinge nicht»: das ist der *mimetische Fehlschluss*, siehe Cooper (1992), S. 362
S. 71 «Adorno»: Adorno (1966), Band 6, S. 17 f.
S. 72 «Begriffslosen, Einzelnen und Besonderen»: Adorno (1966), Band 6, S. 20
S. 72 «Geert Keil»: Keil (2006)
S. 72 «Fülle der Dinge»: Husserl (1900) II, 2, S. 607 f; siehe auch Kant (1781/1787), B 601/A 573
S. 72 «Qualia»: Dennett (1988)
S. 72 «Bier als erworbenes Vergnügen»: Birch (1999)
S. 73 «Werke der bildenden Kunst»: eine humorvolle Analyse des Kunstvokabulars präsentieren präsentieren Saehrendt/Kittl (2007)
S. 75 «Lackmustest»: siehe Searle (2005), S. 335; siehe auch Dehaene (2014)

RÄTSELHAFTES BEWUSSTEIN

S. 76 «Ned Block»: Block (1995)
S. 76 «David Chalmers»: Chalmers (1996)
S. 77 «Schmerz»: für einen Überblick, siehe Block (1996a)
S. 77 «skeptisches Problem»: für einen Überblick, siehe Hyslop (2015)
S. 78 «Gedankenexperiment von Chalmers»: Chalmers (1996), 94 f.
S. 79 «Leib-Seele-Problem»: für einen Überblick, siehe Metzinger (2013b)
S. 79 «einfaches und schwieriges Problem»: im englischen «easy problem» und «hard problem», siehe Chalmers (1996)
S. 79 «Emil du Bois-Reymond»: du Bois-Reymond (1872)
S. 80 «Joseph Levine»: Levine (1983)
S. 80 «Computer-Funktionalisten»: auch genannt «computationalism», vorgeschlagen von Putnam (1961)

S. 81 «Computer mit subjektiven Erlebnissen»: für eine Kritik, siehe Searle (1980)
S. 81 «Behavioristen»: Ryle (1949)
S. 81 «Substanz-Dualismus»: Descartes (1641); siehe auch Popper/Eccles (1977)
S. 82 «Wiederentdeckung»: Im US-Nationalarchiv *PubMed*, in dem Millionen medizinische Aufsätze online verzeichnet sind, finden sich inzwischen über 2500 zum Thema «Bewusstsein» in den letzten 40 Jahren. In den 85 Jahren zuvor, zwischen den Jahren 1900 und 1985, waren es nur 1300.
S. 82 «blind, obwohl die Augen intakt sind»: dieses Phänomen nennt sich «Blindsicht», siehe Pöppel (1973); Weiskrantz (1986)
S. 82 «Sprachfähigkeit verlieren»: für einen Überblick, siehe Goodglass (2001)
S. 82 «impulsive Hedonisten»: Bechara/Van Der Linden (2005)
S. 82 «Sehen ausgelöscht»: Pöppel (1973); Weiskrantz (1986)
S. 82 «Supervenienz»: Davidson (1970). Davidson ging es nicht um Bewusstsein, sondern um Intentionalität und darum, ob unser mentales Vokabular zu unserem physischen passt. Für eine Übertragung auf Bewusstsein, siehe McLaughlin (2005).
S. 83 «einseitige Abhängigkeit»: Die Supervenienzthese ist eine *modale These* über zwei Ebenen, deren Beziehung nicht *zufällig* ist, weil die untere Ebenen die obere *festlegt*, im Englischen meist ausgedrückt durch «determines» oder «fixes», zum Beispiel von Bailey (1998). Kim nennt das Verhältnis auch «strong dependence», siehe Kim (1990), S. 148 f. Frank Jackson sagt, die untere Ebene *sichert* («secures») die obere, siehe Jackson (1998), S. 10.
S. 83 «Trend superveniert auf Einzelhandlungen»: für eine Diskussion, siehe List/Pettit (2011), S. 64 f.
S. 83 «John Searle»: im Original «caused by and realized in the brain», siehe Searle (1983), S. 15
S. 83 «Stanislas Dehaene»: Dehaene (2014), S. 217
S. 84 «hervorbringen und erzeugen»: siehe zum Beispiel Wright (1971), S. 76
S. 84 «Verursachung als Beziehung zwischen Ereignissen»: siehe zum Beispiel Davidson (1995)
S. 84 «asymmetrische Abhängigkeit»: Brian McLaughlin meint, es gebe auch symmetrische Supervenienz. Diese Fälle, die meist

aus der Mathematik stammen, klammere ich hier aus. Für eine Diskussion, siehe McLaughlin (2005).

S. 85 «Ganze mehr als die Summe seiner Teile»: Kripke (1972); Nagel (1974); Chalmers (1996)

S. 85 «Emergenz»: Varela (1988); für einen Überblick, siehe Beckermann, Ansgar et al. (1992)

S. 85 «Minimalannahme»: Nagel (1989)

S. 86 «Seele im Körper verteilt»: für eine Diskussion, siehe Perler (1998), S. 182 f.

S. 86 «Zirbeldrüse»: Macchi/Bruce (2004)

S. 86 «NCC»: Crick/Koch (1990)

S. 87 «Gamma-Wellen»: Crick/Koch (1990); Crick (1994), S. 251 f.; Gamma-Wellen kann man auch während der Traumphasen messen, siehe Llinás/Ribary (1993); sie werden durch Anästhesie gestört, siehe John/Prichep (2005); und sie vermindern sich in Tiefschlafphasen, siehe Gross/Gotman (1999).

S. 87 «Schwingungen der Gamma-Wellen»: Dehaene (2014), S. 197

S. 88 «Bewusstsein ist dezentral»: Deahene (2014), S. 204 f.

S. 88 «Human Brain Project»: www.humanbrainproject.eu

S. 90 «mentales und physisches Vokabular nicht füreinander geschaffen»: Davidson (1970)

S. 91 «hart im Raume feuern die Neuronen»: entlehnt aus Schiller (1799), 2. Akt, 2. Auftritt («Leicht beieinander wohnen die Gedanken, doch hart im Raume stoßen sich die Sachen»)

S. 91 «Lachs im Scanner»: Bennett (2010)

S. 91 «Voodoo-Korrelationen»: Fiedler (2011); für einen Überblick, siehe Logothetis (2008)

S. 91 «Belohnungszentrum»: siehe zum Beispiel Kringelbach (2009)

S. 92 «Bewusstsein als Illusion»: siehe zum Beispiel Bargh/Morsella (2008); für eine kritische Diskussion der Positionen, siehe Velmans (1991)

S. 93 «Illusion»: siehe zum Beispiel Wegner (2002)

S. 94 «kausal geschlossen»: Kim (1989), S. 239 und S. 250 f.

S. 94 «Kausalkräfte»: Kim (1993), S. 348; Kim (1991), S. 287; Kim (1992), S. 135

S. 94 «eine einzige Erklärung»: Kim, 239 f.

S. 94 «Epiphänomen»: Kim (1984)

S. 94 «Praxis der Naturwissenschaften»: Cartwright (1983)

S. 95 «Kräfte und Ereignisse»: Cummins (1976); einige Philosophen halten Kräfte wörtlich für Ursachen, siehe zum Beispiel Mumford (2011)

S. 95 «Ereignisse als Ganzes sind Ursachen und Wirkungen»: Davidson (1993), S. 6 und S. 13; Kims Antwort findet sich in Kim (1993), S. 22; für mehr Details, siehe Horgan (1989) und McLaughlin (1993), S. 32 und S. 35

S. 95 «andere Arten von Ereignissen»: Kim hat eine andere Auffassung von Ereignissen als die hier vertrene Auffassung von Davidson, nämlich dass sie Mengen von Eigenschaften sind, siehe Kim (1976)

S. 95 «in einer anderen möglichen Welt»: Chalmers (1996)

S. 96 «Engel existieren»: siehe Lewis (1966), S. 24; Chalmers (1996), S. 39 f.; Jackson (1998), S. 11

S. 96 «denkbar oder vorstellbar»: für ein Argument, dass Engel dieser Art nicht möglich sind, siehe Teller (1984)

S. 96 «Bewusstsein macht einen Unterschied aus»: Brian McLaughlin nennt das die «distinction intuition», also die Vorstellung, dass Bewusstsein einen Unterscheid ausmacht, siehe McLaughlin (2005)

S. 97 «Abwesenheits-Anfälle»: im Original «petit mal seizures» oder «absence seizures» genannt, siehe Penfield, Wilder (1975), S. 38 f.; für mehr Details, siehe Foldvary-Schaefer/Wyllie (2007) und Damasio (2010), S. 164 f.

S. 97 «Schlafwandeln»: auch «Somnabulismus» genannt, für einen Überblick siehe Culebras (1996)

S. 97 «Der Forschung zufolge eher unwahrscheinlich»: siehe Sharpely (2002), S. 117 f.

S. 98 «Bank, Boot, Kapital, Kapitän»: Schvaneveldt (1976)

S. 98 «Bahnungseffekt»: Dehaene (2014), S. 108 f.

S. 98 «Zahlen nach Größe sortieren»: Naccache/Dehaene (2001a); Naccache/Dehaene (2001b)

S. 99 «komplexe Rechenschritte benötigen Bewusstsein»: Sackur/Dehaene (2009)

S. 99 «Bewusstsein in der Entwicklungsgeschichte»: für eine Diskussion, siehe Nichols/Grantham (2000)

S. 99 «Handlungskontrolle»: Anderson (1983)

S. 99 «Willensfreiheit»: Hasker (1999)

S. 99 «Bindung unterschiedlicher sensorischer Stimuli»: Dehaene (2014); für einen Überblick, siehe Cleeremans (2003)
S. 99 «soziale Intelligenz» Humphrey (1982)
S. 100 «detaillierte Informationen über die Welt»: Armstrong (1980)
S. 100 «Eisberg»: Myers (2004), S. 15
S. 100 «Bargh, Wegner, Eagleman»: Bargh/Chartrand (1999); Wegner (2002); Eagleman (2011); siehe auch Gazzaniga (2011), S. 75 f.
S. 101 «Last und Rast»: ein Beispiel ist Gigerenzer (2008), S. 35; siehe auch Roth (2003b)
S. 101 «Haarwachstum oder Zellteilung»: Beispiele sind Wegner (2002); Lewicki (1992)
S. 101 «das ganze Hirn ist aktiv»: Boyd (2008)
S. 101 «wir nutzen nur 10 Prozent unseres Hirns»: Beyerstein (1999); ein aktuelles Beispiel ist Luc Bessons Film *Lucy* aus dem Jahre 2014
S. 101 «Ohnmacht im Kirmes-Katapult»: www.youtube.com/watch?v=LpMrFMsG_Vw
S. 102 «Lebewesen bei Bewusstsein»: David Rosenthal nennt das «creature consciousness, siehe Rosenthal (1993)
S. 102 «tiefes Unbewusstes»: das «deep unconscious» findet sich in Searle (1992), S. 151 f.
S. 102 «Außerbewusstes»: Jaspers (1923), S. 380
S. 102 «synaptisches Wissen»: Dehaene (2014), S. 282
S. 102 «Bilder von Gitternetzen»: Shady et al. (2004)
S. 103 «Disposition und Manifestation»: siehe Brentano (1874)
S. 104 «Zungenspitzenphänomen»: auch «tip of the tongue phenomenon», siehe Brown (1991)
S. 105 «funktionale Ähnlichkeit»: Freud (1994), S. 73; Freud (1900), S. 579; Baars (1997b)
S. 106 «vorbewusst»: Freud (1940); Dehaene/Naccache (2001)
S. 106 «andere Zustände»: für eine Kritik an höherstufigen Theorien, siehe Block (2002)
S. 106 «John Locke»: Locke spricht von einem «inner sense», siehe Locke (1690); auch Freud meint, Bewusstsein sei ein «Sinnesorgan» zur «Wahrnehmung psychischer Qualitäten», siehe Freud (1900), S. 579.
S. 106 «höherstufige Wahrnehmung»: William Lycan nennt Bewusstsein «internal monitoring», siehe Lycan (1997); für eine ausführliche Diskussion, siehe Carruthers (2005)

S. 107 «David Rosenthal»: Da bei Rosenthal die höherstufigen Gedanken («higher-order thoughts») einen Zustand bewusst machen, heißt seine Theorie HOT-Theorie, siehe Rosenthal (2005)
S. 107 «Probleme mit höherstufigen Theorien»: für eine frühe Diskussion derartiger Ansätze, siehe Brentano (1874)
S. 107 «Hunde und Tiere mit Schmerzen»: ähnlich argumentiert Ben-Ze'ev (2001), S. 60; eine Gegenposition findet sich in Dennett (1991), S. 210 und S. 219
S. 108 «woher bekommt der Schmerz seine Qualität?»: für eine Diskussion, siehe Block (2009); Byrne (1997); Rey (2000); Levine (2001)
S. 108 «Kinder greifen nach Bildern»: DeLoache (1998); Pierroutsakos (2003)
S. 108 «Puppe im verkleinerten Zimmer»: O'Sullivan (2001)
S. 108 «Meta-Repräsentationen bei Kindern»: Gazzaniga (2002), S. 642–643

SELEKTIVE AUFMERKSAMKEIT

S. 110 «unsichtbarer Gorilla»: Simons/Chabris (1999); mehr Details in Chabris/Simons (2010)
S. 110 «Blindheit durch Unaufmerksamkeit»: Mack/Rock (1998); in einem abstrakten Folgeversuch waren Probanden in 30 Prozent der Fälle blind für ein sich langsam bewegendes, rotes Kreuz auf einem schwarzweißen Bildschirm, siehe Most et al. (2005)
S. 111 «Augenbewegung»: siehe Memmert (2006); tatsächlich werden dabei Informationen verarbeitet, was man durch Priming-Effekte nachweisen kann, siehe Mack/Rock (1998), S. 19
S. 111 «Standardannahme der Psychologie»: das nahmen schon William James und Hermann von Helmholtz an, siehe James (1890a); James (1890b); Helmholtz (1867)
S. 111 «das Besondere erwarten»: Chabris/Simons (2010), S. 7
S. 111 «Unzählige Varianten im Internet»: einige Videos finden sich hier: www.theinvisiblegorilla.com/videos.html; der Effekt funktioniert selbst bei Vorwissen, siehe Simons (2010)
S. 112 «Paukenschläge in *Also Sprach Zarathustra* zählen»: Koreimann (2009)
S. 112 «Taubheit durch Unaufmerksamkeit»: andere Versuchen zeigen, dass Probanden einen Luftstoß am Arm nicht spüren, sobald

sie abgelenkt sind, also an *Empfindungslosigkeit durch Unaufmerksamkeit* leiden, siehe Mack/Rock (1998), S. 23

S. 113 «Motorradunfälle»: Chabris/Simons (2010), S. 14; eine Zusammenfassung der Hurt-Studie findet sich hier: pages.cs.wisc.edu/~john/vfr/hurt.html

S. 113 «Motorräder wie Gorillas»: Most (2000)

S. 113 «Gefahr für Radfahrer und Fußgänger»: ein Vergleich zwischen Kalifornien (gefährlicher) und Europa (sicherer) findet sich Jacobson (2003)

S. 113 «Telefon und Alkoholeinfluss»: Strayer (2006); den Zusammenhang beider Einschränkungen untersucht Clifasefi (2005)

S. 113 «Gorilla-Experiment mit Telefon»: Chabris/Simons (2010), S. 25

S. 113 «Freisprechanlage»: Horrey/Wickens (2006)

S. 113 «Energie für den Blick auf die Straße»: Selbst im Flugverkehr kann Blindheit durch Unaufmerksamkeit gefährlich werden. Forscher konnten einige Unfälle beim Landen darauf zurückführen, dass Piloten sich so sehr auf die Apparaturen im oberen Sichtfeld konzentrierten, dass sie falsch geparkte Flugzeuge auf der Landebahn übersahen und mit ihnen kollidierten, siehe Fischer (1980)

S. 114 «Blindheit für Veränderungen»: Simons/Levin (1998)

S. 115 «Kurt Felix»: Schneider (2010)

S. 115 «Darren Brown»: www.youtube.com/watch?v=vBPG_OBgTWg; natürlich sind das nur Einzelfälle und bei TV-Formaten weiß man nie so genau, ob es sich um eine gestellte Situation mit Laiendarstellern handelt.

S. 115 «Findest Du den Fehler?»: Simons/Ambinder (2005)

S. 116 «Augen wandert zu den Gesichtern»: Yarbus (1967)

S. 116 «Suchbilder»: für eine Kritik, siehe Prinz (2012), S. 101

S. 116 «Sehfeld und Aufmerksamkeitsfeld»: für einen Überblick, siehe Wu (2014)

S. 116 «Michael Posner»: Posner (1980); diese Beobachtung findet sich schon bei Helmholtz (1867); für eine Anwendung, siehe Vescera/Rizzo (2003)

S. 117 «aktive und passive Aufmerksamkeit»: James (1890a), S. 416; Helmholtz (1867)

S. 117 «Top-Down-Aufmerksamkeit und
Bottom-Up-Aufmerksamkeit»: unter «Top-Down-Aufmerksamkeit» fassen einige Forscher alle Prozesse, bei denen andere Systeme als das Wahrnehmungssystem involviert sind, also nicht nur die aktive Aufmerksamkeit, sondern auch Mechanismen, bei denen Erwartungen oder Gewohnheiten eine Rolle spielen, siehe Wu (2014), S. 31

S. 118 «Alarmanlage nie ganz ausgeschaltet»: Dehaene (2014)

S. 118 «immun gegen Blindheit durch Unaufmerksamkeit»: Zwischen 60 und 80 Prozent übersehen Wörter im Sehzentrum, wenn sie sich auf den Augenwinkel konzentrieren, aber nur 12,5 Prozent übersehen ihren eigenen Namen, siehe Mack/Rock (1998).

S. 118 «Cocktailparty-Effekt»: für einen Überblick, siehe Bronkhorst (2000)

S. 118 «Nullsummenspiel»: Simons/Chabris (2010), S. 38

S. 119 «Pascal Wallisch»: Wallisch (2015)

S. 119 «Aufmerksamkeit ist egalitär»: Simons/Chabris (2010)

S. 120 «Flaschenhals»: Broadbent (1958)

S. 120 «Theaterscheinwerfer»: Posner (1978)

S. 120 «Zoom-Objektiv: im Original «zoom lense», siehe Erikson/Murphy (1987)

S. 120 «Filter»: Broadbent (1958)

S. 120 «Muskel»: Baumeister (2000)

S. 120 «Schiedsrichter»: auch *Wettbewerbsmodell der Aufmerksamkeit* genannt («race model» oder «competition model»), siehe Bundesen (1987)

S. 120 «Bindemittel»: auch «coherence theory» genannt, siehe Neisser (1976)

S. 120 «Einheit des Bewusstseins»: auch «feature integration theory» genannt, siehe Treisman (2003)

S. 120 «Türsteher»: auch «gatekeeper» genannt, siehe Prinz (2012); Dehaene (2014)

S. 120 «Selekteur»: auch «selection theories» genannt, siehe Deutsch/Deutsch (1963); der Selekteur heißt manchmal «gatekeeper to attention», siehe Wu (2014), S. 176 f.

S. 120 «Nachrichtensender»: im Original «global broadcasting», siehe Baars (1997) und Baars/Gage (2010)

S. 120 «intensive Forschung»: für einen philosophischen Überblick, siehe Wu (2014) und Mole (2013)
S. 120 «Aufmerksamkeit kein einheitliches Phänomen»: Wolfe/Horowitz (2004); Allport (1993); Mole (2011)
S. 120 «Die richtige Verwendung des Wortes ‹Aufmerksamkeit›»: für eine Kritik an terminologischen Lösungen, siehe de Brigard/Prinz (2010)
S. 121 «Auswahl»: Prinz meint, Aufmerksamkeit sei lediglich die Modulation von Information, weil wir uns auf ein einziges Objekt konzentrieren können, ohne es auszuwählen, siehe Prinz (2012), S. 91 f. Doch auch hier scheint eine Form von Auswahl oder Selektion im Spiel zu sein, weil wir die Aufmerksamkeit auch auf etwas anderes wie etwa eine Vorstellung lenken könnten.
S. 121 «Aufmerksamkeit als Selektion»: für einen Überblick, siehe Wu (2014)
S. 121 «Reize intensiviert»: siehe Carrasco et al. (2004)
S. 121 «Kapazitäten beschränkt»: Mack/Rock (1998); Kahneman (2011); Wu (2014)
S. 121 «Nietzsches Geschichte»: Nietzsche (1873–1876), Kapitel 15, Abschnitt 1
S. 121 «Arbeitspeicher»: auch «Arbeitsgedächtnis» genannt, siehe Levy/Goldman-Rakic (2000)
S. 122 «fragiler visueller Arbeitsspeicher»: mehr dazu in Lamme (2003); Block (2011)
S. 122 «die magische Zahl Sieben»: Miller (1956)
S. 122 «mehr merken»: Die heutige Forschung deutet sogar auf eine noch deutlichere Beschränkungen hin, nämlich dass wir im Mittel wohl eher vier Einheiten gleichzeitig zwischenspeichern können, siehe Luck/Vogel (1997); Cowan (2001)
S. 123 «Türsteher»: Prinz und Wu sprechen von «gatekeeper», siehe Prinz (2012); Wu (2014)
S. 123 «VIP-Bereich»: Dehaene (2014), S. 241
S. 124 «Pressestelle des Hirns»: im Original «publicity organ», siehe Baars (1997), S. 7; siehe auch Baars (2005)
S. 124 «Eintritt zur Pressestelle»: ein ähnlicher Gedanke findet sich schon bei James, der sagt: «My experience is what I agree to attend to [...] interest alone gives accent and emphasis», siehe James (1890a), S. 402–403

S. 124 «Grundidee des Modells»: Simons/Chabris (2012); Mack und Rock meinen, Aufmerksamkeit «permits us to notice something», siehe Mack/Rock (1998), S. 23

S. 124 «neuronale Theorie des Bewusstseins»: Dehaene/Naccache (2001), S. 13

S. 124 «Vorder- und Scheitellappen»: Dehaene (2014); siehe auch Driver (2001)

S. 125 «die beiden Lesarten von ‹Bewusstsein›»: Block (1995), Chalmers (1996)

S. 125 «Erlebnisqualität»: Die Theorie klammert zudem Reize aus, die wir zwar erleben, die aber so flüchtig oder randständig sind, dass wir sie nicht, oder jedenfalls nur äußerst allgemein kategorisieren können, etwa mit den Worten «Da war doch was.»

S. 125 «David Marr und Ray Jackendoff»: Marr (1982); Jackendoff (1987)

S. 125 «drei Stufen der Wahrnehmung»: Prinz (2012), S. 50 f.

S. 125 «empirische Studien»: Marr (1982)

S. 126 «AIR-Theorie»: Prinz (2012), S. 89

S. 126 «unterer Scheitellappen»: Prinz (2012), S. 97 f.

S. 126 «Türsteher-Theorien»: ähnliche Punkte finden sich in Dennett (2011)

S. 127 «konzentrierte und diffuse Aufmerksamkeit»: im Original «focal attention» und «diffuse attention», siehe Prinz (2012), S. 93 f.

S. 128 «Training besser»: Baumeister (2006)

S. 128 «Sperling-Experiment»: im Originalexperiment waren es Buchstaben oder Zahlen, siehe Sperling (1960)

S. 129 «lang genug für einen bewussten Seheindruck»: die Dauer des Aufleuchtens variierte zwischen 15 und 500 Millisekunden, siehe Sperling (1960)

S. 129 «vier Buchstaben korrekt benennen»: gemittelt konnten die Probanden 4.3 Zeichen erkennen, siehe Sperling (1960)

S. 129 «diffus gesehen»: Die Beschreibung der Eindrücke schwankt. Manche meinen, verschwommene Buchstaben zu sehen, andere eher fragmentierte, siehe Wu (2014), S. 191

S. 129 «sensorischer Zwischenspeicher»: auch «sensory buffer» oder «iconic memory» genannt, siehe zum Beispiel Coltheart (1980)

S. 130 «Folgerungen von Block und Lamme»: Ned (2011); Lamme (2003); siehe auch Dennett (1978), S. 170 f.

S. 130 «Nachbild auf der Netzhaut»: der sensorische Speicher ist ein *retinaler* Speicher, während der fragile visuelle Arbeitsspeicher ein *kortikaler* Speicher ist, siehe Lamme (2010), S. 210 f.; siehe auch Lamme (2004)

S. 130 «fragiler visueller Arbeitsspeicher»: im Original «fragile visual short-term memory», siehe Lamme (2003)

S. 130 «Aufmerksamkeit wählt Reize aus»: dafür spricht auch, dass Prozesse, die dem fragilen visuellen Arbeitsspeicher zugrunde liegen, neuronal eher den bewussten Prozessen ähneln als den unbewussten, siehe Lamme (2003)

S. 130 «phänomenaler Überfluss umstritten»: für die Diskussion, siehe Kouider (2010); Brown (2011); Wu meint, das Überfluss-Argument muss nicht gegen die Türsteher-Theorie sprechen, siehe Wu (2014), S. 191; problematisch scheinen Folgeversuche zu sein, siehe De Gardelle (2009), S. 193 und die Antwort in Block (2011)

S. 131 «Effekte durch Gruppierung»: der Versuch zum «crowding» findet sich in Intriligator/Cavanagh (2001)

S. 131 «Linien phenomenal bewusst»: Block (2011)

S. 131 «Quintessenz einer Szene»: Oliva (2005)

S. 132 «die Quintessenz benötigt Aufmerksamkeit»: Coltheart (1980); Mack/Clarke (2012), S. 303; Cohen et al. (2011), S. 1166

S. 132 «Antworten von Versuchspersonen»: Block (2007b)

S. 132 «Türsteher oder Selekteur»: Block (2007a); Block (2007b); Burge (2007)

S. 132 «durch die Aufmerksamkeit kategorisiert»: Prinz sagt «entschlüsselt» («encoded»), siehe Prinz (2012)

S. 133 «Yi Jiang» Jiang (2006)

S. 133 «Treffsicherheit»: Jiang ließ die Probanden sogenannte *Gabor-Flecken* suchen, das sind schwer erkennbare, feine Schwarz-weiß-Schraffuren auf grauem Hintergrund.

S. 133 «Chris Koch und Naotsugu Tsuchiya»: Koch/Tsuchiya (2007)

S. 134 «Voreinstellung der Aufmerksamkeit»: Da die Grenze zwischen Bottom-Up-Aufmerksamkeit und Top-Down-Aufmerksamkeit nicht genau definiert ist, könnte man diese Voreinstellung beiden Modi zuschreiben, für eine Diskussion siehe Wu (2014)

S. 134 «man verwischt Unterschiede»: Prinz liest diese Effekte als Formen von Orientierung («orienting»), nicht aber als Aufmerksamkeit, siehe Prinz (2012). Allerdings zählt Orientierung typischerweise als ein Beispiel für Aufmerksamkeit, weil die Aufmerksamkeit auf eine Region gelenkt wird und so einen Bereich auswählt.

S. 134 «Schlüssel im unaufgeräumten Zimmer»: Koch/Tsuchiya (2007), S. 18

S. 135 «Gesichter von Prominenten» Reddy et al. (2006); Reddy et al. (2004)

S. 135 «Blumen und Tiere»: Li et al. (2002)

S. 135 «Abwesenheit von Aufmerksamkeit»: für eine ähnliche Kritik, siehe auch Fernandez-Duque/Thornton (2000)

S. 135 «schwer benennbare Eindrücke»: einige Forscher nehmen an, dass immer noch etwas Rest-Aufmerksamkeit zum Einsatz kommt, siehe Cohen et al. (2012)

S. 135 «Informationen über die Welt»: Tye (1995)

S. 135 «Schmerz informiert über Gewebeverletzungen»: siehe auch Prinz (2004)

S. 135 «Überfluss»: Lamme (2003); Block (1996b)

S. 136 «mittlere Verarbeitungsstufe»: siehe Marr (1982); Prinz (2012); Jackendoff (1987); Lamme (2003), S. 17; He/Nakayama (1992); für eine Kritik an Lamme, siehe Dehaene (2014)

S. 136 «Selekteur-Modell»: Lamme (2003), S. 13; Block (2007b), S. 496; siehe auch Wolfe (1999)

S. 136 «Nachrichtensender»: Block (2007b), S. 493

S. 137 «Reiz im Zentrum»: dann bildet er den Input für Verhalten und Gedächtnis, siehe Driver/Frackowiak (2001); Desimone/Duncan (1995)

S. 137 «Gorilla am Rande des Bewusstseinsfeldes»: Wu gibt dieser schwachen Form von Kategorisierung den klangvollen Name *assoziative Agnosie durch Unaufmerksamkeit* («inattentional associative agnosia»), siehe Wu (2014), S. 161 f.

S. 138 «Hügel-Modell»: Die Grundidee zu diesem Modell findet sich in Hübl (2010); siehe auch Nanay (2010)

S. 139 «Open-Air-Party»: im Anschluss an Dennett könnte man das ein «zerebrales Zelebrieren» nennen, siehe Dennett (1998), S. 137

S. 140 «nicht-bewusste Reize»: die umfassen hier die «absolut unbewussten» und die «aufgelösten» Reize sowie das «synaptische Wissen», siehe Dehaene (2014), S. 278 f.

S. 140 «Maskierungs-Experimente» Dehaene et al. (1998)
S. 140 «Voreinstellung der Aufmerksamkeit»: Dehaene (2014), S. 112
S. 140 «unerkannt in der Masse»: siehe dazu auch Ambinder (2005); Wu spielt noch mehr Möglichkeiten durch, siehe Wu (2014)

VERDRÄNGTE WÜNSCHE

S. 141 «wesentlich anderes Agens»: Mesmer (1775)
S. 142 «tierischer Magnetismus»: Mesmer (1775); für eine detaillierte Darstellung, siehe Ellenberger (1973), S. 97 f.
S. 142 «Mesmers erotische Anziehung»: siehe Ellenberger (1973), S. 106 f.
S. 142 «psychische Energien»: Puységur (1784)
S. 142 «Jean-Martin Charcot»: Charcot (1882)
S. 143 «dynamische Psychiatrie»: Ellenberger (1973), S. 162 f.
S. 143 «falsifizierbar»: Popper (1935)
S. 143 «Psyche umfasst das Unbewusste»: der französische Psychologe Pierre Janet protestierte gegen Freuds Behauptung, siehe Ellenberger (1973)
S. 144 «Psychoanalyse»: Freud/Breuer (1895)
S. 144 «Helmholtz» Helmholtz (1867)
S. 144 «Alhazen»: Alhazen ist auch unter dem Namen Ibn al-Haytham bekannt, er lebte von 965–1040; eine Beschreibung seiner Forschung findet sich in Howard (1996)
S. 144 «James»: James (1890a), S. 208 f.
S. 144 «Lichtenberg»: Lichtenberg (1801), K 76
S. 144 «Jean Paul»: Paul (1813), § 13 («Der Instinkt des Menschen»)
S. 144 «unbewusste Vorstellungen und Willenszustände»: zitiert nach Ellenberger (1973), S. 376
S. 144 «Umdeutung unseres Aggressions- und Sexualtriebes»: Nietzsche (1878), I, III
S. 145 «Hemmungsvermögen»: Nietzsche (1886), VIII
S. 145 «im Phantasieren des Traumes und des Irrsinns»: Nietzsche (1881), V
S. 145 «sich selbst der Fernste»: Nietzsche (1881), V
S. 145 «Bewusstsein als phantastischer Kommentar»: Nietzsche (1881), V; für eine Diskussion, siehe Ellenberger (1973), S. 377
S. 145 «Henri Ellenberger»: Ellenberger (1973), S. 382 f.
S. 145 «Kernstück der Theorie»: die Verdrängungslehre sei der

«Grundpfeiler, auf dem das Gebäude der Psychoanalyse ruht»: siehe Freud (1915), S. 105; laut Freud war Verdrängung und Symbolisierung «bisher nicht Thema in der Philosophie», siehe Freud (1994), S. 76

S. 145 «freie Assoziation»: Anthony Storr zufolge wandte Freud diese Methode seit dem Jahre 1892 an, siehe Storr (1989), S. 40 f.

S. 146 «das Lustprinzip des Es»: Freud (1933), VL 31

S. 147 «Übergänge fließend»: Freud (1930), S. 198

S. 147 «anorganischer Zustand»: Freud (1940), S. 12

S. 147 «mythische Wesen» Freud: (1933), Abschnitt «Angst und Triebleben», S. 94

S. 147 «Elastiztiät des Lebenden»: Freud (1973), S. 85; siehe auch Freud (1923), Kapitel 2

S. 147 «Chaos und Kessel»: Freud (1933), VL 31

S. 147 «Realität und Triebbefriedigung»: Freud (1923), Kapitel 2

S. 147 «Schalks-Esperanto»: im Original «Schalks=Esperanto», siehe Schmidt, Arno (2010), S. 32

S. 147 «Zustand der Verdrängung»: Freud (1915a), S. 105 f.

S. 148 «versprechen, verhören, vertippen»: Freud (1900), S. 346

S. 148 «Penis und Vagina»: Freud (1900), S. 346 f.; siehe auch Freud (1994), S. 83 f.

S. 149 «neuronales Modell der Psyche»: Freud (1923), Kapitel 2; das zweite Modell findet sich in Freud (1933), S. 515

S. 149 «Broca und Wernicke»: für einen Überblick, siehe Eling (1994)

S. 149 «Energien nutzen»: Freud (1930), S. 255

S. 150 «Uhr und Computer»: Uhren in Leibniz (1714) und Geulincx (1675); Computer in Turing (1950)

S. 150 «aufgestaute Wut und unterdrückte Wünsche»: Lazarus/Lazarus (1994), S. 19 f.

S. 151 «Ähnlichkeitsprinzip»: Freud hat sich in diesem Punkt von Theodor Lipp inspirieren lassen, siehe Freud (1900), S. 579; siehe auch Lacan (1964), II, 3, S. 30

S. 151 «aus allen Poren dringt ihm der Verrat»: Freud (1901), S. 240

S. 151 «Lügen ist anstrengend und belastend», siehe zum Beispiel Trivers (2011), S. 9 f.; für einen Überblick, siehe Ekman (2001)

S. 151 «Mikroausdrücke»: Ekman/Friesen (1969); für einen Überblick, siehe Ekman (2001)

S. 152 «Träume im Bewusstsein»: Freud (1994), S. 85 f.

S. 152 «Königsweg zum Unbewussten»: Freud spricht von der «via regia» in Freud (1900), S. 577
S. 153 «wissenschaftlicher Standard»: James (1890a) und James (1890b)
S. 153 «Sexualhormonspiegel»: siehe Hobson (2002a)
S. 153 «REM-Phase»: Aserinksy et al. (1953)
S. 153 «zeitgenössische Forschung»: selbst Mark Solms, der seine Theorie *neo-freudianisch* nennt, nimmt keine Verdrängung oder Symbolisierung an, sondern meint lediglich, Träume hätten etwas mit Motivation zu tun, siehe Solms/Turnbull (2002)
S. 154 «harmlose Psychose»: Hobson (2002b)
S. 154 «funktionsloses Nebenprodukt der Evolution»: Flanagan (2000)
S. 154 «Grundthemen der Evolution»: Hobson (2002b)
S. 154 «Träume verraten Forschern etwas über das assoziative Gedächtnis»: für einen Überblick über die aktuelle Forschung, siehe Windt (2015)
S. 154 «Versprecher»: Freud (1994), S. 72
S. 154 «ironisches Verhalten»: Wegner (1989)
S. 155 «Thomas Manns *Zauberberg*»: Mann (1924)
S. 155 «Vertauscher»: Leuninger (1993), S. 118 f.
S. 155 «gemischtes Doppel»: sz-magazin.sueddeutsche.de/texte/liste/l/89
S. 156 «Geisterschmiede»: Schmidt (1963), S. 32; May (1907), Band 1
S. 156 «Konterfei eincs Hinterns»: Schmidt (1963), S. 33
S. 156 «dürstende Blume»: Schmidt (1963), S. 46
S. 157 «Beine auseinandernehmen»: Schmidt (1963), S. 81
S. 157 «Prügel»: Schmidt (1963), S. 79
S. 157 «starkes und erzwungenes Lesen»: Goethe (1813–1817), S. 53; siehe auch Börnchen (2006), S. 64 f.
S. 157 «Bestätigungsvorurteil»: auch «confirmation bias» genannt, siehe Nickerson (1998)
S. 158 «Slavoj Žižeks Interpretation von *Psycho*»: im Dokumentarfilm *A Pervert's Guide to Cinema*, produziert von Sophie Fiennes im Jahre 2006
S. 158 «Literatur zweiter Stufe»: man kann Jacques Derrida so verstehen, dass das sein Ziel war, siehe Derrida (1983); ein anderes Beispiel ist White (1973)
S. 158 «mythische Wesen»: Freud (1933), S. 94
S. 158 «Novellen»: Freud (1952), S. 227

S. 159 «inferentielle Promiskuität»: Quine (1951); Davidson (1984)
S. 159 «Zigarre und Lötkolben»: obwohl viele Gelehrte Freud dieses Zitat zuschreiben, gibt es keine schriftliche oder mittelbare Quelle dafür, siehe Elms (2001)
S. 160 «hoch und tief»: Das Beispiel ist allerdings schlecht gewählt, denn linguistische Analysen von Adverbialen des Ortes wie «hoch» und «tief» zeigen, dass deren Bedeutung sowohl von der Natur der Dinge als auch von der Perspektive des Sprechers abhängt. So sagen wir am Fuße der Steilklippe: «Die ist ganz schön hoch», doch wenn wir von oben herabblicken: «Da geht es ganz schön tief hinunter.» In beiden Fällen ist die Rede von derselben Distanz, nur die Perspektive wechselt. Es ist nicht widersprüchlich, das mit einem Wort zu bezeichnen. Siehe Bierwisch/Lang (1987)
S. 160 «Satz vom Widerspruch»: Aristoteles: *Metaphysik*, 1005b
S. 160 «Adolf Grünbaum»: Grünbaum (1984)
S. 160 «Nabokov»: Nabokov (1993), S. 110
S. 162 «Franz Brentano»: Brentano (1874)
S. 162 «primär und abgeleitet»: für eine Diskussion, siehe Chalmers (2004)
S. 162 «Intentionalität als Phänomen»: Brentano (1874), S. 124 f.; für die aktuelle Diskussion, siehe Searle (1983). Searle hat vorgeschlagen, zwischen zwei grundlegenden Gruppen von intentionalen Zuständen zu unterscheiden, nämlich den schon erwähnten *Wünschen* auf der einen und den *Überzeugungen* auf der anderen Seite, die sich spiegelbildlich zueinander verhalten. Sie unterscheiden sich in ihren «conditions of satisfaction», den *Erfüllungsbedingungen*, also darin, wie sie die Welt repräsentieren. Überzeugungen sind erfüllt, wenn sie wahr sind, und sie sind nicht erfüllt, wenn sie falsch sind. Sie müssen also zur Welt passen. Wünsche hingegen können nicht wahr oder falsch sein, sondern sie sind erfüllt, wenn sie befriedigt sind. Hier muss also die Welt zu den Wünschen passen.
S. 164 «Todestrieb und Geschlechtstrieb»: Freud (1940), S. 12
S. 164 «Triebe niemals bewusst»: Freud (1915b), III
S. 164 «Doppelleben»: Chalmers (1996)
S. 165 «Wolf und Vater»: Freud (1915a), S. 115
S. 165 «affektiver Teil im Bewusstsein»: Freud (1915b)
S. 165 «Objekt der Begierde»: Freud (1927a)

S. 165 «Stiefel»: Freud (1927a)

S. 166 «unsichtbare Katze»: sinngemäß aus Lewis (1960)

S. 168 «verdrängte Wünsche wirken stärker»: Freud (1915a), S. 109 f.

S. 168 «Religion, Kunst und Mensch in der Moderne»: Freud (1912–1913); Freud (1927b); Freud (1930)

S. 169 «kreativer Trieb»: Freud (1930), S. 211; Platon: *Symposion*

S. 169 «Herleitung entbehrt einer empirischen Grundlage»: für eine Kritik, siehe Boyer (2001)

S. 169 «Fußball ist eigentlich Religion»: siehe zum Beispiel Gebauer (2006)

S. 169 «Romane und Novellen»: Romane in Freud (1930); Novellen in Freud (1952), S. 227

GETÄUSCHTES SELBST

S. 170 «Piagets Erlebnis»: Tavris (1993); für eine Diskussion siehe Loftus (1999)

S. 170 «infantile Amnesie»: für einen Überblick, siehe West/Bauer (1999)

S. 171 «Heißluftballon in der Erinnerung»: Wade et al. (2002); für eine Diskussion siehe Loftus (2003)

S. 171 «Verkehrsunfall»: Loftus/Palmer (1974)

S. 172 «Auto und Scheune»: Loftus (1975)

S. 172 «Zeugenaussagen»: in den meisten Fällen gehen bei Zeugenaussagen Genauigkeit und subjektive Sicherheit auseinander, siehe Bornstein/Zickafoose (1999)

S. 172 «unschuldige Häftlinge»: Wells/Olsen (2003)

S. 172 «Stille-Post-Prinzip»: für eine frühe Studie dazu, siehe Bartlett (1920); für mehr Details, siehe Bartlett (1932)

S. 172 «Film-Metapher als akkurate Beschreibung»: Simons/Chabris (2011)

S. 173 «Mark Twain»: die Zuschreibung ist umstritten, siehe McDonald (1991)

S. 173 «Erinnerung als Konstruktion»: Trivers (2011), S. 143 f.

S. 173 «Challenger»: Neisser/Harsch (1992)

S. 173 «Schüler aus Chicago»: Offer (2000)

S. 174 «Autofahrer-Frage»: Stevenson (1981)

S. 175 «Führungsposition»: Gilovich (1991), S. 77; die Studie findet sich in College Board (1976–1977)

S. 175 «Professoren mit Selbstüberschätzung»: Snyder/Swann (1978)
S. 175 «Eltern warden und Krebs bekommen»: Weinstein (1980)
S. 175 «gute Zukunft»: Gilovich (1991), S. 78
S. 176 «Aktivität zwischen den Hirnhälften»: Gazzaniga (1983)
S. 176 «Verbindung der Hirnhälften unterbrochen»: Gazzaniga/LeDoux (1978)
S. 176 «Roger Sperry und Michael Gazzaniga»: Sperry (1968); Gazzaniga (1967)
S. 176 «Konfabulationen»: für einen Überblick, siehe Fotopoulou (2007); für eine philosophische Diskussion, siehe Hirstein (2005)
S. 177 «Versuch mit Schauspielern»: Janis/King (1954)
S. 177 «kogntive Dissonanz»: Festinger (1957)
S. 177 «Kaffeetrinker»: Kunda (1987)
S. 177 «Fleisch und Mitgefühl»: Loughnan et al. (2010)
S. 177 «Erfolg und Misserfolg»: Miller/Ross (1975)
S. 177 «Daniel Wegner»: Wegner (2002), S. 184
S. 179 «Ich-Ideal»: Freud (1923), III; «ego-ideal» in Lazarus (1991)
S. 180 «John Trivers»: Trivers (2011)
S. 180 «Nietzsches soziobiologische Grundidee»: Nietzsche (1873), Abschnitt 1
S. 181 «authentisch erfolgreich»: für mehr Details, siehe Trivers (2011)
S. 181 «William Hirstein»: Hirstein (2005)
S. 181 «depressiver Realismus»: Alloy/Abramson (1988)
S. 181 «wir werden alle sterben»: Hirstein (2005), S. 237
S. 182 «Stolz und Gedächtnis»: Nietzsche (1886), VIII, S. 94
S. 182 «Täuschungsabsicht vergessen»: Bermúdez (2000)
S. 183 «Gedanken nicht im Bewusstsein»: Bach (1981)
S. 183 «emotionale Ebene»: Sahdra/Thagard (2003)
S. 183 «keine echten Überzeugungen»: Gendler (2007)
S. 183 «Alfred Mele»: Mele (1997a)
S. 184 «Immersion»: McGinn (2004)
S. 184 «Paradox der Fiktion»: auch «paradox of fiction» genannt, für einen Überblick, siehe Paskow (2004)

UNSICHTBARES ICH

S. 187 «300 Zeichen»: das berühmteste Beispiel ist das Bonobo-Weibchen Kanzi, siehe Savage-Rumbaugh/Lewin (1994)

S. 187 «Werkzeuge»: Gill (2011); für einen Überblick, siehe Emery/Clayton (2009)
S. 187 «sozialer Status und Gruppenzugehörigkeit»: Paar et al. (1999)
S. 187 «soziale Intelligenz»: für die Diskussion, siehe Hare et al. (2006); Povinelli (1990)
S. 187 «Intelligenzquotient»: Reader (2011)
S. 187 «anenzephale Kinder»: Singer (1998), S. 44
S. 188 «Menschen, aber keine Personen»: für eine Diskussion, siehe Singer (1998)
S. 188 «Großteil der Zellen ausgetauscht»: Kornack (2004)
S. 189 «Wittgenstein»: Wittgenstein (1953)
S. 190 «Das Nichts nichtet»: Heidegger (1929)
S. 190 «mentale und körperliche Attribute»: siehe Strawson (1959), 105f; Wittgenstein (1953), § 573; Wittgenstein (1958), S. 66f.
S. 190 «John Locke»: Locke (1690), XXVII, § 9f.
S. 192 «Bündel»: Hume (1739)
S. 192 «konstant miteinander verbunden»: Hume (1740)
S. 193 «Bruce Hood»: Hood (2012), S. 15f.; siehe auch Bertossa et al. (2008)
S. 193 «Damasio»: Damasio (2012), S. 165
S. 194 «Schaltplan»: Dennett (1978), S. 165; siehe auch Gazzaniga (2011), S. 105f.
S. 194 «Selbstmodell-Theorie der Subjektivität»: Metzinger (2013a), S. 46
S. 194 «Betriebssystem»: Wegner (2002), S. 270
S. 194 «Tamagotchi-Theorie des Selbst»: Žižek (2000), S. 53f.
S. 195 «Goffman»: Goffman (1956)
S. 196 «Privatbereich»: genannt «backstage», siehe Goffman (1956), S. 69f.
S. 196 «fragmentiertes und zusammengesetzes Selbst»: Lippmann (2014); Keupp (1999)
S. 196 «theatralischer Dialog»: Hermans (2010)
S. 196 «multiple Persönlichkeitsstörung»: für eine Kritik, siehe Hacking (1995)
S. 197 «narrative Theorien des Selbst»: für einen Überblick, siehe McAdams (2001)
S. 199 «Theseus»: Plutarch: *Vita Thesei*, 23

S. 199 «Das Paradox von Theseus' Schiff»: für eine Diskussion, siehe Lowe (2002), S. 25f.

S. 200 «Derek Parfit»: Parfit (1984)

S. 200 «Teletransporter»: Parfit (1984), S. 199f.

S. 202 «Hirnhälfte verloren»: Parfit (1984), S. 247f.

S. 202 «identische Hirnhälften»: die Idee stammt von Wiggins (1967); für die Diskussion, siehe Parfit (1984), S. 254f.

S. 202 «lieber Organspender als Organempfänger»: Dennett (1978)

S. 203 «Identität spielt keine Rolle»: Parfit (1984), S. 206; ein ähnlicher Gedanke findet sich bei Kant (1781/1787), A 363

S. 203 «Leben von Grund auf verändert»: Parfit (1984), S. 281

S. 204 «Woody Allen»: im Original «I don't want to achieve immortality through my work; I want to achieve immortality through not dying», siehe Sunshine (1993)

S. 204 «technisch, aber nicht metaphysisch unmöglich»: Parfit (1984), S. 255

S. 204 «Selbstsinn bei Locke»: Locke (1690), § 10

S. 205 «Einfärbung der Subjektivität»: einen Überblick geben Kriegel/Williforth (2006)

S. 205 «Sartre und Husserl»: Sartre (1943); für eine Interpretation von Husserl, siehe Zahavi (1998)

S. 205 «Uriah Kriegel»: Kriegel (2009)

S. 205 «fremde Gedanken»: Mullins (2003)

S. 206 «zweistufiges Sehen»: Zahn (2008)

S. 207 «unterschiedlich Gedächtnisarten»: für einen Überblick, siehe Eysenck/Keane (2005), S. 187f.

S. 208 «Nina Strohminger und Shaun Nichols»: Strohminger/Nichols (2014)

S. 209 «Persönlichkeitsänderung von 60 Prozent»: Strohminger/Nichols (2014), S. 163

S. 209 «ähnliche moralische Standards»: Goodwin (2014); für eine Diskussion, siehe Strohminger/Nichols (2014), S. 169

S. 209 «blinder Fleck»: Strohminger/Nichols (2014), S. 168

S. 209 «Sydney Shoemaker»: Shoemaker (1984)

S. 210 «Kritik an Locke»: siehe Butler (1736); Reid (1785)

S. 211 «wir irren uns nicht darüber, dass wir es sind»: siehe auch Shoemaker (1968)

INSTINKTIVE SPRACHE

S. 213 «Einrahmungseffekt»: zuerst erwähnt in Bateson (1972); siehe Goffman (1974); Tversky/Kahneman (1981)

S. 214 «Pflanze dich fort!»: Woody Allen hat gesagt: «Some guy hit my car fender the other day, and I said unto him, ‹Be fruitful and multiply›», siehe Spignesi (1992), Kapitel 7

S. 216 «Nachlass für Konferenzgebühr»: Gächter (2009)

S. 216 «Ablenkung und Erschöpfung»: Kahneman (2011)

S. 216 «klassische Entscheidungstheorie»: für einen Überblick, siehe Peterson (2011)

S. 216 «Einfluss durch emotionale Wörter»: Tversky und Kahneman haben die *Prospect Theory*, also die *Erwartungstheorie* entwickelt, um Einrahmungseffekte und andere Faktoren einzufangen, siehe Kahneman/Tversky (1979)

S. 217 «angewandte und allgemeine Vernunft»: Keith Stanovich and Richard West nennen diesen Unterschied *fluide* (angewandte) und *kristallisierte* (allgemeine) Vernunft, siehe Stanovich/West (2014)

S. 217 «Ich pfeife nicht nach Deiner Tanze»: Leuninger (1993), S. 13

S. 218 «Sprachverwendung und Sprachfähigkeit»: Chomsky unterscheidet entsprechend zwischen *Performanz* und *Kompetenz*, siehe Chomsky (1965)

S. 218 «Grammatik lernen»: auch *Syntax* genannt, siehe Chomsky (1957)

S. 218 «unbewusst im Gedächtnis gespeichert»: Dehaene (2014), S. 275; Roth (2003b), S. 413 f.

S. 218 «stillschweigenden Kenntnis»: im Original «tacit knowledge», siehe Chomsky (2002), S. 8

S. 218 «mentale Grammatik»: Chomsky (1986)

S. 218 «farblose grüne Ideen schlafen wütend» Chomsky (1957), S. 15

S. 218 «Universalgrammatik»: Chomsky (1965); Chomsky (2000)

S. 219 «Grundprinzipien nicht erlernbar»: dieses *Argument von der Armut des Stimulus* («poverty of stimulus argument») findet sich in Chomsky (1980)

S. 219 «Sprachinstinkt»: Chomsky (1994); siehe auch Tooby/Cosmides (1992), S. 46 f.

S. 220 «Tiere behaupten nichts»: Diese These hängt natürlich davon ab, wie weit man die Begriffe «Inhalt», «Gedanke» oder «Behauptung» fasst. Tiere vollziehen jedenfalls keine Sprechakte im Sinne von Searle (1969). Für mehr Daten, siehe Beckoff, Marc (2002)

S. 220 «Mentalesisch»: Überlegungen zur *Sprache des Denkens* («language of thought»), genannt LOT, finden sich in Fodor (1975) und Fodor (2008)

S. 220 «Warentrenner»: steht neben «Trennstab» auf www.duden.de. Das Wort stand noch nicht im *Großen Duden* von 1981.

S. 220 «Begriff vom Warentrenner»: die Gesellschaft für deutsche Sprache e.V. gibt die Antwort hier: gfds.de/bezeichnung-fuer-das-ding-an-der-kasse/

S. 221 «Metaphern spiegeln Denkstrukturen wider»: Lakoff/Johnson (1980); Lakoff (1987); Lakoff (1993), S. 206

S. 222 «Achill»: siehe Homer, *Ilias* XX, 164; Aristoteles, *Rhetorik* III, 4, 1; für eine Kritik an Lakoff Sicht zu poetischen Metaphern, siehe Coenen (2002), S. 236f.

S. 222 «Zeit ist Raum»: Lakoff/Johnson (1980)

S. 224 «Diskutieren ist Krieg»: im Original heißt es «argument is war», siehe Lakoff/Johnson (1980), S. 62

S. 225 «Oberbegriff und Typen»: ungefähr so hat sich das schon Aristoteles vorgestellt, als er beispielsweise den Menschen als vernünftiges Tier («zoon logon») ansah. Man versteht einen Begriff oft durch seinen *Oberbegriff* (Tier) und eine *spezifische Differenz* (vernünftig), siehe Aristoteles, *Kategorien*.

S. 225 «Bestien und Viren»: Thibodeau/Boroditsky (2011), S. 10; siehe auch Thibodeau/Boroditsky (2013)

S. 226 «Berater der Demokraten»: Lakoffs Ideen finden sich in (1996)

S. 227 «für dumm verkaufen»: zur Kritik, siehe Pinker (2007), S. 260

S. 227 «NSA und CIA»: Madrigal (2011); der Forscher heißt Ben Bergen, siehe Bergen (2012)

S. 227 «metaphorische Mathematik»: Lakoff/Núñez (2000)

S. 227 «Moral als strenger Vater»: Lakoff (2000), S. 313

S. 227 «wehrlose Strohpuppen»: Als ich bei ihm in Berkeley studierte, hatte er unter Studenten den Namen «Captain Strawman», weil er sich immer nur Strohpuppen, also Scheingegner vorgeknöpft hat – immerhin eine kreative Lesart der Metapher *Diskutieren ist Krieg*.

S. 227 «Die Welt ist eine Bühne»: Pinker (2007), S. 249

S. 228 «räumliche und zeitliche Präpositionen»: Kemmerer (2005)

S. 228 «Zeitausdrücke der Kinder»: Pinker (2007), S. 269f.

S. 228 «Überlegungen zur Philosophie»: Lakoff (2000)
S. 228 «Wahrheitsbegriff»: Künne (2003)
S. 229 «bildhaftes Denken in der Wissenschaft»: mehr über den kontrollierten Einsatz von Analogien in Genter/Jeziorski (1989); Hesse, Mary (1963)
S. 229 «Rutherford»: für eine Diskussion, siehe Pinker (2007), S. 202f.
S. 229 «Stacheln und Dornen»: Stacheln sind «Emergenzen» aus subepidermalem Gewebe, während Dornen abgewandelten Blattorganen entsprechen, siehe Strasburger (1998), S. 770, S. 772, S. 129
S. 229 «Tiv-Sprache»: Berlin/Kay (1969), S. 25f.
S. 230 «Gegenthese»: Chomsky (2002); Fodor (1975); Pinker (2007); Jackendoff (1983); Li/Gleitmann (2002)
S. 230 «Nietzsche»: Nietzsche (1873); in der Kulturtheorie der letzten 100 Jahre findet man unzählige Variante der Relativitätsthese
S. 230 «Die Sprache ist das bildende Organ der Gedanken»: Humboldt (1961), Band 3, S. 426 («Über Denken und Sprechen»): «Denken ist aber nicht bloss abhängig von der Sprache überhaupt, sondern bis auf einen gewissen Grad, auch von jeder einzelnen bestimmten [Sprache]»
S. 230 «Benjamin Lee Whorf»: Whorf (1956)
S. 231 «Hopi»: Whorf fragte tatsächlich nur einen einzigen Vertreter der Hopi, der in den USA lebte.
S. 231 «unsichtbare Dämpfe»: siehe Whorf (1956). In einem anderen Versicherungsfall schnippte ein Arbeiter einen Zigarettenstummel in eine Jauchegrube, über der sich Faulgase gebildet hatten.
S. 231 «Hopi denken über Flugobjekte»: Malotki hat gezeigt, dass Whorf hier auch faktisch unrecht hatte. Ein Beleg aus dem Hopi heißt übersetzt so: «dann in der Tat, am folgenden Tag, ganz früh am Morgen, zur Stunde, wenn Leute zur Sonne beten, um diese Zeit weckte er das Mädchen wieder auf», siehe Malotki (1983), Übersetzung zitiert nach Langenmayr (1997).
S. 232 «ethnozentrisch»: Whorf war sich dieses Problems offenbar bewusst. Er schlägt vor, dass man daher in der jeweiligen Sprache über deren Kategorien sprechen müsse, siehe Whorf (1956), S. 57f.
S. 233 «Donald Davidson»: Davidson (1974)
S. 234 «Eskimo»: Der Ausdruck «Eskimo» ist sowohl im deutschen

als auch im englischen Sprachraum üblich. In Kanada nennt sich ein Teil der Ureinwohner «Inuit», weil sie «Eskimo» als pejorativ empfinden, andere hingegen nennen sich «Eskimo», weil sie nicht zu den Inuit gehören. Die vermeintlich negative Etymologie oder Verwendungsweise von «Eskimo» als «Rohfleischesser» ist nicht belegt.

S. 234 «Franz Boas»: Boas (1911)

S. 234 «fallender und liegender Schnee»: Pullum (1989)

S. 234 «200 Wörter»: Pullum (1989); siehe auch Pullum (1991)

S. 234 «Wer im Schnee lebt, kennt viele Wörter dafür»: bemerkenswerterweise hat im Umkehrschluss niemand behauptet, dass die Nomaden der Sahara viele Sandwörter kennen.

S. 235 «banale Thesen über Wortkategorien»: Pullum (1989)

S. 235 «eine Million Farbschattierungen»: Halsey/Chapanis (1951)

S. 236 «Tiv-Sprache»: Berlin/Kay (1969); Kay/Kempton (1984)

S. 236 «dunkelblau und hellblau»: Kay/Kempton (1984)

S. 236 «124 Millisekunden schneller»: Winawer (2007); Regier/Kay (2009)

S. 236 «Sprache beeinflusst Wahrnehmung»: Winawer (2007), S. 7784

S. 236 «Wahrnehmung abgekapselt»: Marr (1982)

S. 236 «Sprache trainiert uns»: Roman Jakobson drückt das so aus: «languages differ essentially in what they *must* convey and not in what they *may* convey», siehe Jakobson (1959), S. 236

S. 236 «Welt anders sehen»: John McWhorter nennt die feinen Messunterschiede im Millisekundenbereich «cute psychological blip», siehe www.deutschlandfunk.de/sendereihe-philosophie-im-hirnscan-manuskript-worte-die.740.de.html?dram:article_id=290436; für mehr Details, siehe McWhorter (2014)

S. 236 «sprachliche Kategorien und Voreinstellung der Aufmerksamkeit»: Einige Neo-Whorfianer nennen solche Effekte «seeing for speaking», also «Sehen, um zu Sprechen», siehe Slobin (1996). Genau genommen wäre der Ausdruck *Aufmerksamkeit fürs Sprechen* passender, denn es handelt sich um ein allgemeineres Phänomen der Top-Down-Aufmerksamkeit.

S. 237 «biologisches Geschlecht im Hebräischen»: Guiora (1983)

S. 237 «selbst gesehen oder nur gehört»: Pinker (2007), S. 132

S. 237 «Pinkers Gegenbeispiel»: Pinker (2007), S. 133

S. 237 «Stoffwörter und Wörter für Einzeldinge»: Die Unterscheidung zwischen Wörtern für Einzeldinge, auch *Individualnomina* («count nouns»), und Stoffwörtern, auch *Massennomina* oder *Kontinuativa* («mass nouns»), findet sich in vielen Sprachen. Der Plural von Massenomen wie bei «Ich habe drei Bier gekauft» verstehen wir entweder als *Sortenplural* im Sinne von «ein Alt, ein Hefe und ein Pils» oder elliptisch mit einer unterstellten *Maßeinheit*, also im Sinne von «drei Flaschen, Gläser oder Dosen Bier».

S. 237 «Yukatekischen Maya»: Lucy (1992); siehe auch Bloom (1981)

S. 238 «Jack Bambi»: Levinson (2003), S. 5 und S. 130 f.

S. 238 «Känguru»: zum ersten Mal erwähnt in Captain Cooks Tagebuch, siehe Deutscher (2010), S. 157

S. 238 «Kollege von Steven Levinson»: Haviland (1993), S. 1

S. 239 «Orientierungsfähigkeit der Guugu Yimithirr»: Levinson (1996)

S. 239 «Fehler-Abweichung von weniger als 14 Grad»: Levinson/Gumperz (1996), S. 179 f.; siehe auch Levinson (2003), S. 127 f.

S. 239 «fensterlose Räume»: Levinson (2003), S. 198

S. 239 «automatisiert»: Levinson (2003)

S. 239 «erstaunlicher Effekt»: Levinson und seine Kollegen konnten diesen Effekt auch für Sprachen in Afrika, Südostasien und Südamerika nachweisen, für einen Überblick siehe Deutscher (2010), S. 170 f. und Levinson (2003), S. 228 f.

S. 239 «Tzeltal-Maya»: Levinson (2003), S. 154 f.

S. 240 «Tzeltal und Tzotil norden sich ein»: Li/Gleitman (2002)

S. 240 «kulturelles Gut»: siehe McWorther (2014)

S. 240 «Sonne geht nicht im Osten auf»: siehe Deutscher (2010), S. 173 f.

S. 240 «Hirn-Kompass»: auch Guugu Yimithirr, die in der Stadt leben, verlieren ihre Orientierungsfähigkeit, siehe Levinson (2003), S. 128

S. 240 «russischer Komponist» Lurija (1982)

S. 241 «Rosmary Varley»: Varley (2005); wenn wir rechnen, sprechen wir zwar oft Zahlen innerlich nach, aber das hat eher mnemotechnische Gründe.

S. 241 «Denkoperation ohne Sprache»: Pinker (2007)

S. 241 «Guy Deutscher»: Deutscher (2010), S. 163

S. 241 «Kant»: Kant sagt: «Sogar sind unsere Urteile von denen Weltgegenden dem Begriffe untergeordnet, den wir von Gegenden überhaupt haben, insoferne sie in Verhältnis auf die Seiten unseres Körpers bestimmt sind», siehe Kant (1768), Abschnitt 995

S. 241 «egozentrisches Element»: Perry (1993); siehe auch Keil (2011)

S. 241 «Verhexung unseres Verstandes»: Wittgenstein (1953), § 109

S. 242 «Schmetterlingsblütenartige»: Strasburger (1998)

UNTERSCHWELLIGE WAHRNEHMUNG

S. 243 «rechte Hand»: für einen Überblick, siehe The Economist (2008)

S. 243 «Zitronenaroma»: für einen Überblick über die Forschung, siehe Bradford/Desrochers (2009)

S. 244 «Kunden nicht überfordern»: Schwartz (2004)

S. 244 «edel verpackt»: den Effekt bechreibt Dan Ariely, siehe Ariely (2010), S. 77 f.

S. 244 «Preis»: Shiv (2005)

S. 244 «gratis!»: Shampanier et al. (2007)

S. 245 «Vertrautheit mit Marken»: Axelrodt (1968)

S. 245 «Derren Brown»: www.youtube.com/watch?v=YQXe1CokWqQ

S. 246 «Bahnungseffekt»: eine frühe Untersuchung des Effekts findet sich in Meyer/Schvaneveldt (1971). Die Grundlage dieses Effekts hat übrigens schon Freud beschrieben, der in ihr eine Verfestigung von neuronalen Verbindungen ansah. Freud meint, die Neuronen des Gedächtnisses «werden durch den Erregungsablauf dauernd verändert» und den Zustand «der Kontaktschranken» soll man «als Grad der Bahnung bezeichnen», siehe Freud (1885), S. 392

S. 247 «Bedeutungsnetz»: einige Bahnungseffekte kann man sogar noch nach 17 Jahren nachweisen, siehe Mitchell (2006)

S. 247 «50 Jahre Forschung»: für einen Überblick, siehe Ansorge (2007)

S. 248 «Anthony Marcel»: Marcel (1970); siehe auch Deahene (2014), S. 97

S. 248 «Wörter erkennen»: die Versuche zu maskierten Wörtern finden sich in Dehaene (2001)

S. 248 «motorisches Areal»: Marcel (1983); ein anderen Beispiel findet sich in Neumann/Klotz (1994)

S. 248 «unilateraler Neglect»: Karnath et al. (2002); Farah (1997), S. 226

S. 249 «Scham»: eine Anwendung findet sich in Claesson et al. (2007)

S. 249 «Feuer»: Marshall/Halligan (1988)

S. 249 «Werwolf und Kätzchen»: Krosnick et al. (1992)

S. 249 «unbewusstes Schachspielen»: Kiesel/Kunde (2009)

S. 251 «unterschwellige Manipulation im Kino»: eine frühe Kritik findet sich bei Packard (1958)

S. 251 «James Vicary»: O'Barr (2005)

S. 251 «Rundfunkstaatsvertrag»: siehe die *Anwendungs- und Auslegungsregeln der Landesmedienanstalten*, 6.9 § 49 Abs. 1 Rstv, S. 1, Nr. 2 (Literaturliste Anhang)

S. 251 «rats»: und zwar als Nachhall der letzten Silbe von «bureaucrats»; auch Mitterand hat ein kaum sichtbares Bild von sich im Fernsehen im Wahlkampf 1998 verwendet, siehe Dehaene (2014), S. 73 f.

S. 251 «Cola-Versuch mit Gesichtern»: Winkielman et al. (2005); da die Primes in dem Experiment nicht dieselbe Helligkeit und denselben Kontrast hatten, bleibt allerdings offen, ob das nicht auch eine Rolle bei der unbewussten Verarbeitung gespielt hat.

S. 252 «Ergebnisse nur einen Hauch besser»: für einen ähnlichen Kritikpunkt, siehe Myers (2004), S. 28

S. 253 «Florida-Effekt»: Bargh et al. (1996)

S. 254 «Folgestudien konnten nichts bestätigen»: Doyen et al. (2012)

S. 254 «Kritik vieler Fachkollegen»: für einen Überblick, siehe Yong (2012)

S. 254 «Angry Birds»: Bargh (2012)

S. 254 «fragile Versuchsanordnung»: für einen ähnlichen Kritikpunkt, siehe Cesario (2014)

S. 254 «kritisches Echo»: Pashler/Wagenmakers (2012); Spellman (2013)

S. 254 «Lady-MacBeth-Effekt» Zhong/Liljenquist (2006)

S. 255 «Mit den Händen und dem Mund lügen»: Lee/Schwarz (2010)

S. 255 «Kollegen konnten nichts bestätigen»: für eine Kritik, siehe Fayard (2009); siehe auch Earp et al. (2015)

S. 255 «Versuch mit Bürostuhl und Wahlverhalten»: Oppenheimer/Trail (2010)

S. 255 «wankelmütige Einstellungen»: zudem gab es in der Studie nur 31 Versuchspersonen, von denen sich lediglich zwei als Republikaner bezeichneten, siehe Oppenheimer/Trail (2010)
S. 255 «Versuche zu Geld und sozialer Distanz»: Vohs (2006)
S. 256 «Überprüfung»: Pashler et al. (2012)
S. 256 «verdeckte Variablen»: Josef Cesario diskutiert unter anderem dieses Problem der «hidden variables» in einer kritischen Ausgabe zu Bahnungsversuchen, siehe Cesario (2014); siehe auch Vul (2009)
S. 256 «Mozart-Effekt»: Rauscher (1993)
S. 256 «IQ»: tatsächlich wurde im Versuch nur ein Aufgabenbereich des IQ-Tests verwendet, für einen Überblick, siehe Mackintosh (1998)
S. 257 «Mozart-CDs für Babys»: Sack (1998)
S. 257 «Stimmung»: Chabris (1999)
S. 257 «Fischen nach Daten»: im Englischen «data fishing» oder «data dredging» genannt, für eine kritische Analyse siehe Smith/Ebrahim (2002)
S. 258 «in der Medizin seit Jahrzehnten bekannt»: nach einer Stichprobe dort könnten unglaubliche 83 Prozent aller Experimente nicht replizierbar sein, für einen Überblick, siehe Young/Karr (2011)
S. 258 «Brief von Kahneman»: www.nature.com/polopoly_fs/7.67161349271308!/suppinfoFile/Kahneman%20Letter.pdf
S. 259 «Jonah Berger»: Berger et al. (2008)
S. 260 «Epsteins Google-Studie»: die bisher unveröffentlichte Studie findet sich unter aibrt.org/index.php/internet-studies; eine Zusammenfassung findet sich in Epstein (2014)

INTUITIVES ENTSCHEIDEN

S. 264 «Mephisto»: Goethe (1808)
S. 265 «Pisa-Studie»: www.oecd.org/berlin/publikationen/pisa-2012-problemloesen.htm
S. 266 «Modus Tollens»: den Modus Ponens beherzigen fast 100 Prozent aller Menschen, den Modus Tollens nur etwa 50 Prozent, siehe Rips/Markus (1977) und Rips/Markus (1979)
S. 266 «Konditional»: auch «Subjunktion» oder «Implikation» genannt
S. 266 «Aufnahmetest für amerikanische Hochschulen»: der heißt GRE, siehe www.ets.org/gre

S. 267 «Probleme mit der Negation»: Taplin (1971); Rips/Markus (1977)

S. 267 «die Hälfte verletzt das Gesetz der Kontraposition»: Rips/Markus (1979)

S. 267 «Große Rationalitätsdebatte»: Cohen (1981); Kahneman/Tversky (1996); Stanovich (1999); für einen Überblick siehe Stanovich (2010), S. 95

S. 267 «abkürzenden Denkmustern und Fehlschlüssen»: Kahneman/Tversky (2000)

S. 267 «Optimisten»: Toobey/Cosmides (1992); Toobey/Cosmides (1996); Chater/Oaksford (2007); Gigerenzer (2007)

S. 267 «Intuition»: Gigerenzer (2007)

S. 267 «Duale Theorien»: für einen Überblick, siehe Kahneman (2011)

S. 268 «Peter Wason»: Wason (1968); Vorarbeiten finden sich in Wason (1966)

S. 269 «Ergebnis erstaunlich stabil»: Evans (1972); Johnson-Laird (1999)

S. 269 «Hypothese durch Gegenbeispiele testen»: Popper (1935)

S. 269 «Bestätigungsvorurteil»: auch «confirmation bias» genannt, siehe Nickerson (1998)

S. 270 «ein Polizist kommt in eine Bar»: Griggs/Cox (1982)

S. 270 «der Form nach identisch»: für eine Diskussion, siehe Gigerenzer/Hug (1992)

S. 270 «normative und logische Regeln»: die «normativen» Regeln heißen auch «deontische» Regeln, also Regeln des Sollens, siehe Cosmides (1989)

S. 270 «Zug-Beispiel»: Johnson-Laird (1983); für eine kritische Diskussion, siehe auch Heinrich (2010), S. 188

S. 271 «bayesianische Rationalität»: Oaksford/Chater (2007)

S. 272 «Vampirbiss»: Oaksford/Chater (2009), S. 78

S. 272 «Logik unentbehrlich»: Oaksford/Chater (2009), S. 78

S. 272 «Kausalrelationen»: Das Modell kann ebenfalls Korrelationen von Häufigkeitsverhältnisse abbilden, doch auch dabei geht es um empirische Verteilungen, nicht um formale Zusammenhänge.

S. 273 «Linda»: Tversky/Kahneman (1983), S. 297 f.; für eine Diskussion, siehe Kahneman (2011) 157 f.; Gigerenzer (2008), S. 103 f.

S. 274 «Gigerenzers Folgeversuche»: Hertwig/Gigerenzer (1999)

S. 274 «Grice' Relevanzprinzip»: Grice (1989)
S. 275 «Frage umformuliert»: Hertwig/Gigerenzer (1999)
S. 275 «David und Goliath»: Gigerenzer (2008), S. 108 f.
S. 276 «Schläger und Ball»: Kahneman (2011), S. 44 f.
S. 277 «mentale Faulheit»: Kahneman (2011), S. 45
S. 277 «Basisratenfehler»: Kahneman (2011), S. 88
S. 278 «die Pessimisten gehen vorschnell von Dummheit aus»: einen ähnlichen Punkt macht Gigerenzer (2008), S. 113
S. 279 «Professoren mit langen Gesichtern»: Lewicki et al. (1990)
S. 279 «Intuition als spontanes Wissen»: Gigerenzer (2008), S. 25
S. 279 «Forschung zu spontanem Wissen»: für einen Überblick, siehe Lewicki (1992)
S. 280 «Küken sexen»: Horsey (2002)
S. 280 «professionelle Geschlechtsbestimmer»: www.theatlantic.com/magazine/archive/2000/03/the-joy-of-sexing/378056/
S. 280 «Quelle nicht zugänglich»: Man muss an dieser Stelle die Schattenseite dieser Praxis erwähnen, denn sie führt dazu, dass weltweit jährlich etwa 2,5 Milliarden männliche Küken getötet werden, in Deutschland allein sind es 40 Millionen. Für eine Diskussion, siehe zum Beispiel www.dw.com/de/die-schattenseiten-der-eierproduktion/a-17015304
S. 280 «Schach»: Chase/Simon (1973)
S. 281 «Harrys Liste»: Gigerenzer (2008), S. 12 f.
S. 282 «Franklins Liste»: Der Brief von Franklin stammt vom 8. April 1779, siehe Gigerenzer (2008), S. 13
S. 284 «Keplers Suche nach einer Ehefrau»: für eine ausführliche Schilderung, siehe www.zeit.de/wissen/geschichte/2013-10/johannes-kepler-ehefrau-suche
S. 286 «Detroit oder Milwaukee»: Goldstein/Gigerenzer (2002)
S. 286 «Rekognitionsheuristik»: Gigerenzer (2008), S. 15 f.
S. 286 «Vertrautheitseffekt»: Zajonc (2011)
S. 287 «Wissensvalidität»: Gigerenzer (2008), S. 136
S. 288 «Mittelposition beim Wissensstand»: Gigerenzer (2008), S. 131
S. 288 «Larry Jacoby»: Jacoby (1989)
S. 290 «Intelligenz des Unbewussten»: Gigerenzer (2008), S. 142
S. 291 «adaptives Verhalten»: für einen ähnlichen Kritikpunkt, siehe Stanovich (2010), S. 133 f.

S. 291 «Übel der Menschheit»: Stanovich (2010), S. 46
S. 292 «duale Theorien beliebt»: für einen Überblick, siehe Frankish/Evans (2009)
S. 292 «Jonathan Evans»: Evans (1984)
S. 292 «Stanovich und Kollege» Stanovich/West (2000)
S. 293 «Arten von Denkprozessen»: Kahneman (2011), S. 21; Stanovich (2010), S. 127; Haidt (2001)
S. 293 «schnell und schmutzig»: Gigerenzer sagt «fast and frugal», siehe Gigerenzer/Goldstein (1996); Stanovich sagt «quick and dirty», siehe Stanovich (2010), S. 129
S. 293 «System 1»: Kahneman (2011), S. 22; Stanovich (2010), S. 127 f.
S. 294 «Schweizer Taschenmesser»: in diesem Sinne nennt Descartes die Vernunft ein «Universalinstrument» in Descartes (1647), 5.10, 57

KONTROLLIERTES HANDELN

S. 295 «Kausalkette»: beim sogenannten *Akkordeon-Effekt* wird in der Fachdiskussion zwischen sogenannten *konstitutiven* und *kausalen* Relationen unterschieden, siehe Feinberg (1965); Searle (1983), S. 98
S. 295 «der Rest ist Sache der Natur»: im Original «the rest is up to nature» in Davidson (1971)
S. 296 «Jennifer Hornsby»: Hornsby (1980), S. 33
S. 296 «Absichten»: Davidson (1978); Bratman (1984); Mele (2003)
S. 296 «Einleitung des Weltkrieges»: Henrik von Wright unterscheidet zwischen Tun und Herbeiführen, siehe Wright (1971)
S. 297 «viele Annahmen»: Davidson (1984)
S. 297 «Lesarten im Alltag unterscheiden»: für eine Diskussion, siehe Goldman (1976); Bratman (1984); Adams/Mele (1992)
S. 297 «Absicht und absichtlich»: diskutiert von Bratman, Michael (1984); Davidson (1980); Knobe/Nichols (2008)
S. 298 «Aufforderungstest»: Searle (1983)
S. 298 «Schuberts Finger»: Altenmüller (2005)
S. 299 «ich habe Worte zu Papier gebracht»: Bach (1980)
S. 299 «ein Kausalsatz wird wahr»: Keil (2000), S. 142 f.; siehe auch Thalberg (1977)
S. 299 «Routinen»: Kent Bach nennt Routinen «minimal actions», siehe Bach (1989)
S. 299 «Namenssuche»: ein Beispiel für beide Strategien findet sich

in Credidio et al. (2012); siehe auch Land (2006); frühe systematische Untersuchungen finden sich in Yarbus (1967)

S. 300 «Schuss nicht bewusst gehört»: Tønnessen (2013)

S. 300 «automatisch auf den Schuss gehört»: Gollwitzer (1993)

S. 301 «Verwechslung von Routinen und Automatismen»: zum Beispiel von Posner/Snyder (1975); Prinz (2003)

S. 301 «der zweite Denkfehler»: Wegner (2002), S. 157

S. 301 «These witzlos»: sie findet sich dennoch in Wegner (2002), S. 161

S. 301 «nicht alle Zahnräder ansteuern»: einen ähnlichen Punkt machen Christof Koch und Francis Crick in Koch/Crick (2001)

S. 301 «Daniel Wegner»: Wegner (2002), S. 58

S. 302 «Bild von der Zukunft»: Mele (2003)

S. 302 «Flow-Erlebnis»: benannt nach Csikszentmihalyi (1990); die Idee hat schon Karl Bühler mit seinem Begriff der «Funktionslust» entwickelt, siehe Bühler (1927), S. 157

S. 302 «Geige»: eine Untersuchung zum Klavierspiel findet sich in Manzano et al. (2010)

S. 303 «Bewegungsfluss stören»: Beilock et al. (2004); Beilock et al. (2002)

S. 303 «Schnürsenkelbinden»: Gigerenzer (2007), S. 45

S. 303 «Phänomene überblendet»: David Eagleman argumentiert ähnlich, siehe Eagleman (2011), S. 72 f.

S. 304 «die Augen lachen nicht mit»: Matsumoto/Lee (1993); sieht auch Ekman (2003)

S. 305 «Ich habe keine Wahl»: Isaac Bashevis Singer, zitiert nach Cathcart/Klein (2007)

S. 305 «Libet-Experiment»: Libet et al. (1983)

S. 305 «Willensfreiheit»: einen Überblick geben Keil (2007), Kapitel 1; Kane (2002)

S. 305 «mentale Handlung»: Mele (1997)

S. 306 «Libets abenteuerliche These zerlegt»: Libet et al. (1985); mehr Kritik findet sich in Ciba Foundation Symposium (1993)

S. 306 «Patrick Haggard»: Haggard/Eimer (1999)

S. 307 «subjektive Erlebnisse datieren»: Dennett/Kinsbourne (1992)

S. 307 «am Erlebnisbewusstsein vorbei»: Dennett (2003), S. 241

S. 307 «Gerhard Roth und Wolf Singer»: Roth (2004b); Singer (2004)

S. 308 «Anwendungsverhalten»: für eine Diskussion, siehe Dehaene (2014), S. 149

S. 308 «François Lhermitte» Lhermitte (1983); Lhermitte (1986)
S. 308 «Verletzungen im Stirnlappen»: Man kann es aber auch bei degenerativen Krankheiten wie Alzheimer beobachten.
S. 308 «Bruce Hood»: Hood (2012), S. 133
S. 309 «Körperverletzung»: www.spiegel.de/panorama/wm-scherz-staatsschutz-ermittelt-wegen-beton-fussbaellen-a-425057.html
S. 310 «Grimassen-Kaskade»: Sacks (1987), S. 123
S. 310 «Ticks»: Bliss (1980); Cohen/Leckman (1992)
S. 310 «Koprolalie bei 10 Prozent»: Singer (2011)
S. 310 «Eagleman und Hood»: Eagleman (2011), S. 163; Hood (2012), S. 68
S. 310 «Wörter anstauen»: Prado et al. (2008)
S. 311 «wenn einem die Natur kommt»: das sagt Woyzeck in Büchner (1879), Kapitel 3. Das Schwellen der Blase entspannt nur den inneren Schließmuskel. Der äußere ist typischerweise willentlich gesteuert. Eine zu volle Blase kann die hemmenden Impulse vom *Nervus pudendus* allerdings stoppen und einen unwillentlichen Harnabgang einleiten.
S. 311 «John Locke»: Locke sagt, Gründe würden uns geneigt machen, etwas zu tun, siehe Locke (1690), Kapitel 21, § 50
S. 312 «Demo-Modus»: Wegner (2002), S. 69; mehr in Wegner (2003)
S. 312 «Versuch mit Thalia Wheatley»: Wegner/Wheatley (1999)
S. 314 «Tun und Herbeiführen»: Wright (1971)
S. 314 «von einer universellen Illusion auszugehen ist aberwitzig»: zumal sie nach eigenen Angaben nur für 8 von 51 Probanden durchgängig verwertbare Daten produzierten, siehe Wegner/Wheatley (1999), S. 488; viele Forscher schließen sich Wegner an, zum Beispiel Metzinger (2014), S. 190; Roth (2004), S. 15
S. 315 «Geld keinen Wert»: einen ähnlichen Punkt macht auch Dennett (2003), S. 224
S. 315 «Torrero mit Funksender»: Snyder (2009), S. 32 f.
S. 316 «Entspannung und Hochstimmung bei Patienten»: Delgado (1968)
S. 316 «Flashbacks aus Kindertagen»: Penfield/Jasper (1954); siehe auch Penfield (1975)
S. 316 «Bewegungen als fremd empfunden»: Penfield (1975), S. 96
S. 317 «Fernbedienung des Arztes»: Delgado (1969), S. 115
S. 317 «rechten oder linken Finger bewegen»: Brasil-Neto (1992)

S. 317 «echte Handlungsillusion»: Roth (2003a)
S. 317 «im Nachhinein begründet»: Delgado (1969), S. 116; dasselbe gilt für Hécan (1949); ein aktueller Versuch, der eher auf eine echte Handlungsillusion hindeutet, stammt von Desmurget et al. (2009)
S. 317 «Fingerbewegungen auslösen»: Roth (2003b), S. 515
S. 318 «von der Sensationslust ferngesteuert»: sehr anschaulich nachgewiesen in Löffler (2009)
S. 318 «Illusion des Handlungserlebens»: einen Überblick geben Halgren/Chauvel (1993)
S. 319 «Handlungserleben»: im Englischen gibt es viele Ausdrücke, zum Beispiel «sense of agency» in Marcel (2003), S. 48; «feeling of voluntariness» in Goldman (1976), S. 82
S. 319 «Wittgenstein»: Wittgenstein (1953), § 621
S. 319 «Mischgefühl»: Horgan et al. (2003); Bayne (2008)
S. 319 «Anstrengung»: Bayne/Levy (2006)
S. 320 «Freiheitsgefühl»: Searle (2001), S. 493
S. 320 «Kontrollgefühl»: Obhi/Haggard (2004), S. 358; Gallagher (2007), S. 348
S. 320 «Chris Frith»: Frith et al. (2000)
S. 321 «überrascht, wenn wir danebenliegen»: Jeannerod (2003)
S. 321 «awareness»: Frith (2000), S. 359
S. 321 «Gehirn-Computer-Schnittstelle»: Wolpaw/Winter Wolpaw (2012); für Stephen Hawking ist eine Gehirn-Computer-Schnittstelle in Planung: www.bbc.com/news/technology-18749963
S. 323 «Pokerhand»: Langer/Roth (1975)
S. 323 «historische Studien»: Brandon (1983)
S. 323 «ideomotorischer Effekt»: James (1890b), S. 522
S. 323 «Pendel»: Easton/Shor (1976)
S. 324 «Birger Sellin»: Sellin (1993)
S. 324 «Gerichtsbeschlüsse»: ein Beispiel findet sich in Devine (2012)
S. 324 «Liebesbekundungen»: Die Helferin, eine amerikanische Psychologieprofessorin, ist inzwischen wegen sexuellen Missbrauchs angeklagt, siehe Szteinbaum (2015)
S. 324 «Kontrollversuche»: für einen Überblick, siehe Riggott (2005)
S. 324 «Kopfhörer»: Wheeler et al. (1993)
S. 325 «zu Unrecht im Gefängnis»: Wisely/Brasier (2011)
S. 325 «kein Zugang zum Handlungserleben»: Wegner (2002), S. 198

KONZENTRIERTE VERNUNFT

S. 328 «Matthew Killingsworth»: Killingsworth/Gilbert (2010); siehe auch Kane et al. (2007); Schooler et al. (2011)

S. 329 «Philosophen seien stolz auf ihre Vernunft»: Metzinger (2013c), S. 7

S. 329 «Veto-Fähigkeit»: Metzinger (2013c), S. 2

S. 329 «Freiheit als Fähigkeit»: Keil (2007)

S. 330 «Chef, Treiber, Kapitän»: der Chef als CEO findet sich in Myers (2004), S. 25 und in Wilson (2002), S. 43 f.; der Treiber des Elefanten stammt von Haidt (2012)

S. 330 «Aristoteles und Platon»: Aristoteles: *Nikomachische Ethik* I, 13, 25; Platon: *Phaidros*, 246 f.

S. 330 «Kleingruppen»: Dunbar (1992)

S. 331 «Kulturpessimisten»: Beispiele sind Heidegger (1962); Spengler (1918)

S. 331 «Fernsehen und Internet»: Wallis (2006)

S. 331 «Multitasking nicht trainierbar»: die Daten sind bisher umstritten, siehe Mayer/Moreno (2003)

S. 332 «Multitasker sind schlecht im Multitasking»: Sanbonmatsu (2013)

S. 332 «Clay Shirky»: der Essay findet sich hier: medium.com/@cshirky/why-i-just-asked-my-students-to-put-their-laptops-away-7-f5f7c50f368

S. 332 «Harvard»: die Maßnahme ist allerdings umstritten, siehe www.newyorker.com/tech/elements/the-case-for-banning-laptops-in-the-classroom

S. 333 «Multitasking im Seminar»: siehe Sana et al. (2013); mehr in Junco/Cotton (2012)

S. 333 «Medium beeinflusst die Aufmerksamkeit»: auch dazu sind die Studien umstritten, mehr scheinen allerdings auf einen Vorteil von analogen gegenüber digitalen Datenträgern zu sprechen, siehe Noyes/Garland (2008)

S. 333 «Die chinesische Stadt Chongqing»: www.spiegel.de/netzwelt/web/sms-beim-laufen-chinesische-stadt-eroeffnet-ersten-smartphone-gehweg-a-991667.html

S. 333 «Feldweg»: Heidegger (1953), S. 4

S. 334 «Das Wesen der modernen Technik»: Heidegger drückt das so aus: «Das Gestell west als die Gefahr», siehe Heidegger (1962)

S. 334 «sensation seekers»: entwickelt in Zuckerman, Marvin (1979)
S. 335 «Flucht vor sich selbst»: Nietzsche (1869–1874), Band 1, Kapitel 35, 14, Frühjahr bis Sommer 1874, Dokument: Mappe loser Blätter
S. 335 «David Foster Wallace»: Wallace (2014), unter «§ 9 Author's Forward», S. 575
S. 336 «Georg Simmel»: Simmel (1903)
S. 336 «Walter Mischel»: Mischel et al. (1972); für einen Überblick, siehe Mischel (2014). Inzwischen haben seine Kollegen den Test in vielen Varianten wiederholt, unter anderem mit Schokolade, Keksen oder Spielzeug.
S. 337 «aktiv ablenken»: Mischel (2014)
S. 337 «Langzeitstudie»: Moffitt (2011)
S. 337 «Karl Ove Knausgård»: Knausgård (2013), S. 26
S. 338 «Selbstbeherrschung und beruflicher Erfolg»: Mischel (2014)
S. 338 «Verzinsung»: Würde man den Zinseszins miteinrechnen, käme man auf einen Endbetrag von 1420 Euro, also eine jährliche Verzinsung von sage und schreibe 14 100 Prozent.
S. 338 «das heiße und das kühle System»: Metcalfe/Mischel (1999)
S. 339 «Hirnscans des heißen und kühlen Systems»: im Versuch war das Beispiel «5 Dollar jetzt oder 40 in zwei Wochen», um den Effekt noch deutlicher zu machen, siehe McClure et al. (2004)
S. 339 «die Selbstbeherrschung der Straftäter»: Gottfredson (2007)
S. 339 «Roy Baumeister»: Baumeister (2000); Muraven/Baumeister (2000); für eine frühe Ausformulierung dieser Idee, siehe Kahnemann (1973)
S. 340 «Kurzfilm oder T-Shirt»: Baumeister (2000), S. 137
S. 340 «Ich-Entlerung»: im Original «ego-depletion», siehe Baumeister (2000)
S. 341 «Voodoo-Puppe»: Bushman (2014)
S. 341 «Zucker in der Limonade»: Gailliot et al. (2007)
S. 341 «Bewährung»: Danziger et al. (2011)
S. 341 «am Regelfall orientieren»: Kahneman (2011), S. 44 f.
S. 341 «abends rückfällig»: Baumeister (2000), S. 132
S. 342 «Aufmerksamkeit einteilen»: Baumeister (2001), S. 139 f.
S. 342 «Aufgaben für Studenten»: Baumeister et al. (2006)
S. 343 «Genussmensch ist sklavenhaft»: Aristoteles: *Nikomachische Ethik*, Kapitel 2

S. 343 «nur ein biederes Leben ist ein erfülltes Leben»: für mehr Beispiele, siehe Levitin (2014)
S. 344 «Odysseus-Prinzip»: das war die Inspiration für den Marschmellow-Test, siehe Mischel (2014), S. 61
S. 344 «Wecker entfernt vom Bett aufstellen»: für weitere Beispiele, siehe Pinker (2011), S. 607
S. 345 «Freedom»: andere Beispiele sind die Programme *Selfcontrol* (sperrt einzelne Seiten) oder *Obstract* (man muss aufwendig den Weg durch ein Labyrinth finden, um die Seite zu besuchen)
S. 345 «Apps für die Selbstkontrolle»: Beispiele sind www.habitbull.com, hhabitrpg.com/static/front, www.freeletics.com/de
S. 345 «Veränderung der Anreizstruktur» diese Idee entwickelten die amerikanischen Wissenschaftler Richard Thaler und Cass Sunstein, siehe Thaler/Sunstein (2008)
S. 345 «Rentenpläne»: Thaler/Sunstein (2008)
S. 346 «Udo Di Fabio»: Interview im *Spiegel* 15/2015, S. 38
S. 346 «Organspende»: Gigerenzer (2008), S. 195 f.
S. 346 «Quote von 99,9 Prozent»: Bei den meisten Ländern mit Organspende als Standardfall liegt die Quote bei über 90 Prozent. In den anderen Ländern ist die Bereitschaft selten höher als 30 Prozent, für eine Diskussion, siehe Johnson/Goldstein (2003).
S. 347 «Vorgaberegel»: Gigerenzer (2008), S. 195
S. 347 «Whitehead»: Whitehead (1919); siehe Myers (2004), S. 17; Gigerenzer (2008), S. 49
S. 347 «Steven Pinker»: Pinker (2011)
S. 347 «Norbert Elias»: siehe Elias (1939), S. 344 f. Elias war in seinen Arbeiten übrigens von Freud inspiriert.
S. 348 «früheres und späteres Ich»: Searle (2001); Pinker (2011)
S. 348 «vor Anbruch der Zivilisation»: Pinker (2011)
S. 349 «Apfel abzinsen»: das Beispiel ist entlehnt aus Pinker (2011), S. 593
S. 350 «Zins und Lebenserwartung»: Clark (2007a); Clark (2007b)
S. 350 «gefährliche Viertel in Großstädten»: Daly/Wilson (2005); Wilson/Daly (1997)
S. 352 «Dreyfus und Kelly»: Dreyfus/Kelly (2011), S. 203
S. 352 «Austin»: Austin (1966)
S. 352 «Aufklärung»: Kant (1784)
S. 354 «Kunst ist Philosophie im Zustand der Ekstase»: ohne Beleg,

aber das Zitat ist so treffend, dass Pasternak es hätte gesagt haben sollen

S. 354 «Udo Lindenberg»: www.spiegel.de/spiegel/a-543699-2.html

S. 354 «Henri Poincaré»: Poincaré (1913), S. 53

S. 355 «psychotische Halluzinationen»: Hobson (2002b)

S. 355 «Paul McCartney»: im Interview hier: 360.rollins.edu/college-news/sir-paul-mccartney-surprises-rollins-students-with-an-intimate-chatl

S. 355 «Malerei der Wahnsinnigen»: ein Beispiel ist Alfred Kubin

S. 355 «Jean Arp»: Das Werk von Jean Arp im MoMA heißt *Untitled (Collage with Squares Arranged according to the Laws of Chance)*.

S. 355 «automatisches Schreiben»: die «écriture automatique», inspiriert von Freud, siehe zum Beispiel Breton (1924)

S. 355 «Picassos Pinsel»: Bernadac/DuBoucer (1993), S. 125

S. 356 «Gottfried Benns Kokain»: siehe Benn (1917); siehe auch Emmerich (2006), S. 44 f.

S. 356 «Philip Guston»: zitiert nach Dennett (2003), S. 408 (die Quelle ist allerdings nicht von Dennett belegt)

S. 356 «analytisches und kreatives Denken»: Sternberg (1999)

S. 356 «Thomas Manns Theorie des Künstlers»: Mann (1953)

S. 356 «Erleuchtung»: für einen ähnlichen Punkt, siehe Dehaene (2014), S. 118

S. 357 «Aristoteles»: Aristoteles: *Nikomachische Ethik*, 1141a, 15 f.

S. 358 «Kant»: Kant (1785), S. 406 f.

S. 359 «Donald Davidson»: Davidson (2004)

S. 359 «Meta-Rationalität»: Stanovich (2010), S. 143 f.

S. 359 «Harry Frankfurt»: Frankfurt (1971)

S. 360 «an uns arbeiten»: Stanovich (2010), S. 160

S. 360 «fluide Vernunft»: Stanovich/West (2014)

S. 360 «Intelligenz und Vernunft»: Stanovich/West (2014)

S. 361 «jedem Problem gewachsen»: Stanovich (2010), S. 135; siehe auch Descartes (1647), 5.10, 57

AUSBLICK: AN DER LANGEN LEINE DES BEWUSSTSEINS

S. 363 «Opportunitätskosten»: dazu gehören auch (spätere) Vergleiche mit anderen Möglichkeiten, siehe Schwartz (2004)

S. 363 «Status und Abgrenzung»: Bourdieu (1979)

S. 363 «Metzinger»: Interview mit *Philosophie Magazin* Nr. 2/2014

S. 363 «erschöpfte Willenskraft»: Pinker (2011), S. 604
S. 367 «Propaganda»: für eine philosophische Kritik an Propaganda-Techniken in den Medien, siehe Stanley (2015)
S. 367 «Rationalitätsquotient» Stanovich/West (2014); für mehr Details, siehe Stanovich (2009)

LITERATURVERZEICHNIS

Adams, Frederick und Mele, Alfred (1992) «The Intention/Volition Debate» *Canadian Journal of Philosophy* 22, 3: 323–338

Adelson, Edward H. (2000) «Lightness Perception and Lightness Illusions» in Gazzaniga, Michael (2000) *The New Cognitive Neurosciences* (zweite Auflage). Cambridge (MA): The MIT Press, 339–351

Adorno, Theodor W. (1966) *Negative Dialektik, Gesammelte Schriften Band 6*. Frankfurt am Main: Suhrkamp (zitiert nach der Ausgabe von 1970)

Allison, Ralph I. und Uhl, Kenneth P. (1964) «Influence of Beer Brand Identification on Taste Perception» *Journal of Marketing Research* 1, 3: 36–39

Alloy, Lauren B. und Abramson, Lyn Y. (1988) «Depressive Realism: Four Theoretical Perspectives» in Alloy, Lauren B. (Hg.) (1988) *Cognitive Processes in Depression*. New York: Guilford Press, 223–265

Allport, Alan (1993) «Attention and Control: Have We Been Asking the Wrong Questions? A Critical Review of Twenty-five Years» in Meyer, David E. und Kornblum, Sylvan (Hg.) *Attention and Performance XIV (Silver Jubilee Volume)*. Cambridge (MA): The MIT Press, 183–218

Altenmüller, Eckart (2005) «Robert Schumann's Focal Dystonia» in Bogousslavsky, Julien und Boller, François (Hg.) (2005) *Neurological Disorders in Famous Artists. Frontiers of Neurology and Neuroscience* (Volume) 19. Basel: Karger, 179–188

Anderson, John R. (1983) *The Architecture of Cognition*. Cambridge (MA): Harvard University Press

Ansorge, Ulrich et al. (2007) «Visual Masking and the Dynamics of Human Perception, Cognition, and Consciousness. A Century of Progress, a Contemporary Synthesis, and Future Directions» *Advances in Cognitive Psychology* 3, 1–2: 1–8

Ariely, Dan (2010) *Denken hilft zwar, nützt aber nichts. Warum wir immer wieder unvernünftige Entscheidungen treffen*. München: Knaur

Aristoteles: *Metaphysik*

Aristoteles: *Nikomachische Ethik*

Aristoteles: *Politik*

Aristoteles: *Rhetorik*

Armstrong, David (1980) «What is Consciousness?» in Armstrong, David (1981) *The Nature of Mind and Other Essays*. Ithaca (NY): Cornell University Press, 55–67

Aserinsky, Eugene et al. (1953) «Regularly Occurring Periods of Eye Motility and Concomitant Phenomena during Sleep» *Science* 118: 273–274

Aude, Oliva (2005) «Gist of the Scene» in Itti, Laurent et al. (Hg.) (2005) *Neurobiology of Attention*. Burlington (MA): Elsevier Academic Press, 251–256

Austin, John L. (1966) «Three Ways of Spilling Ink» in Austin, John L. (1961) *Philosophical Papers* (dritte Auflage 1979). Oxford: Oxford University Press, 272–287

Axelrodt, Joel N. (1968) «Advertising Measurs that Predict Purchase» *Journal of Advertising Research* 8: 3–17

Baars, Bernard (1997a) *In the Theater of Consciousness. The Workspace of the Mind*. Oxford: Oxford University Press

Baars, Bernard (1997b) «Contrastive Phenomenology: A Thoroughly Empirical Approach to Consciousness» in Block, Ned, Flanagan, Owen und Güzeldere, Güven (Hg.) (1997) *The Nature of Consciousness. Philosophical Debates*. Cambridge (MA): The MIT Press: 187–201

Baars, Bernard (2005) «Global Workspace Theory of Consciousness: Toward a Cognitive Neuroscience of Human Experience» *Progress in Brain Research* 150: 45–53

Baars, Bernard und Gage, Nicole (2010) *Cognition, Brain, and Consciousness*. London: Elsevier

Bach, Kent (1980) «Actions are not Events» *Mind* 89, 353: 114–120

Bach, Kent (1981) «An Analysis of Self-Deception» *Philosophy and Phenomenological Research* 41, 3: 351–370

Bach, Kent (1989) «A Representational Theory of Action» *Philosophical Studies* 34: 361–379

Bailey, Andrew R. (1998) «Supervenience and Physicalism» *Synthese* 117, 1: 53–73

Baker, Lynn A. und Emery, Robert E. (1993) «When Every Relationship Is Above Average: Perceptions and Expectations of Divorce at the Time of Marriage» *Law and Human Behavior* 17: 439–450

Bargh, John A. et al. (1996) «Automaticity of Social Behavior: Direct Effects of Trait Construct and Stereotype-activation on Action» *Journal of Personality and Social Psychology* 71: 230–244

Bargh, John A. und Chartrand, Tanya L. (1999) «The Unbearable Automaticity of Being» *American Psychologist* 54: 462–479

Bargh, John A. und Morsella, Ezequiel (2008) «The Unconscious Mind» *Perspectives on Psychological Science* 3, 1: 73–79

Bargh, John A. (2012) «Angry Birds» (23. März 2012)

Baron-Cohen, Simon (1992) *Mindblindness*. Cambridge (MA): The MIT Press

Baron-Cohen, Simon (2003) *The Essential Difference*. London: Allen Lane

Bartlett, Frederic C. (1920) «Some Experiments on the Reproduction of Folk-Stories» *Folklore* 31, 1: 30–47

Bartlett, Frederic C. (1932) *Remembering*. Cambridge: Cambridge University Press

Bateson, Gregory (1972) *Steps to an Ecology of Mind*. New York: Ballantine Books

Baumeister, Roy F. et al. (2000) «Ego Depletion: A Resource Model of Volition, Self-Regulation, and Controlled Processing» *Social Cognition* 18, 2: 130–150

Baumeister, Roy F. et al. (2006) «Self-regulation and Personality: How Interventions Increase Regulatory Success, and how Depletion Moderates the Effects of Traits of Behaior» *Journal of Personality* 74, 3: 1773–1802

Bayne, Tim (2008) «The Phenomenology of Agency» *Philosophy Compass* 3: 1–21

Bayne, Tim und Levy, Neil (2006) «The Feeling of Doing: Deconstructing the Phenomenology of Agency» in Sebanz, Natalie und Prinz, Wolfgang (Hg.) (2006) *Disorders of Volition*. Cambridge (MA): The MIT Press, 49–68

Bayne, Timothy und Montague, Michelle (Hg.) (2012) *Cognitive Phenomenology*. Oxford: Oxford University Press

Beaumont, J. Graham et al. (Hg.) (1996) *The Blackwell Dictionary of Neuropsychology*. Oxford: Blackwell

Bechara, Antoine und Van Der Linden, Martial (2005)

«Decision-making and Impulse Control after Frontal Lobe Injuries» *Current Opinion in Neurology* 18, 6: 734–739

Beckermann, Ansgar et al. (Hg.) (1992) *Emergence or Reduction?* Berlin/ New York: Springer

Beckoff, Marc (2002) *The Cognitive Animal. Empirical and Theoretical Perspectives on Animal Cognition.* Cambridge (MA): The MIT Press

Beilock, Sian L. et al. (2002) «When Paying Attention Becomes Counterproductive: Impact on Divided Versus Skill-Focused Attention on Novice and Experienced Performance in Sensorimotor Skills» *Journal of Experimental Psychology: Applied* 8: 6–16

Beilock, Sian L. et al. (2004) «Haste Does not Always Make Waste: Expertise, Direction of Attention, and Speed Accuracy in Performing Sensorimotor Skills» *Psychonomic Bulletin and Review* 11: 373–379

Benn, Gottfried (1917) *Cocain*

Bennett, Craig (2010) et al. «Neural Correlates of Interspecies Perspective Taking in the Post-Mortem Atlantic Salmon: An Argument For Proper Multiple Comparisons Correction» *Journal of Serendipitous and Unexpected Results* 1, 1: 1–5

Ben-Ze'ev, Aaron (2001) *The Subtlety of Emotions.* Cambridge (MA): The MIT Press

Bergen, Ben (2012) *Louder Than Words. The New Science of How the Mind Makes Meaning.* New York: Basic Books

Berger, Jonah et al. (2008) «Contextual Priming: Where People Vote Affects How They Vote» *PNAS 105:* 8846–8849

Berlin, Brent und Kay, Paul (1969) *Basic Color Terms. Their Universality and Evolution*, Berkeley: University of California Press

Bermúdez, José Luis (2000) «Self-Deception, Intentions, and Contradictory Beliefs» *Analysis* 60, 4: 309–331

Bernadac, Marie-Laure und DuBoucer, Paule (1993) *Picasso – Master of the New Idea.* New York: Abrams

Bertossa, Franco et al. (2008) «Point Zero: A Phenomenological Inquiry into the Seat of Consciousness» *Perceptual and Motor Skills* 107: 323–335

Beyerstein, Barry L. (1999) «Whence Cometh the Myth that We Only Use 10 % of our Brains?» in Della Salla, Sergio (1999) *Mind Myths:*

Exploring Popular Assumptions About the Mind and Brain. New York: John Wiley and Son, S. 3–24
Biederman, Irving und Cooper, Eric E. (1992) «Size Invariance in Visual Object Priming» *Journal of Experimental Psychology: Human Perception and Performance* 18, 1: 121–133
Bierwisch, Manfred und Lang, Ewald (1987) *Grammatische und konzeptuelle Aspekte von Dimensionsadjektiven*. Berlin: Akademie-Verlag
Billings, Robert S. und Scherer, Lisa L. (1988) «The Effects of Response Mode and Importance on Decision-making Strategies: Judgment Versus Choice» *Organizational Behavior and Human Decision Processes*, 41: 1–19
Birch, Leann L. (1999) «Development of Food Preferences» *Annual Review of Nutrition* 19: 41–62
Bliss, Joseph (1980) «Sensory Experience of Gilles de la Tourette Syndrome» *Archives of General Psychiatry* 37: 1343–1347
Block, Ned (1995) «On a Confusion about a Function of Consciousness» *Behavioral and Brain Sciences* 18: 227–247
Block, Ned (1996a) «What is Functionalism?» in Borchert, Donald M. (Hg.) *The Encyclopedia of Philosophy*. New York: MacMillan
Block, Ned (1996b) «How Can We Find the Neural Correlate of Consciousness» *Trends in Neuroscience* 19: 456–459
Block, Ned (2002) «The Harder Problem of Consciousness» *Journal of Philosophy* 99, 8: 391–425
Block, Ned (2007a) *Consciousness, Function and Representation*. Cambridge: The MIT Press
Block, Ned (2007b) «Consciousness, Accessibility and the Mesh between Psychology and Neuroscience» *Behavioral and Brain Sciences* 30: 481–548
Block, Ned (2009) «Comparing the Major Theories of Consciousness» in Gazzaniga, Michael S. (Hg.) (2009) *The Cognitive Neurosciences IV*. Cambridge (MA): The MIT Press, 1111–1122
Block, Ned (2011) «Perceptual Consciousness Overflows Cognitive Access» *Trends in Cognitive Sciences* 15, 12: 567–575
Bloom, Alfred H. (1981) *The Linguistic Shaping of Thought: A Study on the Impact of Language on Thinking in China and the West*. New York: Psychology Press
Boas, Franz (1911) *Introduction to The Handbook of North American*

Indians (Volume I, Bureau of American Ethnology Bulletin 40, Part 1). Washington (DC): Smithsonian Institution

Börnchen, Stefan (2006) *Krypthenhall. Allegorien von Schrift, Stimme und Musik in Thomas Manns ‹Doktor Faustus›.* München: Wilhelm Fink Verlag

Bornstein, Brian H. und Zickafoose, Douglas J. (1999) «‹I Know I Know It, I Know I Saw It›: The Stability of the Confidence-Accuracy Relationship Across Domains» *Journal of Experimental Psychology: Applied* 5: 76–88

Bourdieu, Pierre (1979) *La distinction. Critique sociale du jugement.* Paris: Les Editions de Minuit

Boyd, Robynne (2008) «Do People Only Use 10 Percent of Their Brains? What's the Matter With Only Exploiting a Portion of Our Gray Matter?» *Scientific American* (7. Februar 2008)

Boyer, Pascal (2001) *Religion Explained. The Evolutionary Origins of Religious Thoughts.* New York: Basic Books

Bradford, Kevin D. und Desrochers, Debra M. (2009) «The Use of Scents to Influence Consumers: The Sense of Using Scents to Make Cents» *Journal of Business Ethics* 90: 141–153

Brandon, Ruth (1983) *The Spiritualists: The Passion for the Occult in the Nineteenth and Twentieth Centuries.* New York: Knopf

Brasil-Neto, Joaquim et al. (1992) «Focal Transcranial Magnetic Stimulation and Response Bias in a Forced Choice Task» *Journal of Neurology, Neurosurgery, and Psychiatry* 55: 964–966

Bratman, Michael (1984) «Two Faces of Intention» *Philosophical Review* 93, 3: 375–405

Bratman, Michael (1987) *Intention, Plans, and Practical Reason.* Cambridge (MA): Harvard University Press

Brentano, Franz (1874) *Psychologie vom empirischen Standpunkt.* Hamburg: Felix Meiner (zitiert nach dem Nachdruck von 1971 der Ausgabe von 1925)

Breton, André (1924) *Die Manifeste des Surrealismus.* Reinbek: Rowohlt (Original: *Manifestes du surréalisme*, zitiert nach der Ausgabe von 2004)

Brickmann, Philip et al. (1978) «Lottery Winners and Accident Victims: is Happiness Relative?» *Journal of Personality and Social Psychology* 36, 8: 917–927

Bristow, Davina et al. (2005) «Blinking Suppresses the Neural

Response to Unchanging Retinal Stimulation» *Current Biology* 15: 1296–1300
Broadbent, Donald E. (1958) *Perception and Communication*. London: Pergamon Press
Bronkhorst, Adelbert W. (2000) «The Cocktail Party Phenomenon: A Review on Speech Intelligibility in Multiple-Talker Conditions» *Acta Acustica united with Acustica* 86: 117–128
Brown, Alan S. (1991) »A Review of the Tip-of-the-tongue Experience» *Psychological Bulletin* 109, 2: 204–23
Brown, Richard (2011) «The Myth of Phenomenological Overflow» *Consciousness and Cognition* 21, 2: 599–604
Brüder Grimm (1812) *Kinder- und Hausmärchen*. Stuttgart: Reclam (Ausgabe von 1994)
Buccino, Giovanni et al. (2009) «Broken Affordances, Broken Objects: A TMS study» *Neuropsychologia* 47, 14: 3074–3078
Büchner, Georg (1879) «Woyzeck» in *Werke und Briefe*. München: Hanser (zitiert nach der Ausgabe von 1980)
Bühler, Karl (1927) *Die Krise der Psychologie*. Stuttgart: Gustav Fischer (zitiert nach dem Wiederabdruck von 1965)
Bundesen, Claus (1987) «Visual Attention: Race Models for Selection from Multielement Displays» *Psychological Research* 49: 173–92
Burge, Tyler (2007) «Psychology Supports Independence of Phenomenal Consciousness» *Behavioral and Brain Sciences* 30, 5 – 6: 500–5001
Bushman, Brad et al. (2014) «Low Glucose Relates to Greater Aggression in Married Couples» *PNAS* 111, 17: 6254–6257
Butler, Joseph (1736) *The Analogy of Religion*
Button, Alain de (2006) *The Architecture of Happiness*. New York: Hamish Hamilton
Byrne, Alex (1997) «Some Like it HOT: Consciousness and Higher-order Thoughts» *Philosophical Studies* 86: 103–129
Carrasco, Marisa et al. (2004) «Attention Alters Appearance» *Nature Neuroscience* 7, 3: 308–313
Carruthers, Peter (2005) *Consciousness. Essays from a Higher-Order Perspective*. Oxford: Oxford University Press
Cartwright, Nancy (1983) *How the Laws of Physics Lie*. Oxford: Clarendon

Cartwright, Nancy (1999) *The Dappled World: A Study of the Boundaries of Science*. Cambridge: Cambridge University Press

Cathcart, Thomas und Klein, Daniel (2007) *Plato and a Platypus Walk into a Bar – Understanding Philosophy Through Jokes*. New York: Abrams Image

Cesario, Josef (2014) «Priming, Replication, and the Hardest Science» *Perspectives on Psychological Science* 2014, 9, 1: 40–48

Chabris, Christopher (1999) «Prelude or Requiem for the ‹Mozart Effect›?» *Nature* 400, 6747: 826–827

Chabris, Christopher und Simons, Daniel (2010) *The Invisible Gorilla. And Other Ways Our Intuition Deceives Us*. New York: Harper

Chalmers, David (1996) *The Conscious Mind. In Search of a Fundamental Theory*. Oxford: Oxford University Press

Chalmers, David (2004) «The Representational Character of Experience» in Leiter, Brian (Hg.) (2004) *The Future for Philosophy*. Oxford: Oxford University Press, S. 153–181

Charcot, Jean-Marie (1882) «Œuvres Complètes. Lecons sur les maladies du Système Nerveux» *Progrès Médical* 3: 299–359

Chase, William und Simon, Herbert A. (1973) «Perception in Chess» *Cognitive Psychology* 4: 55–81

Chomsky, Noam (1957) *Syntactic Structures*. The Hague/Paris: Mouton

Chomsky, Noam (1965) *Aspects of the Theory of Syntax*. Cambridge (MA): The MIT Press

Chomsky, Noam (1980) «Rules and Representations» *Behavioral and Brain Sciences* 3: 1–61

Chomsky, Noam (1986) *Knowledge of Language: Its Nature, Origin, and Use*. New York: Praeger

Chomsky, Noam (2000) *New Horizons in the Study of Language and Mind*. Cambridge: Cambridge University Press

Chomsky, Noam (2002) *On Nature and Language*. Cambridge: Cambridge University Press

Ciba Foundation Symposium (1993) *Experimental and Theoretical Studies of Consciousness*. Chichester: John Wiley and Son

Claesson, Katja et al. (2007) «Shame: Mechanisms of Activation and Consequences for Social Perception, Self-Image, and General Negative Emotion» *Journal of Personality* 75, 3: 595–628

Clark, Gregory (2007a) *Farewell to Alms. A Brief Economic History of the World*. Princeton (NJ): Princeton University Press

Clark, Gregory (2007b) «Genetically Capitalist? The Malthusian Era and the Formation of Modern Preferences» (Arbeitspapier: www.econ.ucdavis.edu/faculty/gclark/papers/Capitalism%20Genes.pdf)

Cleeremans, Axel (Hg.) (2003) *The Unity of Consciousness: Binding, Integration and Dissociation*. Oxford: Oxford University Press

Clifasefi, Seema L. et al. (2005) «Blind Drunk: The Effects of Alcohol on Inattentional Blindness» *Applied Cognitive Psychology* 20: 697–704

Coenen, Hans Georg (2002) *Analogie und Metapher: Grundlegung einer Theorie der bildlichen Rede*. Berlin: de Gruyter

Cohen, Amy J. und Leckman, James F. (1992) «Sensory Phenomena Associated with Gilles de la Tourette's Syndrome» *Journal of Clinical Psychiatry* 53: 319–323

Cohen, L. Jonathan (1981) «Can Human Irrationality Be Experimentally Demonstrated?» *Behavioral and Brain Sciences* 4: 317–370

Cohen, Michal A. et al. (2011) «Natural-scene Perception Requires Attention» *Psychological Science* 22, 9: 1165–1172

College Board (1976–1977) *Student Descriptive Questionnaire*. Princeton: Educational Testing Service

Coltheart, Max (1980) «Iconic Memory and Visible Persistence» *Perception and Psychophysics* 27, 183–228

Cooper, David E. (1992) «Ineffebility» in Davies, Stephen et al. (1992) *A Companion to Aesthetics*. Oxford: Blackwell, 360–364

Cosmides, Leda (1989) «The Logic of Social Exchange: Has Natural Selection Shaped How Humans Reason? Studies with the Wason Selection Task» *Cognition* 31: 187–276

Cowan, Nelson (2001) «The Magical Number 4 in Short-term memory: a Reconsideration of Mental Storage Capacity» *Behavioral and Brain Sciences* 24: 87–185

Crediuio, Heitor F. et al. (2012) «Statistical Patterns of Visual Search for Hidden Objects» *Nature, Scientific Reports* 2: 920: 1–6

Creem-Regehr, Sarah H. und Lee, Jams N. (2005) «Neural Representations of Graspable Objects: Are Tools Special?» *Cognitive Brain Research* 22: 457–469

Crick, Francis (1994) *The Astonishing Hypothesis. The Scientific Search for the Soul*. New York: Touchstone

Crick, Francis und Koch, Christof (1990) «Towards a

Neurobiological Theory of Consciousness» *Seminars in the Neurosciences* 2: 263–275
Crick, Francis und Koch, Christof (1998) «Consciousness and Neuroscience» *Cerebral Cortex* 8, 2: 97–107
Csikszentmihalyi, Mihaly (1990) *Flow: The Psychology of Optimal Experience*. New York: Harper und Row
Culebras, Antonio (1996) «Somnambulism» in Culebras, Antonio (Hg.) *Clinical Handbook of Sleep Disorders*. Massachusetts: Butterworth-Heinemann, 317–319
Cummins, Robert (1976) «States, Causes, and the Law of Inertia» *Philosophical Studies* 29: 21–36
Cutting, James E. (2007) «Mere Exposure, Reproduction, and the Impressionist Canon» in Brzyski, Anna (Hg.) (2007) *Partisan Canons*. Durham (NC): Duke University Press, S. 79–93
Daly, Martin und Wilson, Margo (2005) «Carpe Diem: Adaptation and Devaluing of the Future» *Quaterly Review of Biology* 80: 55–60
Damasio, Antonio (2010) *Self Comes to Mind. Constructing the Conscious Brain*. London: Vintage Books
Danziger, Shai et al. (2011) «Extraneous Factors in Judicial Decisions» *PNAS* 108, 17: 6889–6892
Davidson, Donald (1970) «Mental Events». Abgedruckt in Davidson, Donald (1980) *Essays on Actions and Events*. Oxford: Oxford University Press, 207–227
Davidson, Donald (1971) «Agency». Abgedruckt in Davidson, Donald (1980) *Essays on Actions and Events*. Oxford: Oxford University Press, 43–62
Davidson, Donald (1974) «On the Very Idea of a Conceptual Scheme» *Proceedings and Addresses of the American Philosophical Association* 47: 5–20
Davidson, Donald (1978) «Intending». Abgedruckt in Davidson, Donald (1980) *Essays on Actions and Events*. Oxford: Oxford University Press, 83–102
Davidson, Donald (1980) *Essays on Actions and Events*. Oxford: Oxford University Press
Davidson, Donald (1984) *Inquiries into Truth and Interpretation*. Oxford: Oxford University Press
Davidson, Donald (1993) «Thinking Causes» in Heil, John und Mele,

Alfred (1993) *Mental Causation* Oxford: Oxford University Press, 3–17
Davidson, Donald (1995) «Laws and Cause» *Dialectica* 49: 263–279
Davidson, Donald (2004) *Problems of Rationality*. Oxford: Oxford University Press
De Brigard, Felipe und Prinz, Jesse (2010) «Attention and Consciousness» *Wiley Interdisciplinary Reviews* 1, 1: 51–59
De Gardelle, Vincent et al. (2009) «Perceptual Illusions in Brief Visual Presentations» *Consciousness and Cognition* 18, 3: 569–577
Dehaene, Stanislas (2001) «Cerebral Mechanisms of Word Masking and Unconscious Repetition Priming» *Nature Neuroscience* 4, 7: 752–758
Dehaene, Stanislas (2014) *Denken. Wie das Gehirn Bewusstsein schafft*. München: Knaus
Dehaene, Stanislas et al. (1998) «Imaging Unconscious Semantic Priming» *Nature* 395: 597–600
Dehaene, Stanislas und Naccache, Lionel (2001) «Towards a Cognitive Neuroscience of Consciousness: Basic Evidence and a Workspace Framework» *Cognition* 79, 1–2: 1–37
Delgado, José (1969) *Physical Control of the Brain* (zitiert nach der Kopie des Backwoods Institute of Psychological Technology)
Delgado, José M. et al. (1968) «Intracerebral Radio Stimulation and Recording in Completely Free Patients» *Journal of Nervous and Mental Disease* 147, 4: 329–340
DeLoache, Judy S. (1998) «Grasping the Nature of Pictures» *Psychological Science* 9: 205–210
Dennett, Daniel (1978) *Brainstorms: Philosophical Essays on Mind and Psychology*. Cambridge (MA): The MIT Press
Dennett, Daniel (1988) «Quining Qualia» in Marcel, Anthony und Bisiach, Edoardo (Hg.) (1988) *Consciousness in Contemporary Science*. Oxford: Oxford University Press, 42–77
Dennett, Daniel (1991) *Consciousness Explained*. Boston: Little Brown & Company
Dennett, Daniel (1998) *Brain Children. Essays on Designing Minds*. Cambridge (MA): The MIT Press
Dennett, Daniel (2003) «In Darwin's Wake, Where am I?» in Hodge, Johanthan und Radick, Gregory (2003) *The Cambridge Companion to Darwin*. Cambridge: Cambridge University Press, 393–412

Dennett, Daniel (2003) *Freedom Evolves*. New York: Viking Books
Dennett, Daniel (2011) «Consciousness Cannot be Separated from Function» *Trends in Cognitive Science* 15: 358–364
Dennett, Daniel und Kinsbourne, Marcel (1992) «Time and the Observer: the Where and When of Consciousness in the Brain» *Behavioral and Brain Sciences* 15: 183–247
Derrida, Jacques (1983) *Grammatologie*. Frankfurt am Main: Suhrkamp
Descartes, René (1637) *Discours de la Méthode*
Descartes, René (1641) *Meditationes*
Desimone, Robert und Duncan, John (1995) «Neural Mechanisms of Selective Visual Attention» *Annual Review of Neuroscience* 18: 193–222
Desmurget, Michael et al. (2009) «Movement Intention After Parietal Cortex Stimulation in Humans» *Science* 324, 5928: 811–813
Deutsch, J. A. und Deutsch, D., (1963) «Attention: Some Theoretical Considerations» *Psychological Review*, 70: 80–90
Deutscher, Guy (2010) *Through the Looking Glass. Why the World Looks Different in Other Languages*. London: Arrow Books
Devine, Darren (2012) «Daughter Taken from Parents after Unproven Abuse Claims: Doctor Used Wrong Method to Question Autistic Woman» *The Western Mail* (Edition 1, National Edition, 13. November 2012)
Dijksterhuis, Ap et al. (2006a) «A Theory of Unconscious Thought» *Perspectives on Psychological Science* 1: 95–109
Dijksterhuis, Ap et al. (2006b) «On Making the Right Choice: The Deliberation-without-attention Effect» *Science* 311: 1005–1007
Doyen, Stephane et al. (2012) «Behavioral Priming: It's All in the Mind, but Whose Mind?» *PLoS One* 7, 1: 1–7
Dreyfus, Hubert L. und Kelly, Sean (2011) *All Things Shining: Reading the Western Classics to Find Meaning in a Secular Age*. New York: Free Press
Driver, Jon (2001) «A Selective Review of Selective Attention Research from the Past Century» *British Journal of Psychology* 92, 1: 53–78
Driver, Jon und Frackowiak, R. S. (2001) «Neurobiological Measures of Human Selective Attention» *Neuropsychologia* 39: 1257–1262
du Bois-Reymond, Emil (1872) Über die Grenzen des Naturerkennens

Dunbar, Robin I. M. (1992) «Neocortex Size as a Constraint on Group Size in Primates» *Journal of Human Evolution* 22, 6: 469–493
Dziobek, Isabel et al. (2006) «Introducing MASC: A Movie for the Assessment of Social Cognition» *Journal of Autism and Developmental Disorders* 36: 623–636
Eagleman, David (2011) *Incognito. The Secret Lives of the Brain.* New York: Vintage Books
Earp, Brian D. et al. (2015) «Out, Damned Spot: Can the ‹Macbeth Effect› be Replicated?» *Basic and Applied Social Psychology* 36, 1: 91–98
Easton, Randolph D. und Shor, Ronald E. (1976) «An Experimental Analysis of the Chevreul Pendulum Illusion» *Journal of General Psychology* 97: 167–177
Ehrenfels, Christian von (1890) «Über Gestaltqualitäten» *Vierteljahrsschrift für wissenschaftliche Philosophie* 14: 249–292
Ekman, Paul (2001) *Telling Lies. Clues to Deceit in the Marketplace, Politics and Marriage.* New York: W. W. Norton & Company
Ekman, Paul (2003) *Emotions Revealed.* New York: Holt Paperbacks
Ekman, Paul und Friesen, Wallace (1969) «Non-verbal Leakage and Clues to Deception» *Psychiatry* 32: 88–105
Elias, Norbert (1939) Über den Prozess der Zivilisation. Frankfurt am Main: Suhrkamp (Wiederabdruck, zitiert n. d. Aufl. von 1995)
Eling, Paul (1994) *Reader in the History of Aphasia. From Franz Gall to Norman Geschwind.* Amsterdam: John Benjamins Publishing Company
Ellenberger, Henri F. (1973) *Die Entdeckung des Unbewussten.* Zürich: Diognes (zitiert nach der Ausgabe von 2005)
Elms, Adam C. (2001) «Apocryphal Freud: Sigmund Freud's Most Famous ‹Quotations› and Their Actual Sources» *Annual of Psychoanalysis* 29: 83–104.
Emery, Nathan J. und Clayton, Nicola S. (2009) «Tool Use and Physical Cognition in Birds and Mammals» *Current Opinion in Neurobiology* 19, 1: 27–33
Emmerich, Wolfgang (2006) *Gottfried Benn.* Reinbek: Rowohlt
Epley, Nicholas und Dunning, Davidson (2000) «Feeling ‹Holier Than Thou›: Are Self-Serving Assessments Produced by Errors in Self- or Other Prediction?» *Journal of Personality and Social Psychology* 79: 861–875

Epstein, Robert (2014) «Democracy at Risk from New Forms of Internet Influence» *EMMA Magazine* (a publication of the European Magazine Media Association)

Erikson, Charles W. und Murphy, Timothy D. (1987) «Movement of Attentional Focus Across the Visual Field: A Critical Look at the Evidence» *Perception and Psychophysics* 42: 299–305

Evans, Jonathan (1972) «Interpretation and Matching Bias in a Reasoning Task» *Quaterly Journal of Experimental Psychology* 24: 193–199

Evans, Jonathan (1984) «Heuristic and Analytic Processes in Reasoning» *British Journal of Psychology* 75, 4: 451–468

Eysenck, Michael W. (1990) *Happiness: Facts and Myths*. Hove: Psychology Press

Eysenck, Michael W. und Keane, Mark T. (2005) *Cognitive Psychology*. Hove: Psychology Press

Farah, Martha (1997) «Visual Perception and Visual Awareness after Brain Damage: A Tutorial Overview» in Block, Ned, Flanagan, Owen und Güzeldere, Güven (Hg.) (1997) *The Nature of Consciousness. Philosophical Debates*. Cambridge (MA): The MIT Press: 203–236

Farah, Martha J. (2004) *Visual Agnosia*. Cambridge (MA): The MIT Press

Fayard, Jennifer et al. (2009) «Is Cleanliness Next to Godliness? Dispelling Old Wives' Tales: Failure to Replicate Zhong und Liljenquist (2006)» *Journal of Articles in Support of the Null Hypothesis* 6: 21–30.

Feinberg, Joel (1965) «Action and Responsibility» in Black, Max (Hg.) (1965) *Philosophy in America*. New York: Allen and Unwin, 134–160

Feldman, Richard und Warfield, Ted A. (Hg.) (2000) *Disagreement*. Oxford: Oxford University Press

Fernandez-Duque, Diego und Thornton, Ian M (2000) «Change Detection Without Awareness: Do Explicit Reports Underestimate the Representation of Change in the Visual System?» *Visual Cognition* 7, 1/2/3: 323–344

Festinger, Leon (1957) *A Theory of Cognitive Dissonance*. Palo Alto: Stanford University Press

Fiedler, Klaus (2011) «Voodoo Correlations Are Everywhere – Not

Only in Neuroscience» *Perspectives on Psychological Science* 6, 2: 163–171
Fischer, Edith et al. (1980) «Cognitive Issues in Head-Up Displays» *NASA Technical Paper* 1711
Flanagan, Owen (2000) *Dreaming Souls: Sleep, Dreams and the Evolution of the Conscious Mind*. New York: Oxford University Press
Fodor, Jerry (1975) *The Language of Thought*. Cambridge (MA): Harvard University Press
Fodor, Jerry (2008) *LOT 2. The Language of Thought Revisited*. Oxford: Oxford University Press
Fogelin, Robert (1985) «The Logic of Deep Disagreements» *Informal Logic* 7: 1–8
Foldvary-Schaefer, Nancy und Wyllie, Elaine (2007) «Epilepsy» in Goetz, Christopher G. (2007) *Textbook of Clinical Neurology* (dritte Ausgabe). Philadelphia: Saunders Elsevier, 1213–1244
Forgas, Joseph P. (Hg.) (2000) *Feeling and Thinking: The Role of Affect in Social Cognition*. Cambridge: Cambridge University Press
Fotopoulou, Aikaterini et al. (2007) «Confabulation: Motivated Reality Monitoring» *Neuropsychologia* 45, 10: 2180–2190
Francois, Jules (1961) *Heredity in Ophthalmology*. St. Louis: Mosby
Frankfurt, Harry (1971) «Freedom of the Will and the Concept of a Person» *The Journal of Philosophy* 68, 1: 5–20
Frankish, Keith und Evans, Jonathan (2009) *Two Minds. Dual Processes and Beyond*. Oxford: Oxford University Press
Freud, Sigmund (1885) «Entwurf einer Psychologie» in *Gesammelte Werke*, Nachtragsband: Texte aus den Jahren 1885 bis 1938, Frankfurt am Main: Fischer (erschienen 1987), 375–486
Freud, Sigmund (1900) *Die Traumdeutung*. Frankfurt am Main: Fischer (zitiert nach der *Studienausgabe*, die Rechtschreibung ist der Neuregelung angepasst)
Freud, Sigmund (1901) *Bruchstück einer Hysterie-Analyse*. Frankfurt am Main: Fischer (erschienen 1905, zitiert nach der *Studienausgabe*, die Rechtschreibung ist der Neuregelung angepasst)
Freud, Sigmund (1912–1913) *Totem und Tabu*. Frankfurt am Main: Fischer (zitiert nach der *Studienausgabe*, die Rechtschreibung ist der Neuregelung angepasst)
Freud, Sigmund (1915a) *Die Verdrängung*. Frankfurt am Main: Fischer (zitiert nach der *Studienausgabe*)

Freud, Sigmund (1915b) *Das Unbewusste.* Frankfurt am Main: Fischer (zitiert nach der *Studienausgabe*, die Rechtschreibung ist der Neuregelung angepasst)

Freud, Sigmund (1916–1917) *Vorlesungen zur Einführung in die Psychoanalyse.* Frankfurt am Main: Fischer (zitiert nach der *Studienausgabe*, die Rechtschreibung ist der Neuregelung angepasst)

Freud, Sigmund (1917a) «Eine Schwierigkeit der Psychoanalyse» *Imago. Zeitschrift für Anwendung der Psychoanalyse auf die Geisteswissenschaften*, Band V: 1–7

Freud, Sigmund (1917b) *Vorlesung zur Einführung in die Psychoanalyse.* Frankfurt am Main: Fischer (zitiert nach der *Studienausgabe*, die Rechtschreibung ist der Neuregelung angepasst)

Freud, Sigmund (1923) *Das Ich und das Es.* Frankfurt am Main: Fischer (zitiert nach der *Studienausgabe*, die Rechtschreibung ist der Neuregelung angepasst)

Freud, Sigmund (1925–1931) «Die Fragen der Laienanalyse. Unterredung mit einem Unparteiischen» in Freud, Sigmund, *Gesammelte Werke* XIV. London: Imago Publishing

Freud, Sigmund (1927a) «Fetischismus» *Almanach der Psychoanalyse 1928.* Wien, 17–24

Freud, Sigmund (1927b) *Die Zukunft einer Illusion.* Frankfurt am Main: Fischer (zitiert nach der *Studienausgabe*, die Rechtschreibung ist der Neuregelung angepasst)

Freud, Sigmund (1930) *Das Unbehagen in der Kultur.* Frankfurt am Main: Fischer (zitiert nach der *Studienausgabe*, die Rechtschreibung ist der Neuregelung angepasst)

Freud, Sigmund (1933) *Neue Folge der Vorlesungen zur Einführung in die Psychoanalyse.* Frankfurt am Main: Fischer (zitiert nach der *Studienausgabe*, die Rechtschreibung ist der Neuregelung angepasst)

Freud, Sigmund (1940) «Abriss der Psychoanalyse» *Internationale Zeitschrift für Psychoanalyse und Imago* XXV, Heft 1

Freud, Sigmund (1952) *Studien über Hysterie.* Gesammelte Werke I. London: Imago Publishing (Originalversion 1892–1899)

Freud, Sigmund (1973) «Selbstdarstellung» in Freud, Sigmund (1973) *Schriften zur Geschichte der Psychoanalyse* (herausgegeben und eingeleitet von Ilse Grubrich-Simitis). Frankfurt am Main: Fischer, 37–96

Freud, Sigmund (1994) *Schriften über Traum und Traumdeutung.* Frankfurt am Main: Fischer (zitiert nach der Ausgabe von 2003)
Freud, Sigmund und Breuer, Josef (1895) *Studien über Hysterie.* Leipzig/Wien: Franz Deuticke
Frith, Chris D. et al. (2000) «Explaining the Symptoms of Schizophrenia: Abnormalities in the Awareness of Action» *Brain Research Reviews* 31: 357–363
Gächter, Simon et al. (2009) «Are Experimental Economists Prone to Framing Effects? A Natural Field Experiment» *Journal of Economic Behavior & Organization* 70, 3: 443–446
Gailliot, Matthew T. et al. (2007) «Self-Control Relies on Glucose as a Limited Energy Source: Willpower is More than a Metaphor» *Journal of Personality and Social Psychology* 92: 325–336
Gallagher, Shaun (2007) «The Natural Philosophy of Agency» *Philosophy Compass* 2, 2: 347–357
Galton, Francis (1907) «Antechamber of Consciousness» in Galton, Francis (1907) *Inquiries into Human Faculty.* London: Dent, 146–149
Gazzaniga, Michael S. (1967) «The Split Brain in Man» *Scientific American* 217, 2: 24–29
Gazzaniga, Michael S. (1983) «Right Hemisphere Language Following Brain Bisection: A 20-year Perspective» *American Psychologist* 38: 525–537
Gazzaniga, Michael S. (2011) *Who's in Charge? Free Will and the Science of the Brain.* New York: Ecco (HarperCollins)
Gazzaniga, Michael S. et al. (Hg.) (2002) *Cognitive Neuroscience: The Biology of the Mind.* New York: W. W. Norton
Gazzaniga, Michael und LeDoux, Joseph (1978) *The Integrated Mind.* New York: Plenum
Gebauer, Gunter (2006) *Poetik des Fußballs.* Berlin: Campus
Gendler, Tamar Szábo (2007) «Self-Deception as Pretense» *Philosophical Perspectives* 21, 1: 231–258
Genter, Dedre und Jeziorski, Micheal (1989) «Historical Shifts in the Use of Analogy in Science» in Gholson, Barry et al. (Hg.) (1989) *The Psychology of Science: Contributions to Metascience.* New York: Cambridge University Press
Geulincx, Arnold (1675) *Ethica*

Gibson, James J. (1977) «The Theory of Affordances» in Shaw, Robert und Bransford, John (Hg.) (1977) *Perceiving, Acting, and Knowing.* Hillsdale (NJ): Erlbaum, 67–82

Gibson, James J. (1979) *The Ecological Approach to Perception.* Boston: Houghton, Mifflin

Gigerenzer, Gerd (2007) *Bauchentscheidungen. Die Intelligenz des Unbewussten und die Macht der Intuition.* München: Goldmann

Gigerenzer, Gerd und Goldstein, Daniel G. (1996) «Reasoning the Fast and Frugal Way: Models of Bounded Rationality» *Psychological Review* 103, 4: S. 650–669

Gigerenzer, Gerd und Hug, Klaus (1992) «Domain-specific Reasoning: Social Contracts, Cheating, and Perspective Change» *Cognition* 43: 127–171

Gill, Victoria (2011) «Mandrill Monkey Makes ‹Pedicuring› Tool» *BBC* (22. Juli 2011)

Gilovich, Thomas (1991) *How We Know What Isn't So. The Fallibility of Human Reason in Everyday Life.* New York: Free Press

Goethe, Johann Wolfgang von (1780) *Briefe* (zitiert nach der Hamburger Ausgabe 1962, herausgegeben von Karl Robert Mandelkow, Band 1)

Goethe, Johann Wolfgang von (1808) *Faust. Der Tragödie erster Teil*

Goethe, Johann Wolfgang von (1813–1817) *Italienische Reise* (zitiert nach der Hamburger Ausgabe in 14 Bänden, herausgegeben von Erich Trunz, München 1981, Band 11)

Goffman, Erving (1956) The *Presentation of Self in Everyday Life.* Edinburgh: Edinburgh University Monograph

Goffman, Erving (1974) *Frame Analysis: An Essay on the Organization of Experience.* Cambridge: Harvard University Press

Goldman, Alvin (1970) *A Theory of Human Action.* Upper Saddle River (NJ): Prentice Hall

Goldman, Alvin (1976) «The Volitional Theory Revisited» in Brand, Myles und Walton, Douglas D. (Hg.) (1976) *Action Theory.* Dordrecht: Reidel, 67–84

Goldstein, Daniel G. und Gigerenzer, Gerd (2002) «Models of Ecological Rationality: The Recognition Heuristic» *Psychological Review* 109: 75–90

Gollwitzer, Peter M. (1993) «Goal Achievement. The Role of Intentions» *European Review of Social Psychology* 4: 141–185

González-Vallejo, Claudia et al. (2008) «Save Angels Perhaps: A Critical Examination of Unconscious Thought Theory and the Deliberation Without Attention Effect» *Review of General Psychology* 12: 282–296

Goodale, Melvyn A. und Milner, David A. (2004) *Sight Unseen: An Exploration of Conscious and Unconscious Vision.* Oxford: Oxford University Press

Goodglass, Harold et al. (2001) *The Assessment of Aphasia and Related Disorders.* Philadelphia: Lippincott Williams & Wilkins

Goodwin, Geoffrey P. et al. (2014) «Moral Character Predominates in Person Perception and Evaluation» *Journal of Personality and Social Psychology* 106, 1: 148–168

Gopnik, Adam (2011) «Sweet Revolution. The Power of the Pastry Chef» *The New Yorker* (Januar-Ausgabe 2011)

Gottfredson, Michael R. (2007) «Self-control and Criminal Violence» in Flannery, Daniel J. et al. (Hg.) (2007) *The Cambridge Handbook of Violent Behavior and Aggression.* New York: Cambridge University Press

Grice, H. Paul (1989) *Studies in the Way of Words.* Cambridge (MA): Harvard University Press

Griggs, Richard A. und Cox, James R. (1982) «The Elusive Thematic-materials Effect in Wason's Selection Task» *British Journal of Psychology* 73: 407–420

Gross, Donald W. und Gotman, Jean (1999) «Correlation of High-Frequency Oscillations with the Sleep-wake Cycle and Cognitive Activity in Humans» *Neuroscience* 94: 1005–1018

Grünbaum, Adolf (1984) *The Foundations of Psychoanalysis. A Philosophical Critique.* Berkeley: University of California Press

Guiora, Alexander Z. (1983) «Language and Concept Formation: A Cross-lingual Inquiry» *Behavior Science Research* 18, 3: 228–256

Hacking, Ian (1995) *Rewriting the Soul. Multiple Personality and the Science of Memory.* Princeton: Princeton University Press

Haggard, Patrick und Eimer, Martin (1999) «On the Relation between Brain Potentials and the Awareness of Voluntary Movements» *Experimental Brain Research* 126: 128–133

Haidt, Jonathan (2001) «The Emotional Dog and its Rational Tail: A Social intuitionist Approach to Moral Judgment» *Psychological Review* 108, 4: 814–834

Haidt, Jonathan (2012) *The Righteous Mind: Why Good People are Divided by Politics and Religion*. New York: Vintage

Halgren, Eric und Chauvel, Patrick (1993) «Experiential Phenomena Evoked by Human Brain Electrical Stimulation» in: Devinsky, Orrin et al. (Hg.) *Electric and Magnetic Stimulation of the Brain and Spinal Cord*. New York: Raven Press

Halsey, Rita M. und Chapanis, Alphonse (1951) «On the Number of Absolutely Identifiable Spectral Hues» *Journal of the Optical Society of America* 41: 1057–1058

Hanich, Julian (2016) *The Audience Effect. A Theory and Phenomenology of the Collective Cinema Experience* (in Vorbereitung)

Hare, Brian et al. (2001) «Do Chimpanzees Know What Conspecifics Know and Do Not Know?» *Animal Behaviour* 61, 1: 139–151

Hare, Brian et al. (2006) «Chimpanzees Deceive a Human Competitor by Hiding» *Cognition* 101: 495–514

Harman, Gilbert (1990) «The Intrinsic Quality of Experience» in Tomberlin, James (Hg.) (1990) *Philosophical Perspectives* 4. Atascadero (CA): Ridgeview Publishing, 31–52

Hasker, William (1999) *The Emergent Self*. Ithaca (NY): Cornell University Press

Haviland, John B. (1993) «Anchoring, Iconicity and Orientation in Guugu Yimithirr Pointing Gestures» *Journal of Linguistic Anthropology* 3, 1: 3–45

He, Zijiang J. und Nakayama, Ken (1992) «Surfaces Versus Features in Visual Search» *Nature* 359: 331–233

Hécan, Henri et al. (1949) «Coagulations limitées du thalamus dans les algies du syndrome thalamique: resultants thérapeutiques et physiologiques» *Revue de Neurologie* 81: 917–931

Heidegger, Martin (1927) *Sein und Zeit*. Tübingen: Niemeyer

Heidegger, Martin (1929) *Was ist Metaphysik?* Frankfurt am Main: Vittorio Klostermann (zitiert nach der Ausgabe von 2007)

Heidegger, Martin (1953) *Der Feldweg*. Frankfurt am Main: Vittorio Klostermann (zitiert nach der Ausgabe von 2006)

Heidegger, Martin (1962) *Die Technik und die Kehre*. Stuttgart: Klett-Cott (zitiert nach der Ausgabe von 1962, entstanden zwischen 1949 und 1955)

Heinrich, Joseph et al. (2010) «The Weirdest People in the World» *Behavioral and Brain Sciences* 33: 61–135

Helmholtz, Hermann von (1867) *Handbuch der physiologischen Optik.* Leipzig: Leopold Voss

Hermans, Hubert (2010) *Dialogical Self Theory: Positioning and Counter-Positioning in a Globalizing Society*

Hertwig, Ralph und Gigerenzer, Gerd (1999) «The ‹Conjunction Fallacy› Revisited: How Intelligent Inferences Look Like Reasoning Errors» *Journal of Behavioral Decision Making* 12: 275–305

Herz, Rachel S. und Engen, Trygg (1996) «Odor Memory: Review and Analysis» *Psychonomic Bulletin & Review* 3: 300–313

Hesse, Mary (1963) *Models and Analogies in Science.* London: Sheed & Ward

Hirstein, William (2005) *Brain Fiction. Self-Deception and the Riddle of Confabulation.* Cambridge (MA): The MIT Press

Hobson, Allan (2002a) *Dreaming. An Introduction to the Science of Sleep.* Oxford: Oxford University Press

Hobson, Allan (2002b) *The Dream Drugstore. Chemically Altered States of Consciousness.* Cambridge (MA): The MIT Press

Holtgraves, Thomas (2004) «Social Desirability and Self-Reports: Testing Models of Socially Desirable Responding» *Personality and Social Psychology Bulletin* 30, 2: 161–172

Homer: *Ilias*

Homer: *Odyssee*

Hood, Bruce (2012) *The Self Illusion. How the Social Brain Creates Identity.* Oxford: Oxford University Press

Hoover, Kara C. (2010) «Smell with Inspiration: The Evolutionary Significance of Olfaction» *American Journal of Physical Anthropology* 143, 51: 63–74

Horgan, Terence (1989) «Mental Causation» *Philosophical Perspectives* 3, *Philosophy of Mind and Action Theory*: 47–76

Horgan, Terence et al. (2003) «The Phenomenology of First-Person Agency» in Walter, Sven und Heckmann, Heinz-Dieter (Hg.) (2003) *Physicalism and Mental Causation. The Metaphysics of Mind and Action.* Exeter: Imprint Academic

Hornsby, Jennifer (1980) *Actions.* London: Routledge and Kegan Paul

Horrey, William J. und Wickens, Christopher D. (2006) «Examining the Impact of Cell Phone Conversations on Driving Using Meta-Analytic Techniques» *Human Factors* 48: 196–205

Horsey, Richard (2002) *The Art of Chicken Sexing. Working Papers in Linguistics*. London: University College London

Howard, Ian P. (1996) «Alhazen's Neglected Discoveries of Visual Phenomena» *Perception* 25, 10: 1203–1217

Hoyer, Wayne D. und Brown, Steven P. (1990) «Effects of Brand Awareness on Choice for a Common, Repeat-Purchase Product» *Journal of Consumer Research* 17, 2: 141–148

Hübl, Philipp (2010) *Action and Consciousness*. Berlin: Humboldt-Universität (Dissertationsschrift)

Huizenga, Hilde M. (2012) «Four Empirical Tests of Unconscious Thought Theory» *Organizational Behavior and Human Decision Processes* 117: 332–340

Humboldt, Wilhelm von (1961) *Werke in fünf Bänden*. Stuttgart: Wissenschaftliche Buchgesellschaft

Hume, David (1739) *A Treatise of Human Nature*

Hume, David (1740) *Second Thoughts*

Humphrey, Nicholas (1982) *Consciousness Regained*. Oxford: Oxford University Press

Husserl, Edmund (1900) *Logische Untersuchungen*. Hamburg: Felix Meiner (zitiert nach der Ausgabe von 1992, basierend auf Husserls *Gesammelten Werken, Husserliana XVIII*)

Husserl, Edmund (1907) *Ding und Raum. Vorlesungen. Husserliana XVI*. The Hague: Martinus Nijhoff

Husserl, Edmund (1913) *Ideen zu einer reinen Phänomenologie und phänomenologischen Philosophie*

Husserl, Edmund (1925) *Phänomenologische Psychologie: Vorlesungen Sommersemester*. Den Haag: Nijhoff (zitiert nach dem Wiederabdruck 1961)

Husserl, Edmund (1973) *Zur Phänomenologie der Intersubjektivität II und III. Husserliana XIV und XV*. The Hague: Martinus Nijhoff

Hyslop, Alec (2015) «Other Minds», in Zalta, Edward N. (Hg.) (2015) *The Stanford Encyclopedia of Philosophy 2015 Edition*

Jackendoff, Ray (1983) *Semantics and Cognition*. Cambridge (MA): The MIT Press

Jackendoff, Ray (1987) *Consciousness and the Computational Mind*. Cambridge (MA): Bradford Book

Jackson, Frank (1998) *From Metaphysics to Ethics. A Defence of Conceptual Analysis*. Oxford: Oxford University Press

Jacobson, Peter L. (2003) «Safety in Numbers: More Walkers and Bicyclists, Safer Walking and Bicycling» *Injury Prevention* 9: 205–209

Jacoby, Larry L. et al. (1989) «Becoming Famous Overnight: Limits on the Ability to Avoid Unconscious Influences of the Past» *Journal of Personality and Social* 56, 3: 326–338

Jakobson, Roman (1959) «On Linguistic Aspects of Translation» in Brower, Reuben (Hg.) *On Translation*. Cambridge (MA): Harvard University Press, 232–239

James, William (1890a) *The Principles of Psychology. Volume 1.* New York: Dover Publications

James, William (1890b) *The Principles of Psychology. Volume 2.* New York: Dover Publications

Jameson, Kimberly A. (2009) «Tetrachromatic Color Vision» in Wilken, Patrick et al. (Hg.) (2009) *The Oxford Companion to Consciousness*. Oxford: Oxford University Press, 155–158

Janis, Irving L. und King, Bert T. (1954) «The Influence of Role Playing on Opinion Change» *Journal of Abnormal and Social Psychology* 49: 211–218

Jaspers, Karl (1923) *Allgemeine Psychopathologie*. Heidelberg: Springer (zitiert nach der 6. Auflage)

Jeannerod, Marc (2003) «Self-generated Actions» in Maasen, Sabine et al. (2003) *Voluntary Action. Brains, Minds, and Sociality*. Oxford: Oxford University Press, 153–166

Jean Paul (1813) *Vorschule der Ästhetik (Sämtliche Werke, Abteilung I, Band 5)*. Frankfurt: Zweitausendeins (zit. n. d. Ausgabe von 1996)

Jiang, Yi et al. (2006) «A Gender- and Sexual Orientation-dependent Spatial Attentional Effect of Invisible Images» *PNAS* 103, 45: 17048–17052

John, E. Roy und Prichep, Leslie S. (2005) «The Anesthetic Cascade: A Theory of How Anesthesia Suppresses Consciousness» *Anesthesiology* 102: 447–471

Johnson-Laird, Philip N. (1983) *Mental Models*. Cambridge (MA): Harvard University Press

Johnson-Laird, Philip N. (1999) «Deductive Reasoning» *Annual Review of Psychology* 50: 109–135

Johnson, Eric J. und Goldstein, Daniel G. (2003) «Do Defaults Save Lives?» *Science* 302: 1338

Jones, Edward G. und Mendell, Lorne M. (1999) «Assessing the Decade of the Brain» *Science* 284, 5415: 739

Jordan, Gabriele et al. (2010) «The Dimensionality of Color Vision in Carriers of Anomalous Trichromacy» *Journal of Vision*, 10, 8, 12: 1–19

Judson, Horace Freeland (2004) *The Great Betrayal. Fraud in Science*. Orlando: Harcourt

Junco, Reynol und Cotten, Shelia R. (2012) «No A 4 U: The Relationship Between Multitasking and Academic Performance» *Computers & Education* 59, 2: 505–514

Kahneman, Daniel (1973) *Attention and Effort*. Eaglewood Cliffs (NJ): Prentice-Hall

Kahneman, Daniel (2011) *Thinking: Fast and Slow*. London: Allen Lane

Kahneman, Daniel und Tversky, Amos (1979) «Prospect Theory: An Analysis of Decision under Risk» *Econometrica* 47, 2: 263–291

Kahneman, Daniel und Tversky, Amos (1996) «On the Reality of Cognitive Illusions» *Psychological Review* 103: 582–591

Kahneman, Daniel und Tversky, Amos (Hg.) (2000) *Choices, Values and Frames*. Cambridge: Cambridge University Press

Kandel, Eric R. (2012) *The Age of Insight. The Quest to Understand the Unconscious in Art, Mind, and Brain*. New York: Blackwell

Kane, Michael J. et al. (2007) «For Whom the Mind Wanders, and When. An Experience-sampling Study of Working Memory and Executive Control in Daily Life» *Psychological Science* 18, 614–621

Kane, Robert (2002) *The Oxford Handbook of Free Will*. Oxford: Oxford University Press

Kant, Immanuel (1768) *Vom ersten Grunde des Unterschieds der Gegenden im Raume*

Kant, Immanuel (1781/1787) *Kritik der reinen Vernunft*

Kant, Immanuel (1784) *Beantwortung der Frage: Was ist Aufklärung?*

Kant, Immanuel (1785) *Grundlegung zur Metaphysik der Sitten* (zitiert nach der Akademieausgabe IV)

Karnath, Hans-Otto et al. (2002) *The Cognitive and Neural Bases of Spatial Neglect*. Oxford: Oxford University Press

Kay, Paul und Kempton, Willett (1984) «What is the Sapir-Whorf-Hypothesis?» *American Anthropologist* 86, 65–79

Keil, Geert (2000) *Handeln und Verursachen*. Frankfurt am Main: Vittorio Klostermann

Keil, Geert (2006) «Über die deskriptive Unerschöpflichkeit der Einzeldinge» in Keil, Geert und Tietz, Udo (2006) *Phänomenologie und Sprachanalyse*. Paderborn: Mentis, 83–125

Keil, Geert (2007) *Willensfreiheit*. Berlin/New York: de Gruyter

Keil, Geert (2011) «Ich bin jetzt hier – aber wo ist das?» in Carson, Siri Granum et al. (Hg.) (2011) *Kant: Here, Now, and How*. Paderborn: Mentis, 15–34

Kemmerer, David (2005) «The Spatial and Temporal Meanings of English Prepositions Can Be Independently Impaired» *Neuropsychologica* 43: 797–806

Keupp, Heiner (1999) *Identitätskonstruktionen: Das Patchwork der Identitäten in der Spätmoderne*. Reinbek: Rowohlt

Kiesel, Andreas und Kunde, Wilfried (2009) «Playing Chess Unconsciously» *Journal of Experimental Psychology: Learning, Memory, and Cognition* 35, 1: 292–298

Killingsworth, Matthew A. und Gilbert, Daniel T. (2010) «A Wandering Mind Is an Unhappy Mind» *Science* 330, 6006: 932

Kim, Jaegwon (1976) «Events as Property Exemplifications» in Brand, Myles und Walton, Douglas (1976) *Action Theory*. Dordrecht: Reidel, S. 159–177

Kim, Jaegwon (1984) «Epiphenomenal and Supervenient Causation» in Kim, Jaegwon (1993) *Supervenience and Mind*. Cambridge: Cambridge University Press, 92–108

Kim, Jaegwon (1989) «Mechanism, Purpose, and Explanatory Exclusion» in Kim, Jaegwon (1993) *Supervenience and Mind*. Cambridge: Cambridge University Press, 237–264

Kim, Jaegwon (1990) «Supervenience as a Philosophical Concept» in Kim, Jaegwon (1993) *Supervenience and Mind*. Cambridge: Cambridge University Press, 131–160

Kim, Jaegwon (1991) «Dretske on How Reasons Explain Behavior» in Kim, Jaegwon (1993) *Supervenience and Mind*. Cambridge: Cambridge University Press, 285–308

Kim, Jaegwon (1992) «‹Downward Causation› in Emergentism and Nonreductive Materialism» in Beckermann, Ansgar et al. (Hg.) (1992) *Emergence or Reduction?* Berlin: de Gruyter, 119–138

Kim, Jaegwon (1993a) «Can Supervenience and ‹Non-Strict Laws›

Save Anomalous Monism?» in Heil, John und Mele, Alfred (1993) *Mental Causation*. Oxford: Oxford University Press, 19–26

Kim, Jaegwon (1993b) «The Nonreductivist's Trouble with Mental Causation» in Kim, Jaegwon (1993) *Supervenience and Mind*. Cambridge: Cambridge University Press, 336–357

Kind, Amy (2003) «What's so Transparent about Transparency?» *Philosophical Studies* 115, 3: 225–244

Klein, Kristi J. K. und Hodges, Sara D. (2001) «Gender Differences, Motivation, and Empathic Accuracy: When It Pays to Understand» *Personal and Social Psychology Bulletin*, 24: 927–948

Kleist, Heinrich von (1807) *Das Erdbeben in Chili*

Knausgård, Karl Ove (2013) *Sterben*. München: btb (die norwegische Originalausgabe von 2009 lautet *Min kamp*)

Knobe, Joshua und Nichols, Shaun (Hg.) (2008) *Experimental Philosophy*. Oxford: Oxford University Press

Koch, Christof und Crick, Francis (2001) «On the Zombie Within» *Nature* 411: 893

Koch, Christof und Tsuchiya, Naotsugu (2007) «Attention and Consciousness: Two Distinct Brain Processes» *Trends in Cognitive Sciences* 11, 1: 16–22

Koffka, Kurt (1935) *Principles of Gestalt Psychology*. London: Lund Humphries

Koreimann, Sabrina et al. (2009) «Inattentional Deafness Under Dynamic Musical Conditions» in Louhivuori, Jukka et al. (2009) *Proceedings of the 7th Triennial Conference of the European Society for the Cognitive Science of Music* (ESCOM 2009). Jyväskylä (Finnland): University of Jyväskylä, 246–249

Kornack, David (2004) «Adult Neurogenesis in Primate Forebrain» in Gazzaniga, Michael S. (2004) *The Cognitive Neuroscience III*. Cambridge (MA): The MIT Press, S. 23–32

Kouider, Sid et al. (2010) «How Rich is Consciousness? The Partial Awareness Hypothesis» *Trends in Cognitive Science* 14: 301–307

Kriegel, Uriah (2009) *Subjective Consciousness: A Self-Representational Theory*. Oxford: Oxford University Press

Kriegel, Uriah und Williforth, Kenneth W. (2006) *Self-Representational Approaches to Consciousness*. Cambridge (MA): The MIT Press

Kringelbach, Morten L. (2009) *The Pleasure Center: Trust Your Animal Instincts*. Oxford University Press

Kripke, Saul (1974) «Naming and Necessity» in Davidson, Donald und Harman, Gilbert (Hg.) (1974) *Semantics of Natural Language.* Dordrecht: D. Reidel, 253–355

Krosnick, Betz und Jussim, Lynn (1992) «Subliminal Conditioning of Attitudes» *Personality and Social Bulletin* 18: 152–162

Kunda, Ziva (1987) «Motivated Inference: Self-serving Generation and Evaluation of Causal Theories» *Journal of Personality and Social Psychology* 53: 636–647

Künne, Wolfgang (2003) *Conceptions of Truth.* Oxford: Oxford University Press

Lacan, Jacques (1964) *Das Seminar XI. Die vier Grundbegriffe der Psychoanalyse.* Berlin: Quadriga

Lakoff, George (1987) *Women, Fire and Dangerous Things. What Categories Reveal about the Mind.* Chicago: Chicago University Press

Lakoff, George (1993) «The Contemporary Theory of Metaphor» in Ortony, Andrew (Hg.) (1993) *Metaphor and Thought.* New York: Cambridge University Press, S. 203–251

Lakoff, George (1996) *Moral Politics: What Conservatives Know that Liberals Don't.* Chicago: Chicago University Press

Lakoff, George und Johnson, Marc (1980) *Metaphors We Live By.* Chicago: Chicago University Press

Lakoff, George und Johnson, Marc (2000) *Philosophy in the Flesh.* Cambridge (MA): The MIT Press

Lakoff, George und Núñez, Rafael E. (2000) *Where Mathematics Comes From. How the Embodied Mind Brings Mathematics into Being.* New York: Basic Books

Lamme, Victor A. F. (2003) «Why Visual Attention and Awareness are Different» *Trends in Cognitive Sciences* 7: 12–18

Lamme, Victor A. F. (2004) «Separate Neural Definitions of Visual Consciousness and Visual Attention; a Case for Phenomenal Awareness» *Neural Networks. The Official Journal of the International Neural Network Society* 17, 5–6: 861–872

Lamme, Victor A. F. (2010) «How Neuroscience Will Change Our View on Consciousness» *Cognnitive Neuroscience* 1, 3: 204–220

Land, Michael F. (2006) «Eye Movement and the Control of Action in Everyday Life» *Progress in Retinal and Eye Research* 25: 296–324

Langenmayr, Arnold (1997) *Sprachpsychologie*. Göttingen: Hogrefe-Verlag

Langer, Ellen J. und Roth, Jane (1975) «Heads I Win, Tails It's Chance. The Illusion of Control as a Function of the Sequence of Outcomes in a Purely Chance Task» *Journal of Personality and Social Psychology* 32: 951–955

Lazarus, Richard (1991) *Emotion and Adaptation*. Oxford: Oxford University Press

Lazarus, Richard S. und Lazarus, Bernice N. (1994) *Passion and Reason. Making Sense of Our Emotions*. New York: Oxford University Press

Lee, Spike W. S. und Schwarz, Norbert (2010) «Dirty Hands and Dirty Mouths: Embodiment of the Moral-Purity Metaphor Is Specific to the Motor Modality Involved in Moral Transgression» *Psychological Science* 21: 1423–1425

Leibniz, Gottfried Wilhelm (1714) *Monadologie*

Leuninger, Helen (1993) *Reden ist Schweigen, Silber ist Gold. Gesammelte Versprecher*. Zürich: Ammann

Levine, Joseph (1983) «Materialism and Qualia: The Explanatory Gap» *Pacific Philosophical Quarterly* 6: 354–356

Levine, Joseph (2001) *Purple Haze: The Puzzle of Consciousness*. Oxford and New York: Oxford University Press

Levinson, Stephen C. (1996) «From Inner to Outer Space: Linguistic Categories and Non-linguistic Thinking» in Nuyts, J. und Perterson, E. (1996) *Language and Conceptualization*. Cambridge: Cambridge University Press

Levinson, Stephen C. (2003) *Space in Language and Cognition. Explorations in Cognitive Diversity*. Cambridge: Cambridge University Press

Levinson, Stephen C. und Gumperz, John J. (Hg.) (1996) *Rethinking Language Relativity*. Cambridge (MA): Cambridge University Press

Levitin, Daniel J. (2014) *The Organized Mind: Thinking Straight in the Age of Information Overload*. New York: Dutton

Levy, Richard und Goldman-Rakic, Patricia S. (2000) «Segregation of Working Memory Functions Within the Dorsolateral Prefrontal Cortex» *Experimental Brain Research* 133: 23–32

Lewicki, Pawel et al. (1990) «The Role of Learned Inferential Encoding Rules in the Perception of Faces: Effects of

Nonconscious Self-perpetuation of a Bias» *Journal of Experimental Social Psychology* 26, 4: 350–371

Lewicki, Pawel et al. (1992) «Nonconscious Acquisition of Information» *American Psychologist* 47: 796–801

Lewin, Kurt (1936) *Principles of Topological Psychology.* New York: McGraw-Hill Book Company

Lewis, Clive Staples (1960) *The Four Loves.* New York: Harcourt

Lewis, David (1966) «An Argument for the Identity Theory» *Journal of Philosophy* 63, 2: 17–25

Lhermitte, François (1983) «Utilization Behavior and its Relation to Lesion of the Frontal Lobes» *Brain* 106: 237–255

Lhermitte, François (1986) «Human Autonomy and the Frontal Lobes. Part II. Patient Behavior in Complex Social Situations: ‹The Environmental Dependency Syndrome›» *Annals of Neurology* 19, 4: 335–343

Li, Fei Fei et al. (2002) «Rapid Natural Scene Categorization in the Near Absence of Attention» *PNAS* 99, 14: 9596–9601

Li, Peggy und Gleitman, Lila (2002) «Turning the Tables: Language and Spatial Reasoning» *Cognition* 83: 265–294

Libet, Benjamin et al. (1983) «Time of Conscious Intention to Act in Relation to Onset of Cerebral Activity (Readiness Potential): The Unconscious Initiation of a Freely Voluntary Act» *Brain* 106: 623–642

Libet, Benjamin, and Commentators (1985) «Unconscious Cerebral Initiative and the Role of Conscious Will in Voluntary Action» *Behavioral and Brain Sciences* 8: 529–566

Lichtenberg, Georg Christoph (1801) *Aufzeichnungen und Aphorismen. Aus den Sudelbüchern* (zitiert nach www.zeno.org)

Lippmann, Eric (2014) *Identität im Zeitalter des Chamäleons: Flexibel sein und Farbe bekennen.* Göttingen: Vandenhoeck & Ruprecht

List, Christian und Pettit, Philip (2011) *Group Agency: The Possibility, Design, and Status of Corporate Agents.* Oxford: Oxford University Press

Llinás, Rodolfo und Ribary, Urs (1993) «Coherent 40-Hz Oscillation Characterizes Dream State in Humans» *PNAS* 90: 2078–2081

Locke, John (1690) *An Essay Concerning Human Understanding*

Loewenstein, George und Schkade, David (1998) «Wouldn't It Be

Nice? Predicting Future Feelings» in Kahneman, Daniel et al. (Hg.) (1998) *Well-Being: The Foundations of Hedonic Psychology*. New York: Russell Sage Foundation, 85–105

Löffler, Winfried (2009) «Neuromythologie oder: Wie aus empirischen Mücken narrative Elefanten werden» in Fürst, Martina et al. (Hg.) (2009) *Gehirne und Personen*. Frankfurt am Main: Ontos, 113–126

Loftus, Elisabeth (1975) «Leading Questions and Eyewitness Report» *Cognitive Psychology* 7: 560–572

Loftus, Elisabeth (1999) «Lost in the Mall: Misrepresentations and Misunderstandings» *Ethics and Behavior* 9: 51–60

Loftus, Elisabeth (2003) «Our Changeable Memories: Legal and Practical Implications» *Nature Reviews Neuroscience* 4: 231–234

Loftus, Elisabeth und Palmer, John C. (1974) «Reconstruction of Auto-mobile Destruction: An Example of the Interaction between Language and Memory» *Journal of Verbal Learning and Verbal Behavior* 13: 585–589

Logothetis, Nikos K. (2008) «What We Can Do and what We Cannot Do with fMRI» *Nature* 453: 869–878

Loughnan, Steve et al. (2010) «The Role of Meat Consumption in the Denial of Moral Status and Mind to Meat Animals» *Appetite* 55, 1: 156–159

Lowe, E. J. (2002) *A Survey of Metaphysics*. Oxford: Oxford University Press

Luck, Steven J. und Vogel, Edward K. (1997) «The Capacity of Visual Working Memory for Features and Conjunctions» *Nature* 390, 279–281

Lucy, John A. (1992) *Language, Diversity and Thought*. Cambridge: Cambridge University Press

Lurija, Alexander R. (1982) *Sprache und Bewußtsein*. Berlin: Volk und Wissen (auch «Luria» geschrieben)

Lycan, William (1997) «Consciousness as Internal Monitoring» in Block, Ned, Flanagan, Owen und Güzeldere, Güven (Hg.) (1997) *The Nature of Consciousness. Philosophical Debates*. Cambridge (MA): The MIT Press, 755–771

Macchi, M. Mila und Bruce, Jeffrey N. (2004) «Human Pineal Physiology and Functional Significance of Melatonin» *Frontiers in Neuroendocrinology* 25, 3–4: 177–195

Mack, Arien und Clarke, Jason (2012) «Gist Perception Requires Attention» *Visual Cognition* 20, 3: 300–327

Mack, Arien und Rock, Irvin (1998) *Inattentional Blindness*. Cambridge (MA): The MIT Press

Mackintosh, Nicholas J. (1998) *IQ and Human Intelligence*. Oxford: Oxford University Press

Madrigal, Alexis (2011) «Why are Spy Researchers Building a ‹Metaphor Program›?» *The Atlantic* (25. Mai 2011)

Malotki, Ekkehart (1983) *Hopi Time: A Linguistic Analysis of Temporal Concepts in Hopi Language*. Berlin: Mouton Publishers

Mann, Thomas (1924) *Der Zauberberg*. Frankfurt am Main: Fischer (Wiederabdruck)

Mann, Thomas (1953) «Der Künstler und die Gesellschaft» *Unesco-Schriftenreihe*. Wien: W. Frick

Manzano, Örjan de et al. (2010) «The Psychophysiology of the Flow During Piano Playing» *Emotion* 10, 3: 301–311

Marcel, Anthony (1980) «Conscious and Preconscious Recognition of Polysemous Words: Locating the Selective Effect of Prior Verbal Context» in Nickerson, Raymund S. (1980) *Attention and Performance* (Band 8). Hillsdale (NJ): Erlbaum, 436–458

Marcel, Anthony (1983) «Conscious and Unconscious Perception: Experiments on Visual Masking and Word Recognition» *Cognitive Psychology* 15: 197–237

Marcel, Anthony (2003) «The Sense of Agency: Awareness and Ownership of Action» in Roessler, Johannes und Eilan, Naomi (2003) *Agency and Self-Awareness*. Oxford: Oxford University Press, 48–93

Marr, David (1982) *Vision: A Computational Investigation into the Human Representation and Processing of Visual Information*. New York: Freeman

Marshall, John C. und Halligan, Peter W. (1988) «Blindsight and Insight in Visuo-Spatial Neglect» *Nature* 336, 6201: 766–767

Matsumoto, David und Lee, Mija (1993) «Consciousness, Volition, and the Neuropsychology of Facial Expressions of Emotion» *Consciousness and Cognition* 2: 237–254

May, Karl (1907) *Ardistan und Dschinnistan*. Bamberg/Radebeul: Karl May Verlag (zitiert nach der Kritischen Ausgabe)

Mayer, Richard E. und Moreno, Roxana (2003) «Nine Ways to

Reduce Cognitive Load in Multimedia Learning» *Educational Psychologist* 38, 1: 43 –52
McAdams, Dan P. (2001) «The Psychology of Life Stories» *Review of General Psychology* 5, 2: 100–122
McCabe, David P. und Castel, Alan D. (2008) «Seeing is Believing: The Effect of Brain Images on Judgments of Scientific Reasoning» *Cognition*, 107, 1: 343–352
McClure, Samuel M. et al. (2004) «Separate Neural Systems Value Immediate and Delayed Monetary Rewards» *Science* 306: 503–507
McDonald, Kim A. (1991) «Many of Mark Twain's Famed Humorous Sayings Are Found to Have Been Misattributed to Him» *Chronicle of Higher Education* (4. September 1991)
McGinn, Colin (2004) *Mindsight: Image, Dream, Meaning*. Cambridge (MA): Harvard University Press
McLaughlin, Brian (1993) «On Davidson's Response to the Charge of Epiphenomenalism» in Heil, John und Mele, Alfred (1993) *Mental Causation*. Oxford: Oxford University Press, 27–40
McLaughlin, Brian (2005) «Supervenience» in Zalta, Edward N. (Hg.) (2015) *The Stanford Encyclopedia of Philosophy 2015 Edition*
McWhorter, John H. (2014) *The Language Hoax. Why the World Looks the Same in Any Language*. Oxford: Oxford University Press
Meehl, Paul E. (1978) «Theoretical Risks and Tabular Asterisks: Sir Karl, Sir Ronald, and the Slow Progress of Soft Psychology» *Journal of Consulting and Clinical Psychology* 46: 806–834
Mele, Alfred (1997a) «Real Self-deception» *Behavioral and Brain Sciences* 20, 1: 91–136
Mele, Alfred (1997b) «Agency and Mental Action» *Philosophical Perspectives* 11: 231–249
Mele, Alfred (2003) *Motivation and Agency*. Oxford: Oxford University Press
Memmert, Daniel (2006) «The Effects of Eye Movement, Age, and Expertise on Inattentional Blindness» *Consciousness and Cognition* 15: 620–627
Mesmer, Franz Anton (1775) «Schreiben über die Magnetkur an einen auswärtigen Arzt». Wien (zitiert nach Ellenberger [1973])
Metcalfe, Janet und Mischel, Walter (1999) «A Hot/Cool System Analysis of Delay of Gratification: Dynamics of Willpower» *Psychological Review* 106, 1: 3–19

Metzinger, Thomas (2003) *Being No One. The Self-Model Theory of Subjectivity.* Cambridge (MA): The MIT Press

Metzinger, Thomas (2013a) «Empirische Perspektiven aus Sicht der Selbstmodell-Theorie der Subjektivität», abgedruckt als Metzinger, Thomas (2005) *«Die Selbstmodell-Theorie der Subjektivität: Eine Kurzdarstellung in sechs Schritten» in* Herrmann, Christoph et al. (Hg.) *Bewusstsein: Philosophie, Neurowissenschaften, Ethik.* Stuttgart: UTB/Fink, 242–269 (zitiert nach den Seitenzahlen des Originaldokuments)

Metzinger, Thomas (2013b) *Grundkurs Philosophie des Geistes. Band 2: Das Leib-Seele-Problem.* Paderborn: Mentis

Metzinger, Thomas (2013c) «The Myth of Cognitive Agency: Subpersonal Thinking as a Cyclically Recurring Loss of Mental Autonomy» *Frontiers in Psychology* 4, 931: 1–19

Metzinger, Thomas (2014) *Der Ego-Tunnel. Eine neue Philosophie des Selbst: Von der Hirnforschung zur Bewusstseinsethik.* München: Piper

Meyer, David E. und Schvaneveldt, Roger W. (1971) «Facilitation in Recognizing Pairs of Words: Evidence of a Dependence Between Retrieval Operations» *Journal of Experimental Psychology* 90: 227–234

Miller, Dale T. und Ross, Michael (1975) «Self-Serving Biases in the Attribution of Causality. Fact or Fiction» *Psychological Bulletin* 82: 213–225

Miller, George A. (1956) «The Magical Number Seven, Plus or Minus Two: Some Limits on Our Capacity for Processing Information» *The Psychological Review* 63: 81–97

Mischel, Walter (2014) *The Marshmallow Test. Understanding Self-Control and How to Master it.* London: Bantam Press

Mischel, Walter et al. (1972) «Cognitive and Attentional Mechanisms in Delay of Gratification» *Journal of Personality and Social Psychology* 21, 2: 204–218

Mitchell, David B. (2006) «Nonconscious Priming after 17 years: Invulnerable implicit memory?» *Psychology Science* 17, 11: 925–929

Moffitt, Terrie E. et al. (2011) «A Gradient of Childhood Self-control Predicts Health, Wealth, and Public Safety» *PNAS* 108,7: 2693–2698

Mole, Christopher (2011) *Attention is Cognitive Unison: An Essay in Philosophical Psychology*. New York: Oxford University Press

Mole, Christopher (2013) «Attention» in Zalta, Edward N. (Hg.) (2013) *The Stanford Encyclopedia of Philosophy* (Fall 2013 Edition)

Monahan, Jennifer L. et al. (2000) «Subliminal Mere Exposure: Specific, General and Diffuse Effects» *Psychological Science* 11: 462–466

Moore, George Edward (1922) *Philosophical Studies*. London: Routledge and Kegan Paul

Morgenstern, Christian (1905) *Galgenlieder*. Berlin: Bruno Cassirer

Morrot, Gil et al. (2001) «The Color of Odors» *Brain and Language* 79: 309–320

Most, Steven B. et al (2005) «What You See Is What You Set: Sustained Inattentional Blindness and the Capture of Awareness» *Psychological Science* 112, 1: 217–242

Most, Steven B. et al. (2000) «How Not to Be Seen: The Contribution of Similarity and Selective Ignoring to Sustained Inattentional Blindness» *Psychological Science* 12: 9–17

Mullins, Simon et al. (2003) «Re-examining Thought Insertion. Semi-structured Literature Review and Conceptual Analysis» *British Journal of Psychiatry* 182: 293–298

Mumford, Stephen et al. (2011) *Getting Causes from Powers*. Oxford: Oxford University Press

Muraven, Mark und Baumeister, Roy F. (2000) «Self-regulation and Depletion of Limited Resources: Does Self-control Resemble a Muscle?» *Psychological Bulletin* 126, 2: 247–259

Myers, David G. (2004) *Inituition. Its Powers and Perils*. New Haven (CT): Yale University Press

Nabokov, Vladimir (1993) *Gesammelte Werke* 20. Reinbek: Rowohlt

Naccache, Lionel und Dehaene, Stanislas (2001a) «The Priming Method: Imaging Unconscious Repetition Priming Reveals an Abstract Representation of Number in the Parietal Lobes» *Cerebral Cortex* 11, 10: 966–974

Naccache, Lionel und Dehaene, Stanislas (2001b) «Unconscious Semantic Priming Extends to Novel Unseen Stimuli» *Cognition* 80, 3: 215–229

Nagel, Thomas (1974) «What Is It Like to Be a Bat?» *Philosophical Review* 83: 435–450

Nagel, Thomas (1989) *The View From Nowhere*. Oxford: Oxford University Press

Nanay, Bence (2010) «Attention and Perceptual Content» *Analysis* 70, 2: 263–270

Neisser, Ulric (1976) *Cognition and Reality*. San Francisco: Freeman

Neisser, Ulric und Harsch, Nicole (1992) «Phantom Flashbulbs: False Recollections of Hearing the News about Challenger» in Winograd, Eugene und Neisser, Ulric (Hg.) (1992), *Affect and Accuracy in Recall: Studies of ‹Flashbulb› Memories*. New York: Cambridge University Press, 9–31

Neumann, Odmar und Klotz, Werner (1994) «Motor Responses to Unreportable, Masked Stimuli: Where Is the Limit of Direct Parameter Specification?» in Umiltà, Carlo et al. (Hg.) (1994) *Attention and Performance, Vol. 15: Conscious and Nonconscious Information Processing*. Cambridge (MA): The MIT Press, S. 123–150

Nichols, Shaun und Grantham, Todd (2000) «Adaptive Complexity and Phenomenal Consciousness» *Philosophy of Science* 67: 648–670

Nickerson, Raymond S. (1998) «Confirmation Bias: A Ubiquitous Phenomenon in Many Guises» *Review of General Psychology* 2, 2: 175–220

Nietzsche, Friedrich (1869–1874) *Fragmente*, Band 1 (zitiert nach der Kritischen Studienausgabe, die Rechtschreibung ist der Neuregelung angepasst)

Nietzsche, Friedrich (1873) *Über Wahrheit und Lüge im außermoralischen Sinne*. Aus dem Nachlass (zitiert nach der Kritischen Studienausgabe, die Rechtschreibung ist der Neuregelung angepasst)

Nietzsche, Friedrich (1874) *Unzeitgemäße Betrachtungen* (zitiert nach der Kritischen Studienausgabe, die Rechtschreibung ist der Neuregelung angepasst)

Nietzsche, Friedrich (1878) *Menschliches, Allzumenschliches. Ein Buch für freie Geister* (zitiert nach der Kritischen Studienausgabe, die Rechtschreibung ist der Neuregelung angepasst)

Nietzsche, Friedrich (1881) *Morgenröthe* (zitiert nach der Kritischen Studienausgabe, die Rechtschreibung ist der Neuregelung angepasst)

Nietzsche, Friedrich (1883) *Also Sprach Zarathustra* (zitiert nach der Kritischen Studienausgabe, die Rechtschreibung ist der Neuregelung angepasst)

Nietzsche, Friedrich (1886) *Jenseits von Gut und Böse* (zitiert nach der Kritischen Studienausgabe, die Rechtschreibung ist der Neuregelung angepasst)

Nietzsche, Friedrich (1887) *Genealogie der Moral* (zitiert nach der Kritischen Studienausgabe, die Rechtschreibung ist der Neuregelung angepasst)

Noë, Alva (2004) *Action in Perception*. Cambridge (MA): The MIT Press

Noyes, Jan M. und Garland, Kate J. (2008) «Computer- vs. Paper-based Tasks: Are They Equivalent?» *Ergonomics* 51, 9: 1352–1375

Oaksford, Mike und Chater, Nick (2007) *Bayesian Rationality: The Probabilistic Approach to Human Reasoning*. Oxford: Oxford University Press

Oaksford, Mike und Chater, Nick (2009) «Précis of Bayesian Rationality: The Probabilistic Approach to Human Reasoning» *Behavioral and Brain Sciences* 32: 69–120

O'Barr, William M. (2005) «‹Subliminal› Advertising» *Advertising & Society Review* 6, 4 (www.muse.jhu.edu/journals/asr/v006/6.4unit03.html)

Oberfeld, Daniel et al. (2009) «Ambient Lighting Modifies the Flavor of Wine» *Journal of Sensory Studies* 24: 797–832

Obhi, Sukhvinder S. and Haggard, Patrick (2004) «Free Will and Free Won't» *American Scientist*: 358–365

Offer, Daniel et al. (2000) «The Altering of Reported Experiences» *Journal of the American Academy of Child and Adolescent Psychiatry* 39: 735–742

Öhmann, Arne und Soares, Joaquim F. (1994) «‹Unconscious Anxiety›: Phobic Responses to Masked Stimuli» *Journal of Abnormal Psychology* 103, 2: 231–240

Open Science Collaboration (2012) «An Open, Large-Scale, Collaborative Effort to Estimate the Reproducibility of Psychological Science» *Perspectives on Psychological Science* 7, 6: 657–660

Oppenheimer, Daniel M. und Trail, Thomas E. (2010) «Why Leaning to the Left Makes You Lean to the Left: Effect of Spatial Orientation on Political Attitudes» *Social Cognition* 28, 5: 651–661

O'Reagan, J. Kevin und Noë, Alva (2001) «A Sensorimotor Account of Vision and Visual Consciousness» *Behavioral and Brain Sciences* 24: 883–917

O'Sullivan, Laura P. et al. (2001) «Representation and Perseveration: Influences on Young Children's Representational Insight» *Journal of Cognitive Development* 2: 339–366

Paar, Lisa A. et al. (1999) «Visual Kin Recognition in Chimpanzees» *Nature* 399, 6737: 647–648

Packard, Vance (1958) *Die geheimen Verführer. Der Griff nach dem Unterbewussten in jedermann*. Düsseldorf: Econ Verlag (im Original: *The Hidden Persuaders*)

Parfit, Derek (1984) *Reasons and Persons*. Oxford: Oxford University Press

Pashler, Harold et al. (2012) «Priming of social distance? Failure to Replicate Effects on Social and Food Judgments» *PLoS One*, 7: 1–6

Pashler, Harold und Wagenmakers, Eric-Jan (2012) «Editors' Introduction to the Special Section on Replicability in Psychological Science: A Crisis of Confidence?» *Perspectives on Psychological Science* 7: 528–530

Paskow, Alan (2004) *The Paradoxes of Art: A Phenomenological Investigation*. Cambridge: Cambridge University Press

Penfield, Wilder (1975) *The Mystery of the Mind*. Princeton: Princeton University Press

Penfield, Wilder und Jasper, Herbert (1954) *Epilepsy and the Functional Anatomy of the Human Brain*. Boston: Little Brown & Company

Perler, Dominik (1998) *René Descartes*. München: Beck

Perry, John (1979) «The Problem of the Essential Indexical» in Perry, John (1993) *The Problem of the Essential Indexical*. New York: Oxford University Press, 33–52

Perry, John (1993) *The Problem of the Essential Indexical and Other Essays*. Oxford: Oxford University Press

Peterson, Martin (2011) *An Introduction to Decision Theory*. Cambridge: Cambridge University Press

Pierroutsakos, Sophia L. et al. (2003) «Infants' Manual Investigation of Pictured Objects Varying in Realism» *Infancy* 4: 141–156

Pinker, Steven (1994) *The Language Instinct: How the Mind Creates Languages*. New York: William Morrow

Pinker, Steven (2007) *The Stuff of Thought. Language as a Window into Human Nature*. London: Viking Penguin

Pinker, Steven (2011) *The Better Angels of our Nature. The Decline of Violence in History and Its Causes*. New York: Allen Lane

Platon: *Ion*

Platon: *Phaidros*

Platon: *Symposion*

Plutarch: *Vita Thesei*

Poincaré, Henri (1913) *Science and Method*. London: Routledge (zitiert nach dem Wiederabdruck von 1996)

Poljanšek, Tom (2015a) «Sinn und Erwartung – Über den Unterschied von Sinngegenständlichkeit und Referenzialität» *Zeitschrift für philosophische Forschung* 69, 502–525

Poljanšek, Tom (2015b) *Medien sozialer Integration* (im Erscheinen)

Pöppel, Ernst et al. (1973) «Residual Visual Function after Brain Wounds Involving the Central Visual Pathway in Man» *Nature* 243, 5405: 295–296

Popper, Karl R. (1935) *Logik der Forschung*. Wien: Springer

Popper, Karl R. und Eccles, John C. (1977) *The Self and Its Brain. An Argument for Interactionism*. Berlin/New York: Springer

Posner, Michael (1978) *Chronometric Explanations of Attention*. Hillsdale (NJ): Erlbaum

Posner, Michael (1980) «Orienting of Attention» *The Quarterly of Experimental Psychology* 32, 1: 3–25

Posner, Michael und Snyder, C. R. R. (1975) «Attention and Cognitive Control» in Solso, Robert L. (1975) *Information Processing and Cognition*. Hillsdale (NJ): Erlbaum, 55–85

Povinelli, Daniel J. et al. (1990) «Inferences About Guessing and Knowing by Chimpanzees (Pan Troglodytes)» *Journal of Comparative Psychology* 104, 3: 203–210

Prado, Helena S. et al. (2008) «Sensory Phenomena in Obsessive–Compulsive Disorder and Tic Disorders: A Review of the Literature» *CNS Spectrums* 13, 5: 425–432

Prinz, Jesse J. (2004) *Gut Reactions. A Perceptual Theory of Emotion*. Oxford: Oxford University Press

Prinz, Jesse J. (2012) *The Conscious Brain. How Attention Engenders Experience*. Oxford: Oxford University Press

Prinz, Wolfgang (2003) «How Do We Know About Our Own Actions?»

Maasen, Sabine et al. (Hg.) (2003) *Voluntary Action. Brains, Minds, and Sociality*. Oxford: Oxford University Press, 21–33
Pullum, Geoffrey (1989) «The Great Eskimo Vocabulary Hoax» *Natural Language and Linguistic Theory* 7: 275–281
Putnam, Hilary (1961) «Brains and Behavior» in Block, Ned (Hg.) (1980) *Readings in Philosophy of Psychology*, Volume 1. Cambridge (MA): Harvard University Press, S. 24–36
Puységur, Armand Marie Jacques de Chastenet de (1784) «Mémoires pour servir à l'histoire et à l'établissement du Magnétisme Animal» (ohne Ortsangabe)
Quine, Willard Van Orman (1951) «Two Dogmas of Empiricism» in Quine, Willard Van Orman (1953) *From a Logical Point of View*. Cambridge (MA): Harvard University Press, 20–46
Rajecki, Donald W. (1974) «Effects of Prenatal Exposure to Auditory or Visual Stimulation on Postnatal Distress Vocalizations in Chicks» *Behavioral Biology* 11: 525–536
Rauscher, Frances H. et al (1993) «Music and Spatial Task Performance» *Nature* 365, 14: 611
Reader, Simon M. et al. (2011) «The Evolution of Primate General and Cultural Intelligence» *Philosophical Transactions of the Royal Society B: Biological Sciences*, 366, 1567: 1017–1027
Reddy, Leila et al. (2004) «Face-gender Discrimination is Possible in the Near-absence of Attention» *Journal of Vision* 4: 106–117
Reddy, Leila et al. (2006) «Face Identification in the Near-absence of Focal Attention» *Vision Research* 46, 15: 2336–2343
Rees, Geraint et al. (2002) «Neural Correlates of Consciousness in Humans» *Nature Reviews Neuroscience* 3, 4: 261–270
Regier, Terry und Kay, Paul (2009) «Language Thought and Color. Whorf Was Half Right» *Trends in Cognitive Science* 13, 10: 1–8
Reid, Thomas (1785) *Essays on the Intellectual Powers of Man*
Revonsuo, Antti (1999) «Binding and the Phenomenal Unity of Consciousness» *Consciousness and Cognition* 8, 2: 123–127
Rey, Georges (2000) «Role, Not Content: Comments on David Rosenthal's ‹Consciousness, Content and Metacognitive Judgments›» *Consciousness and Cognition* 9, 2: 224–230
Riedl, René et al. (2008) «Identifying Decision Strategies» *Behavior Research Methods* 40, 3: 795–80
Riggott, Julie (2005) «Pseudoscience in Autism Treatment: Are the

News and Entertainment Media Helping or Hurting?» *Scientific Review of Mental Health Practice* 4, 1: 58–60

Rips, Lance J. und Markus, Sandra L. (1977) «Suppositions and the Analysis of Conditional Sentences» in Just, Marcel A. und Carpenter, Patricia A. (1977) *Cognitive Processes in Comprehension*. Hillsdale (NJ): Erlbaum, 185–220

Rips, Lance J. und Markus, Sandra L. (1979) «Conditional Reasoning» *Journal of Verbal Learning and Verbal Behavior* 18: 199–223

Rosenthal, David (1993) «Explaining Consciousness» in Chalmers, David (2002) *Philosophy of Mind: Classical and Contemporary Readings*. New York: Oxford University Press, S. 406–421

Rosenthal, David (2005) *Consciousness and Mind*. New York: Oxford University Press

Roth, Gerhard (2003a) *Aus Sicht des Gehirns*. Frankfurt am Main: Suhrkamp

Roth, Gerhard (2003b) *Fühlen, Denken, Handeln. Wie das Gehirn unser Verhalten steuert*. Frankfurt am Main: Suhrkamp

Roth, Gerhard (2004a) «Das Problem der Willensfreiheit: Die empirischen Befunde» *Information Philosophie* 5: 14–21

Roth, Gerhard (2004b) «Worüber dürfen Hirnforscher reden – und in welcher Weise?» in Geyer, Christian (Hg.) (2004) *Hirnforschung und Willensfreiheit. Zur Deutung der neuesten Experimente*. Frankfurt am Main: Suhrkamp, 66–85

Ryle, Gilbert (1949) *The Concept of Mind*. London: Hutchinson and Company

Sack, Kevin (1998) «Georgia's Governor Seeks Musical Start for Babies» *The New York Times* (15. Januar 1998)

Sacks, Oliver (1987) *The Man Who Mistook His Wife for a Hat*. New York: Harper Perennial

Sackur, Jérôme und Dehaene, Stanislas (2009) «The Cognitive Architecture for Chaining Two Mental Operations» *Cognition* 111, 2: 187–211

Saehrendt, Christian und Kittl, Steen T. (2007) *Das kann ich auch! Gebrauchsanweisung für moderne Kunst*. Köln: DuMont Literatur und Kunst

Sahdra, Baljinder und Thagard, Paul (2003) «Self-Deception and Emotional Coherence» *Minds and Machines* 13, 2: 213–231

Sana, Faria et al. (2013) «Laptop Multitasking Hinders Classroom

Learning for Both Users and Nearby Peers» *Computers & Education* 62: 24–31
Sanbonmatsu, David M. et al. (2013) «Who Multi-Tasks and Why? Multi-Tasking Ability, Perceived Multi-Tasking Ability, Impulsivity, and Sensation Seeking» *PLoS One* 8, 1: 1–8
Sartre, Jean-Paul (1938) *Der Ekel*. Reinbek: Rowohlt (zitiert nach der Ausgabe von 2013)
Sartre, Jean-Paul (1943) *Das Sein und das Nichts*. Reinbek: Rowohlt (zitiert nach der 18. Auflage von 2014)
Savage-Rumbaugh, Sue und Lewin, Roger (1994) *Kanzi: The Ape at the Brink of the Human Mind*. New York: John Wiley and Sons
Schiller, Friedrich von (1799) *Wallensteins Tod*
Schmidt, Arno (1963) *Sitara und der Weg dorthin. Eine Studie über Wesen, Werk & Wirkung Karl Mays*. Frankfurt am Main: Fischer
Schmidt, Arno (2010) *Bargfelder Ausgabe, Werkgruppe IV: Das Spätwerk – Band 1: Zettel's Traum*. Frankfurt am Main: Suhrkamp
Schneider, Reto U. (2010) «Dipl. psych. Teleboy» *Neue Zürcher Zeitung Folio* (April 2010)
Schooler, Jonathan W. et al. (2011) «Meta-awareness, Perceptual Decoupling and the Wandering Mind» *Trends in Cognitive Science* 15: 319–326
Schvaneveldt, Roger W. et al. (1976) «Lexical Ambiguity, Semantic Content, and Visual Word Recognition» *Journal of Experimental Psychology: Human Perception and Performance* 2, 2: 243–256
Schwartz, Barry (2004) *The Paradox of Choice. Why More is Less*. New York: HarperCollins
Searle, John (1969) *Speech Acts. An Essay in the Philosophy of Language*. Cambridge: Cambridge University Press
Searle, John (1980) «Minds, Brains and Programs» *Behavioral and Brain Sciences* 3, 3:417–457
Searle, John (1983) *Intentionality*. Cambridge: Cambridge University Press
Searle, John (1990) «Is the Brain a Digital Computer?» *Proceedings and Addresses of the American Philosophical Association* 64: 21–37
Searle, John (1992) *The Rediscovery of the Mind*. Cambridge (MA): The MIT Press
Searle, John (2001) «Free Will as a Problem in Neurobiology» *Philosophy* 76: 491–514

Searle, John (2001) *Rationality in Action*. Cambridge (MA): The MIT Press

Searle, John (2005) «The Phenomenological Illusion» in Reicher, Maria E. und Marek, Johann C. (Hg.) (2005) *Experience and Analysis*. Wien: öbv & hpt, 317–336

Seel, Martin (1999) *Versuch über die Form des Glücks*. Frankfurt am Main: Suhrkamp

Sellin, Birger (1993) *Ich will kein Inmich mehr sein: Botschaften aus einem autistischen Kerker* (herausgegeben von Michael Klonovsky). Köln: Kiepenheuer und Witsch

Shady, Sherif et al. (2004) «Adaptation from Invisible Flicker» *PNAS* 101, 14: 150–155

Shampanier, Kristina et al. (2007) «How Small is Zero Price? The True Value of Free Products» *Marketing Science* 26, 6: 742–757

Shanks, David R. (2006) «Complex Choices Better Made Unconsciously» *Science* 313: 760

Sharpely, Ann (2002) «Slow Wave and Non-REM Stages» in Perry, Elaine K. et al. (2002) *Neurochemistry of Consciousness: Neurotransmitters in Mind*. Amsterdam (PA): John Benjamins, 105–122

Shiv, Baba et al. (2005) «Placebo Effects of Marketing Actions: Consumers May Get What They Pay For» *Journal of Marketing Research* XLII: 383–393

Shoemaker, Sydney (1968) «Self-reference and Self-awareness» *Journal of Philosophy* 65: 555–567

Shoemaker, Sydney (1984) «Personal Identity: A Materialist's Account» in Shoemaker, Sydney and Swinburne, Richard (1984) *Personal Identity*. Oxford: Blackwell, 296–310

Simmel, Georg (1903) «Die Grossstädte und das Geistesleben» in Simmel, Georg (1903) *Die Grossstadt. Vorträge und Aufsätze zur Städteausstellung* (Jahrbuch der Gehe-Stiftung Dresden, herausgegeben von Thomas Petermann, Band 9: 185–206)

Simons, Daniel J. (2010) «Monkeying Around with the Gorillas in Our Midst: Familiarity with an Inattentional-blindness Task Does Not Improve the Detection of Unexpected Events» *i-Perception* 1: 3–6

Simons, Daniel J. und Ambinder, Michael S. (2005) «Change Blindness: Theory and Consequences» *Current Directions in Psychological Science* 14: 44–48

Simons, Daniel J. und Chabris, Christopher (2011) «What People Believe about how Memory Works: A Representative Survey of the US Population» *PLoS ONE* 6: 8

Simons, Daniel J. und Chabris, Christopher F. (1999) «Gorillas in Our Midst: Sustained Inattentional Blindness for Dynamic Events» *Perception* 28: 1059–1074

Simons, Daniel J. und Levin, Daniel T. (1998) «Failure to Detect Changes to People in a Real-World Interaction» *Psychonomic Bulletin & Review* 5, 4: 644–649

Simonson, Itamar (1990) «The Effect of Purchase Quantity and Timing on Variety-Seeking Behavior» *Journal of Marketing Research* 27, 2: 150–162

Singer, Harvey S. (2011) «Tourette Syndrome and Other Tic Disorders» *Handbook of Clinical Neurology* 100: 641–657

Singer, Peter (1998) *Leben und Tod*. Erlangen: Harald Fischer Verlag

Singer, Wolf (2004) «Verschaltungen legen uns fest: Wir sollten aufhören, von Freiheit zu sprechen» in Geyer, Christian (Hg.) (2004) *Hirnforschung und Willensfreiheit. Zur Deutung der neuesten Experimente*. Frankfurt am Main: Suhrkamp, 30–65

Slobin, Dan I. (1996) «From ‹Thought and Language› to ‹Thinking for Speaking›» in Levinson, Stephen C. und Gumperz, John J. (Hg.) (1996) *Rethinking Language Relativity*. Cambridge (MA): Cambridge University Press, 17–70

Smith, George Davey und Ebrahim, Shah (2002) «Data Dredging, Bias, or Confounding – They Can All Get You into the BMJ and the Friday Papers» *British Medical Journal* 325: 1437–1438

Snyder Mark und Swann, William B. (1978) «Hypothesis-Testing Processes in Social Interaction» *Journal of Personality and Social Psychology* 36: 1202–1212

Snyder, Peter J. et al. (2009) *Science and the Media: Delgado's Brave Bulls and the Ethics of Scientific Disclosure*. London: Elsevier

Solms, Mark und Turnbull, Owen (2002) *The Brain and the Inner World: An Introduction to the Neuroscience of Subjective Experience*. New York: Other Press

Spellman, Barbara A. (2013) «Introduction to the Special Section on Advancing Science» *Perspectives on Psychological Science* 8: 412–413

Spence, Charles und Piqueras-Fiszman, Betina (2014) *The Perfect*

Meal: The Multisensory Science of Food and Dining. Oxford: Wiley Blackwell
Spengler, Owald (1918) *Der Untergang des Abendlandes – Umrisse einer Morphologie der Weltgeschichte*. Wien: Verlag Braumüller
Sperling, Robert (1960) «The Information Available in Brief Visual Presentations» *Psychological Monographs* 20, 3: 555–574
Sperry, Robert (1968) «Hemisphere Deconnection and Unity in Conscious Awareness» *American Psychologist* 23, 10: 723–733
Spignesi, Stephen J. (1992) *The Woody Allen Companion*. London: Plexus Publishing
Stanley, Jason (2015) *How Propaganda Works*. Princeton: Princeton University Press
Stanovich, Keith E. (1999) «Discrepancies between Normative and Descriptive Models of Decision Making and the Understanding/ Acceptance Principle» *Cognitive Psychology* 38: 349–385
Stanovich, Keith E. (2009) *What Intelligence Tests Miss: The Psychology of Rational Thought*. New Haven (CT): Yale University Press
Stanovich, Keith E. (2010) *Decision Making and Rationality in the Modern World*. Oxford: Oxford University Press
Stanovich, Keith E. und West, Richard (2014) «What Intelligence Tests Miss» *The Psychologist* 27, 2: 80–83
Stanovich, Keith E. und West, Richard F. (2000) «Individual Difference in Reasoning: Implications for the Rationality Debate?» *Behavioral and Brain Sciences* 23: 645–726
Sternberg, Robert J. (1999) *Thinking Styles*. Cambridge: Cambridge University Press
Stevenson, Ola (1981) «Are We all Less Risky and More Skillful than Our Fellow Drivers?» *Acta Psychologica* 47: 143–158
Storr, Anthony (1989) *Freud. A Very Short Introduction*. Oxford: Oxford University Press
Strasburger, Eduard et. al. (Hg.) (1998) *Lehrbuch der Botanik*. Heidelberg: Spektrum Akademischer Verlag
Strawson, Peter F. (1959) *Individuals: An Essay in Descriptive Metaphysics*. London: Methuen
Strayer, David L. et al. (2006) «Comparing the Cell-Phone Driver and the Drunk Driver» *Human Factors* 48: 381–391
Strick, Madelijn et al. (2010) «Unconscious Thought Effects Take Place Off-line, not On-line» *Psychological Science* 21: 484–488

Strohminger, Nina und Nichols, Shaun (2014) «The Essential Moral Self» *Cognition* 131: 159–171

Sunshine, Linda (1993) *The Illustrated Woody Allen Reader*. New York: Knopf

Swap, Walter C. (1977) «Interpersonal Attraction and Repeated Exposure to Rewarders and Punishers» *Personality and Social Psychology Bulletin* 3, 2: 248–251

Szteinbaum, Sabrina (2015) «Former Rutgers Newark Philosophy Department Chairwoman to Appear in Court for Alleged Sexual Abuse of Mentally Handicapped Man» *The Daily Targum*, New Brunswick (21. März 2015)

Taplin, John E. (1971) «Reasoning with Conditional Sentences» *Journal of Verbal Learning and Verbal Behavior* 10: 219–225

Tavris, Carol (1993) «Hysteria and the Incest-Survivor Machine» *Sacramento Bee, Form Section* (17. Januar 1993)

Taylor, K. F. und Sluckin, Wladyslaw (1964) «Flocking in Domestic Chicks» *Nature* 201: 108–109

Teller, Paul (1984) «The Poor Man's Guide to Supervenience and Determination» *Southern Journal of Philosophy Supplement* 22: 137–162

Thalberg, Irving (1977) *Perception, Emotion and Action. A Component Approach*. New Haven: Yale University Press

Thaler, Richard und Sunstein, Cass (2008) *Nudge. Improving Decisions About Health, Wealth, and Happiness*. New York: Penguin (zitiert nach der Neuauflage von 2009)

The Economist (2008) «The Science of Shopping. The Way the Brain Buys» *The Economist* (18. Dezember 2008)

Thibodeau, Paul H. and Lera Boroditsky (2011) «Metaphors We Think With: The role of Metaphor in Reasoning» *PLoS One* 6: 1–11

Thibodeau, Paul H. and Lera Boroditsky (2013) «Natural Language Metaphors Covertly Influence Reasoning» *PLoS One* 8, 1: 2374–2379

Tolstoi, Leo N. (1878) *Anna Karenina*. Berlin: Aufbau Verlag (aus dem Russischen von Hermann Röhl, zitiert nach der Ausgabe von 1957, die Rechtschreibung ist der Neureglung angepasst)

Tønnessen, Espen et al. (2013) «Reaction Time Aspects of Elite Sprinters in Athletic World Championships» *Journal of Strength Condition Research* 4: 885–892

Tooby, John und Cosmides, Leda (1992) «The Psychological Foundations of Culture» Barkow, Jeroma H. et al. (Hg.) (1992) *The Adapted Mind*. Oxford: Oxford University Press, 19–136

Tooby, John und Cosmids, Leda (1996) «Are Humans Good Intuitive Statisticians After All? Rethinking some Conclusions from the Literature on Judgment under Uncertainty» *Cognition* 58: 1–73

Treisman, Anne (2003) «Consciousness and Perceptual Binding» in Cleeremans, Axel (Hg.) (2003) *The Unity of Consciousness: Binding, Integration and Dissociation*. Oxford: Oxford University Press, 95–113

Trivers, Robert (2011) *The Folly of Fools. The Logic of Deceit and Self-Deception in Human Life*. New York: Basic Books

Turing, Alan (1950) «Computing Machinery and Intelligence» *Mind* 59, 236: 433–460

Tversky, Amos und Kahneman, Daniel (1981) «The Framing of Decisions and the Psychology of Choice» *Science* 211, 4481: 453–458

Tversky, Amos und Kahneman, Daniel (1983) «Extensional Versus Intuitive Reasoning: The Conjunction Fallacy in Probability Judgment» *Psychological Review* 90: 293–315

Tye, Michael (1995) *Ten Problems of Consciousness*. Cambridge (MA): The MIT Press

Varela, Francisco (1988) *Cognitive Science: A Cartography of Current Ideas*. Paris: CREA

Varela, Francisco (1996) «Neurophenomenology. A Methodological Remedy for the Hard Problem» *Journal of Consciousness Studies* 3, 4: 330–349

Varley, Rosmary (2005) «Agrammatic but Numerate» *PNAS* 102, 9: 3519–3524

Velmans, Max (1991) «Is Human Information Processing Conscious?» *Behavioral and Brain Sciences* 14: 229–239

Verrier, Diarmuid B. (2012) «Evidence for the Influence of the Mere-exposure Effect on Voting in the Eurovision Song Contest» *Judgment and Decision Making* 7, 5: 639–643

Vescera, Shaun P. und Rizzo, Matthew (2003) «Spatial Attention: Normal Processes and their Breakdown» *Neurologic Clinics* 21, 3: 575–607

Vischer, Friedrich Theodor (1879) *Auch Einer. Eine Reisebekanntschaft*
Vohs, Kathleen D. et al. (2006) «The Psychological Consequences of Money» *Science* 314: 1154–1156
Vul, Edward et al. (2009) «Puzzlingly High Correlations in fMRI Studies of Emotion, Personalitly, and Social Cognition» *Perspectives of Psychological Science* 4, 3: 274–290
Wade, Kimberly A et al. (2002) «A Picture is Worth a Thousand Lies» *Psychonomic Bulletin & Review* 9, 3: 597–603
Wagenmakers, Eric-Jan et al. (2012) «An Agenda for Purely Confirmatory Research» *Perspectives on Psychological Science* 7, 6: 632–638
Wallace, David Foster (2014) «The Pale King», abgedruckt in Wallace, David Foster (2014) *The David Foster Wallace Reader*. London: Hamish Hamilton
Wallis, Claudia (2006) «The Multitasking Generation» *Time Magazine* (19. Mai 2006)
Wallisch, Pascal (2015) bisher unveröffentlichte Studie zur Blindheit durch Unaufmerksamkeit
Wason, Peter C. (1966) «Reasoning» in Foss, Brian M. (1966) *New Horizons in Psychology*. Harmondsworth: Penguin, 135–151
Wason, Peter C. (1968) «Reasoning About a Rule» *Quarterly Journal of Experimental Psychology* 20, 3: 273– 281
Wegner, Daniel M. (1989) *White Bears and Other Unwanted Thoughts: Suppression, Obsession, and the Psychology of Mental Control*. New York: Viking Adult
Wegner, Daniel M. (2002) *The Illusion of Conscious Will*. Cambridge (MA): The MIT Press
Wegner, Daniel M. (2003) «The Mind's Best Trick – How We Experience Conscious Will» *Trends in Cognitive Sciences* 7, 2: 65–69
Wegner, Daniel. M. und Wheatley, Thalia. P. (1999) «Apparent Mental Causation: Sources of the Experience of Will» *American Psychologist* 54: 480–492
Weinstein, Neil D. (1980) «Unrealistic Optimism about Future Life Events» *Journal of Personality and Social Psychology* 39: 806–820
Weiskrantz, Lawrence (1986) *Blindsight: A Case Study and Implications*. Oxford: Oxford University Press
Wells, Gary L. und Olson, Elizabeth A. (2003) «Eyewitness Testimony» *Annual Review of Psychology* 54: 277–295

West, Tiffany A. und Bauer, Patricia J. (1999) «Assumptions of Infantile Amnesia: Are There Differences Between Early and Later Memories?» *Memory* 7, 3: 257–278

Wheeler, Douglas L. et al. (1993) «An Experimental Assessment of Facilitated Communication» *American Association on Mental Retardation* 31, 1: 49–60

White, Hayden (1973) *Metahistory: The Historical Imagination in Nineteenth-century Europe*. Baltimore: Johns Hopkins University Press

Whitehead, Alfred North (1911) *An Introduction to Mathematics*. London: Williams & Norgate

Whorf, Benjamin Lee (1956) *Language, Thought and Reality*. Cambridge (MA): The MIT Press (geschrieben 1927–1941)

Wiggins, David (1967) *Identity and Spatio-Temporal Continuity*. Oxford: Oxford University Press

Wilson, Margo und Daly, Martin (1997) «Life Expectancy, Economic Inequality, Homicide, and Reproductive Timing in Chicago Neighbourhoods» *British Medical Journal* 314: 1271–1274

Wilson, Timothy D. (2002) *Strangers to Ourselves. Discovering the Adaptive Unconscious*. Cambridge (MA): The Belknap Press of Harvard University Press

Wilson, William R. (1979) «Feeling More Than We Can Know: Exposure Effects Without Learning» *Journal of Personality and Social Psychology* 37: 811–821

Winawer, Jonathan (2007) «Russian Blues Reveal Effects of Language on Color Discrimination» *PNAS* 104, 19: 7780–7785

Windt, Jennnifer (2015) *Dreaming. A Conceptual Framework for Philosophy of Mind and Empirical Research*. Cambridge (MA): The MIT Press

Winkielman, Piotr et al. (2005) «Unconscious Affective Reactions to Masked Happy Versus Angry Faces Influence Consumption Behavior and Judgments of Value» *Personality and Social Psychology Bulletin* 31: 121–135

Wisely, John und Brasier, L. L. (2011) «Dad's Arrest in Sex Case Results in $1.8 Million Settlement» *Gannet News Service* (13. January 2011)

Wittgenstein, Ludwig (1953) *Philosophische Untersuchungen*

Wittgenstein, Ludwig (1958) *The Blue and Brown Books*. New York:

Oxford University (zitiert nach der deutschen Ausgabe: Wittgenstein, Ludwig [1984] *Das blaue Buch*. Frankfurt am Main: Suhrkamp)

Wolfe, Jeremy M. und Horowitz, Todd S. (2004) «What Attributes Guide the Deployment of Visual Attention and How Do They Do It?» *Nature Reviews. Neuroscience* 5, 6: 495–501

Wolfe, Jeremy M. (1999) «Inattentional Amnesia» in Coltheart, Veronika (Hg.) (1999) *Fleeting Memories*. Cambridge (MA): The MIT Press, 71–94

Wolpaw, Jonathan und Winter Wolpaw, Elizabeth (Hg.) (2012) *Brain-Computer Interfaces: Principles and Practice*. Oxford: Oxford University Press

Wright, Georg Henrik von (1971) *Explanation and Understanding*. Ithaca: Cornell University Press

Wu, Wayne (2014) *Attention*. New York: Routledge

Yarbus, Alfred L. (1967) *Eye Movements and Vision*. New York: Plenum Press

Yong, Ed (2012) «Replication Studies: Bad Copy» Nature 485: 298–300

Young, Stanley S. und Karr, Alan (2011) «Deming, Data and Observational Studies» *Significance* 8, 3: 116–120

Zahavi, Dan (1998) «Brentano and Husserl on Self-Awareness» *Études Phenomenologiques* 14, 27–28: 127–168

Zahn, Roland J. et al. (2008) «Loss of the Sense of Self-ownership for Perceptions of Objects in a Case of Right Inferior Temporal, Parieto-occipital and Precentral Hypometabolism» *Psychopathology* 41: 397–402

Zajonc, Robert (1968) «Attitudinal Effects of Mere Exposures» *Journal of Personality and Social Psychology* 9, 2, 2: 1–27

Zajonc, Robert B. (2011) «Mere Exposure: A Gateway to the Subliminal» *Current Directions in Psychological Science* 10, 6: 224–228

Zampini, Massimiliano und Spence, Charles (2004) «The Role of Auditory Cues in Modulating the Perceived Crispness and Staleness of Potato Chips» *Journal of Sensory Studies* 19: 347–363

Zhong, Chen-Bo und Liljenquist, Katie (2006) «Washing Away Your Sins: Threatened Morality and Physical Cleansing» *Science* 313, 5792: 1451–1452

Zihl, Josef et al. (1983) «Selective Disturbance of Movement Vision After Bilateral Brain Damage» *Brain* 106: 313–340
Žižek, Slavoj (2000) *Gnadenlose Liebe*. Frankfurt am Main: Suhrkamp
Zuckerman, Marvin (1979) *Sensation Seeking: Beyond the Optimal Level of Arousal*. Hillsdale (NJ): Erlbaum

WEITERE QUELLEN

Anwendungs- und Auslegungsregeln der Landesmedienanstalten zur Durchführung von Ordnungswidrigkeitenverfahren nach dem Rundfunkstaatsvertrag (OWiRL) (Fassung von 2012)

SACHREGISTER

A

B

C

D

E

N

O

P

Q

R

S

T

U

V

W

Z

PERSONENREGISTER